高等院校"十四五"会计专业系列教材

政府与非营利组织会计

主　编　李玉琴
副主编　李　超　宋雨萌
　　　　司　炜　乐　凯
主　审　唐建新

扫码申请更多资源

南京大学出版社

图书在版编目(CIP)数据

政府与非营利组织会计 / 李玉琴主编. — 南京：南京大学出版社，2024.1
 ISBN 978-7-305-27468-8

Ⅰ.①政… Ⅱ.①李… Ⅲ.①单位预算会计 Ⅳ.①F810.6

中国国家版本馆CIP数据核字(2023)第243384号

出版发行	南京大学出版社
社　　址	南京市汉口路22号　　邮　编　210093
书　　名	**政府与非营利组织会计** ZHENGFU YU FEIYINGLI ZUZHI KUAIJI
主　　编	李玉琴
责任编辑	陈嘉　　编辑热线　025-83592315
照　　排	南京开卷文化传媒有限公司
印　　刷	常州市武进第三印刷有限公司
开　　本	787 mm×1092 mm　1/16　印张 21　字数 511千
版　　次	2024年1月第1版　2024年1月第1次印刷
ISBN	978-7-305-27468-8
定　　价	55.00元

网　　址：http://www.njupco.com
官方微博：http://weibo.com/njupco
微信服务号：njuyuexue
销售咨询热线：(025)83594756

* 版权所有，侵权必究
* 凡购买南大版图书，如有印装质量问题，请与所购图书销售部门联系调换

前言

为了加快建立现代财政制度,更好地发挥财政在国家治理中的重要作用,2013年党的十八届三中全会明确提出要"建立权责发生制的政府综合财务报告制度",自此拉开了政府会计制度改革的序幕。2014年,《中华人民共和国预算法》进行了第一次修订,要求各级政府财政部门按年编制以权责发生制为基础的政府综合财务报告。此后,财政部先后发布了《政府会计准则——基本准则》、多项政府会计具体准则和《政府会计制度——行政事业单位会计科目和报表》(以下简称《政府会计制度》)等一系列制度。《政府会计制度》自2019年1月1日起在全国政府单位全面实施,原有的《行政单位会计制度》《事业单位会计制度》等不再执行。这标志着我国政府会计改革目标基本实现,政府会计体系建设进入了一个新的阶段。2022年11月18日,财政部颁发了《财政总会计制度》,自2023年1月1日起执行,对政府会计教学和培训工作提出了新的要求和挑战。因此,我们结合政府会计改革的最新进展编写了本书。

本书依据最新《政府会计准则》《财政总会计制度》《政府会计制度》等规定,并在总结编者的教学经验和实践调研积累的基础上,全面系统地阐述了我国政府会计的基本理论和实务。本书主要包括三部分内容:第一部分,政府会计总论。此部分介绍了政府会计的演进、政府会计的基本理论和核算方法等。第二部分,财政总会计。此部分介绍了财政总会计具体核算业务的理论及实务。第三部分,政府单位会计。此部分介绍了行政事业单位会计具体核算业务的理论及实务。

本书具有以下特点:一是编写依据新。本书严格按照最新《政府会计准则》《财政总会计制度》《政府会计制度》等规定编写,能有效满足政府会计改革对政府会计教学、培训工作的新要求。二是结构简单明了。本书分三部分共十八章内容,基本覆盖了政府会计的各个领域和分支,充分体现了政府会计的"双功能""双基础""双报告""平行记账"的核算要求。三是内容安排合理。本书基于多年的教学经验和不同读者的需求,精心设计章节,叙述循序渐进、层次分明,尽量用通俗易懂的方式和简洁的文字进行表述,避免内容重复,减轻学生学习负担。四是案例丰富,实操性强。本书在注重理论讲授的同时,用大量的例题进行实务性讲解,突出政府会计教学的技能性、操作性和实践性,结合实例对重点、难点问题进行深入浅出的分析,给学生学习及实务操作提供切实的指导。

本书既可以作为高校财经类专业的教材,也可以作为政府机关、行政事业单位等有关人员培训、自学的参考资料。

本书由武汉晴川学院李玉琴担任主编,由武汉晴川学院李超、宋雨萌,武汉文理学院司炜,湖北大学知行学院乐凯担任副主编。各章编写分工如下:第一章、第二章、第六章、第七章由李超编写,第三章由司炜编写,第四章、第五章、第九章及第十一章至第十七章由李玉琴编写,第八章由乐凯编写,第十章、第十八章由宋雨萌编写,最后由李玉琴对全书进行统稿。此外,本书还参考借鉴了其他相关教材和资料的内容,在此一并表示感谢。

在本书编写过程中,我们进行了多次讨论研究,力求内容编排合理,避免错误,但由于编写时间仓促,加之编者水平有限,书中难免有疏漏和不足,敬请专家学者和广大读者批评指正。

编　者

2023 年 10 月

目 录

第一部分　政府会计总论　　001

第一章　政府会计概述　　001
- 学习目标　　001
- 第一节　政府会计的演进　　001
- 第二节　政府会计的概念与特征　　005
- 第三节　政府会计的组成体系　　007
- 思考题　　009

第二章　政府会计的基本理论和方法　　010
- 学习目标　　010
- 第一节　政府会计核算的基本前提和原则　　010
- 第二节　政府会计信息质量要求和计量属性　　012
- 第三节　政府会计的会计要素和会计报告　　014
- 思考题　　016

第二部分　财政总会计　　017

第三章　财政总会计概述　　017
- 学习目标　　017
- 第一节　财政总会计的概念和特点　　017
- 第二节　财政总会计的会计要素和会计科目　　019
- 思考题　　026

第四章　财政总会计的收入与预算收入核算　　027
- 学习目标　　027

- 第一节　财政总会计收入核算　027
- 第二节　财政总会计预算收入核算　033
- 思考题　042

■ **第五章　财政总会计的费用与预算支出核算**　043
- 学习目标　043
- 第一节　财政总会计费用核算　043
- 第二节　财政总会计预算支出核算　052
- 思考题　060

■ **第六章　财政总会计的资产核算**　061
- 学习目标　061
- 第一节　流动资产核算　061
- 第二节　非流动资产核算　066
- 思考题　072

■ **第七章　财政总会计的负债核算**　073
- 学习目标　073
- 第一节　流动负债核算　073
- 第二节　非流动负债核算　080
- 思考题　083

■ **第八章　财政总会计的净资产核算**　084
- 学习目标　084
- 第一节　盈余类核算　084
- 第二节　其他净资产核算　088
- 思考题　090

■ **第九章　财政总会计的预算结余核算**　091
- 学习目标　091
- 第一节　结转结余核算　091
- 第二节　其他预算结余核算　093
- 思考题　097

■ **第十章　财政总会计报表**　098
- 学习目标　098

- 第一节　财政总会计的财务会计报表　098
- 第二节　财政总会计的预算会计报表　105
- 思考题　113

第三部分　政府单位会计　114

第十一章　政府单位会计概述　114
- 学习目标　114
- 第一节　政府单位会计的概念与特点　114
- 第二节　政府单位会计科目表　117
- 思考题　127

第十二章　政府单位收入与预算收入　128
- 学习目标　128
- 第一节　收入与预算收入概述　128
- 第二节　行政事业单位共有收入和预算收入　130
- 第三节　事业单位专有收入和预算收入　140
- 思考题　150

第十三章　政府单位费用与预算支出　151
- 学习目标　151
- 第一节　费用与预算支出概述　151
- 第二节　行政事业单位共有费用和预算支出　152
- 第三节　行政单位专有预算支出　159
- 第四节　事业单位专有费用和预算支出　166
- 思考题　178

第十四章　政府单位资产的核算　179
- 学习目标　179
- 第一节　流动资产核算　179
- 第二节　非流动资产核算　208
- 思考题　250

第十五章　政府单位负债的核算　251
- 学习目标　251

第一节	流动负债核算	251
第二节	非流动负债核算	268
思考题		273

第十六章　政府单位净资产　274

学习目标		274
第一节	净资产概述	274
第二节	行政事业单位共有净资产核算	277
第三节	事业单位专有净资产核算	281
思考题		284

第十七章　政府单位预算结余　285

学习目标		285
第一节	预算结余概述	285
第二节	行政事业单位共有预算结余核算	286
第三节	事业单位专有预算结余核算	300
思考题		303

第十八章　政府单位报告　304

学习目标		304
第一节	政府单位财务报告	304
第二节	政府单位决算报告	317
思考题		325

参考文献　327

第一部分　政府会计总论

第一章　政府会计概述

> **学习目标**
>
> 通过本章的学习，了解政府会计演进的历史沿革，熟悉政府会计的概念和特征，掌握政府会计的组成体系。

第一节　政府会计的演进

新中国成立以来，我国会计体系包括企业会计和预算会计，后者包括财政总会计、行政单位会计和事业单位会计。预算会计是反映各级政府财政部门、使用预算拨款的各级行政单位和各类事业单位核算和监督各项财政性资金活动、单位预算资金的运动过程和结果以及有关经营收支情况的一门专业会计，国际上统称为政府会计。

预算会计制度的变迁是伴随预算管理体制改革而进行的。我国预算会计实质为财政收支会计，核算内容主要是财政收支活动。多年来，其经历了不断实践、不断总结、不断改革和不断完善的过程。

一、政府会计形成之初（1949—1952 年）

新中国成立初期，国民经济面临重大困难，财政出现了较为严重的赤字。为了扭转这种困难局面，我国于 1950 年采取了统一财政经济管理的重大决策，对财政管理实行高度集中的统收统支办法。根据《中国人民政治协商会议共同纲领》（以下简称《纲领》）的要求，我国开始编制 1950 年全国财政收支概算。1949 年 12 月 27 日，当时的政务院发出《关于 1949 年财政决算及 1950 年财政预算编制的指示》，要求各级政府和中央直属企业部门编制 1949 年的财政收支决算和 1950 年的预算，按规定时间编制上报，并明确规定政府预算实行历年制，从公历 1 月 1 日起至 12 月 31 日止为一个预算年度，同时规定了预算编制的具体方法和要求。1950年3月,政务院做出《关于统一国家财政经济工作的决定》,这标志着我国高度集中的统收统支的预算体制初步确立。1951年,政务院《预算决算暂行条例》,规定了国家预算的组织体系,各级人民政府的预算权,各级预算的编制、审查、核定等执行的程序,决算的编制与审定程序等。

上述一系列政策涉及预算管理的有关规定,成为设计预算会计制度的框架依据,建立会计制度的工作便紧紧围绕统一国家财政收支的任务进行。1950年3月3日,政务院公布《中央金库条例》,其后财政部制订相关会计制度的《施行细则》,这是新中国在会计核算制度方面颁行的第一部行政规章。1950年4月,我国通过颁布《各级税务机关暂行会计制度》,建立了全国统一的税务会计规范。1950年10月27日,财政部召开全国预算、会计、金库制度会议,会议讨论并于同年12月试行《各级人民政府暂行总预算会计制度》和《各级人民政府暂行单位预算会计制度》,以满足政府预算管理的实际需要,首次为国家财政机关及行政、事业单位的会计工作确立了体系完整的统一规范。这两项制度堪称新中国预算会计体系和会计方法的奠基石,比较系统、全面、明确地规定了我国预算会计的组织管理体系与核算要求,既是纲领性的规定,又是操作性的范本,奠定了我国预算会计工作的基础,初步建立了统一的预算会计制度和核算体系。1951年,财政部对《各级人民政府暂行单位预算会计制度》做出修订,其规定改为"采用复式簿记原理,按借贷记账法登记账目"。尽管修订之后的制度对各级总会计单位是否参照实际需要,可以采用收付记账法还留有余地,事实上,此后统一采用借贷记账法的趋向已十分明确。

国民经济恢复时期,我国的预算管理权限高度集中于中央政府,一切财政收支项目与程序、税收制度、供给标准、人员编制都由中央决定。全国总预算和决算要由中央政府批准执行,地方预算须由中央政府核定,地方决算要报中央政府审查。此时,我国政府预算管理制度中的金库、税务、总预算及单位预算有了统一的会计规范,从而使政府的经济管理工作得到切实保障,我国预算会计制度在这一系列制度基础上、在平稳轨道上运行着。

二、改革开放前的波动(1953—1978年)

在这一阶段,我国实行"统一领导、分级管理"的预算管理体制,其做法是由中央核定地方的收支指标,凡收大于支的地方,向中央财政上解收入;凡支大于收的地方,由中央财政给予补助。在此阶段,预算体制总体保持稳定,局部略有调整,其趋势是由20世纪50年代高度集中的统收统支的体制演变为70年代以集中为主、适度下放财权的分级管理体制。

政府预算制度带有典型的计划经济特征:在预算形式上采用单式预算;预算编制原则上贯彻国民经济综合平衡原则;预算编制方法上长期沿用基数法编制预算;预算编制程序上采用自下而上和自上而下,上下结合,逐级汇总的方法;预算管理总体上比较粗放,预算编制法制性不强、透明度不高,存在非程序化和非规范化等问题,而具体到不同的部门、单位以及不同类别的支出,预算管理的方法又不尽相同。计划经济体制下,基本建设资金在预算支出中所占的比重最大,对这部分资金相继采用了以下预算管理方法:1958年以前,基本建设支出预算的编制与分配职能由财政部门直接行使。1958年以后,财政部门委托建设银行经办。从 1956 年开始,基本建设预算拨款实行"上存下支"的资金供应体制,并由财政部门审批基本建设年度财务决算,办理投资核销。这种办法一直沿用到改革开放前夕。

与此相适应,预算会计制度伴随着预算体制的变迁而不断地得到完善和创新,先后对银行执行预算出纳业务、中央经费实行限额拨款、规范预算单位银行账户管理、国库管理等内容做了制度安排。1954 年,两部暂行预算会计制度分别就其适用范围做了调整。由于中央及各省的会计处理在繁简程度和报表要求上与县(市)不同,《各级人民政府暂行总预算会计制度》的适用范围划分为中央、省和县(市)两部分,分别使用。《各级人民政府暂行单位预算会计制度》也因适用范围内涵不明确,而将其明确为"各级人民政府所属机关、事业机关、企业主管机关和团体"。为简化会计事务,加快会计报表进度,1954 年财政部推行了《单位预算会计简易处理办法》。这些制度安排使预算会计在"一五"时期得到稳步发展。

1958 年开始,政府及非营利组织会计工作遭受严重挫折,在各项规章制度"先破后立,立在其中"口号的影响下,政府及非营利组织会计机构和人员被裁减,各项规章制度受到破坏,全国统一的政府及非营利组织会计工作难以正常开展,预算会计制度和基础工作受到严重破坏。1962—1965 年,在"调整、巩固、充实、提高"方针的指引下,1965 年召开了全国预算工作会议,此次会议修订了《行政事业单位会计制度》,修订补充了 1963 年制发的《财政机关总会计制度》,这是预算会计制度变迁的重要转折点,使预算会计工作得到恢复和发展。

三、改革探索(1978—1998 年)

1980 年,我国分级管理的预算体制演变为"划分收支、分级包干"的体制,这是预算体制的一次重大变迁,使地方政府初步成为责权利相结合的预算主体。但是,随着市场在资源配置中作用的扩大,分级包干体制暴露出诸多制度弊端,如税收调节功能弱化,影响统一市场的形成;中央财政收入比重不断下降,弱化了中央政府的宏观调控能力。从总体上看,分级包干体制已不适应市场经济发展的要求,需求型制度的变迁已渐露端倪。

1991 年 10 月,国务院在《国家预算管理条例》中规定,我国国家预算采用复式预算编制方法,分为经常性预算和建设性预算。1994 年,根据国务院颁布的《关于实行分税制财政管理体制的决定》的要求,建立了"分税制"的预算管理体制。

1995 年,财政部颁布《预算会计核算制度改革要点》,除总结新中国成立以来我国预算会计工作经验外,还吸收了企业会计改革的成功经验和借鉴国际公共会计的习惯做法,以逐步建立适应我国社会主义市场经济体制需要、具有中国特色、科学规范的管理型预算会计模式和运行机制,为预算会计制度变迁提出了目标要求。1996 年,《事业单位财务规则》颁布。1997 年,财政部颁布了《事业单位会计准则(试行)》《财政总预算会计制度》《事业单位会计制度》和《行政单位会计制度》,于 1998 年 1 月 1 日正式施行。一套准则、三套会计制度重新划分了我国预算会计体系,首次提出了准则管理的事业会计核算管理模式和会计要素概念,改革了记账方法,确定了预算会计的记账基础,取消了按不同预算管理形式设置会计科目的做法,改革了包干经费财政总会计列报基础以及会计报表,已摆脱计划经济体制下的模式,初步建立起了适合市场经济需要的预算会计制度体系。

随后财政部根据事业单位经济活动的发展需要,制发了《科学事业单位会计制度》《医院会计制度》《中小学会计制度》和《高等学校会计制度》《测绘事业单位会计制度》等行业会计制度和相关的补充规定、暂行规定。由此可见,事业单位会计准则统驭的各类事业单位会计制度与行政单位会计制度和财政总预算会计制度三部分共同组成了我国现行的政府及非营利组织会计规范体系。

四、渐进式变迁(1999年至今)

1999年9月,财政部在《关于改进2000年中央预算编制的意见》中要求,2000年选择部分部门试行部门预算编制方法。随后,国家根据建立公共财政的要求,先后推行了编制部门预算、深化"收支两条线"管理、政府收支重新分类、政府采购、实施国库集中收付制度、推行政府采购制度、建设"金财工程"的改革措施。一系列制度安排表明,我国预算体制已经进入总体保持基本稳定、局部渐进式趋于完善的体制变迁阶段,实施的各项预算改革措施相辅相成,规范了预算资金范围界定、预算编制、预算执行等预算管理环节,初步建立起与公共财政相适应的政府预算制度框架,并在提高预算管理水平、加强预算约束方面显现出良好效果。

在我国预算体制渐趋完善的演进中,中央和地方财政结合自身预算管理改革的需要,仅对预算会计的核算内容和方法中与新推行的预算制度不适应之处进行了局部的制度调整,并未从总体上打破1997年年底建立的预算会计核算体系。

2003年以来,我国会计界就政府会计改革进行了一系列实际调研和课题研究。2004年8月18日,财政部颁布了《民间非营利组织会计制度》,要求适用的民间非营利组织自2005年1月1日起开始执行。该制度在制定过程中充分吸收了我国企业会计改革的成果,并借鉴了相关国际惯例,引入了区分交换交易与非交换交易规范收入确认原则、净资产区分为限定性与非限定性进行列报等会计理念和会计处理规定,对规范民间非营利组织会计核算行为、丰富我国会计理论、完善我国会计标准建设均具有积极意义。它也是我国第一部民间非营利组织的会计制度,填补了我国会计规范的一项空白。

2007年,政府会计改革被写入《国民经济和社会发展第十一个五年规划纲要》,其目标是要按照社会主义市场经济条件下公共财政管理的要求,建立规范、统一的政府会计准则体系、制度体系和政府综合年度财务报告制度。按照"总体规划、先易后难、重点突破、逐步推进"的原则,从政府单位范围、政府会计制度体系和准则体系、政府年度财务报告制度和实施权责发生制等方面开展深入研究。2009年8月,财政部对外公布《高等学校会计制度》与《医院会计制度》的征求意见稿,重新构建我国新的政府及非营利组织会计规范体系的条件渐趋成熟。

为了适应权责发生制政府综合财务报告制度改革需要,规范行政事业单位会计核算,提高会计信息质量,根据《中华人民共和国会计法》《中华人民共和国预算法》《政府会计准则——基本准则》等法律、行政法规和规章,财政部制定了《政府会计制度——行政事业单位会计科目和报表》(财会〔2017〕25号),自2019年1月1日起施行。《政府会计制度》有机整合了《行政单位会计制度》《事业单位会计制度》和医院、基层医疗卫生机构、高等院校、中小学校、科学事业单位、彩票机构、地勘单位、测绘单位、林业（苗圃）等行业事业单位会计制度的内容。会计制度的统一，大大提高了政府各部门、各单位会计信息的可比性，为单位、部门编制合并财务报表和逐级汇总编制部门决算奠定了坚实的制度基础。新制度分为总说明、会计科目名称和编号、会计科目使用说明、报表格式、报表编制说明5部分。该制度适用于各级各类行政单位和事业单位，鼓励行政事业单位提前执行。《政府会计制度》的颁布，构建了"财务会计和预算会计适度分离并相互衔接"的会计核算模式。在科目设置、科目和报表项目说明方面，一般情况下不再区分行政和事业单位，也不再区分行业事业单位；在核算内容方面，基本保留了现行各项制度中的通用业务和事项，同时根据改革需要增加各级各类行政事业单位的共性业务和事项；在会计政策方面，对同类业务尽可能做出同样的处理规定。会计制度的统一，大大提高了政府各部门、各单位会计信息的可比性，为合并部门、单位财务报表和逐级汇总编制部门决算奠定了坚实的制度基础。

为了加强财政预算管理、提升国家财政治理效能的坚实保障，2023年1月1日起施行财政部制定印发的《财政总会计制度》。修订后的新制度，夯实完善以收付实现制为基础的总会计的预算管理功能，建立健全以权责发生制为基础的总会计的财务管理功能，能够更加全面、准确地反映政府财政财务情况，有效促进财政经济可持续发展。由"财政总预算会计"更名为"财政总会计"，顺应了时代发展步伐。

《财政总会计制度》在一个制度下建立"预算会计科目体系"和"财务会计科目体系"，适度区分现行总会计制度的预算会计和财务会计功能，建立"双功能"（预算会计功能和财务会计功能），采用"双基础"（收付实现制基础和权责发生制基础），支撑"双报告"（决算报告和财务报告），开展总会计核算。

第二节 政府会计的概念与特征

一、政府会计的概念

会计是以货币为主要计量单位，以提高经济效益为主要目标，运用专门方法对企业、政府机关、事业单位和其他组织的经济活动进行全面、综合、连续、系统的核算和监督，提供会计信息，开展预测、决策、控制和分析的一种经济管理活动。会计学按照其核算对象和适用范围的不同，可以分为企业会计和政府会计两大体系。

政府会计是各级政府、使用预算拨款的各级行政和各类事业单位，以货币为主要计量单位，运用复式记账等一系列会计专门方法，对国家预算资金活动过程及其结果进行连续、系统、全面、综合的反映和控制，以提高资金使用效益的一门专业会计。

具体来说，政府会计包括以下几个方面的含义。

（1）政府会计主体是各级政府、各部门、各单位。各部门、各单位是指与本级政府财政部门直接或间接发生预算拨款关系的国家机关、军队、政党组织、社会团体、事业单位和其他单位，不包括已纳入企业财务管理体系的单位和执行《民间非营利组织会计制度》的社会团体。政府会计主体业务活动的目的是谋求最广泛的社会效益,具有明显的非市场性。

(2) 政府会计客体是预算执行情况和财务状况、运行情况、现金流量等。政府会计核算监督的对象是资金取得、使用和结果所引起的经济业务活动。

(3) 政府会计是以会计学原理为基础的一门专业会计,是会计学的重要组成部分。因此,政府会计同其他专业会计一样,都是以货币为主要计量单位,对会计主体的经济业务进行连续、系统、完整的核算、反映和监督的会计;同其他会计一样,政府会计也需要有会计核算的基本前提,遵循会计核算的一般原则等。

二、政府会计的特征

我国的政府会计是独立于企业会计的另一个重要会计分支,它的特点是与企业会计比较而言的。企业会计反映和监督社会再生产过程中生产、流通领域里企业经营资金的运动及其结果。企业会计的主要特点是核算成本费用,计算经营盈亏。政府会计则反映和监督社会再生产过程中分配领域里政府预算资金的运作及其结果。与企业会计相比,政府会计有其自身鲜明的特点。

(一) 会计核算基础不同

我国政府会计包括预算会计和财务会计。预算会计实行收付实现制,财务会计实行权责发生制。而企业会计的核算基础则以权责发生制为主。

(二) 会计要素不同

我国政府会计中预算会计要素包括预算收入、预算支出和预算结余,财务会计要素包括资产、负债、净资产、收入和费用;企业会计的会计要素则包括资产、负债、所有者权益、收入、费用和利润。

(三) 会计等式不同

会计要素的不同引起了会计等式的不同。企业会计等式分为静态等式和动态等式。静态等式为:资产=负债+所有者权益;动态等式为:资产+费用=负债+所有者权益+收入。

政府会计的等式也有静态和动态之分,静态等式为:资产=负债+净资产;动态等式为:资产+费用=负债+净资产+收入。

(四) 是否进行成本核算

成本核算就是按照有关法规制度的要求,对生产经营过程中发生的各种耗费进行计算和账务处理,提供真实有用的成本信息。企业会计是要进行成本核算的。政府会计是核算和监督预算资金运动及其结果的会计。因为预算资金的筹集、分配、调拨、使用基本是无偿的,所以一般不进行成本核算;而部分有经营收入来源的事业单位应核算成本费用,计算收益。

第三节 政府会计的组成体系

政府会计是为实现预算管理目标服务的。国家预算按照收支管理范围分为总预算和单位预算。与此对应，政府会计也可以分为财政总会计和行政事业单位会计。

一、我国国家预算组成体系

我国实行一级政府一级预算，设立中央，省、自治区、直辖市，设区的市、自治州，县、自治县、不设区的市、市辖区，乡、民族乡、镇五级预算。全国预算由中央预算和地方预算组成。地方预算由各省、自治区、直辖市总预算组成。

二、我国政府会计组成体系

为了组织各级总预算的执行，除财政部门以外，还需要其他有关部门的参与。例如，预算资金的收入、拨出是由中国人民银行代理的国库经办的，各项税收是由税务机关征缴的，重点建设项目的拨款由政策性银行办理。事实上，国库会计、税收会计和政策性银行的拨款会计都对总预算的执行情况进行反映和监督，属于广义的政府会计范畴，并同总预算会计和行政事业单位会计形成一个有机的政府会计体系。但从传统意义上讲，一般只将财政总会计和行政事业单位会计作为政府会计的组成体系。

（一）按会计主体不同，政府会计由财政总会计和行政事业单位会计构成

财政总会计是中央和各级地方财政部门用来核算、反映、监督各级政府预算执行和纳入预算管理的财政资金活动的专业会计。其主要职责是进行会计核算，反映预算执行，实行会计监督，参与预算管理，合理调度资金。财政总会计和行政事业单位会计之间存在密切关系，财政总会计居主导地位，在业务上指导行政事业单位会计。财政总会计信息与行政事业单位会计信息存在密切联系，财政总会计向行政事业单位拨款，从而形成预算支出；行政事业单位会计形成预算收入。财政总会计和行政事业单位会计共同构成了政府会计信息系统。

（二）按反映的内容不同，政府会计由政府财务会计和政府预算会计构成

政府预算会计是指以收付实现制为基础，对政府会计主体预算执行过程中发生的全部收入和全部支出进行会计核算，主要反映和监督预算收支执行情况的会计；政府财务会计是指以权责发生制为基础，对政府会计主体发生的各项经济业务或者事项进行会计核算，主要反映和监督政府会计主体财务状况、运行情况和现金流量的会计。

三、政府会计目标

会计目标是指会计主体对外提供会计信息的目的。会计目标会影响会计主体会计报表的编制格式、会计信息的披露质量，进而影响会计要素的确认和计量方法。政府会计目

标分为基本目标和具体目标。

(一) 基本目标

政府会计目标是提供有助于广大会计信息使用者对资源分配做出决策以及评价会计主体财务状况、业绩和现金流量的信息，反映会计主体对受托资源的管理责任，提供有助于预测持续经营所需资源、持续经营的风险和不确定性的相关信息。这一总体目标具体包括以下几个方面：提供关于财务资源的来源、分配及其使用情况的信息；提供关于会计主体如何为经营活动融资并满足其现金需求的信息；提供有助于评价会计主体为经营活动融资，以及为满足负债和承诺能力的相关信息；提供会计主体财务状况及其变化的信息；提供有助于评价会计主体在服务成本、效率和成果等业绩的总体信息；提供表明资源获得、使用是否与法定预算相一致的信息；提供表明资源获得、使用是否与法律和合同要求相一致的信息。

政府会计的信息使用者主要有各级人民代表大会及其常务委员会，各级政府及其有关部门，政府会计主体自身，债权人，审计机关和其他监督机关，社会公众，其他利益相关者。

政府会计信息使用者的信息需求主要是政府预算执行情况的信息、政府财务状况的信息、政府资金运行情况的信息、政府现金流量情况的信息等。

(二) 具体目标

政府会计为实现上述基本目标还必须将基本目标细分为以下具体目标。

1. 核算财政财务收支情况

政府会计要利用其专门的核算方法，对政府财政资金的活动情况进行连续、全面、系统的反映，为国家预算管理和单位财务管理提供可靠的数据资料。政府会计的日常核算资料是编报财政财务收支情况和各级领导机关指导国家预算执行的重要依据。

2. 分析财政财务收支执行进度，合理调度资金，调节资金供需关系

政府会计应当提供会计主体的现金流入、现金流出、现金净流量及其资金增减变动方面的信息，提供会计主体业务活动种类、规模及发展情况的信息，以便评价会计主体业务活动的成绩，估量会计主体的现金流量情况，进而积极组织收入，合理调度资金以控制支出、调剂资金余缺，使各会计主体具有持续运营的能力。

3. 检查财政财务收支计划执行结果，实行会计监督，维护国家财经纪律

政府会计应当提供会计主体有关执行国家财经方针、政策和法规、制度情况的信息资料，揭露铺张浪费、贪污盗窃国家和公共资财的违法乱纪行为，以便严肃法纪、抵制不正之风。政府会计对会计主体的财政财务计划执行的过程、进度和结果进行核算、分析和检查，就能够起到促进预算收支实现、调节资金供需平衡、保证正确的业务方向的作用。因此，政府会计在国家财政管理和单位财务管理中占有重要的地位。

4. 加强资产负债管理，客观反映政府运行成本

政府会计的财务报告除按照权责发生制核算原则准确反映政府会计主体的运行成本

外,还扩大了资产负债的核算范围,使政府单位各项经济业务和事项的会计处理得以全面规范,准确反映政府"家底"信息,为相关决策提供更加有用的信息。

思考题

1. 政府会计的概念是什么?
2. 政府会计与企业会计相比有哪些特点?
3. 简述我国政府会计的组成体系。
4. 简述我国政府会计的发展历程。

第二章 政府会计的基本理论和方法

学习目标

通过本章的学习,理解并掌握政府会计核算的基本前提、原则、记账基础和会计信息质量要求,掌握政府会计的会计要素内容。

第一节 政府会计核算的基本前提和原则

一、政府会计核算的基本前提

政府会计核算的基本前提也称政府会计的基本假设,是指组织政府会计核算工作必须具备的前提条件。政府会计核算的基本前提同企业会计的基本前提一样,包括会计主体、持续运行、会计分期和货币计量四项内容。

(一)会计主体

会计主体是指政府会计为之服务的特定单位或组织,即政府会计核算的空间范围。

政府会计主体应当对其自身发生的经济业务或者事项进行会计核算。政府会计主体包括国家各级政府及行政单位、各类事业单位。应明确的是,财政总会计的主体是各级政府,不是各级财政部门,因为财政总预算各项收支的安排、使用,是国家各级政府的职权范围,财政部门系行政单位,只是代表政府执行预算并管理财政收支。

(二)持续运行

持续运行是指政府会计主体的经济业务活动将无限期地延续下去,是针对非持续经济业务活动而言的。政府会计核算应当以政府会计主体持续运行为前提。也就是说,政府会计主体通常是以正常的经济活动为前提去处理数据、加工并传递信息的。若没有持续运行的前提条件,一些公认的会计处理方法将失去存在的基础,政府会计主体则无法进行正常的会计核算。

(三) 会计分期

会计分期是将政府会计主体持续运行的时间人为地划分为一定的期间,按照一定的期间结算账目,编制会计报表,从而及时向有关方面提供会计信息。政府会计通常以一年作为划分会计期间的标准。以一年为一个会计期间称为会计年度。我国的会计年度采用公历年制,即每年1月1日至12月31日作为一个会计年度。期间还可以采用月度、季度和半年度。会计期间的划分对政府会计核算有着重要的影响。由于有了会计期间,才产生了本期与非本期的区别,才产生了权责发生制和收付实现制。会计期间的划分,有利于及时提供反映会计主体经济活动情况的财务信息,能够及时满足会计主体内部管理的需要。

(四) 货币计量

货币计量是指会计主体的会计核算应该通过货币予以综合反映。这是现代会计最基本的前提条件,如果没有这个前提条件,会计也就无法进行核算。政府会计核算应当以人民币作为记账本位币。发生外币业务时,应当将有关外币金额折算为人民币金额计量,同时登记外币金额。

二、政府会计核算的原则

(一) 限制性原则

限制性原则是指对于有指定用途的资金应按照规定的用途使用,并单独反映,即专款专用原则。在政府会计主体中,出资者对所提供的资金不具有资本收益和资本回收的要求,但具有按预定用途使用的要求。这样在资金管理和核算上就要有限制性。专款专用使得会计主体的资金使用权限固然有所减弱但这也不失为控制资金使用范围的一种办法,是对不要求投资回报的非盈利性资金使用的一种约束。按规定用途使用资金,是政府会计核算原则的又一个重要特点。

(二) 历史成本原则

历史成本原则是指政府会计主体中需要核算记录的财产物资应当按照取得或购建时的实际成本核算,而不论市场上有多少种不同价格,不采用现行市价、重置价值、变现价值等计价方法。采用历史成本原则是以整个经济活动中的币值基本稳定为前提的,如果物价发生巨大波动,历史成本就不能确切反映会计主体财产物资的状况。虽然历史成本原则有这种局限性,但它依然是目前比较可行的办法。当物价变动时,除国家另有规定者外,不得调整账面价值。

三、政府会计的记账基础

政府会计的记账基础即会计处理时以何种标准确认、计量、报告会计要素的基础。我国实行适度分离的双体系政府会计,即财务会计采用权责发生制,预算会计采用收付实现制,国务院另有规定的,依照其规定。

(一) 权责发生制

权责发生制,是指以取得收取款项的权利或支付款项的义务为标志来确定本期收入和费用的会计核算基础。凡是当期已经实现的收入和已经发生的或应当负担的费用,不论款项是否收付,都应当作为当期的收入和费用;凡是不属于当期的收入和费用,即使款项已在当期收付,也不应当作为当期的收入和费用。

(二) 收付实现制

收付实现制,是指以款项的实际收付为标志来确定本期收入和支出的会计核算基础。凡是在当期实际收到或付出的款项,无论其是否由本期负担,均应作为当期的收入或支出;凡是未在本期收到或付出的款项,即使其应由本期负担,也不应当作为当期的收入或支出。

第二节 政府会计信息质量要求和计量属性

一、政府会计的信息质量要求

为了满足会计信息使用者的决策需要,保证会计信息质量,必须对会计信息的质量标准做出规定,即制定会计信息质量要求的原则。《政府会计准则——基本准则》中明确提出会计信息质量要求,包括可靠性、相关性、全面性、及时性、可比性、可理解性和实质重于形式。

(一) 可靠性

可靠性是指政府会计主体应当以实际发生的经济业务或者事项为依据进行会计核算,如实反映各项会计要素的情况和结果,保证会计信息真实可靠。可靠性要求政府会计主体在报表中反映的各项信息不能误导信息使用者的判断,不得进行虚假陈述或者误导性陈述。

(二) 相关性

政府会计主体提供的会计信息,应当与反映政府会计主体公共受托责任履行情况以及报告使用者决策或者监督、管理的需要相关,有助于报告使用者对政府会计主体过去、现在或者未来的情况做出评价或者预测。

(三) 全面性

政府会计主体应当将发生的各项经济业务或者事项统一纳入会计核算,确保会计信息能够全面反映政府会计主体预算执行情况和财务状况、运行情况、现金流量等。不全面的会计信息无法达到可靠性的质量要求,全面性要求政府会计主体在符合重要性和成本效益性的原则下无论是对其有利还是不利的信息均进行反映,不能按照主观判断任意取舍,不能随意遗漏或者减少应该披露的信息。

（四）及时性

政府会计主体对已经发生的经济业务或者事项，应当及时进行会计核算，不得提前或者延后。及时性原则要求政府会计主体在收集记录会计信息、处理会计信息、传递和报告会计信息时要及时，企业在实践中往往要在及时性和可靠性中找到平衡点。及时的会计信息能够帮助管理者发现潜在问题，提早采取行动纠正偏差，滞后的会计信息会大大降低其对信息使用者的有用性。

（五）可比性

政府会计主体提供的会计信息应当具有可比性，该可比性要求包括纵向和横向的口径一致。从纵向上看，同一政府会计主体不同时期发生的相同或者相似的经济业务或者事项，应当采用一致的会计政策，不得随意变更。确需变更的，应当将变更的内容、理由和对单位财务状况、预算执行情况的影响在附注中予以说明。从横向上看，不同政府会计主体发生的相同或者相似的经济业务或者事项，应当采用统一的会计政策，确保不同行政、事业单位会计信息口径一致、相互可比。

（六）可理解性

政府会计主体提供的会计信息应当清晰明了，便于会计信息使用者理解和使用。可理解性要求政府会计主体提供能够使除了在该领域拥有一定知识的专业人士之外的一般人群能够看懂和运用的会计信息，只有这样才能达到会计信息的有用性，实现财务报告的目标，满足向投资者等财务报告使用者提供决策有用信息的要求。

（七）实质重于形式

政府会计主体应当按照经济业务或者事项的经济实质进行会计核算，不限于以经济业务或者事项的法律形式为依据。

二、政府会计的计量属性

政府会计的计量属性主要包括以下几个方面。

（一）历史成本

历史成本是最常用的计量属性，它是指资产或负债在交易或获取时的原始成本。这种计量属性的优点是客观、可验证，但缺点是不能反映市场价值的变动。

（二）公允价值

公允价值是指资产或负债在市场上的当前价值。这种计量属性的优点是能够反映市场价值的变动；缺点是可能受到市场波动的影响，而且对于没有活跃市场的资产或负债，公允价值的确定可能存在较大的不确定性。

(三) 现值

现值是指未来现金流的现值,通常用于计量长期资产和长期负债。这种计量属性的优点是能够反映资产或负债的时间价值;缺点是需要预测未来现金流,并确定适当的贴现率,存在一定的不确定性。

(四) 重置成本

重置成本是指替换现有资产所需的成本。这种计量属性主要用于非货币性资产的计量,如固定资产。

无法采用上述计量属性的,采用名义金额(即人民币1元)计量。

第三节 政府会计的会计要素和会计报告

一、政府会计的会计要素

政府会计的会计要素包括政府财务会计要素和政府预算会计要素。政府财务会计要素包括资产、负债、净资产、收入和费用。政府预算会计要素包括预算收入、预算支出和预算结余。

(一) 资产

资产是由政府会计主体过去的经济业务或事项形成的,由政府会计主体控制的,预期能够带来经济利益或者产生服务潜力的经济资源。

(二) 负债

负债是指政府会计主体过去的经济业务或事项形成的,预期会导致经济资源流出政府会计主体的现时义务。

(三) 净资产

净资产是指政府会计主体资产扣除负债后的净额。

(四) 收入

收入是指报告期内导致政府会计主体净资产增加的、含有服务潜力或者经济利益的经济资源的流入。

(五) 费用

费用是指报告期内导致政府会计主体净资产减少的、含有服务潜力或者经济利益的经济资源的流出。

(六) 预算收入

预算收入是指政府会计主体在预算年度内依法取得的并纳入预算管理的现金流入。

(七) 预算支出

预算支出是指政府会计主体在预算年度内依法发生并纳入预算管理的现金流出。

(八) 预算结余

预算结余是指政府会计主体预算年度内预算收入扣除预算支出后的资金余额,以及历年滚存的资金余额,包括结余资金和结转资金。

二、政府会计平衡等式

(一) 财务会计平衡等式

财务会计平衡等式反映的是资产、负债和净资产之间存在的恒等关系。用公式表示为:

$$资产=负债+净资产$$

政府会计主体在业务运作的过程中会取得一定数额的收入,同时也会发生一定数额的费用,收入减去费用后的差额为盈余。盈余是净资产的组成部分。政府财务会计平衡等式是构筑政府会计财务报告的理论基础。

(二) 预算会计平衡等式

预算会计平衡等式反映的是预算收入、预算支出和预算结余之间存在的恒等关系。用公式表示为:

$$预算收入-预算支出=预算结余$$

政府会计主体在业务运作的过程中,会取得一定数额的预算收入,同时也会发生一定数额的预算支出,预算收入减去预算支出后的差额为预算结余。政府预算会计平衡等式是构筑政府会计决算报告的理论基础。

三、政府会计报告

会计报告通常由会计报表、报表附注和财务状况分析说明等组成。会计报表是政府与非营利组织会计主体根据会计账簿数据编制的,以表格形式概括反映会计主体的财务状况和收支情况等的书面文件。政府与非营利组织会计应当根据会计制度规定的内容和格式编制真实、准确、完整的会计报告。

根据《政府会计准则——基本准则》的规定,政府会计主体应当编制财务报告和决算报告。

(一) 政府财务报告

政府财务报告是反映政府会计主体某一特定日期的财务状况、某一会计期间的运行情况和现金流量等信息的文件。政府财务报告应当包括财务报表和其他应当在财务报告中披露的相关信息和资料。

政府财务报告包括政府综合财务报告和政府部门财务报告。政府综合财务报告是指由政府财政部门编制的，反映各级政府整体财务状况、运行情况和财政中长期可持续性的报告。政府部门财务报告是指政府各部门、各单位按规定编制的财务报告，具体包括财务报表和财务分析。

(二) 政府决算报告

政府决算报告是综合反映政府会计主体年度预算收支执行结果的文件。政府决算报告应当包括决算报表和其他应当在决算报告中反映的相关信息和资料。政府决算报告的具体内容及编制要求等，由财政部另行规定。政府决算报告的目标是向决算报告使用者提供与政府预算执行情况有关的信息，综合反映政府会计主体预算收支的年度执行结果，有助于政府决算报告使用者进行监督和管理，并为编制后续年度预算提供参考和依据。

思考题

1. 政府会计核算的基本前提是什么？
2. 简述政府会计的会计信息质量要求。
3. 政府会计核算的原则有哪些？
4. 政府会计的会计要素有哪些？

扫码阅读

第二部分　财政总会计

第三章　财政总会计概述

学习目标

通过本章的学习,熟悉财政总会计的概念及其组成,掌握财政总会计的核算对象、核算目标和核算内容,了解财政总会计的工作任务,在政府会计特点的基础上认识财政总会计的特点,掌握财政总会计的会计要素和会计平衡等式。

第一节　财政总会计的概念和特点

一、财政总会计的概念

财政总会计是各级政府财政核算、反映、监督一般公共预算资金、政府性基金预算资金、国有资本经营预算资金、社会保险基金预算资金以及财政专户管理资金、专用基金和代管资金等资金活动的专业会计。其主体是各级政府,具体包括中央、省、自治区、直辖市及新疆生产建设兵团,设区的市、自治州、县、自治县、不设区的市、市辖区、乡、民族乡、镇等各级政府财政部门总会计。

社会保险基金预算资金的会计核算制度与其他资金不同,由财政部另行规定。

财政总会计是政府预算管理体系的一个重要组成部分,其组成体系与政府预算组成体系一致。《中华人民共和国预算法》规定,国家实行一级政府一级预算,设立中央,省、自治区、直辖市,设区的市、自治州,县、自治县、不设区的市、市辖区,乡、民族乡、镇五级预算。全国预算由中央预算和地方预算组成。地方预算由各省、自治区、直辖市总预算组成。地方各级总预算由本级预算和汇总的下一级总预算组成;下一级只有本级预算的,下一级总预算即指下一级的本级预算。没有下一级预算的,总预算即指本级预算。

二、财政总会计的特点

我国财政总会计主要反映政府财政资金收支调度管理的情况,其资金流动属于整个政府财政资金流动过程的统筹和分配环节,具有资金会计的特性。因此,财政总会计具有如下特点:

(1) 财政总会计应当具备财务会计与预算会计双重功能,实现财务会计与预算会计适度区分并相互衔接,全面清晰地反映政府财政财务信息和预算执行信息。财务会计实行权责发生制。预算会计实行收付实现制。国家法律法规等另有规定的,依照其规定。对于纳入预算管理的财政资金收支业务,在采用预算会计核算的同时应当进行财务会计核算;对于不同预算类型资金间的调入调出、待发国债等业务,仅需进行预算会计核算;对于其他业务,仅需进行财务会计核算。

(2) 没有现金结算业务。财政总会计业务不经手现金,只进行预算资金的收支和划拨。

(3) 无存货、固定资产等实物资产核算业务。财政总会计除了核算反映财政资金的收付以及由此引起的债权、债务外,没有机构会计主体的实物性资产核算业务。

三、财政总会计的核算目标

财政总会计的核算目标是向会计信息使用者提供政府财政预算执行情况、财务状况、运行情况和现金流量等会计信息,反映政府财政受托责任履行情况。

财政总会计的会计信息使用者包括人民代表大会、政府及其有关部门、政府财政部门自身和其他会计信息使用者。

四、财政总会计的工作任务

财政总会计是以国家预算实施为中心,是承接政府预算和执行的桥梁纽带,反映国家预算的执行情况,报告年度国家和地方决算。

财政总会计的职责主要包括以下几个方面:

(1) 进行会计核算。办理政府财政各项预算收支、资产负债以及财政运行的会计核算工作,反映政府财政预算执行情况、财务状况、运行情况和现金流量等。

(2) 严格财政资金收付调度管理。组织办理财政资金的收付、调拨,在确保资金安全性、规范性、流动性前提下,合理调度管理资金,提高资金使用效益。

(3) 规范账户管理。加强对国库单一账户、财政专户、零余额账户和预算单位银行账户等的管理。

(4) 实行会计监督,参与预算管理和财务管理。通过会计核算和反映,进行预算执行情况、财务状况、运行情况和现金流量情况分析,并对财政、部门及其所属单位的预算执行和财务管理情况实行会计监督。

(5) 协调预算收入征收部门、国家金库、国库集中收付代理银行、财政专户开户银行和其他有关部门之间的业务关系。

(6) 组织本地区财政总决算、部门决算、政府财务报告编审和汇总工作。

(7) 组织和指导下级财政总会计工作。

第二节 财政总会计的会计要素和会计科目

一、财政总会计制度

财政部于 2022 年 11 月印发了《财政总会计制度》,共 8 章 66 条,分为总则、会计要素、会计科目、会计结账和结算、会计报表、信息化管理、会计监督和附则。该制度自 2023 年 1 月 1 日起执行。《财政部关于印发〈财政总预算会计制度〉的通知》(财库〔2015〕192 号)同时废止。相比《财政总预算会计制度》,新制度夯实完善以收付实现制为基础的总会计的预算管理功能,建立健全以权责发生制为基础的总会计的财务管理功能,能够更加全面、准确反映政府财政财务情况,有效促进财政经济可持续发展。

该制度适用于中央,省、自治区、直辖市及新疆生产建设兵团,设区的市、自治州,县、自治县、不设区的市、市辖区,乡、民族乡、镇等各级政府财政部门总会计。

社会保险基金预算资金的会计核算不适用本制度,由财政部另行规定。

二、财政总会计要素及平衡等式

会计对象是会计核算和监督的具体内容。会计要素是会计对象的具体分类。财政总会计要素分为财务会计要素和预算会计要素两大类。财务会计要素包括资产、负债、净资产、收入和费用。预算会计要素包括预算收入、预算支出和预算结余(各会计要素的定义、确认与计量见后续章节的具体介绍)。

会计等式是由会计要素所组成的,反映会计要素之间的平衡关系。会计等式的经济内容和数量上的等量关系是资金平衡的理论依据。

在财政总会计要素中,资产、负债、收入和费用都有特定的内涵,净资产要素没有特定的内涵,它只是资产减去负债得出的差额。资产、负债、净资产之间的平衡关系为:

$$资产-负债=净资产$$

政府会计主体在业务运作过程中会取得一定数额的收入,同时也会发生一定数量的费用,收入减去费用之后的差额为盈余。盈余是净资产的组成部分。因此,

$$收入-费用=净资产的变化$$

预算会计要素之间的平衡关系为:

$$预算收入-预算支出=预算结余$$

综上,财政总会计要素共有 8 个,其中财务会计要素 5 个,预算会计要素 3 个。5 个财务会计要素构成了财政总会计主体财务会计报表,3 个预算会计要素构成了财政总会计主体预算会计报表。

三、财政总会计科目表

财政总会计科目表如表 3-1 所示

表 3-1 财政总会计科目表

序 号	科目编号	会计科目名称
一、财务会计科目		
(一)资产类		
1	1001	国库存款
2	1002	其他财政存款
3	1003	国库现金管理资产
	100301	商业银行定期存款
	100399	其他国库现金管理资产
4	1011	有价证券
5	1021	应收非税收入
6	1022	应收股利
7	1031	借出款项
8	1032	与下级往来
9	1033	预拨经费
10	1034	在途款
11	1035	其他应收款
12	1041	应收地方政府债券转贷款
	104101	应收本金
	104102	应收利息
13	1042	应收主权外债转贷款
	104201	应收本金
	104202	应收利息
14	1061	股权投资
	106101	国际金融组织股权投资
	106102	政府投资基金股权投资
	106103	企业股权投资
(二)负债类		
15	2001	应付短期政府债券

续表

序　号	科目编号	会计科目名称
	200101	应付国债
	200102	应付地方政府一般债券
	200103	应付地方政府专项债券
16	2011	应付国库集中支付结余
17	2012	与上级往来
18	2013	其他应付款
19	2014	应付代管资金
20	2015	应付利息
	201501	应付国债利息
	201502	应付地方政府债券利息
	201503	应付地方政府主权外债利息
21	2021	应付长期政府债券
	202101	应付国债
	202102	应付地方政府一般债券
	202103	应付地方政府专项债券
22	2022	借入款项
23	2031	应付地方政府债券转贷款
	203101	应付本金
	203102	应付利息
24	2032	应付主权外债转贷款
	203201	应付本金
	203202	应付利息
25	2041	其他负债

（三）净资产类

序　号	科目编号	会计科目名称
26	3001	累计盈余
	300101	预算管理资金累计盈余
	300102	财政专户管理资金累计盈余
	300103	专用基金累计盈余
27	3011	本期盈余
	301101	预算管理资金本期盈余

续表

序　号	科目编号	会计科目名称
	301102	财政专户管理资金本期盈余
	301103	专用基金本期盈余
28	3021	预算稳定调节基金
29	3022	预算周转金
30	3041	权益法调整
31	3051	以前年度盈余调整
	305101	预算管理资金以前年度盈余调整
	305102	财政专户管理资金以前年度盈余调整
	305103	专用基金以前年度盈余调整
(四) 收入类		
32	4001	税收收入
33	4002	非税收入
34	4011	投资收益
35	4021	补助收入
36	4022	上解收入
37	4023	地区间援助收入
38	4031	其他收入
39	4041	财政专户管理资金收入
40	4042	专用基金收入
(五) 费用类		
41	5001	政府机关商品和服务拨款费用
42	5002	政府机关工资福利拨款费用
43	5003	对事业单位补助拨款费用
44	5004	对企业补助拨款费用
45	5005	对个人和家庭补助拨款费用
46	5006	对社会保障基金补助拨款费用
47	5007	资本性拨款费用
48	5008	其他拨款费用
49	5011	财务费用
	501101	利息费用

续表

序 号	科目编号	会计科目名称
	501102	债务发行兑付费用
	501103	汇兑损益
50	5021	补助费用
51	5022	上解费用
52	5023	地区间援助费用
53	5031	其他费用
54	5041	财政专户管理资金支出
55	5042	专用基金支出

二、预算会计科目

（一）预算收入类

序 号	科目编号	会计科目名称
56	6001	一般公共预算收入
57	6002	政府性基金预算收入
58	6003	国有资本经营预算收入
59	6005	财政专户管理资金收入
60	6007	专用基金收入
61	6011	补助预算收入
	601101	一般公共预算补助收入
	601102	政府性基金预算补助收入
	601103	国有资本经营预算补助收入
	601111	上级调拨
62	6012	上解预算收入
	601201	一般公共预算上解收入
	601202	政府性基金预算上解收入
	601203	国有资本经营预算上解收入
63	6013	地区间援助预算收入
64	6021	调入预算资金
	602101	一般公共预算调入资金
	602102	政府性基金预算调入资金
65	6031	动用预算稳定调节基金
66	6041	债务预算收入

续表

序　号	科目编号	会计科目名称
	604101	国债收入
	604102	一般债务收入
	604103	专项债务收入
67	6042	债务转贷预算收入
	604201	一般债务转贷收入
	604202	专项债务转贷收入
68	6051	待处理收入
	605101	库款资金待处理收入
	605102	专户资金待处理收入
(二)预算支出类		
69	7001	一般公共预算支出
70	7002	政府性基金预算支出
71	7003	国有资本经营预算支出
72	7005	财政专户管理资金支出
73	7007	专用基金支出
74	7011	补助预算支出
	701101	一般公共预算补助支出
	701102	政府性基金预算补助支出
	701103	国有资本经营预算补助支出
	701111	调拨下级
75	7012	上解预算支出
	701201	一般公共预算上解支出
	701202	政府性基金预算上解支出
	701203	国有资本经营预算上解支出
76	7013	地区间援助预算支出
77	7021	调出预算资金
	702101	一般公共预算调出资金
	702102	政府性基金预算调出资金
	702103	国有资本经营预算调出资金
78	7031	安排预算稳定调节基金
79	7041	债务还本预算支出

续表

序　号	科目编号	会计科目名称
	704101	国债还本支出
	704102	一般债务还本支出
	704103	专项债务还本支出
80	7042	债务转贷预算支出
	704201	一般债务转贷支出
	704202	专项债务转贷支出
81	7051	待处理支出

（三）预算结余类

序　号	科目编号	会计科目名称
82	8001	一般公共预算结转结余
83	8002	政府性基金预算结转结余
84	8003	国有资本经营预算结转结余
85	8005	财政专户管理资金结余
86	8007	专用基金结余
87	8031	预算稳定调节基金
88	8033	预算周转金
89	8041	资金结存
	804101	库款资金结存
	804102	专户资金结存
	804103	在途资金结存
	804104	集中支付结余结存
	804105	上下级调拨结存
	804106	待发国债结存
	804107	零余额账户结存
	804108	已结报支出
	804109	待处理结存

财政总会计（以下简称总会计）应当按照下列规定运用会计科目：

（1）总会计应当对有关法律、法规允许进行的经济活动，按照《财政总会计制度》的规定使用会计科目进行核算；不得以《财政总会计制度》规定的会计科目及使用说明作为进行有关经济活动的依据。

（2）总会计应当按照《财政总会计制度》的规定设置和使用会计科目，不需使用的总账科目可以不使用；在不影响会计处理和编报会计报表的前提下，各级总会计可以根据实际情况在该套科目体系下自行增设下级明细科目。

（3）总会计应当执行《财政总会计制度》统一规定的会计科目编号，不得随意打乱重编，以便于填制会计凭证、登记账簿、查阅账目，实行会计信息化管理。

（4）总会计在填制会计凭证、登记会计账簿时，应同时填列会计科目的名称及编号。

（5）总会计设置明细科目或进行明细核算，除遵循《财政总会计制度》规定外，还应当满足政府财政预算管理和财务管理的需要。

思考题

1. 什么是财政总会计？我国财政总会计的核算主体有哪些？
2. 简述财政总会计的特点。
3. 财政总会计科目有哪些，分为哪几类？

扫码阅读

第四章 财政总会计的收入与预算收入核算

学习目标

通过本章的学习，重点掌握财政总会计核算的收入和预算收入的具体内容，对各项收入和预算收入的管理要求以及各项收入和预算收入的会计核算方法。

第一节 财政总会计收入核算

在财政总会计中，收入属于财务会计要素，预算收入属于预算会计要素。收入核算遵循权责发生制的确认与计量原则，预算收入核算则依据收付实现制来确认与计量。

财政总会计核算的收入是指政府财政为实现政府职能，根据法律、法规等所筹集的资金。总会计核算的收入包括税收收入、非税收入、投资收益、转移性收入、其他收入、财政专户管理资金收入和专用基金收入等。

总会计核算的收入，应当按照开具票据金额或实际取得金额进行计量。

一、税收收入

税收收入是指政府财政筹集的纳入本级财政管理的税收收入。税收收入是各级政府最主要的财力来源。

（一）科目设置

各级政府应设置"税收收入"总账科目，核算政府财政筹集的纳入本级财政管理的税收收入。本科目借方表示税收收入的减少或结转，贷方表示取得本级税收收入，平时贷方余额反映本级政府财政税收收入的累计数。期末结转后，本科目应无余额。

财政总会计核算的税收收入，应当参照《2023年政府收支分类科目》中"税收收入"科目进行明细核算。"税收收入"科目一次分为类、款、项、目四级，四级科目逐级递进，内容也逐级细化。《2023年政府收支分类科目》是根据预算管理的需要，在《2022年政府收支分类科目》的基础上修改制定的，自2023年1月1日起施行。

"税收收入"类级科目又分设款级科目，如"增值税"款级科目、"消费税"款级科目等。

(二) 主要账务处理

(1) 收到款项时,各级政府根据当日收入日报表所列本级税收收入数,借记"国库存款"科目,贷记"税收收入"科目。

(2) 年终转账时,各级政府将税收收入科目贷方余额转入本期盈余,借记"税收收入"科目,贷记"本期盈余——预算管理资金本期盈余"科目。

【例4-1】 某市财政总会计收到中国人民银行国库报来的本级税收收入日报表及其所附的收入凭证,列示当日"税收收入——增值税——国内增值税"450 000元,"税收收入——企业所得税——国有保险企业所得税"150 000元,"税收收入——个人所得税——个人所得税"150 000元,"税收收入——房产税——私营企业房产税"30 000元。

财政总会计应编制的财务会计分录为:

借:国库存款	780 000
贷:税收收入——增值税——国内增值税	450 000
税收收入——企业所得税——国有保险企业所得税	150 000
税收收入——个人所得税——个人所得税	150 000
税收收入——房产税——私营企业房产税	30 000

二、非税收入

非税收入是指政府财政筹集的纳入本级财政管理的非税收入,非税收入反映各级政府及其所属部门和单位依法利用行政权力、政府信誉、国家资源、国有资产或提供特定公共服务征收、收取、提取、募集的除税收和政府债务收入以外的财政收入。

(一) 科目设置

各级政府应当设置"非税收入"总账科目,核算政府财政筹集的纳入本级财政管理的非税收入。该科目借方表示非税收入的减少或转出,贷方表示非税收入的增加。该科目平时贷方余额反映本级政府财政非税收入的累计数。期末结转后,本科目应无余额。

财政总会计核算的税收收入,参照《2023年政府收支分类科目》中"非税收入"科目进行明细核算。"非税收入"类级科目又分设款级科目,如专项收入、行政事业性收费收入等。

(二) 主要账务处理

(1) 确认取得非税收入时:

① 按照实际收到的非税收入金额,借记"国库存款"科目,贷记"非税收入"科目。

② 全部实行非税收入电子化管理,非税收入管理部门具备条件提供已开具缴款票据、尚未缴入本级国库的非税收入数据的地区,按照本级应收的非税收入金额,借记"应收非税收入"科目,贷记"非税收入"科目。

(2) 期末,非税收入管理部门应提供已列应收非税收入中确认不能缴库的金额,借记

"非税收入"科目,贷记"应收非税收入"科目。

(3) 年终转账时,本科目贷方余额转入本期盈余,借记"非税收入"科目,贷记"本期盈余——预算管理资金本期盈余"科目。

【例 4-2】 某市财政总会计收到中国人民银行国库报来的本级非税收入日报表及其所附的收入凭证,收取非税收入 100 000 元。

财政总会计应编制的财务会计分录为:

借:国库存款　　　　　　　　　　　　　　　　　　　100 000
　　贷:非税收入　　　　　　　　　　　　　　　　　　　100 000

三、投资收益

投资收益是指政府持有股权投资所实现的收益或发生的损失。

(一) 科目设置

"投资收益"科目核算政府股权投资所实现的收益或发生的损失。本科目可根据管理需要,按照被投资主体进行明细核算。

(二) 主要账务处理

(1) 采用权益法核算。

① 股权投资持有期间,被投资主体实现净损益的,根据股权管理部门提供的资料,按照应享有或应分担的被投资主体实现净损益的份额,借记或贷记"股权投资——损益调整"科目,贷记或借记"投资收益"科目。

② 处置股权投资时,根据股权管理部门提供的资料,按照处置收回的金额,借记"国库存款"科目,按照已宣告尚未领取的现金股利或利润,贷记"应收股利"科目,按照被处置股权投资的账面余额,贷记"股权投资——投资成本、损益调整"科目,按照借贷方差额,贷记或借记"投资收益"科目;同时,按照被处置股权投资对应的"权益法调整"科目账面余额,借记或贷记"权益法调整"科目,贷记或借记"股权投资——其他权益变动"科目。

③ 企业破产清算时,按照缴入国库清算收入的金额,借记"国库存款"科目,按照破产清算股权投资的账面余额,贷记"股权投资——投资成本、损益调整"科目,按照其差额,借记或贷记"投资收益"科目;同时,按照破产清算企业股权投资对应的"权益法调整"科目账面余额,借记或贷记"权益法调整"科目,贷记或借记"股权投资——其他权益变动"科目。

(2) 采用成本法核算。

① 股权投资持有期间,被投资主体宣告发放现金股利或利润的,根据股权管理部门提供的资料,按照应上缴政府财政的部分,借记"应收股利"科目,贷记"投资收益"科目。

② 收到现金股利或利润时,按照实际收到的金额,借记"国库存款"科目,贷记"应收股利"科目;按照实际收到金额中未宣告发放的现金股利或利润,借记"应收股利"科目,贷记"投资收益"科目。

③ 处置股权投资时,按照收回的金额,借记"国库存款"科目,按照已宣告尚未领取

的现金股利或利润,贷记"应收股利"科目,按照股权投资账面余额,贷记"股权投资——投资成本"科目,按照借贷方差额,贷记或借记"投资收益"科目。

④ 企业破产清算时,根据股权管理部门提供的资料,按照缴入国库清算收入的金额,借记"国库存款"科目,按照破产清算股权投资的账面余额,贷记"股权投资——投资成本"科目,按照其差额,借记或贷记"投资收益"科目。

(3) 年终转账时,本科目余额转入本期盈余,借记或贷记"投资收益"科目,贷记或借记"本期盈余——预算管理资金本期盈余"科目。期末结转后,本科目应无余额。

四、转移性收入

转移性收入是指在各级政府财政之间进行资金调拨所形成的收入,包括补助收入、上解收入和地区间援助收入等。其中,补助收入是指上级政府财政按照财政体制规定或专项需要补助给本级政府财政的款项。上解收入是指按照财政体制规定或专项需要由下级政府财政上交给本级政府财政的款项。地区间援助收入是指受援方政府财政收到援助方政府财政转来的可统筹使用的各类援助、捐赠等资金收入。

转移性收入是指根据财政管理体制规定,在各级财政间进行资金转移以及在本级财政各项资金间进行资金调剂所形成的收入。例如,下级财政收到上级财政的一般性转移支付收入、专项转移支付收入,本级公共财政预算从政府性基金预算中调入一部分资金等,都会形成转移性收入,相对应的一方形成转移性支出。按照《政府收支分类科目》,转移性收入是与税收收入、非税收入、债务收入相并列的一个收入种类,属于类级科目。按照政府财政总预算的种类,转移性收入还可以分别有属于公共财政预算的转移性收入、属于政府性基金预算的转移性收入。目前,国有资本经营预算和社会保险基金预算没有设置转移性收入科目。

(一) 补助收入

1. 科目设置

"补助收入"科目核算上级政府财政按照财政体制规定或专项需要补助给本级政府财政的款项,包括税收返还、转移支付等。

本科目平时贷方余额反映本级政府财政取得补助收入的累计数。

2. 主要账务处理

(1) 年终与上级政府财政结算时,按照结算确认的应当由上级政府补助的收入数,借记"与上级往来"科目,贷记"补助收入"科目。退还或核减补助收入时,借记"补助收入"科目,贷记"与上级往来"科目。

(2) 年终转账时,本科目贷方余额转入本期盈余,借记"补助收入"科目,贷记"本期盈余——预算管理资金本期盈余"科目。期末结转后,本科目应无余额。

(二) 上解收入

1. 科目设置

"上解收入"科目核算按照财政体制规定或专项需要由下级政府财政上交给本级政府

财政的款项。本科目平时贷方余额反映上解收入的累计数。

本科目可根据管理需要,按照上解地区进行明细核算。

2. 主要账务处理

(1) 年终与下级政府财政结算时,按照结算确认的应上解金额,借记"与下级往来"科目,贷记"上解收入"科目。退还或核减上解收入时,借记"上解收入"科目,贷记"与下级往来"科目。

(2) 年终转账时,本科目贷方余额转入本期盈余,借记"上解收入"科目,贷记"本期盈余——预算管理资金本期盈余"科目。期末结转后,本科目应无余额。

(三) 地区间援助收入

1. 科目设置

"地区间援助收入"科目核算受援方政府财政收到援助方政府财政转来的可统筹使用的各类援助、捐赠等资金收入。援助方政府已列"地区间援助费用"科目的援助、捐赠等资金,受援方通过本科目核算。本科目平时贷方余额反映地区间援助收入的累计数。

本科目可根据管理需要,按照援助地区等进行明细核算。

2. 主要账务处理

(1) 收到援助方政府财政转来的资金时,借记"国库存款"科目,贷记"地区间援助收入"科目。

(2) 年终转账时,本科目贷方余额转入本期盈余,借记"地区间援助收入"科目,贷记"本期盈余——预算管理资金本期盈余"科目。期末结转后,本科目应无余额。

五、其他收入

其他收入是指政府财政从其他渠道调入资金、豁免主权外债偿还责任,以及无偿取得股权投资等产生的收入。

(一) 科目设置

"其他收入"科目核算政府财政除税收收入、非税收入、投资收益、补助收入、上解收入、地区间援助收入、财政专户管理资金收入、专用基金收入以外的各项收入,包括从其他渠道调入资金、豁免主权外债偿还责任以及无偿取得股权投资等产生的收入。

本科目平时贷方余额反映本级政府财政其他收入的累计数。本科目可根据管理需要,按照其他收入类别等进行明细核算。

(二) 主要账务处理

(1) 从其他渠道调入资金时,按照调入的金额,借记"国库存款"科目,贷记"其他收入"科目。

(2) 债权人豁免政府财政承担的主权外债时,政府财政按照减少的债务金额,借记"借入款项"等科目,贷记"其他收入"科目。

(3) 无偿划入股权投资时,账务处理参照"股权投资"科目使用说明中权益法和成本法下对应业务的账务处理。

(4) 年终转账时,本科目贷方余额转入本期盈余,借记"其他收入"科目,贷记"本期盈余——预算管理资金本期盈余"科目。期末结转后,本科目应无余额。

六、财政专户管理资金收入

财政专户管理资金收入是指未纳入预算并实行财政专户管理的资金收入,目前主要是各种教育收费收入。按照《政府收支分类科目》,目前反映教育部门教育收费的科目主要有普通高中学费、普通高中住宿费、中等职业学校学费、中等职业学校住宿费、高等学校学费、高等学校住宿费、高等学校委托培养费、函大电大夜大及短训班培训费、考试考务费、中央广播电视大学中专学费等。教育部门收取的各种教育收费属于教育行政事业性收费收入,相应款项缴入财政专户,实行财政专户管理。财政部门通过财政专户返还给教育部门的教育收费,教育部门作为事业收入处理。

其他相关部门的教育收费,分别在相应的行政事业性收费收入科目下开设教育收费明细科目。例如,公安行政事业性收费收入、法院行政事业性收费收入、财政行政事业性收费收入、审计行政事业性收费收入、税务行政事业性收费收入、海关行政事业性收费收入、体育行政事业性收费收入、卫生行政事业性收费收入等科目下分别开设教育收费明细科目,反映相应部门收取的缴入财政专户、实行专项管理的教育收费。

党校行政事业性收费收入科目下开设了函授学院办学收费、委托培养在职研究生学费短期培训进修费、教材费等教育收费明细科目,分别反映各项纳入财政专户管理的资金收入。

缴入财政专户的教育收费也属于政府的非税收入,但相应款项缴入财政部门在商业银行开设的财政专户中,而不是缴入财政部门在中国人民银行开设的国库中。尽管如此,教育收费的收缴管理仍然比照纳入政府预算的非税收入收缴管理制度执行。教育收费应当严格按照国家规定的范围和标准进行收取,不能随意扩大收费范围、提高收费标准。各级财政部门和执收单位应当加强对教育收费的管理。

(一) 科目设置

"财政专户管理资金收入"科目核算政府财政纳入财政专户管理的教育收费等资金收入。本科目平时贷方余额反映财政专户管理资金收入的累计数。本科目可根据管理需要,按照预算单位等进行明细核算。

(二) 主要账务处理

(1) 收到财政专户管理资金时,借记"其他财政存款"科目,贷记"财政专户管理资金收入"科目。

(2) 年终转账时,本科目贷方余额转入本期盈余,借记"财政专户管理资金收入"科目,贷记"本期盈余——财政专户管理资金本期盈余"科目。期末结转后,本科目应无余额。

七、专用基金收入

专用基金收入是指政府财政根据法律法规等规定设立的各项专用基金(包括粮食风险基金等)取得的资金收入。

(一) 科目设置

"专用基金收入"科目核算政府财政按照法律法规和国务院、财政部规定设置或取得的粮食风险基金等专用基金收入。本科目平时贷方余额反映本级政府财政专用基金收入的累计数。本科目可根据管理需要,按照专用基金的种类进行明细核算。

(二) 主要账务处理

(1) 取得专用基金收入转入财政专户时,借记"其他财政存款"科目,贷记"专用基金收入"科目。退回取得的专用基金收入时,借记"专用基金收入"科目,或"以前年度盈余调整——专用基金以前年度盈余调整"科目,贷记"其他财政存款"科目。

(2) 通过费用安排取得专用基金收入仍留存国库的,借记有关费用科目,贷记"专用基金收入"科目。

(3) 年终转账时,本科目贷方余额转入本期盈余,借记"专用基金收入"科目,贷记"本期盈余——专用基金本期盈余"科目。期末结转后,本科目应无余额。

第二节 财政总会计预算收入核算

总会计核算的预算收入包括一般公共预算收入、政府性基金预算收入、国有资本经营预算收入、财政专户管理资金收入、专用基金收入、转移性预算收入、动用预算稳定调节基金、债务预算收入、债务转贷预算收入和待处理收入等。预算收入一般在实际取得时予以确认,以实际取得的金额计量。

一、一般公共预算收入

一般公共预算收入是指政府财政筹集纳入本级一般公共预算管理的税收收入和非税收入。

(一) 科目设置

各级政府应当设置"一般公共预算收入"总账科目,核算政府财政筹集的纳入本级一般公共预算管理的税收收入和非税收入。本科目借方表示一般公共预算收入的减少或结转,贷方表示取得一般公共预算收入,平时贷方余额反映本级一般公共预算收入的累计数。期末结转后,本科目应无余额。

财政总会计核算的一般公共预算收入,应当参照《2023年政府收支分类科目》中"一般公共预算收入"科目进行明细核算。"一般公共预算收入"科目一次分为类、款、项、目四级,四级科目逐级递进,内容也逐级细化。《2023年政府收支分类科目》是根据预算管理的需要,在《2022年政府收支分类科目》的基础上修改制定的,自2023年1月1日起施行。一般而言,《政府收支分类科目》每年都会根据经济社会发展的情况修改,以适应预算管理的需要。

(二) 主要账务处理

(1) 收到款项时,根据当日预算收入日报表所列一般公共预算本级收入数,借记"资金结存——库款资金结存"科目,贷记本科目。

(2) 年终转账时,本科目贷方余额转入一般公共预算结转结余,借记本科目,贷记"一般公共预算结转结余"科目。

【例4-3】 某市财政总会计收到中国人民银行国库报来的本级税收收入日报表及其所附的收入凭证,列示当日"税收收入——增值税——国内增值税"450 000元,"税收收入——企业所得税——国有保险企业所得税"150 000元,"税收收入——个人所得税——个人所得税"150 000元,"税收收入——房产税——私营企业房产税"30 000元。

财政总会计应编制的财务会计分录为:

借:国库存款	780 000
贷:税收收入——增值税——国内增值税	450 000
税收收入——企业所得税——国有保险企业所得税	150 000
税收收入——个人所得税——个人所得税	150 000
税收收入——房产税——私营企业房产税	30 000

同时,应编制的预算会计分录为:

借:资金结存	780 000
贷:一般公共预算收入	780 000

二、政府性基金预算收入

政府性基金预算收入是指政府财政筹集纳入本级政府性基金预算管理的非税收入。

政府性基金预算本级收入是指各级人民政府及其所属部门根据法律、行政法规规定并经国务院或财政部批准,向公民、法人和其他组织征收的政府性基金,以及参照政府性基金管理或纳入政府性基金预算、具有特定用途的财政资金。其中,政府性基金是指各级人民政府及其所属部门根据法律、行政法规和中共中央、国务院文件规定,为支持特定公共基础设施建设和公共事业发展,向公民、法人和其他组织无偿征收的具有专项用途的财政资金。政府性基金预算纳入政府的财政预算。

财政总会计核算的政府性基金预算收入,按照《政府收支分类科目》分设类、款、项、目四级,各级科目逐级递进,内容也逐级细化。根据现行《政府收支分类科目》,非税收入类级科目下设政府性基金收入款级科目。该款级科目下按政府性基金的种类或项目名称设项级科目,项级科目下再分设目级科目。

(一) 科目设置

"政府性基金预算收入"科目核算政府财政筹集的纳入本级政府性基金预算管理的非

税收入。本科目平时贷方余额反映本级政府性基金预算收入的累计数。本科目应根据《政府收支分类科目》中"政府性基金预算收入"科目进行明细核算。

(二) 主要账务处理

(1) 收到款项时,根据当日预算收入日报表所列政府性基金预算本级收入数,借记"资金结存——库款资金结存"科目,贷记"一般公共预算收入"科目。

(2) 年终转账时,本科目贷方余额转入政府性基金预算结转结余,借记"政府性基金预算收入"科目,贷记"政府性基金预算结转结余"科目。期末结转后,本科目应无余额。

三、国有资本经营预算收入

国有资本经营预算收入是指政府财政筹集纳入本级国有资本经营预算管理的非税收入,主要包括国有独资企业按规定上缴国家的利润、国有控股或参股企业国有股权股份获得的股利股息、企业国有产权或国有股份的转让收入以及国有独资企业清算净收入、国有控股或参股企业国有股权股份分享的公司清算净收入等。

财政总会计核算的国有资本经营预算本级收入,应当按照《政府收支分类科目》中的国有资本经营预算收入科目进行分类。国有资本经营预算收入科目分设类、款、项、目四级,各级科目逐级递进,内容也逐级细化。国有资本经营预算收入科目的类级科目为非税收入,款级科目为国有资本经营收入。款级科目下按国有资本经营收入的来源渠道设置项级科目和目级科目。国有资本经营预算收入科目下没有转移性收入科目。

(一) 科目设置

"国有资本经营预算收入"科目核算政府财政筹集的纳入本级国有资本经营预算管理的非税收入。本科目应根据《政府收支分类科目》中"国有资本经营预算收入"科目进行明细核算。本科目平时贷方余额反映本级国有资本经营预算收入的累计数。

(二) 主要账务处理

(1) 收到款项时,根据当日预算收入日报表所列国有资本经营预算本级收入数,借记"资金结存——库款资金结存"科目,贷记"国有资本经营预算收入"科目。

(2) 年终转账时,本科目贷方余额转入国有资本经营预算结转结余,借记"国有资本经营预算收入"科目,贷记"国有资本经营预算结转结余"科目。期末结转后,本科目应无余额。

四、财政专户管理资金收入

财政专户管理资金收入是指政府财政纳入财政专户管理的教育收费等资金收入。

(一) 科目设置

"财政专户管理资金收入"科目核算政府财政纳入财政专户管理的教育收费等资金收入。本科目平时贷方余额反映财政专户管理资金收入的累计数。本科目应根据《政府收支分类科目》中收入分类科目进行明细核算。同时,根据管理需要,按预算单位等进行明细核算。

(二) 主要账务处理

(1) 收到财政专户管理资金收入时,借记"资金结存——专户资金结存"科目,贷记"财政专户管理资金收入"科目。

(2) 年终转账时,本科目贷方余额转入财政专户管理资金结余,借记"财政专户管理资金收入"科目,贷记"财政专户管理资金结余"科目。期末结转后,本科目应无余额。

五、专用基金收入

专用基金收入是指政府财政根据法律法规等规定设立各项专用基金(包括粮食风险基金等)取得的资金收入。

(一) 科目设置

"专用基金收入"科目核算本级政府财政按照法律法规和国务院、财政部规定设置或取得的粮食风险基金等专用基金收入。本科目应按照专用基金种类进行明细核算。本科目平时贷方余额反映取得专用基金收入的累计数。

(二) 主要账务处理

(1) 通过预算支出安排取得专用基金收入并将资金转入财政专户的,借记"资金结存——专户资金结存"科目,贷记"专用基金收入"科目;同时,借记"一般公共预算支出"等科目,贷记"资金结存——库款资金结存"等科目。退回专用基金收入时,做相反的会计分录。

(2) 通过预算支出安排取得专用基金收入,资金仍留存国库的,借记"一般公共预算支出"等科目,贷记"专用基金收入"科目。

(3) 年终转账时,本科目贷方余额转入专用基金结余,借记"专用基金收入"科目,贷记"专用基金结余"科目。期末结转后,本科目应无余额。

六、转移性预算收入

转移性预算收入是指在各级政府财政之间进行资金调拨以及在本级政府财政不同类型资金之间调剂所形成的收入,包括补助预算收入、上解预算收入、地区间援助预算收入和调入预算资金等。

(一) 补助预算收入

补助预算收入是指上级政府财政按照财政体制规定或专项需要补助给本级政府财政的款项,包括返还性收入、一般性转移支付收入和专项转移支付收入等。

1. 科目设置

本科目核算上级政府财政按照财政体制规定或专项需要补助给本级政府财政的款项,包括税收返还、一般性转移支付和专项转移支付等。

本科目平时贷方余额反映本级政府财政收到上级政府财政调拨资金的累计数。

本科目下应设置"一般公共预算补助收入""政府性基金预算补助收入""国有资本经营预算补助收入""上级调拨"明细科目,可根据《政府收支分类科目》规定进行明细核算。其中,"一般公共预算补助收入"科目核算本级政府财政收到上级政府财政的一般公共预算转移支付收入;"政府性基金预算补助收入"科目核算本级政府财政收到上级政府财政的政府性基金转移支付收入;"国有资本经营预算补助收入"科目核算本级政府财政收到上级政府财政的国有资本经营预算转移支付收入;"上级调拨"科目核算年度执行中,本级政府财政收到暂不能明确资金类别的上级政府财政调拨资金或按年终结算应确认事项金额。

2. 主要账务处理

(1) 年度执行中,收到上级政府财政调拨的资金时,按照实际收到的金额,借记"资金结存——库款资金结存"科目,贷记"补助预算收入——上级调拨"等科目。专项转移支付资金实行特设专户管理的,收到资金时按照实际收到的金额,借记"资金结存——专户资金结存"科目,贷记"补助预算收入——上级调拨"科目。

有主权外债业务的财政部门,贷款资金由本级政府财政同级预算单位使用,且贷款的最终还款责任由上级政府财政承担的,本级政府财政部门收到贷款资金时,借记"资金结存——专户资金结存"科目,贷记"补助预算收入——上级调拨"科目;外方或上级政府财政将贷款资金直接支付给供应商或用款单位时,借记"一般公共预算支出"科目,贷记"补助预算收入——上级调拨"等科目;上级政府财政豁免本级政府财政主权外债,根据债务管理部门提供的有关资料和有关预算文件,借记"资金结存——上下级调拨结存"科目,贷记"补助预算收入——上级调拨"科目。

(2) 根据预算管理需要,本级政府财政向上级政府财政归还资金时,按照实际转出的金额,借记"补助预算收入——上级调拨"科目,贷记"资金结存——库款资金结存"科目。

(3) 年终两级财政办理结算以后,根据预算管理部门提供的结算单确认上级补助预算收入,借记"补助预算收入——上级调拨"科目,贷记"补助预算收入——一般公共预算补助收入""补助预算收入——政府性基金预算补助收入""补助预算收入——国有资本经营预算补助收入"等科目;两级财政年终结算中发生应上缴上级政府财政款项时,借记"上解预算支出"等科目,贷记"补助预算收入——上级调拨"等科目。

(4) 完成上述结转以后,将本科目下各明细科目余额分别结转至相应的预算结余类科目,借记本科目,贷记"一般公共预算结转结余""政府性基金预算结转结余""国有资本经营预算结转结余""资金结存——上下级调拨结存"等科目。期末结转后,本科目应无余额。

(二) 上解预算收入

上解预算收入是指按照财政体制规定或专项需要由下级政府财政上缴给本级政府财政的款项。

1. 科目设置

本科目核算按照财政体制规定或专项需要由下级政府财政上缴给本级政府财政的款项。

本科目平时贷方余额反映上解收入的累计数。

本科目下应按照不同资金性质设置"一般公共预算上解收入""政府性基金预算上解收入""国有资本经营预算上解收入"明细科目,并按照上解地区进行明细核算。

2. 主要账务处理

(1) 年终与下级政府财政结算时,根据预算管理部门提供的有关资料,按照尚未收到的上解款金额,借记"补助预算支出——调拨下级"科目,贷记本科目。

(2) 年终转账时,本科目贷方余额应根据不同资金性质分别转入相应的结转结余科目,借记本科目,贷记"一般公共预算结转结余""政府性基金预算结转结余""国有资本经营预算结转结余"等科目。期末结转后,本科目应无余额。

(三) 地区间援助预算收入

地区间援助预算收入是指受援方政府财政收到援助方政府财政转来的可统筹使用的各类援助、捐赠等资金收入。

1. 科目设置

本科目核算受援方政府财政收到援助方政府财政转来的可统筹使用的各类援助、捐赠等资金收入。援助方政府已列"地区间援助预算支出"科目的援助、捐赠等资金,受援方通过本科目核算。

本科目应根据管理需要,按照援助地区等进行明细核算。

本科目平时贷方余额反映地区间援助收入的累计数。

2. 主要账务处理

(1) 收到援助方政府财政转来的资金时,借记"资金结存——库款资金结存"科目,贷记本科目。

(2) 年终转账时,本科目贷方余额转入一般公共预算结转结余,借记本科目,贷记"一般公共预算结转结余"科目。期末结转后,本科目应无余额。

(四) 调入预算资金

调入预算资金是指政府财政为平衡某类预算收支,从其他类型预算资金及其他渠道调入的资金。

1. 科目设置

本科目核算政府财政为平衡某类预算收支、从其他类型预算资金及其他渠道调入的资金。

本科目下应按照不同资金性质设置"一般公共预算调入资金""政府性基金预算调入资金"明细科目。本科目平时贷方余额反映调入预算资金的累计数。

2. 主要账务处理

(1) 从其他类型预算资金及其他渠道调入一般公共预算时,按照调入或实际收到的金额,借记"调出预算资金——政府性基金预算调出资金""调出预算资金——国有资本经营预算调出资金""资金结存——库款资金结存"等科目,贷记"调入预算资金——一般公共预算调入资金"科目。

(2) 从其他类型预算资金及其他渠道调入政府性基金预算时,按照调入或实际收到的资金金额,借记"资金结存——库款资金结存"等科目,贷记"调入预算资金——政府性基金预算调入资金"科目。

(3) 年终转账时,本科目贷方余额按明细科目分别转入相应的结转结余科目,借记本科目,贷记"一般公共预算结转结余""政府性基金预算结转结余"等科目。期末结转后,本科目无余额。

七、动用预算稳定调节基金

动用预算稳定调节基金是指政府财政为弥补一般公共预算收支缺口动用的预算稳定调节基金。

(一) 科目设置

本科目核算政府财政为弥补本年度预算资金不足,动用的预算稳定调节基金。
本科目平时贷方余额反映动用预算稳定调节基金的累计数。期末结转后,本科目应无余额。

(二) 主要账务处理

(1) 动用预算稳定调节基金时,借记"预算稳定调节基金"科目,贷记本科目。

(2) 年终转账时,本科目贷方余额转入一般公共预算结转结余,借记本科目,贷记"一般公共预算结转结余"科目。

八、债务预算收入

债务预算收入是指政府财政根据法律法规等规定,通过发行债券、向外国政府和国际金融组织借款等方式筹集的纳入预算管理的资金收入。政府公共财政预算可以编制赤字预算,即公共财政预算收不抵支的差额,可以通过发行政府债券弥补。政府性基金预算和国有资本经营预算以收支平衡为原则,不列赤字。债务预算收入还形成政府需要偿还的债务,因此,债务预算收入也需要作为政府的负债予以记录,包括正式的会计分录记录或者备查账簿记录。

(一) 科目设置

本科目核算政府财政根据法律法规等规定,通过发行债券、向外国政府和国际金融组织借款等方式筹集的纳入预算管理的债务收入。本科目平时贷方余额反映债务预算收入的累计数。

(二) 主要账务处理

(1) 省级以上(含省级)政府财政收到政府债券发行收入时,按照实际收到的金额,借记"资金结存——库款资金结存"科目,按照政府债券实际发行额,贷记本科目,按照其差额,借记或贷记有关支出科目。

(2) 中央财政发生国债随卖业务时,按照实际收到的金额,借记"资金结存——库款资金结存"科目;根据国债随卖确认文件等相关债券管理资料,按照国债随卖面值,贷记本科目,按照实际收到金额与面值的差额,借记或贷记"一般公共预算支出"科目。

(3) 按定向承销方式发行的政府债券,根据债务管理部门转来的债券发行文件等有关资料进行确认,由本级政府财政承担还款责任,贷款资金由本级政府财政同级部门使用的,借记"债务还本预算支出"科目,贷记本科目;转贷下级政府财政的,借记"债务转贷预算支出"科目,贷记本科目。

(4) 政府财政向外国政府、国际金融组织等机构借款时,按照实际提款的外币金额和即期汇率折算的人民币金额,借记"资金结存——库款资金结存""资金结存——专户资金结存"等科目,贷记本科目。

(5) 本级政府财政借入主权外债,且由外方或上级政府财政将贷款资金直接支付给用款单位或供应商时,应根据以下情况分别处理:

① 本级政府财政承担还款责任,贷款资金由本级政府财政同级部门使用的,本级政府财政根据贷款资金支付有关资料,借记"一般公共预算支出"科目,贷记本科目。

② 本级政府财政承担还款责任,贷款资金由下级政府财政同级部门使用的,本级政府财政根据贷款资金支付有关资料及预算文件,借记"补助预算支出——调拨下级"等科目,贷记本科目。

③ 下级政府财政承担还款责任,贷款资金由下级政府财政同级部门使用的,本级政府财政根据贷款资金支付有关资料,借记"债务转贷预算支出"科目,贷记本科目。

(6) 年终转账时,本科目下"国债收入""一般债务收入"的贷方余额转入一般公共预算结转结余,借记"债务预算收入——国债收入""债务预算收入——一般债务收入"科目,贷记"一般公共预算结转结余"科目;本科目下"专项债务收入"的贷方余额转入政府性基金预算结转结余,借记"债务预算收入——专项债务收入"科目,贷记"政府性基金预算结转结余"科目,可根据预算管理需要,按照专项债务对应的政府性基金预算收入科目分别转入"政府性基金预算结转结余"相应明细科目。期末结转后,本科目应无余额。

九、债务转贷预算收入

债务转贷预算收入是指本级政府财政收到上级政府财政转贷的债务收入。

(一) 科目设置

本科目核算省级以下(不含省级)政府财政收到上级政府财政转贷的债务收入。

本科目应设置"一般债务转贷收入""专项债务转贷收入"明细科目,并根据《政府收支分类科目》中"债务转贷收入"科目进行明细核算。

本科目平时贷方余额反映债务转贷预算收入的累计数。

(二) 主要账务处理

(1) 省级以下(不含省级)政府财政收到地方政府债券转贷收入时,按照实际收到的金额或债务管理部门确认的金额,借记"资金结存——库款资金结存""补助预算收入——上级调拨"等科目,贷记本科目;按照实际收到的金额与债务管理部门确认的到期应偿还转贷款本金之间的差额,借记或贷记有关支出科目。

(2) 以定向承销方式转贷的地方政府债券,省级以下(不含省级)政府财政根据债务管理部门提供的有关资料进行确认,借记"债务还本预算支出"科目,贷记本科目。

(3) 省级以下(不含省级)政府财政收到主权外债转贷收入的具体账务处理如下:

① 本级财政收到主权外债转贷资金时,借记"资金结存——库款资金结存""资金结存——专户资金结存"科目,贷记本科目。

② 从上级政府财政借入主权外债转贷款,且由外方或上级政府财政将贷款资金直接支付给用款单位或供应商时,应根据以下情况分别处理:

a. 本级政府财政承担还款责任,贷款资金由本级政府财政同级部门使用的,本级政府财政根据贷款资金支付有关资料,借记"一般公共预算支出"科目,贷记本科目。

b. 本级政府财政承担还款责任,贷款资金由下级政府财政同级部门使用的,本级政府财政根据贷款资金支付有关资料及预算文件,借记"补助预算支出——调拨下级"等科目,贷记本科目。

c. 下级政府财政承担还款责任,贷款资金由下级政府财政同级部门使用的,本级政府财政根据转贷资金支付有关资料,借记"债务转贷预算支出"科目,贷记本科目;下级政府财政根据贷款资金支付有关资料,借记"一般公共预算支出"科目,贷记本科目。

(4) 年终转账时,本科目下"一般债务转贷收入"明细科目的贷方余额转入一般公共预算结转结余,借记本科目,贷记"一般公共预算结转结余"科目;本科目下"专项债务转贷收入"明细科目的贷方余额转入政府性基金预算结转结余,借记本科目,贷记"政府性基金预算结转结余"科目,可根据预算管理需要,按照专项债务对应的政府性基金预算收入科目分别转入"政府性基金预算结转结余"相应明细科目。期末结转后,本科目应无余额。

【例 4-4】 某市财政发行一笔 5 年期地方政府一般债券 10 000 000 元,发行利率为 3%。债券发行收入现已收入账。总会计应编制的会计分录如下:

在财务会计中:

借:国库存款   10 000 000

  贷:应付长期政府债券   10 000 000

同时,在预算会计中:

借:资金结存——库款资金结存   10 000 000

  贷:债务预算收入   10 000 000

十、待处理收入

待处理收入是指本级政府财政收回的部门预算结转结余资金和转移支付结转资金。

（一）科目设置

本科目核算本级政府财政收回的结转结余资金。本科目下应设置"库款资金待处理收入""专户资金待处理收入"明细科目。本科目平时贷方余额反映待处理收入的累计数。

（二）主要账务处理

（1）收到收回的结转结余资金时，借记"资金结存——库款资金结存"等科目，贷记本科目。

（2）收回的结转结余资金，财政部门按原预算科目使用的，实际安排支出时，借记本科目或"资金结存——待处理结存"科目，贷记"资金结存——库款资金结存"科目。

（3）收回的结转结余资金，财政部门调整预算科目使用的，实际安排支出时，借记本科目或"资金结存——待处理结存"科目，按原结转预算科目，贷记"一般公共预算支出"等科目；同时，按实际支出预算科目，借记"一般公共预算支出"等科目，贷记"资金结存——库款资金结存"等科目。

（4）年终，本科目贷方余额转入资金结存，借记本科目，贷记"资金结存——待处理结存"科目。期末结转后，本科目应无余额。

思考题

1. 什么是财政总会计核算的收入？具体包括哪些内容？
2. 什么是财政总会计核算的预算收入？具体包括哪些内容？
3. 什么是一般公共预算收入？一般公共预算收入是如何分类的？按照现行《政府收支分类科目》，"一般公共预算收入"科目共分设几级？
4. 一般公共预算收入的收缴方式和程序是怎样的？
5. 什么是政府性基金预算收入？政府性基金预算收入是如何分类的？按照现行《政府收支分类科目》，"政府性基金预算收入"科目共分设几级？
6. 什么是国有资本经营预算收入？国有资本经营预算收入是如何分类的？按照现行《政府收支分类科目》，"国有资本经营预算收入"科目共分设几级？
7. 什么是专用基金收入？它与政府性基金预算收入在管理要求上有什么不同？
8. 什么是转移性预算收入？
9. 什么是债务预算收入？什么是债务转贷预算收入？两者有什么异同？

第五章
财政总会计的费用与预算支出核算

> **学习目标**
>
> 通过本章的学习,掌握财政总会计核算的费用的概念及其包含的内容,掌握财政总会计核算的预算支出的概念及其包含的内容,掌握各项费用和预算支出的核算方法,了解各类支出的支付形式和分类。

第一节 财政总会计费用核算

总会计核算的费用,应当按照承担支付义务金额或实际发生金额进行计量。它主要包括政府机关商品和服务拨款费用、政府机关工资福利拨款费用、对事业单位补助拨款费用、对企业补助拨款费用、对个人和家庭补助拨款费用、对社会保障基金补助拨款费用、资本性拨款费用、其他拨款费用、财务费用、转移性费用、其他费用、财政专户管理资金支出、专用基金支出等。

一、政府机关商品和服务拨款费用

政府机关商品和服务拨款费用是指本级政府财政拨付给机关和参照公务员法管理的事业单位(以下简称参公事业单位)购买商品和服务的各类费用,不包括用于购置固定资产、战略性和应急性物资储备等资本性拨款费用。

(一)科目设置

"政府机关商品和服务拨款费用"科目核算本级政府财政拨付给机关和参公事业单位购买商品和服务的各类费用,不包括用于购置固定资产、战略性和应急性物资储备等资本性拨款费用。

"政府机关商品和服务拨款费用"科目平时借方余额反映本级政府机关商品和服务拨款费用的累计数。期末结转后,本科目应无余额。本科目可根据管理需要,参照《政府收支分类科目》中支出经济分类科目,按照预算单位和项目等进行明细核算。

(二) 主要账务处理

(1) 实际发生政府机关商品和服务拨款费用时,借记本科目,贷记"国库存款"科目。

(2) 当年政府机关商品和服务拨款费用发生退回时,按照实际收到的退回金额,借记"国库存款"科目,贷记本科目。

(3) 年终转账时,本科目借方余额转入本期盈余,借记"本期盈余——预算管理资金本期盈余"科目,贷记本科目。期末结转后,本科目应无余额。

【例 5-1】 2×22年12月2日,某市财政总会计收到国库支付执行机构和中国人民银行国库报来的相关凭证,表明当日实际发生政府机关商品和服务拨款费用共计5 000 000元。其中,纳入一般公共预算管理的资金支出3 000 000元,纳入政府性基金预算的资金支出2 000 000元。总会计应编制的财务会计分录如下:

借:政府机关商品和服务拨款费用——一般公共预算管理资金　　3 000 000
　　　　　　　　　　　　　　　　——政府性基金预算资金　　　2 000 000
　贷:国库存款　　　　　　　　　　　　　　　　　　　　　　　5 000 000

【例 5-2】 2×22年2月2日,某市财政收到有关部门报来的凭证表明,收到当年发生的政府机关商品和服务拨款费用退款10 000元,款项现已退回至国库。该项费用在资金性质上属于政府性基金预算支出。总会计应编制的财务会计分录如下:

借:国库存款　　　　　　　　　　　　　　　　　　　　　　　　10 000
　贷:政府机关商品和服务拨款费用　　　　　　　　　　　　　　　10 000

二、政府机关工资福利拨款费用

政府机关工资福利拨款费用是指本级政府财政拨付给机关和参公事业单位在职职工和编制外长期聘用人员的各类劳动报酬及为上述人员缴纳的各项社会保险费等费用。

(一) 科目设置

本科目核算本级政府财政拨付给机关和参公事业单位在职职工和编制外长期聘用人员的各类劳动报酬及为上述人员缴纳的各项社会保险费等费用。

本科目平时借方余额反映本级政府机关工资福利拨款费用的累计数。

本科目可根据管理需要,参照《政府收支分类科目》中支出经济分类科目,按照预算单位和项目等进行明细核算。

(二) 主要账务处理

(1) 实际发生政府机关工资福利拨款费用时,借记本科目,贷记"国库存款"科目。

(2) 当年政府机关工资福利拨款费用发生退回时,按照实际收到的退回金额,借记"国库存款"科目,贷记本科目。

(3) 年终转账时,本科目借方余额转入本期盈余,借记"本期盈余——预算管理资金本期盈余"科目,贷记本科目。期末结转后,本科目应无余额。

三、对事业单位补助拨款费用

对事业单位补助拨款费用是指本级政府财政拨付的对事业单位(不含参公事业单位)的经常性补助费用,不包括对事业单位的资本性拨款费用。

(一) 科目设置

本科目核算本级政府财政拨付的对事业单位(不含参公事业单位)的经常性补助费用,不包括对事业单位的资本性拨款费用。

本科目平时借方余额反映本级政府财政对事业单位补助拨款费用的累计数。

本科目可根据管理需要,参照《政府收支分类科目》中支出经济分类科目,按照预算单位和项目等进行明细核算。

(二) 主要账务处理

(1) 实际发生对事业单位补助拨款费用时,借记本科目,贷记"国库存款"科目。

(2) 当年对事业单位补助拨款费用发生退回时,按照实际收到的退回金额,借记"国库存款"科目,贷记本科目。

(3) 年终转账时,本科目借方余额转入本期盈余,借记"本期盈余——预算管理资金本期盈余"科目,贷记本科目。期末结转后,本科目应无余额。

四、对企业补助拨款费用

对企业补助拨款费用是指本级政府财政拨付的对各类企业的补助费用,不包括对企业的资本金注入和资本性拨款费用。

(一) 科目设置

本科目核算本级政府财政拨付的对各类企业的补助费用,不包括对企业的资本金注入和资本性拨款费用。

本科目平时借方余额反映本级政府财政对企业补助拨款费用的累计数。

本科目可根据管理需要,参照《政府收支分类科目》中支出经济分类科目,按照预算单位和项目等进行明细核算。

(二) 主要账务处理

(1) 实际发生对企业补助拨款费用时,借记本科目,贷记"国库存款"科目。

(2) 当年对企业补助拨款费用发生退回时,按照实际收到的退回金额,借记"国库存款"科目,贷记本科目。

(3) 年终转账时,本科目借方余额转入本期盈余,借记"本期盈余——预算管理资金本期盈余"科目,贷记本科目。期末结转后,本科目应无余额。

五、对个人和家庭补助拨款费用

对个人和家庭补助拨款费用是指本级政府财政拨付的对个人和家庭的补助费用。

(一) 科目设置

本科目核算本级政府财政拨付的对个人和家庭的补助费用。

本科目平时借方余额反映本级政府财政对个人和家庭补助拨款费用的累计数。

本科目可根据管理需要,参照《政府收支分类科目》中支出经济分类科目,按照预算单位和项目等进行明细核算。

(二) 主要账务处理

(1) 实际发生对个人和家庭补助拨款费用时,借记本科目,贷记"国库存款"科目。

(2) 当年对个人和家庭补助拨款费用发生退回时,按照实际收到的金额,借记"国库存款"科目,贷记本科目。

(3) 年终转账时,本科目借方余额转入本期盈余,借记"本期盈余——预算管理资金本期盈余"科目,贷记本科目。期末结转后,本科目应无余额。

六、对社会保障基金补助拨款费用

对社会保障基金补助拨款费用是指本级政府财政拨付的对社会保险基金的补助费用,以及补充全国社会保障基金的费用。

(一) 科目设置

本科目核算本级政府财政拨付的对社会保险基金的补助费用,以及补充全国社会保障基金的费用。

本科目平时借方余额反映本级政府财政对社会保障基金补助拨款费用的累计数。

本科目可根据管理需要,参照《政府收支分类科目》中支出经济分类科目,按照预算单位和项目等进行明细核算。

(二) 主要账务处理

(1) 实际发生对社会保障基金补助拨款费用时,借记本科目,贷记"国库存款"科目。

(2) 当年对社会保障基金补助拨款费用发生退回时,按照实际收到的金额,借记"国库存款"科目,贷记本科目。

(3) 年终转账时,本科目借方余额转入本期盈余,借记"本期盈余——预算管理资金本期盈余"科目,贷记本科目。期末结转后,本科目应无余额。

七、资本性拨款费用

资本性拨款费用是指本级政府财政拨付给行政事业单位和企业的资本性费用,不包括对企业的资本金注入。

（一）科目设置

本科目核算本级政府财政拨付给行政事业单位和企业的资本性费用,不包括对企业的资本金注入。

本科目平时借方余额反映本级政府财政资本性拨款费用的累计数。

本科目可根据管理需要,参照《政府收支分类科目》中支出经济分类科目,按照预算单位和项目等进行明细核算。

（二）主要账务处理

（1）实际发生资本性拨款费用时,借记本科目,贷记"国库存款"科目。

（2）当年资本性拨款费用发生退回时,按照实际退回的金额,借记"国库存款"科目,贷记本科目。

（3）年终转账时,本科目借方余额转入本期盈余,借记"本期盈余——预算管理资金本期盈余"科目,贷记本科目。期末结转后,本科目应无余额。

八、其他拨款费用

其他拨款费用是指本级政府财政拨付的经常性赠与、国家赔偿费用、对民间非营利组织和群众性自治组织补贴等费用。

（一）科目设置

本科目核算本级政府财政拨付的经常性赠与、国家赔偿费用、对民间非营利组织和群众性自治组织补贴等费用。

本科目平时借方余额反映本级政府财政其他拨款费用的累计数。

本科目可根据管理需要,参照《政府收支分类科目》中支出经济分类科目,按照预算单位和项目等进行明细核算。

（二）主要账务处理

（1）实际发生其他拨款费用时,借记本科目,贷记"国库存款"科目。

（2）当年其他拨款费用发生退回时,按照实际收到的退回金额,借记"国库存款"科目,贷记本科目。

（3）年终转账时,本科目借方余额转入本期盈余,借记"本期盈余——预算管理资金本期盈余"科目,贷记本科目。期末结转后,本科目应无余额。

九、财务费用

财务费用是指本级政府财政用于偿还政府债务的利息费用,政府债务发行、兑付、登记费用,以外币计算的政府资产及债务由于汇率变化产生的汇兑损益等。

(一)科目设置

本科目核算本级政府财政用于偿还政府债务的利息费用,政府债务发行、兑付、登记费用,以外币计算的政府资产及债务由于汇率变化产生的汇兑损益等。本科目应设置"利息费用""债务发行兑付费用""汇兑损益"明细科目。

本科目平时借方余额反映本级政府财政财务费用的累计数。

(二)主要账务处理

(1)利息费用的主要账务处理:

① 按期计提利息费用时,根据债务管理部门计算确定的本期应支付利息金额,借记本科目,贷记"应付利息""应付地方政府债券转贷款——应付利息""应付主权外债转贷款——应付利息"等科目。

② 中央财政发生国债随卖业务时,账务处理参照"应付短期政府债券"科目使用说明中国债随卖业务的账务处理。

③ 中央财政发生国债随买业务时,账务处理参照"应付短期政府债券"科目使用说明中国债随买业务的账务处理。

④ 提前赎回已发行的政府债券、债权人豁免政府财政承担的主权外债应付利息时,按照减少的当年已计提应付利息金额,借记"应付利息""应付地方政府债券转贷款——应付利息""应付主权外债转贷款——应付利息"等科目,贷记本科目。

(2)债务发行兑付费用的主要账务处理:

① 支付政府债务发行、兑付、登记款项时,按照实际支付的金额,借记本科目,贷记"国库存款"科目。

② 收到或扣缴下级政府财政应承担的政府债务发行、兑付、登记款项时,按照实际收到或扣缴的金额,借记"国库存款""其他财政存款""与下级往来"等科目,贷记本科目。

(3)汇兑损益的主要账务处理:

① 期末,将所有以外币计算的政府资产按期末汇率折算为人民币金额,折算后的金额小于账面余额时,按照折算差额,借记本科目,贷记"其他财政存款""应收主权外债转贷款"等科目;折算后的金额大于账面余额时,按照折算差额,借记"其他财政存款""应收主权外债转贷款"科目,贷记本科目。

② 期末,将所有以外币计算的借入款项、政府债券、主权外债转贷款、应付利息等政府负债按期末汇率折算为人民币金额,折算后的金额小于账面余额时,按照折算差额,借记"借入款项""应付长期政府债券""应付主权外债转贷款""应付利息"等科目,贷记本科目;折算后的金额大于账面余额时,按照折算差额,借记本科目,贷记"借入款项""应付长期政府债券""应付主权外债转贷款""应付利息"等科目。

(4)年终转账时,本科目借方或贷方余额转入本期盈余,借记或贷记"本期盈余——预算管理资金本期盈余"科目,贷记或借记本科目。期末结转后,本科目应无余额。

【例 5-3】 某市财政发行一笔 5 年期地方政府一般债券 10 000 000 元，发行利率为 3%。现在按照债券发行总额的 0.15% 支付发行手续费。债券发行 4 个月后到期，该期债券计算 4 个月的应付利息 100 000 元。总会计应编制的会计分录如下：

① 收到债券发行收入时，应编制的财务会计分录为：

借：国库存款　　　　　　　　　　　　　　　　　　10 000 000
　　贷：应付长期政府债券　　　　　　　　　　　　　　　10 000 000

② 支付债务发行兑付费用时，应编制的财务会计分录为：

借：财务费用——债务发行兑付费用　　　　　　　　　　15 000
　　贷：国库存款　　　　　　　　　　　　　　　　　　　15 000

③ 计提利息时，应编制的财务会计分录为：

借：财务费用——利息费用　　　　　　　　　　　　　100 000
　　贷：应付利息　　　　　　　　　　　　　　　　　　100 000

十、转移性费用

转移性费用是指在各级政府财政之间进行资金调拨形成的费用，包括补助费用、上解费用、地区间援助费用等。补助费用是指本级政府财政按照财政体制规定或专项需要补助给下级政府财政的费用。上解费用是指本级政府财政按照财政体制规定或专项需要上缴给上级政府财政的费用。地区间援助费用是指援助方政府财政安排用于受援方政府财政统筹使用的各类援助、补偿、捐赠等费用。

(一) 补助费用

1. 科目设置

本科目核算本级政府财政按财政体制规定或专项需要补助给下级政府财政的款项，包括对下级的税收返还、一般性转移支付和专项转移支付等。

本科目可根据管理需要，按照补助地区进行明细核算。

本科目平时借方余额反映本级政府财政对下级政府财政补助费用的累计数。

2. 主要账务处理

(1) 年终与下级政府财政结算时，按照结算确认的应当补助下级政府的费用数，借记本科目，贷记"与下级往来"科目。退还或核减补助费用时，借记"与下级往来"科目，贷记本科目。

(2) 专项转移支付资金实行特设专户管理的，根据有关支出管理部门下达的预算文件和拨款依据确认费用，借记本科目或"与下级往来"科目；资金由本级政府财政拨付给下级的，贷记"其他财政存款"等科目；资金由上级政府财政直接拨给下级的，贷记"与上级往来"或"补助收入"科目。

(3) 年终转账时，本科目借方余额转入本期盈余，借记"本期盈余——预算管理资金本期盈余"科目，贷记本科目。期末结转后，本科目应无余额。

(二) 上解费用

1. 科目设置

本科目核算本级政府财政按照财政体制规定或专项需要上解给上级政府财政的款项。

本科目平时借方余额反映本级政府财政上解费用的累计数。

本科目可根据管理需要按照项目等进行明细核算。

2. 主要账务处理

（1）年终与上级政府财政结算时，按照结算确认的应当上解费用数，借记本科目，贷记"与上级往来"科目。退还或核减上解费用时，借记"与上级往来"等科目，贷记本科目。

（2）年终转账时，本科目借方余额转入本期盈余，借记"本期盈余——预算管理资金本期盈余"科目，贷记本科目。期末结转后，本科目应无余额。

(三) 地区间援助费用

1. 科目设置

本科目核算援助方政府财政安排用于受援方政府财政统筹使用的各类援助、补偿、捐赠等。

本科目平时借方余额反映地区间援助费用的累计数。

本科目可根据管理需要，按照受援地区等进行明细核算。

2. 主要账务处理

（1）发生地区间援助费用时，借记本科目，贷记"国库存款"科目。

（2）年终转账时，本科目借方余额转入本期盈余，借记"本期盈余——预算管理资金本期盈余"科目，贷记本科目。期末结转后，本科目应无余额。

十一、其他费用

其他费用是指本级政府财政无偿划出股权投资以及确认其他负债等产生的费用。

(一) 科目设置

本科目核算本级政府财政无偿划出股权投资时产生的投资损失、政府财政承担支出责任的其他负债等。

本科目平时借方余额反映本级政府财政其他费用的累计数。

本科目可根据管理需要，按照类别进行明细核算。

(二) 主要账务处理

（1）政府财政无偿划出股权投资时，根据股权管理部门提供的资料，按照被划出股权投资对应的"权益法调整"科目账面余额，借记或贷记"权益法调整"科目，贷记或借记"股权投资——其他权益变动"科目;按照被划出股权投资的账面余额,借记本科目,贷记"股权投资——投资成本、损益调整"科目。

(2) 政府财政承担支出责任的其他负债,按照确定应承担的负债金额,借记本科目,贷记"其他负债"科目。

(3) 无偿划出股权投资时,账务处理参照"股权投资"科目使用说明中权益法和成本法下对应业务的账务处理。

(4) 年终转账时,本科目借方余额转入本期盈余,借记"本期盈余——预算管理资金本期盈余"科目,贷记本科目。期末结转后,本科目应无余额。

十二、财政专户管理资金支出

财政专户管理资金支出是本级指政府财政用纳入财政专户管理的教育收费等资金安排的支出。

(一) 科目设置

本科目核算本级政府财政用纳入财政专户管理的教育收费等资金安排的支出。

本科目平时借方余额反映财政专户管理资金支出的累计数。

本科目可根据管理需要,按照预算单位等进行明细核算。

(二) 主要账务处理

(1) 发生财政专户管理资金支出时,借记本科目,贷记"其他财政存款"等科目。

(2) 当年记入的财政专户管理资金支出发生退回时,按照实际退回的金额,借记"其他财政存款"科目,贷记本科目。

(3) 以前年度财政专户管理资金支出发生退回时,按照实际退回的金额,借记"其他财政存款"科目,贷记"以前年度盈余调整——财政专户管理资金以前年度盈余调整"科目。

(4) 年终转账时,本科目借方余额转入本期盈余,借记"本期盈余——财政专户管理资金本期盈余"科目,贷记本科目。期末结转后,本科目应无余额。

十三、专用基金支出

专用基金支出是指本级政府财政用专用基金收入安排的支出。

(一) 科目设置

本科目核算本级政府财政用专用基金收入安排的支出。

本科目可根据管理需要,按照专用基金种类、预算单位等进行明细核算。

本科目平时借方余额反映专用基金支出的累计数。

(二) 主要账务处理

(1) 发生专用基金支出时,借记本科目,贷记"其他财政存款"等科目。

(2) 当年专用基金支出发生退回时,按照实际退回的金额,借记"其他财政存款"等科目,贷记本科目。

(3)以前年度专用基金支出发生退回时,按照实际退回的金额,借记"其他财政存款"等科目,贷记"以前年度盈余调整——专用基金以前年度盈余调整"科目。

(4)年终转账时,本科目借方余额转入本期盈余,借记"本期盈余——专用基金本期盈余"科目,贷记本科目。期末结转后,本科目应无余额。

第二节　财政总会计预算支出核算

总会计核算的预算支出包括一般公共预算支出、政府性基金预算支出、国有资本经营预算支出、财政专户管理资金支出、专用基金支出、转移性预算支出、安排预算稳定调节基金、债务还本预算支出、债务转贷预算支出和待处理支出等。预算支出一般在实际发生时予以确认,以实际发生的金额计量。

一般公共预算支出、政府性基金预算支出、国有资本经营预算支出一般应当按照实际支付的金额入账。省级以上(含省级)政府财政年末可按规定采用权责发生制将国库集中支付结余列支入账。中央政府财政年末可按有关规定对部分支出事项采用权责发生制核算。从本级预算支出中安排提取的专用基金,按照实际提取金额列支入账。财政专户管理资金支出、专用基金支出应当按照实际支付的金额入账。转移性预算支出应当根据财政体制的规定和预算管理需要,按实际发生的金额入账。债务转贷预算支出应当按照实际转贷的金额入账。债务还本预算支出应当按照实际偿还的金额入账。待处理支出应当按照实际支付的金额入账。对于收回当年已列支出的款项,应冲销当年预算支出。对于收回以前年度已列支出的款项,通常冲销当年预算支出。

一、一般公共预算支出

一般公共预算支出是指政府财政管理的、由本级政府安排使用的、列入一般公共预算的支出。

(一)科目设置

各级政府应当设置"一般公共预算支出"总账科目,核算政府财政管理的、由本级政府安排使用的、列入一般公共预算的支出。该科目借方发生额表示一般公共预算支出的发生,贷方表示一般公共预算支出的减少或转出,平时借方余额反映一般公共预算支出的累计数。期末结转后,该科目无余额。

该科目应根据《2023年政府收支分类科目》中支出功能分类科目和支出经济分类科目进行明细核算。同时,可根据预算管理需要,按照预算单位和项目等进行明细核算。

(二)主要账务处理

(1)实际发生一般公共预算支出时,借记本科目,贷记"资金结存——库款资金结存"

等科目。

(2) 已支出事项发生退回时,借记"资金结存——库款资金结存"等科目,贷记本科目。

(3) 年终转账时,本科目借方余额转入一般公共预算结转结余,借记"一般公共预算结转结余"科目,贷记本科目。期末结转后,本科目应无余额。

二、政府性基金预算支出

政府性基金预算支出是指政府财政管理的、由本级政府安排使用的、列入政府性基金预算的支出。

(一) 科目设置

本科目核算政府财政管理的、由本级政府安排使用的、列入政府性基金预算的支出。

本科目应根据《政府收支分类科目》中支出功能分类科目和支出经济分类科目进行明细核算。同时,可根据预算管理需要,按照预算单位和项目等进行明细核算。

本科目平时借方余额反映政府性基金预算支出的累计数。

(二) 主要账务处理

(1) 实际发生政府性基金预算支出时,借记本科目,贷记"资金结存——库款资金结存"等科目。

(2) 已支出事项发生退回时,借记"资金结存——库款资金结存"等科目,贷记本科目。

(3) 年终转账时,本科目借方余额转入政府性基金预算结转结余,借记"政府性基金预算结转结余"科目,贷记本科目。期末结转后,本科目应无余额。

【例5-4】 2×22年12月2日,某市财政总会计收到国库支付执行机构和中国人民银行国库报来的相关凭证,表明当日实际发生政府机关商品和服务拨款费用共计5 000 000元。其中,纳入一般公共预算管理的资金支出3 000 000元,纳入政府性基金预算的资金支出2 000 000元。

总会计应编制的财务会计分录如下:

借:政府机关商品和服务拨款费用——一般公共预算管理资金　　3 000 000
　　　　　　　　　　　　　　　——政府性基金预算资金　　　　2 000 000
　　贷:国库存款　　　　　　　　　　　　　　　　　　　　　　5 000 000

同时,应编制的预算会计分录为:

借:一般公共预算支出　　　　　　　　　　　　　　　　　　　3 000 000
　　政府性基金预算支出　　　　　　　　　　　　　　　　　　2 000 000
　　贷:资金结存——库款资金结存　　　　　　　　　　　　　5 000 000

三、国有资本经营预算支出

国有资本经营预算支出是指政府财政管理的、由本级政府安排使用的、列入国有资本经营预算的支出。

(一) 科目设置

本科目核算政府财政管理的、由本级政府安排使用的、列入国有资本经营预算的支出。

本科目应根据《政府收支分类科目》中支出功能分类科目和支出经济分类科目进行明细核算。同时,根据预算管理需要,按照预算单位和项目等进行明细核算。

本科目平时借方余额反映国有资本经营预算支出的累计数。

(二) 主要账务处理

(1) 实际发生国有资本经营预算支出时,借记本科目,贷记"资金结存——库款资金结存"等科目。

(2) 已支出事项发生退回时,借记"资金结存——库款资金结存"等科目,贷记本科目。

(3) 年终转账时,本科目借方余额转入国有资本经营预算结转结余,借记"国有资本经营预算结转结余"科目,贷记本科目。期末结转后,本科目应无余额。

四、财政专户管理资金支出

财政专户管理资金支出是指政府财政用纳入财政专户管理的教育收费等资金安排的支出。

(一) 科目设置

本科目核算本级政府财政用纳入财政专户管理的教育收费等资金安排的支出。

本科目应根据《政府收支分类科目》中支出功能分类科目和支出经济分类科目进行明细核算。同时,可根据管理需要,按照预算单位和项目等进行明细核算。

本科目平时借方余额反映财政专户管理资金支出的累计数。

(二) 主要账务处理

(1) 发生财政专户管理资金支出时,借记本科目,贷记"资金结存——专户资金结存"等科目。

(2) 已支出事项发生退回时,借记"资金结存——专户资金结存"等科目,贷记本科目。

(3) 年终转账时,本科目借方余额转入财政专户管理资金结余,借记"财政专户管理资金结余"科目,贷记本科目。期末结转后,本科目应无余额。

五、专用基金支出

专用基金支出是指政府财政用专用基金收入安排的支出。

(一) 科目设置

本科目核算政府财政用专用基金收入安排的支出。

本科目应根据专用基金的种类设置明细科目。同时,根据预算管理需要,按预算单位等进行明细核算。

本科目平时借方余额反映专用基金支出的累计数。

(二) 主要账务处理

(1) 发生专用基金支出时,借记本科目,贷记"资金结存——库款资金结存""资金结存——专户资金结存"等科目。

(2) 已支出事项发生退回时,借记"资金结存——库款资金结存""资金结存——专户资金结存"等科目,贷记本科目。

(3) 年终转账时,本科目借方余额转入专用基金结余,借记"专用基金结余"科目,贷记本科目。期末结转后,本科目应无余额。

六、转移性预算支出

转移性预算支出是指各级政府财政之间进行资金调拨以及在本级政府财政不同类型资金之间调剂所形成的支出,包括补助预算支出、上解预算支出、地区间援助预算支出和调出预算资金等。

(一) 补助预算支出

补助预算支出是指本级政府财政按财政体制规定或专项需要补助给下级政府财政的款项,包括对下级的税收返还、一般性转移支付和专项转移支付等。

1. 科目设置

本科目核算本级政府财政按照财政体制规定或专项需要补助给下级政府财政的款项,包括对下级的税收返还、一般性转移支付和专项转移支付等。

本科目应按照不同资金性质设置"一般公共预算补助支出""政府性基金预算补助支出""国有资本经营预算补助支出"和"调拨下级"明细科目。同时,可根据管理需要,按照补助地区和《政府收支分类科目》中支出功能分类科目进行明细核算。其中,"一般公共预算补助支出"科目核算本级政府财政对下级政府财政的一般性转移支付支出;"政府性基金预算补助支出"科目核算本级政府财政对下级政府财政的政府性基金预算转移支付支出;"国有资本经营预算补助支出"科目核算本级政府财政对下级政府财政的国有资本经营预算转移支付支出;"调拨下级"科目核算年度执行中,本级政府财政调拨给下级政府财政的尚未指定资金性质的资金或结算应确认事项金额。

2. 主要账务处理

(1) 年度执行中,调拨资金给下级政府财政,根据实际调拨的金额借记"补助预算支出——调拨下级"等科目,贷记"资金结存——库款资金结存""资金结存——专户资金结存"科目。

(2) 两级财政年终结算中应当由下级政府财政上缴的款项,借记"补助预算支出——调拨下级"等科目,贷记"上解预算收入"科目。

(3) 专项转移支付资金实行特设专户管理的,根据有关支出管理部门下达的预算文件和拨款依据确认支出,借记"补助预算支出——调拨下级"等科目,资金由本级政府财政拨付给下级的,贷记"资金结存——专户资金结存"等科目,资金由上级政府财政直接拨给下级的,贷记"补助预算收入——上级调拨"科目。

(4) 本级政府财政借入或收到转贷的主权外债,贷款资金由下级政府财政同级部门使用,且贷款最终还款责任由本级政府财政承担的,根据债务管理部门提供的有关资料,借记"补助预算支出——调拨下级"等科目,贷记"资金结存——库款资金结存""资金结存——专户资金结存"科目;外方或上级政府财政将贷款资金直接支付给用款单位或供应商时,借记"补助预算支出——调拨下级"等科目,贷记"债务预算收入""债务转贷预算收入"等科目;本级政府财政豁免下级政府财政主权外债,根据债务管理部门提供的有关资料和有关预算文件,借记"补助预算支出——调拨下级"等科目,贷记"资金结存——上下级调拨结存"科目。

(5) 根据预算管理需要,收回已调拨下级政府财政资金时,按照实际收到的金额,借记"资金结存——库款资金结存""资金结存——专户资金结存"等科目,贷记"补助预算支出——调拨下级"等科目。

(6) 发生上解多交应当退回的,按照应当退回的金额,借记"上解预算收入"科目,贷记"补助预算支出——调拨下级"等科目。

(7) 年终两级财政办理结算以后,根据预算管理部门提供的结算单确认补助下级预算支出,借记"补助预算支出——一般公共预算补助支出""补助预算支出——政府性基金预算补助支出""补助预算支出——国有资本经营预算补助支出"等科目,贷记"补助预算支出——调拨下级"科目。

(8) 完成上述结转以后,将本科目下各明细科目余额分别结转至相应的预算结余类科目,借记"资金结存——上下级调拨结存""一般公共预算结转结余""政府性基金预算结转结余""国有资本经营预算结转结余"等科目,贷记本科目。期末结转后,本科目应无余额。

【例5-5】 年终,某省财政与所属地市财政进行体制结算。经核算,省级一般公共预算需补助 A 市一般性转移支付 50 000 000 元,同时,政府性基金预算需扣减 B 市专项转移支付 3 000 000 元。省财政总会计应编制的会计分录如下:

在财务会计中:

借:补助费用——A 市　　　　　　　　　　　　　　　　　　　　　50 000 000
　　贷:与下级往来——A 市　　　　　　　　　　　　　　　　　　　　50 000 000
借:与下级往来——B 市　　　　　　　　　　　　　　　　　　　　　 3 000 000
　　贷:补助费用——B 市　　　　　　　　　　　　　　　　　　　　　 3 000 000

在预算会计中:

借:补助预算支出——一般公共预算补助支出　　　　　　　　　　　　50 000 000
　　贷:补助预算支出——调拨下级　　　　　　　　　　　　　　　　　50 000 000
借:补助预算支出——调拨下级　　　　　　　　　　　　　　　　　　 3 000 000
　　贷:补助预算支出——政府性基金预算补助支出　　　　　　　　　　 3 000 000

(二) 上解预算支出

上解预算支出是指本级政府财政按照财政体制规定或专项需要由本级政府财政上缴

给上级政府财政的款项。

1. 科目设置

本科目核算本级政府财政按照财政体制规定或专项需要上缴给上级政府财政的款项。本科目应按照不同资金性质设置"一般公共预算上解支出""政府性基金预算上解支出""国有资本经营预算上解支出"明细科目。

本科目平时借方余额反映上解支出的累计数。

2. 主要账务处理

（1）发生上解预算支出时，借记本科目，贷记"资金结存——库款资金结存""补助预算收入——上级调拨"等科目。

（2）年终与上级政府财政结算时，按照尚未支付的上解金额，借记本科目，贷记"补助预算收入——上级调拨"等科目。退还或核减上解支出时，借记"资金结存——库款资金结存""补助预算收入——上级调拨"等科目，贷记本科目。

（3）年终转账时，本科目借方余额应根据不同资金性质分别转入相应的结转结余科目，借记"一般公共预算结转结余""政府性基金预算结转结余"等科目，贷记本科目。期末结转后，本科目应无余额。

（三）地区间援助预算支出

地区间援助预算支出是指援助方政府财政安排用于受援方政府财政统筹使用的各类援助、捐赠等资金支出。

1. 科目设置

本科目核算援助方政府财政安排用于受援方政府财政统筹使用的各类援助、捐赠等资金支出。

本科目应按照受援地区等进行相应明细核算。

本科目平时借方余额反映地区间援助支出的累计数。

2. 主要账务处理

（1）发生地区间援助预算支出时，借记本科目，贷记"资金结存——库款资金结存"科目。

（2）年终转账时，本科目借方余额转入一般公共预算结转结余，借记"一般公共预算结转结余"科目，贷记本科目。期末结转后，本科目应无余额。

（四）调出预算资金

调出预算资金是指政府财政为平衡预算收支，在不同类型预算资金之间的调出支出。

1. 科目设置

本科目核算政府财政为平衡预算收支，在不同类型预算资金之间的调出支出。

本科目应设置"一般公共预算调出资金""政府性基金预算调出资金"和"国有资本经营预算调出资金"明细科目。

本科目平时借方余额反映调出预算资金的累计数。

2. 主要账务处理

(1) 从一般公共预算调出资金时,按照调出的金额,借记"调出预算资金——一般公共预算调出资金"科目,贷记"调入预算资金"有关明细科目。

(2) 从政府性基金预算调出资金时,按照调出的金额,借记"调出预算资金——政府性基金预算调出资金"科目,贷记"调入预算资金"有关明细科目。

(3) 从国有资本经营预算调出资金时,按照调出的金额,借记"调出预算资金——国有资本经营预算调出资金"科目,贷记"调入预算资金"有关明细科目。

(4) 年终转账时,本科目借方余额分别转入相应的结转结余科目,借记"一般公共预算结转结余""政府性基金预算结转结余"和"国有资本经营预算结转结余"等科目,贷记本科目。期末结转后,本科目应无余额。

七、安排预算稳定调节基金

安排预算稳定调节基金是指政府财政安排用于弥补以后年度预算资金不足的储备性资金。

(一) 科目设置

本科目核算政府财政安排用于弥补以后年度预算资金不足的储备资金。
本科目平时借方余额反映安排预算稳定调节基金的累计数。

(二) 主要账务处理

(1) 安排预算稳定调节基金时,借记本科目,贷记"预算稳定调节基金"科目。

(2) 年终转账时,本科目借方余额转入一般公共预算结转结余,借记"一般公共预算结转结余"科目,贷记本科目。期末结转后,本科目应无余额。

八、债务还本预算支出

债务还本预算支出是指政府财政偿还本级政府财政承担的纳入预算管理的债务本金支出。

(一) 科目设置

本科目核算政府财政偿还本级政府财政承担的纳入预算管理的债务本金支出。

本科目应设置"国债还本支出""一般债务还本支出""专项债务还本支出"明细科目,并根据《政府收支分类科目》中"债务还本支出"科目进行明细核算。

本科目平时借方余额反映本级政府财政债务还本预算支出的累计数。

(二) 主要账务处理

(1) 偿还本级政府财政承担的政府债券、主权外债等纳入预算管理的债务本金时,借记本科目,贷记"资金结存——库款资金结存""资金结存——专户资金结存""补助预算收入——上级调拨"等科目。

（2）中央财政发生国债随买业务时，根据国债随买确认文件等相关债券管理资料，按照国债随买面值，借记本科目，按照实际支付的金额，贷记"资金结存——库款资金结存"科目；按照其差额，借记或贷记"一般公共预算支出"科目。

（3）年终转账时，本科目下"国债还本支出""一般债务还本支出"的借方余额转入一般公共预算结转结余，借记"一般公共预算结转结余"科目，贷记"债务还本预算支出——国债还本支出""债务还本预算支出——一般债务还本支出"科目；本科目下"专项债务还本支出"的借方余额转入政府性基金预算结转结余，借记"政府性基金预算结转结余"科目，贷记"债务还本预算支出——专项债务还本支出"科目，可根据预算管理需要，按照专项债务对应的政府性基金预算支出科目分别转入"政府性基金预算结转结余"相应明细科目。期末结转后，本科目应无余额。

九、债务转贷预算支出

债务转贷预算支出是指本级政府财政向下级政府财政转贷的债务支出。

（一）科目设置

本科目核算本级政府财政向下级政府财政转贷的债务支出。

本科目应设置"一般债务转贷支出""专项债务转贷支出"明细科目，并根据《政府收支分类科目》中"债务转贷支出"科目和转贷地区进行明细核算。

本科目平时借方余额反映债务转贷支出的累计数。

（二）主要账务处理

（1）本级政府财政向下级政府财政转贷地方政府债券资金时，借记本科目，贷记"资金结存——库款资金结存""补助预算支出——调拨下级"等科目。

（2）本级政府财政向下级政府财政转贷主权外债资金，且主权外债最终还款责任由下级政府财政承担的具体账务处理如下：

① 支付转贷资金时，根据外债管理部门提交的转贷业务有关资料，借记本科目，贷记"资金结存——库款资金结存""资金结存——专户资金结存"科目。

② 外方或上级政府财政将贷款资金直接支付给用款单位或供应商时，根据外债管理部门提交的转贷业务有关资料，借记本科目，贷记"债务预算收入""债务转贷预算收入"科目。

（3）年终转账时，本科目下"一般债务转贷支出"明细科目的借方余额转入一般公共预算结转结余，借记"一般公共预算结转结余"科目，贷记"债务转贷预算支出——一般债务转贷支出"科目；本科目下"专项债务转贷支出"明细科目的借方余额转入政府性基金预算结转结余，借记"政府性基金预算结转结余"科目，贷记"债务转贷预算支出——专项债务转贷支出"科目，可根据预算管理需要，按照专项债务对应的政府性基金预算支出科目分别转入"政府性基金预算结转结余"相应明细科目。期末结转后，本科目应无余额。

十、待处理支出

待处理支出是指政府财政按照预拨经费管理有关规定预拨给预算单位尚未列为预算支出的款项。待处理支出(不含预拨下年度预算资金)应在年终前转列支出或清理收回。

(一) 科目设置

本科目核算政府财政按照预拨经费管理有关规定预拨给预算单位尚未列为预算支出的款项。

本科目应当按照预算单位进行明细核算。

本科目平时借方余额反映政府财政尚未转列支出或尚待收回的待处理支出数。

(二) 主要账务处理

(1) 拨出款项时,借记本科目,贷记"资金结存——库款资金结存"等科目。

(2) 转列预算支出时,借记"一般公共预算支出""政府性基金预算支出""国有资本经营预算支出"等科目,贷记本科目。

(3) 收回预拨款项时,借记"资金结存——库款资金结存"等科目,贷记本科目。

(4) 年终,本科目借方余额转入资金结存,借记"资金结存——待处理结存"科目,贷记本科目。期末结转后,本科目应无余额。

思考题

1. 什么是财政总会计核算的费用?财政总会计核算的费用包括哪些内容?
2. 什么是财政总会计核算的预算支出?财政总会计核算的预算支出包括哪些内容?
3. 什么是政府机关商品和服务拨款费用、政府机关工资福利拨款费用?它们在核算上有什么区别?
4. 什么是转移性费用?如何核算?
5. 什么是财政专户管理资金支出?
6. 什么是专用基金支出?
7. 什么是一般公共预算支出?按照现行《政府收支分类科目》,其可以分成哪些类别?
8. 什么是政府性基金预算支出?按照现行《政府收支分类科目》,其可以分成哪些类别?
9. 什么是国有资本经营预算支出?按照现行《政府收支分类科目》,其可以分成哪些类别?
10. 什么是债务还本预算支出?什么是债务转贷预算支出?两者有什么异同?

扫码阅读

第六章
财政总会计的资产核算

学习目标

通过本章的学习,了解财政性存款的内容,熟悉国库单一账户制度的概念;理解国库单一账户体系的内容,掌握财政性资产的核算。

第一节 流动资产核算

一、财政性存款的核算

(一)财政性存款的概念

财政性存款的支配权属于各级政府财政部门,财政性存款是各级政府财政部门代表政府所掌管的财政资金,包括国库存款、国库现金管理存款、其他财政存款等。

(二)国库单一账户制度

国库单一账户制度要求建立一套统揽财政资金收付行为的账户群,就是建立一个统揽所有财政性资金的账户体系,即国库单一账户体系。所有财政性资金的收入和支出都应当纳入这个账户体系中,由国库实行集中收付,各个征收机关和预算单位不再设立过渡性资金账户。国库单一账户体系主要包括国库单一账户、零余额账户、预算外资金财政专户和特设专户4个账户。各账户的开设方法及其核算内容都有明确的规定。

1. 国库单一账户

国库单一账户是国库的财政性存款账户,由财政部门在中国人民银行各级分行开设,未设中国人民银行分支机构的地区在金库代理银行开设。国库单一账户用于记录和反映纳入预算管理的财政收入和支出活动,以及与零余额账户进行清算,实现支付。国库单一账户按收入和支出设置分类账,收入账按预算科目进行明细核算,支出账按资金使用性质设立分账册进行核算。这个账户是国库单一账户体系中的核心账户。

2. 零余额账户

零余额账户,用于记录和反映预算资金的日常支付活动,并与国库单一账户进行清算。零余额账户分为两类,即财政部门零余额账户和预算单位零余额账户。

(1)财政部门零余额账户用于财政直接支付,由财政部门在商业银行(代理银行)开设。直接支付就是根据事先的预算以及需要支付资金时,用款单位经过一定的申请、审批等手续后,由财政部门发出支付指令,通知商业银行把款项直接支付给预算单位的供应商或收款人。零余额账户每个营业日发生的借方或贷方余额在营业日终了时都要通过与国库单一账户清算而扫平归零。也就是商业银行根据财政部门签发的支付令,事先代为垫付款项,事后立即与国库单一账户清算,由国库单一账户归还商业银行垫付的资金。

(2)预算单位零余额账户主要用于财政授权支付,是财政部门在商业银行为预算单位开设的账户。在授权支付方式下,预算单位根据年初批复的预算和用款计划,按月提出用款申请。用款申请经财政部门审批以后,财政部门将预算单位的用款额度通知给代理商业银行、预算单位、中国人民银行国库部门 3 个单位,但不给代理银行任何款项,只给用款额度。财政部门给予预算单位在规定限额内使用这个户头的款项的权利,预算单位既可以提取现金,也可以办理转账业务。代理银行在用款额度以内将无条件地代为垫付款项。代理银行垫付款项以后,当天就可以与国库单一账户结算,要求归还垫款。

3. 预算外资金财政专户

预算外资金财政专户是财政部门在代理银行开设的,用于记录和反映预算外收入和支出活动,并对预算外资金的日常收支进行清算。目前,预算外资金来源较为复杂,还有一部分财政性资金未纳入预算管理,短期内也难以纳入国库单一账户体系,所以仍需要设置财政专户进行管理。预算外资金财政专户由财政部门在商业银行开设,一般按预算单位或资金性质设置收入分类账户,按预算单位设置支出分类账户。但是,随着改革的不断深化,预算外资金也将逐步纳入国库单一账户进行管理。

4. 特设专户

特设专户由财政部门在代理银行为预算单位开设。特设专户是指经国务院和省级人民政府批准或授权财政部门开设的特殊过渡性专户。该账户用于记录和反映预算单位的特殊专项支出活动,并用于与国库单一账户清算。由于现阶段政策性支出项目还比较多,对某些需要通过政策性银行封闭运行的资金支出,还需要设置特殊专户管理,如粮食风险基金、社会保障基金等。

因为财政资金的支付方式主要有两种,即财政直接支付和财政授权支付。所以,上述 4 类账户中,国库单一账户和零余额账户是财政资金收支的基本账户。预算外资金财政专户和特设专户是根据我国具体国情开设的财政资金专户。开设预算外资金财政专户的原因,主要是考虑到目前仍有相当规模的财政性资金还难以全部纳入国库单一账户管理,无法纳入预算管理。因此,暂时对这部分预算外资金实行财政专户管理。随着财税改革的逐步深化,预算外资金的规模将逐步缩小,最终所有财政性资金都将纳入国库单一账户管理。

(三)财政性存款的核算方法

财政性存款包括国库存款、国库现金管理存款、其他财政存款等。财政性存款应分别设置"国库存款""国库现金管理存款""其他财政存款"等科目进行核算。

(1)"国库存款"属于资产类科目,用来核算各级政府财政会计在国库的预算资金(含一般公共预算和政府性基金预算)存款。该科目的借方登记国库存款增加数,贷方登记国库存款减少数,期末借方余额反映国库存款的结余数。"国库存款"科目设置"一般公共预算存款""政府性基金预算存款"两个明细科目,其中,"政府性基金预算存款"明细科目核算纳入政府性基金管理的预算资金存款,"一般公共预算存款"明细科目核算除政府性基金预算存款之外的预算资金存款。国库存款的主要账务处理如下:收到预算收入时,借记"国库存款"科目,贷记有关税收收入或者非税收科目。当日收入数为负数时,以红字记入(采用计算机记账的,用负数反映);收到国库存款利息收入时,借记"国库存款"科目,贷记"非税收入"或者"税收收入""补助收入"等科目;同时借记"资金结存"科目,贷记"一般公共预算收入"科目;收到缴入国库的来源不清的款项时,借记"国库存款"科目,贷记"其他应付款"等科目;国库库款减少时,按照实际支付的金额,借记有关科目,贷记"国库存款"科目。

(2)"其他财政存款"科目属于资产类科目,用来核算各级政府财政会计未列入"国库存款"科目的各项财政性存款,包括未设国库的乡(镇)财政在专业银行的预算资金存款以及部分由财政部指定存入专业银行的专用基金存款等。该科目借方登记其他财政存款增加数,贷方登记其他财政存款减少数。该科目借方余额反映其他财政存款的实际结存数,其年终余额结转下年。为了便于分类管理,"其他财政存款"科目应按缴存地点和资金性质分设明细科目。其他财政存款的主要账务处理如下:财政专户收到款项时,按照实际收到的金额,借记"其他财政存款"科目,贷记有关科目。其他财政存款产生的利息收入,除规定作为专户资金收入外,其他利息收入都应缴入国库纳入一般公共预算管理。取得其他财政存款利息收入时,按照实际获得的利息金额,根据以下情况分别处理:按规定作为专户资金收入的,借记"其他财政存款"科目,贷记"应付代管资金"或有关收入科目;按规定应缴入国库的,借记"其他财政存款"科目,贷记"其他应付款"科目。将其他财政存款利息收入缴入国库时,借记"其他应付款"科目,贷记"其他财政存款"科目;同时,借记"国库存款"科目,贷记"非税收入"或者"税收收入""补助收入"等科目;同时借记"资金结存"科目,贷记"一般公共预算收入"科目。其他财政存款减少时,按照实际支付的金额,借记有关科目,贷记"其他财政存款"科目。

(3)"国库现金管理存款"属于资产类科目,核算政府财政部门将国库资金转存在商业银行的款项。国库现金管理存款的主要账务处理如下:按照国库现金管理有关规定,将库款转存商业银行时,按照存入商业银行的金额,借记"国库现金管理存款"科目,贷记"国库存款"科目;国库现金管理存款收回国库时,按照实际收回的金额,借记"国库存款"科目,按照原存入商业银行的存款本金金额,贷记"国库现金管理存款"科目,按照两者的差额,贷记"非税收入"或者"税收收入""补助收入"等科目;同时借记"资金结存"科目,贷记"一般公共预算收入"科目;"国库现金管理存款"期末借方余额反映政府财政实行国库现金管理业务持有的存款。

【例6-1】 某市财政实行国库集中收付制度,2023年6月发生下列有关经济业务,据以编制会计分录。

① 收到市中心支库报来的"一般公共预算收入日报表"及所附的"非税收入缴款书"回执联,计列当日一般公共预算收入 67 000 000 元。

借:国库存款——一般公共预算存款　　　　　　　　　　　　　67 000 000
　　贷:非税收入　　　　　　　　　　　　　　　　　　　　　　　　67 000 000
借:资金结存　　　　　　　　　　　　　　　　　　　　　　　　67 000 000
　　贷:一般公共预算收入　　　　　　　　　　　　　　　　　　　　67 000 000

② 收到市中心支库报来的"政府性基金预算收入日报表",计列各种政府性基金预算收入 429 000 元。

借:国库存款——政府性基金预算存款　　　　　　　　　　　　　429 000
　　贷:非税收入　　　　　　　　　　　　　　　　　　　　　　　　429 000
借:资金结存　　　　　　　　　　　　　　　　　　　　　　　　429 000
　　贷:政府性基金预算收入　　　　　　　　　　　　　　　　　　　429 000

二、有价证券的核算

有价证券也是政府财政会计核算的一项资产,类似于企业会计的投资性质的账户。

(一) 有价证券的概念

有价证券是中央财政以信用方式发行并在规定期限内还本付息的国家公债。它是由国家指定的证券发行部门依照法定程序发行,并约定在一定期限内还本付息的信用凭证。地方各级财政可利用预算资金结余购买中央政府发行的各种有价证券。中央政府向地方政府发行国库券等有价证券,是中央财政向地方财政借款的一种方法,也是平衡中央预算收支、控制地方支出规模的辅助手段。

购入有价证券时,财政会计不能列为支出,而是视同货币资金作为"有价证券"进行核算,并冲减相应的财政存款。有价证券到期收回或者中途转让时,收回的本金按原资金渠道恢复相应的财政存款,取得的收入与账面成本的差额,应按购买时所使用结余资金的性质,分别作为当期不同性质的收入处理。

(二) 有价证券的核算方法

有价证券应按实际取得时支付的价款记账,有价证券票据(含债券收款单)应视同货币妥善保管。

政府财政会计应设置"有价证券"这一资产类科目,用以核算各级政府按国家统一规定用各项财政结余购买的有价证券的库存数。一级财政使用结余资金购入有价证券时,借记"有价证券"科目,贷记"国库存款""其他财政存款"科目;到期兑换有价证券时,其兑付本金部分,借记"国库存款""其他财政存款"科目,贷记"有价证券"科目;取得的利息收入记入相应的"投资收益"账户。本科目借方余额反映有价证券的实际库存数。

【例 6-2】 某市财政实行国库集中收付制度,2023 年发生以下有关经济业务,据以编制会计分录。

① 用上年一般公共预算结转结余资金 790 000 元购买国库券。
借:有价证券——国库券   790 000
  贷:国库存款——一般公共预算存款   790 000
② 以前年度使用一般公共预算结转结余资金购买的国库券到期,兑付本利 500 000 元,其中利息收入为 50 000 元,本金为 450 000 元。
借:国库存款——一般公共预算存款   500 000
  贷:有价证券——国库券   450 000
      投资收益   50 000

三、在途款项的核算

政府财政会计在涉及年度之间的资金收支核算时采用权责发生制,设置"在途款"科目进行核算。

(一) 在途款项的概念

由于库款的报解需要一定的邮递时间,所以年终会存在国库经收处或各级国库已经在年前收纳,但尚未转划到支库或尚未报解到各该上级国库的各种收入,这些款项称为在途款。在途款项也包括在决算清理期内收到的应属于决算年度收入的款项。

(二) 在途款项的核算方法

为了在年终决算期内全面反映各级财政的实际收入总额,解决上、下年度之间的库款结算问题,各级政府财政会计应设置"在途款"科目。该科目属于资产类科目,用来核算决算清理期内发生的上、下年度收入支出业务以及需要通过本科目过渡处理的资金数。借方登记发生数,贷方登记冲转数。预算收入按月划期核算的地区,平时也使用本科目核算。决算清理期内收到属于上年度的收入时,借记"在途款"科目,贷记"一般公共预算收入""补助收入""上解收入"等科目;收回上年度拨款或支出时,借记"在途款"科目,贷记"预拨经费"等科目;冲转在途款项时,借记"国库存款"科目,贷记"在途款"科目。

【例 6-3】 某市财政实行资金划拨制度,2023 年发生以下有关经济业务,据以编制会计分录。
① 1 月 2 日,收到市中心支库报来预算收入日报表及所附的缴款书等,计列收到属于上年度的税收收入 50 000 元。
在上年度旧账上,编制如下会计分录:
借:在途款   50 000
  贷:国库存款——一般公共预算存款   50 000
借:资金结存   50 000
  贷:一般公共预算收入   50 000
同时,在本年度新账上,编制如下会计分录:
借:国库存款——一般公共预算存款   50 000

　　　　贷：在途款　　　　　　　　　　　　　　　　　　　　　　50 000
　　　借：一般公共预算收入　　　　　　　　　　　　　50 000
　　　　贷：资金结存　　　　　　　　　　　　　　　　　　　　　50 000
　②1月5日，收到市中心支库报来的收回上年度各预算单位缴回的预拨经费20 000元。

　　在上年度旧账上，编制如下会计分录：
　　　借：在途款　　　　　　　　　　　　　　　　　　　　　20 000
　　　　贷：预拨经费　　　　　　　　　　　　　　　　　　　　　20 000
　　同时，在本年度新账上，编制如下会计分录：
　　　借：国库存款　　　　　　　　　　　　　　　　　　　　　20 000
　　　　贷：在途款　　　　　　　　　　　　　　　　　　　　　　20 000

第二节　非流动资产核算

一、债权性往来款项的核算

债权性往来款项随着债权对象的不同而有所差别。

(一) 债权性往来款项的内容

债权性往来款项属于往来结算中形成的债权，包括借出款项、与下级往来、其他应收款、应收股利、应收地方政府债券转贷款、应收主权外债转贷款等内容。但是，它们的债权对象会有所差别：借出款项是财政部门借给所属预算单位临时急需的款项；与下级往来是上级财政借给下级财政的待结算款项；其他应收款是政府财政临时发生的其他应收、暂付、垫付款项；应收股利是政府因持有股权投资应当收取的现金股利或利润；应收地方政府债券转贷款是本级政府财政转贷给下级地方政府财政的地方政府债券资金的本金及利息；应收主权外债转贷款是本级政府财政转贷给下级地方政府财政的外国政府和国际金融组织贷款等主权外债资金的本金及利息。

(二) 债权性往来款项的核算方法

各级财政部门为了核算与所属预算单位和上下级财政之间的暂付及应收款项，应设置"借出款项""与下级往来""其他应收款""应收股利""应收地方政府债券转贷款""应收主权外债转贷款"等科目。

(1) "借出款项"科目，用于核算财政部门借给所属预算单位临时急需的借款。借方登记借出数、贷方登记结算收回或核销转作支出数，借方余额反映尚待结算的暂付款数。该科目应按借款单位名称设置明细账。借出款项的主要账务处理如下：将款项借出时，按照实际支付的金额，借记本科目，贷记"国库存款"等科目。收回借款时，按照实际收到的金额，借记"国库存款"等科目，贷记本科目。本科目期末借方余额反映政府财政借给预算

单位尚未收回的款项

（2）"与下级往来"科目，用于核算与下级财政往来的结算款项。该科目的借方登记借出数或转作对下级财政的补助支出数。本科目借方余额，反映下级财政应归还本级财政的款项；贷方余额，反映本级财政借入下级财政的款项。"与下级往来"是具有资产和负债双重性质的科目，在编制资产负债表时，应将科目的贷方余额以负数表示。本科目按资金性质和下级财政部门名称设置明细科目。与下级往来的主要账务处理如下：拨付下级政府财政款项时，借记本科目，贷记"国库存款"科目。有主权外债业务的财政部门，贷款资金由下级政府财政同级部门（单位）使用，且贷款的最终还款责任由本级政府财政承担的，本级政府财政部门支付贷款资金时，借记本科目或"补助费用"科目，贷记"国库存款""其他财政存款"等科目；外方将贷款资金直接支付给供应商或用款单位时，借记本科目或"补助费用"科目，贷记"借入款项"或"应付主权外债转贷款"科目。两级财政年终结算时，确认应当由下级政府财政上缴的收入数，借记本科目，贷记"上解收入"科目。两级财政年终结算时，确认应补助下级政府财政的费用数，借记"补助费用"科目，贷记本科目。收到下级政府财政缴入国库的往来待结算款项时，借记"国库存款"科目，贷记本科目。扣缴下级政府财政资金时，借记本科目，贷记"其他应付款"等科目。本科目期末借方余额反映下级政府财政欠本级政府财政的款项；期末贷方余额反映本级政府财政欠下级政府财政的款项。

（3）"其他应收款"科目用于核算政府财政临时发生的其他应收、暂付、垫付款项。项目单位拖欠外国政府和国际金融组织贷款本息和相关费用导致相关政府财政履行担保责任，代偿的贷款本息费，也通过本科目核算。本科目应当按照资金性质、债务单位等进行明细核算。其他应收款的主要账务处理如下：发生其他应收款项时，借记本科目，贷记"国库存款""其他财政存款"等科目。收回其他应收款项时，借记"国库存款""其他财政存款"科目，贷记本科目。其他应收款项转列费用时，借记有关费用科目，贷记本科目。政府财政对使用外国政府和国际金融组织贷款资金的项目单位履行担保责任，代偿贷款本息费时，借记本科目，贷记"国库存款""其他财政存款"等科目。政府财政行使追索权，收回项目单位贷款本息费时，借记"国库存款""其他财政存款"等科目，贷记本科目。政府财政最终未收回项目单位贷款本息费，经核准转列费用时，借记有关费用科目，贷记本科目。本科目应及时清理结算，期末原则上应无余额。

（4）"应收股利"科目用于核算政府因持有股权投资应当收取的现金股利或利润。本科目应当按照被投资主体进行明细核算。应收股利的主要账务处理如下：采用权益法核算时，持有股权投资期间，被投资主体宣告发放现金股利或利润的，根据股权管理部门提供的资料，按照应上缴政府财政的部分，借记本科目，贷记"股权投资——损益调整"科目；收到现金股利或利润时，按照实际收到的金额，借记"国库存款"科目，贷记本科目；按照实际收到金额中未宣告发放的现金股利或利润，借记本科目，贷记"股权投资——损益调整"科目。采用成本法核算时，持有股权投资期间，被投资主体宣告发放现金股利或利润时，根据股权管理部门提供的资料，按照应上缴政府财政的部分，借记本科目，贷记"投资收益"科目。收到现金股利或利润时，按照实际收到的金额，借记"国库存款"科目，贷记本科目；按照实际收到金额中未宣告发放的现金股利或利润，借记本科目，贷记"投资收益"科目。本科目期末借方余额反映政府财政应当收取但尚未收到的现金股利或利润。

(5)"应收地方政府债券转贷款"科目用于核算本级政府财政转贷给下级政府财政的地方政府债券资金的本金及利息。本科目应设置"应收本金"和"应收利息"明细科目,并按照转贷对象进行明细核算,其下应根据管理规定设置"一般债券""专项债券"等明细科目。其中,"应收利息"科目通常应根据债务管理部门计算并提供的政府债券转贷款的应收利息情况,按期进行核算。主要账务处理如下:向下级政府财政转贷地方政府债券资金时,按照转贷的本金,借记本科目,按照实际拨付的金额或债务管理部门确认的转贷金额,贷记"国库存款"或"与下级往来"等科目,按照其差额,借记或贷记有关费用科目。按期确认地方政府债券转贷款的应收利息时,根据债务管理部门计算确认的转贷款本期应收未收利息金额,借记本科目,贷记"财务费用——利息费用"等有关科目。收到下级政府财政偿还的地方政府债券转贷款本息时,按照收到的金额,借记"国库存款""其他财政存款"等科目,贷记本科目。扣缴下级政府财政应偿还的地方政府债券转贷款本息时,按照扣缴的金额,借记"与下级往来"等科目,贷记本科目。豁免下级政府财政应偿还的地方政府债券转贷款本息时,根据债务管理部门转来的有关资料及有关预算文件,按照豁免金额,借记"补助费用""与下级往来"等科目,贷记本科目。本科目期末借方余额反映政府财政应收未收的地方政府债券转贷款本金及利息。

(6)"应收主权外债转贷款"科目用于核算本级政府财政转贷给下级政府财政的外国政府、国际金融组织贷款等主权外债资金的本金及利息。本科目应设置"应收本金"和"应收利息"明细科目,并按照转贷对象进行明细核算。其中,"应收利息"科目通常应根据债务管理部门计算并提供的主权外债转贷款的应收利息情况,按期进行核算。应收主权外债转贷款的主要账务处理如下:向下级政府财政转贷主权外债资金,且主权外债最终还款责任由下级政府财政承担的,应当分别按照以下情况处理:本级政府财政支付转贷资金时,借记本科目,贷记"国库存款""其他财政存款"科目;外方或上级政府财政将贷款资金直接拨付给用款单位或供应商时,根据债务管理部门转来的有关资料,按照实际拨付的金额,借记本科目,贷记"借入款项"或"应付主权外债转贷款"科目。按期确认主权外债转贷款的应收利息时,根据债务管理部门计算确认的转贷款本期应收未收利息金额,借记本科目,贷记"财务费用——利息费用"等科目。收回下级政府财政偿还的主权外债转贷款本息时,按照收回的金额,借记"国库存款""其他财政存款"等科目,贷记本科目。扣缴下级政府财政应偿还的主权外债转贷款本息时,按照扣缴的金额,借记"与下级往来"等科目,贷记本科目。债权人豁免下级政府财政应偿还的主权外债转贷款本息时,根据债务管理部门转来的有关资料,按照豁免转贷款的金额,借记"应付主权外债转贷款""借入款项""应付利息"等科目,贷记本科目。本级政府财政豁免下级政府财政应偿还的主权外债转贷款本息时,根据债务管理部门转来的有关资料及有关预算文件,按照豁免金额,借记"补助费用""与下级往来"等科目,贷记本科目。年末,根据债务管理部门提供的应收主权外债转贷款因汇率变动产生的期末人民币余额与账面余额之间的差额资料,借记或贷记"财务费用——汇兑损益"科目,贷记或借记本科目。本级政府财政首次确认以前年度转贷给下级政府财政的主权外债时,根据债务管理部门提供的有关资料,按照转贷主权外债本息余额,借记本科目,贷记"以前年度盈余调整"科目。本科目期末借方余额反映政府财政应收未收的主权外债转贷款本金及利息。

【例 6-4】 某市财政实行资金划拨制度,2023 年发生以下有关经济业务,据以编制会计分录。

① 经批准,借给市民政局款项 56 000 元,用于维修办公楼。

借:借出款项——市民政局　　　　　　　　　　　56 000
　　贷:国库存款　　　　　　　　　　　　　　　　　　　56 000

② 市水利局归还借款 300 000 元,余款 34 000 元尚未归还。

借:国库存款　　　　　　　　　　　　　　　　　300 000
　　贷:借出款项——市水利局　　　　　　　　　　　　300 000

二、预拨款项的核算

预拨款项的核算范围只适用于采用资金划拨制度的地区和单位。

(一) 预拨款项的内容

预拨款项是财政部门按规定预拨给用款单位的待结算资金,主要是预拨经费。

预拨经费是各级财政机关根据核定的预算计划,用预算资金拨给用款单位的待结算资金。凡是年度预算执行中,财政会计用预算资金预拨出应在以后各期列支的款项,以及会计年度终了前预拨给用款单位的下年度经费款均应作为预拨经费管理。各项预拨款项应按实际预拨数额记账。预拨经费(不含预拨下年度经费)应在年度终了前转列支出或清理收回。

(二) 预拨款项的适用范围

财政部门与预算单位之间的资金往来有两种制度,即传统的资金划拨制度和国库单一账户制度。试行国库集中收付制度的地区和单位,财政资金的往来是通过国库来进行的,财政资金有财政直接支付和财政授权支付两种方式。在没有执行国库集中收付制度的地区和单位,财政部门对预算单位的拨款仍然采用传统的划拨资金制度。因此,预拨款项的核算范围只适用于采用资金划拨制度的地区和单位。

划拨资金的程序是:主管会计单位根据核定的年度预算和分期用款计划,填写"预算拨款申请书"送交财政部门。财政部门审核后,由具体业务经办部门领导签章,财政会计据以填写拨款凭证,然后送国库办理资金拨付手续。国库收到拨款凭证,审核无误后,立即如数拨出款项。

(三) 预拨款项的管理制度

1. 按照资金实际使用情况拨款

按照资金实际使用情况拨付预算资金,要考虑本期计划需要,要保证各单位工作任务的资金需要,要掌握上期资金使用和结存情况,以促进各单位合理、节约、有效地使用预算资金。

2. 按照资金的预算和计划拨款

每年年末,各预算单位形成部门年度预算,经财政审批以后,确定各部门和各单位预算年度可使用预算资金数额。在实际领拨经费时,各预算单位还必须编制季度分月用款计划,经财政机关和上级主管部门核定后,作为领拨经费的依据。

3. 按照资金用途领拨经费

领拨经费必须按预算和计划规定的用途请领和转拨,不得随意改变资金用途,以保证预算资金的专款专用。

4. 按照预算级次领拨经费

各预算单位一般分为主管预算单位、二级预算单位和基层预算单位。主管预算单位直接与财政机关发生经费领拨关系,从财政部门取得的预算经费,既包括本单位的经费,也包括所属单位的经费,由主管单位逐级向下转拨。同时,不能越级领拨经费,也不得发生横向经费领拨事项。

(四)预拨款项的核算方法

为了核算各种预拨款项,各级财政会计应设置"预拨经费"总账。财政会计核算预拨经费,应设置"预拨经费"会计科目。预拨经费的主要账务处理如下:拨出款项时,借记本科目,贷记"国库存款"等科目。转列费用时,借记有关费用科目,贷记本科目。收回预拨款项时,借记"国库存款"等科目,贷记本科目。本科目期末借方余额反映政府财政年末尚未转列费用或尚待收回的预拨经费款项。

【例6-5】 某市财政实行资金划拨制度,该市财政拨付给市公共事业部门下季度业务经费560 000元,根据国库退回的拨款凭证回单编制记账凭证,据以编制如下会计分录。

借:预拨经费——市公共事业部门　　　　　　　　　　　　　560 000
　　贷:国库存款　　　　　　　　　　　　　　　　　　　　　　　　560 000

三、股权投资的核算

(一)股权投资的内容

股权投资是指政府持有的各类股权投资,本科目核算政府持有的各类股权投资,包括国际金融组织股权投资、政府投资基金股权投资和企业股权投资等。股权投资在持有期间,通常采用权益法进行核算;政府无权决定被投资主体的财务和经营政策或无权参与被投资主体的财务和经营政策决策的,应当采用成本法进行核算。

本科目应当按照"国际金融组织股权投资""政府投资基金股权投资""企业股权投资"设置一级明细科目,在一级明细科目下,分别设置"投资成本""损益调整""其他权益变动"明细科目,同时应根据管理需要,按照被投资主体进行明细核算。

(二)股权投资的账务处理

1. 采用权益法核算

政府财政以现金取得股权投资时,按照实际支付的金额,借记本科目(投资成本),贷记"国库存款"科目。实际支付的金额中包含的已宣告但尚未发放的现金股利,应当单独确认为应收股利。政府财政以现金以外其他资产置换取得股权投资时,按照股权管理部门确认的金额,借记本科目(投资成本),贷记相关资产类科目。

通过清查发现以前年度取得、尚未纳入财政总会计核算的股权投资时,根据股权管理部门提供的资料,按照股权投资的投资成本,借记本科目(投资成本),按照以前年度实现的损益中应享有的份额,借记本科目(损益调整),按照二者合计金额贷记"以前年度盈余调整"科目;按照确定的其他权益变动金额,借记本科目(其他权益变动),贷记"权益法调整"科目。已宣告但尚未发放的现金股利,应当单独确认为应收股利。无偿划入股权投资时,根据股权管理部门提供的资料,按照股权投资的投资成本,借记本科目(投资成本),按照以前年度实现的损益中应享有的份额,借记本科目(损益调整),按照二者合计金额贷记"其他收入"科目;按照确定的其他权益变动金额,借记本科目(其他权益变动),贷记"权益法调整"科目。

被投资主体实现净利润的,根据股权管理部门提供的资料,按照应享有的份额,借记本科目(损益调整),贷记"投资收益"科目。被投资主体发生净亏损的,根据股权管理部门提供的资料,按照应分担的份额,借记"投资收益"科目,贷记本科目(损益调整),但以"股权投资"的账面余额减记至零为限。发生亏损的被投资主体以后年度又实现净利润的,按照收益分享额弥补未确认的亏损分担额等后的金额,借记本科目(损益调整),贷记"投资收益"科目。

被投资主体宣告发放现金股利或利润的,根据股权管理部门提供的资料,按照应上缴政府财政的部分,借记"应收股利"科目,贷记本科目(损益调整)。收到现金股利或利润时,按照实际收到的金额,借记"国库存款"科目,贷记"应收股利"科目;按照实际收到金额中未宣告发放的现金股利或利润,借记"应收股利"科目,贷记本科目(损益调整)。被投资主体发生除净损益和利润分配以外的所有者权益变动的,根据股权管理部门提供的资料,按照应享有或应分担的份额,借记或贷记本科目(其他权益变动),贷记或借记"权益法调整"科目。股权投资持有期间,被投资主体以收益转增投资的,根据股权管理部门提供的资料,按照收益转增投资的金额,借记本科目(投资成本),贷记本科目(损益调整)。

处置股权投资时,根据股权管理部门提供的资料,按照被处置股权投资对应的"权益法调整"科目账面余额,借记或贷记"权益法调整"科目,贷记或借记本科目(其他权益变动);按照处置收回的金额,借记"国库存款"科目,按照已宣告尚未领取的现金股利或利润,贷记"应收股利"科目,按照被处置股权投资的账面余额,贷记本科目(投资成本、损益调整),按照其差额,贷记或借记"投资收益"科目。

无偿划出股权投资时,根据股权管理部门提供的资料,按照被划出股权投资对应的"权益法调整"科目账面余额,借记或贷记"权益法调整"科目,贷记或借记本科目(其他权益变动);按照被划出股权投资的账面余额,借记"其他费用"科目,贷记本科目(投资成本、损益调整)。

企业破产清算时,根据股权管理部门提供的资料,按照破产清算企业股权投资对应的"权益法调整"科目账面余额,借记或贷记"权益法调整"科目,贷记或借记本科目(其他权益变动);按照缴入国库清算收入的金额,借记"国库存款"科目,按照破产清算股权投资的账面余额,贷记本科目(投资成本、损益调整),按照其差额,借记或贷记"投资收益"科目。

2. 采用成本法核算

政府财政以现金取得股权投资时，按照实际支付的金额，借记本科目（投资成本），贷记"国库存款"科目。实际支付的金额中包含的已宣告但尚未发放的现金股利，应当单独确认为应收股利。

政府财政以现金以外其他资产置换取得股权投资时，按照股权管理部门确认的金额，借记本科目（投资成本），贷记相关资产类科目。

通过清查发现以前年度取得、尚未纳入财政总会计核算的股权投资时，根据股权管理部门提供的资料，按照其确定的投资成本，借记本科目（投资成本），贷记"以前年度盈余调整"科目。已宣告但尚未发放的现金股利，应当单独确认为应收股利。

无偿划入股权投资时，根据股权管理部门提供的资料，按照其确定的投资成本，借记本科目（投资成本），贷记"其他收入"科目。

处置股权投资时，按照收回的金额，借记"国库存款"科目，按照已宣告尚未领取的现金股利或利润，贷记"应收股利"科目，按照被处置股权投资账面余额，贷记本科目（投资成本），按照其差额，贷记或借记"投资收益"科目。无偿划出股权投资时，按照被划出股权投资的账面余额，借记"其他费用"科目，贷记本科目（投资成本）。

企业破产清算时，根据股权管理部门提供的资料，按照缴入国库清算收入的金额，借记"国库存款"科目，按照破产清算股权投资的账面余额，贷记本科目（投资成本），按照其差额，借记或贷记"投资收益"科目。

3. 成本法与权益法的转换

对股权投资的核算从成本法改为权益法的，应按照成本法下本科目（投资成本）账面余额与追加投资成本的合计金额，借记本科目（投资成本），按照成本法下本科目（投资成本）账面余额，贷记本科目（投资成本），按照追加投资的金额，贷记"国库存款"科目。

对股权投资的核算从权益法改为成本法的，按"权益法调整"科目账面余额，借记或贷记"权益法调整"科目，贷记或借记本科目（其他权益变动）；以权益法下本科目（投资成本、损益调整）账面余额作为成本法下投资成本账面余额，借记本科目（投资成本），贷记本科目（投资成本、损益调整）。

其后，被投资单位宣告分派现金股利或利润时，属于已记入投资成本账面余额的部分，按照应分得的现金股利或利润份额，借记"应收股利"科目，贷记本科目（投资成本）。

本科目期末借方余额反映政府持有的各类股权投资的价值。

❓ 思考题

1. 财政性存款的内容有哪些？
2. 简述国库单一账户制度的概念。
3. 国库单一账户体系的内容有哪些？

第七章

财政总会计的负债核算

> **学习目标**
>
> 通过本章的学习,掌握应付及暂收款项的核算,掌握借入款项的核算,掌握应付政府债券的核算。

第一节 流动负债核算

一、应付及暂收款项的核算

应付及暂收款项是属于债务性质的往来款项。

(一) 应付及暂收款项的内容

应付及暂收款项是在预算执行期间,上下级财政或财政与其他部门结算中形成的债务,包括结算中发生的应付国库集中支付结余、与上级往来、其他应付款、应付代管资金、应付地方政府债券转贷款、应付主权外债转贷款等。

应付国库集中支付结余是政府财政采用权责发生制列支、预算单位尚未使用的国库集中支付结余资金,一般在年末列支。

与上级往来是上下级财政之间由于财政资金的周转调度以及预算补助、上解结算等事项而形成的债务,如本级财政因资金调度困难而向上级财政取得借款和归还借款,在财政体制年终结算中发生本级财政应上解款项或上级财政应补助款项等。

其他应付款是指各级财政临时发生的应付、暂收和收到性质不明的款项。其他应付款属于待结算资金,结算时可能需要归还、支付或者转为收入,因此,其他应付款具有债务性质。其他应付款必须及时清理,不能长期挂账。

应付代管资金是政府财政代为管理的、使用权属于被代管主体的资金,因此具有债务性质。

应付地方政府债券转贷款是地方政府财政从上级政府财政借入的地方政府债券转贷款的本金和利息。

应付主权外债转贷款是本级政府财政从上级政府财政借入的主权外债转贷款的本金

和利息。

(二) 应付国库集中支付结余的核算

1. 应付国库集中支付结余

"应付国库集中支付结余"科目属于负债性质的科目,用于核算政府财政采用权责发生制列支、预算单位尚未使用的国库集中支付结余资金。"应付国库集中支付结余"科目应当根据管理需要,按照《政府收支分类科目》中支出经济分类科目进行相应明细核算。"应付国库集中支付结余"科目期末贷方余额反映政府财政尚未支付的国库集中支付结余。

2. 应付国库集中支付结余的账务处理

(1) 年末,对当年形成的国库集中支付结余采用权责发生制列支时,借记有关支出科目,贷记"应付国库集中支付结余"科目。

(2) 以后年度实际支付国库集中支付结余资金时,分以下情况处理:

① 按原结转预算科目支出的,借记"应付国库集中支付结余"科目,贷记"国库存款"科目。

② 调整支出预算科目的,应当按原结转预算科目做冲销处理,借记"应付国库集中支付结余"科目,贷记有关支出科目。同时,按实际支出预算科目做列支账务处理,借记有关支出科目,贷记"国库存款"科目。

【例 7-1】 某市财政 2023 年年末发生以下有关经济业务,据以编制会计分录。

① 2023 年年末,市水利局尚未使用的国库集中支付结余资金 340 000 元。

借:国库存款　　　　　　　　　　　　　　　　340 000
　　贷:应付国库集中支付结余　　　　　　　　　　　　340 000
借:一般公共预算支出　　　　　　　　　　　　340 000
　　贷:资金结存　　　　　　　　　　　　　　　　　340 000

② 2024 年年初,市水利局使用上面结余资金 340 000 元。

借:应付国库集中支付结余　　　　　　　　　　340 000
　　贷:国库存款　　　　　　　　　　　　　　　　　340 000

(三) 与上级往来的核算

"与上级往来"属于负债类科目,用来核算与上级财政的往来待结算款项。向上级财政借款或体制结算中应补交上级财政款项时,借记"国库存款""上解支出"科目,贷记"与上级往来"科目;归还借款、转作上级补助收入数或体制结算中应由上级补给款项时,借记"与上级往来"科目,贷记"国库存款""补助收入"等科目。该科目可能出现借方余额,也可能出现贷方余额,因此,它不是单纯的负债类科目,而是双重性质科目。该科目贷方余额反映本级财政欠上级财政的款项,属于负债;借方余额反映上级财政欠本级财政的款项,属于资产。如为借方余额,在资产负债表中应以负数表示。该科目应及时清理结算,年终未能结清的余额结转下年。

【例 7-2】 某市财政实行资金划拨制度,2023 年发生以下有关经济业务,据以编制会计分录。

① 向省财政借入急需周转用款项 520 000 元。

借:国库存款——一般公共预算存款　　　　　　　　　　520 000
　　贷:与上级往来——省财政　　　　　　　　　　　　　　　　520 000

② 归还省财政借款 520 000 元。

借:与上级往来——省财政　　　　　　　　　　　　　　520 000
　　贷:国库存款——一般公共预算存款　　　　　　　　　　　　520 000

③ 接到省财政的通知,原从省财政借入的 330 000 元转作对本市的预算补助款。

借:与上级往来——省财政　　　　　　　　　　　　　　330 000
　　贷:补助收入　　　　　　　　　　　　　　　　　　　　　　330 000

(四) 其他应付款的核算

"其他应付款"属于负债类科目,用来核算各级财政临时发生的应付、暂收和收到的不明性质款项。收到其他应付款时,借记"国库存款""其他财政存款"科目,贷记"其他应付款"科目;冲转、退还或转作收入时,借记"其他应付款"科目,贷记"国库存款""其他财政存款"或有关收入科目。"其他应付款"科目贷方余额反映尚未结清的暂存款数额。"其他应付款"科目应按债权单位或款项来源设置明细科目。

【例 7-3】 某市财政实行资金划拨制度,2023 年发生以下有关经济业务,据以编制会计分录。

① 国库报来的收入日报表显示,收到某单位缴来资金性质不明的款项 37 000 元。

借:国库存款　　　　　　　　　　　　　　　　　　　　37 000
　　贷:其他应付款——某单位　　　　　　　　　　　　　　　　37 000

② 查明上项资金性质不明款项中有 32 000 元是市公安局交来的证照的工本费收入,5 000 元是错收的罚款,经审批退还给被罚单位。

借:其他应付款——某单位　　　　　　　　　　　　　　37 000
　　贷:专用基金支出　　　　　　　　　　　　　　　　　　　　32 000
　　　　国库存款　　　　　　　　　　　　　　　　　　　　　　5 000

(五) 应付代管资金的核算

"应付代管资金"科目用来核算政府财政代为管理的、使用权属于被代管主体的资金。"应付代管资金"科目应当根据管理需要进行相关明细核算。收到代管资金时,借记"其他财政存款"等科目,贷记"应付代管资金"科目。支付代管资金时,借记"应付代管资金"科目,贷记"其他财政存款"等科目。代管资金产生的利息收入按照相关规定仍属于代管资金的,借记"其他财政存款"等科目,贷记"应付代管资金"科目。"应付代管资金"科目期末贷方余额反映政府财政尚未支付的代管资金。

(六) 应付地方政府债券转贷款的核算

"应付地方政府债券转贷款"科目用来核算地方政府财政从上级政府财政借入的地

方政府债券转贷款的本金和利息。"应付地方政府债券转贷款"下应当设置"应付地方政府一般债券转贷款"和"应付地方政府专项债券转贷款"一级明细科目,在一级明细科目下再分别设置"应付本金"和"应付利息"两个明细科目,分别对应付本金和利息进行明细核算。

"应付地方政府债券转贷款"的主要账务处理如下:

(1) 收到上级政府财政转贷的地方政府债券资金时,借记"国库存款"科目,贷记"债务转贷收入"科目;根据债务管理部门转来的相关资料,按照到期应偿还的转贷款本金金额,借记"累计盈余——预算管理资金"科目,贷记"应付地方政府债券转贷款"科目。

(2) 期末确认地方政府债券转贷款的应付利息时,根据债务管理部门计算出的本期应付未付利息金额,借记"累计盈余——预算管理资金"科目,贷记"应付地方政府债券转贷款"科目。

(3) 偿还本级政府财政承担的地方政府债券转贷款本金时,借记"债务还本支出"科目,贷记"国库存款"等科目;根据债务管理部门转来的相关资料,按照实际偿还的本金金额,借记"应付地方政府债券转贷款"科目,贷记"累计盈余——预算管理资金"科目。

(4) 偿还本级政府财政承担的地方政府债券转贷款的利息时,借记"一般公共预算支出"或"政府性基金预算支出"科目,贷记"国库存款"等科目;实际支付利息金额中属于已确认的应付利息部分,还应根据债务管理部门转来的相关资料,借记"应付地方政府债券转贷款"科目,贷记"累计盈余——预算管理资金"科目。

(5) 偿还下级政府财政承担的地方政府债券转贷款的本息时,借记"其他应付款"或"其他应收款"科目,贷记"国库存款"等科目;根据债务管理部门转来的相关资料,按照实际偿还的本金及已确认的应付利息金额,借记"应付地方政府债券转贷款"科目,贷记"累计盈余——预算管理资金"科目。

(6) 被上级政府财政扣缴地方政府债券转贷款本息时,借记"其他应收款"科目,贷记"与上级往来"科目;根据债务管理部门转来的相关资料,按照实际扣缴的本金及已确认的应付利息金额,借记"应付地方政府债券转贷款"科目,贷记"累计盈余——预算管理资金"科目。列报支出时,对本级政府财政承担的还本支出,借记"债务还本支出"科目,贷记"其他应收款"科目;对本级政府财政承担的利息支出,借记"一般公共预算支出"或"政府性基金预算支出"科目,贷记"其他应收款"科目。

(7) 采用定向承销方式发行地方政府债券置换存量债务时,省级以下(不含省级)财政部门根据上级财政部门提供的债权债务确认相关资料,按照置换本级政府存量债务的额度,借记"债务还本支出"科目,按照置换下级政府存量债务的额度,借记"债务转贷支出"科目,按照置换存量债务的总额度,贷记"债务转贷收入"科目;根据债务管理部门转来的相关资料,按照置换存量债务的总额度,借记"累计盈余——预算管理资金"科目,贷记"应付地方政府债券转贷款"科目。同时,按照置换下级政府存量债务额度,借记"应收地方政府债券转贷款"科目,贷记"累计盈余——预算管理资金"科目。

"应付地方政府债券转贷款"科目期末贷方余额反映本级政府财政尚未偿还的地方政府债券转贷款的本金和利息。

(七) 应付主权外债转贷款的核算

"应付主权外债转贷款"科目用来核算本级政府财政从上级政府财政借入的主权外债转贷款的本金和利息。本科目下应当设置"应付本金"和"应付利息"两个明细科目,分别对应付本金和利息进行明细核算。

"应付主权外债转贷款"的主要账务处理如下:

(1) 收到上级政府财政转贷的主权外债资金时,借记"其他财政存款"科目,贷记"债务转贷收入"科目;根据债务管理部门转来的相关资料,按照实际承担的债务金额,借记"累计盈余——预算管理资金"科目,贷记"应付主权外债转贷款"科目。

(2) 从上级政府财政借入主权外债转贷款,且由外方将贷款资金直接支付给用款单位或供应商时,应根据以下三种情况分别处理。

① 本级政府财政承担还款责任,贷款资金由本级政府财政同级部门(单位)使用的,本级政府财政部门根据贷款资金支付相关资料,借记"一般公共预算支出"等科目,贷记"债务转贷收入"科目;根据债务管理部门转来的相关资料,按照实际承担的债务金额,借记"累计盈余——预算管理资金"科目,贷记"应付主权外债转贷款"科目。

② 本级政府财政承担还款责任,贷款资金由下级政府财政同级部门(单位)使用的,本级政府财政部门根据贷款资金支付相关资料及预算指标文件,借记"补助支出"科目,贷记"债务转贷收入"科目;根据债务管理部门转来的相关资料,按照实际承担的债务金额,借记"累计盈余——预算管理资金"科目,贷记"应付主权外债转贷款"科目。

③ 下级政府财政承担还款责任,贷款资金由下级政府财政同级部门(单位)使用的,本级政府财政部门根据贷款资金支付相关资料,借记"债务转贷支出"科目,贷记"债务转贷收入"科目;根据债务管理部门转来的相关资料,按照实际承担的债务金额,借记"累计盈余——预算管理资金"科目,贷记"应付主权外债转贷款"科目;同时,借记"应收主权外债转贷款"科目,贷记"累计盈余——预算管理资金累计盈余"科目。

(3) 期末确认主权外债转贷款的应付利息时,按照债务管理部门计算出的本期应付未付利息金额,借记"累计盈余——预算管理资金"科目,贷记"应付主权外债转贷款"科目。

(4) 偿还本级政府财政承担的借入主权外债转贷款的本金时,借记"债务还本支出"科目,贷记"其他财政存款"等科目;根据债务管理部门转来的相关资料,按照实际偿还的本金金额,借记"应付主权外债转贷款"科目,贷记"累计盈余——预算管理资金"科目。

(5) 偿还本级政府财政承担的借入主权外债转贷款的利息时,借记"一般公共预算支出"等科目,贷记"其他财政存款"等科目;实际偿还利息金额中属于已确认的应付利息部分,还应根据债务管理部门转来的相关资料,借记"应付主权外债转贷款"科目,贷记"累计盈余——预算管理资金"科目。

(6) 偿还下级政府财政承担的借入主权外债转贷款的本息时,借记"其他应付款"或"其他应收款"科目,贷记"其他财政存款"等科目;根据债务管理部门转来的相关资料,按照实际偿还的本金及已确认的应付利息金额,借记"应付主权外债转贷款"科目,贷记"累计盈余——预算管理资金"科目。

(7) 被上级政府财政扣缴借入主权外债转贷款的本息时,借记"其他应收款"科目,贷记"与上级往来"科目;根据债务管理部门转来的相关资料,按照被扣缴的本金及已确认的应付利息金额,借记"应付主权外债转贷款"科目,贷记"累计盈余——预算管理资金"科目。列报支出时,对本级政府财政承担的还本支出,借记"债务还本支出"科目,贷记"其他应收款"科目;对本级政府财政承担的利息支出,借记"一般公共预算支出"等科目,贷记"其他应收款"科目。

(8) 上级政府财政豁免主权外债转贷款本息时,根据以下情况分别处理:

① 豁免本级政府财政承担偿还责任的主权外债转贷款本息时,根据债务管理部门转来的相关资料,按照豁免转贷款的本金及已确认的应付利息金额,借记"应付主权外债转贷款"科目,贷记"累计盈余——预算管理资金"科目。

② 豁免下级政府财政承担偿还责任的主权外债转贷款本息时,根据债务管理部门转来的相关资料,按照豁免转贷款的本金及已确认的应付利息金额,借记"应付主权外债转贷款"科目,贷记"累计盈余——预算管理资金"科目;同时,借记"累计盈余——预算管理资金累计盈余"科目,贷记"应收主权外债转贷款"科目。

"应付主权外债转贷款"期末贷方余额反映本级政府财政尚未偿还的主权外债转贷款本金和利息。

二、借入款项的核算

为了缓解财政紧张,政府财政部门会考虑向外国政府和国际金融组织等借入款项。

(一) 借入款项的概念

借入款项是指根据国家法律法规,政府财政部门以政府名义向外国政府和国际金融组织等借入的款项,以及以经国务院批准的其他方式借入的款项。

(二) 借入款项的核算方法

"借入款项"科目用于核算政府财政部门以政府名义向外国政府和国际金融组织等借入的款项,以及以经国务院批准的其他方式借入的款项。上下级财政之间的临时性借垫款,不通过本科目核算。该科目属于负债类科目,贷方登记借入数,借方登记偿还数,贷方余额反映尚未偿还的债务。"借入款项"科目下应当设置"应付本金""应付利息"明细科目,分别对借入款项的应付本金和利息进行明细核算,还应当按照债权人进行明细核算。债务管理部门应当设置相应的辅助账,详细记录每笔借入款项的期限、借入日期、偿还及付息情况等。

"借入款项"的主要账务处理如下:

(1) 本级政府财政收到借入的主权外债资金时,借记"国库存款""其他财政存款"科目,贷记"债务收入"科目;根据债务管理部门转来的相关资料,按照实际承担的债务金额,借记"累计盈余——预算管理资金累计盈余"科目,贷记"借入款项"科目。

(2) 本级政府财政借入主权外债,且由外方将贷款资金直接支付给用款单位或供应商时,应根据以下三种情况分别处理。

① 本级政府财政承担还款责任，贷款资金由本级政府财政同级部门（单位）使用的，本级政府财政部门根据贷款资金支付相关资料，借记"一般公共预算支出"等科目，贷记"债务收入"科目；根据债务管理部门转来的相关资料，按照实际承担的债务金额，借记"累计盈余——预算管理资金累计盈余"科目，贷记"借入款项"科目。

② 本级政府财政承担还款责任，贷款资金由下级政府财政同级部门（单位）使用的，本级政府财政部门根据贷款资金支付相关资料及预算指标文件，借记"补助支出"科目，贷记"债务收入"科目；根据债务管理部门转来的相关资料，按照实际承担的债务金额，借记"累计盈余——预算管理资金累计盈余"科目，贷记"借入款项"科目。

③ 下级政府财政承担还款责任，贷款资金由下级政府财政同级部门（单位）使用的，本级政府财政部门根据贷款资金支付相关资料，借记"债务转贷支出"科目，贷记"债务收入"科目；根据债务管理部门转来的相关资料，按照实际承担的债务金额，借记"累计盈余——预算管理资金累计盈余"科目，贷记"借入款项"科目；同时，借记"应收主权外债转贷款"科目，贷记"累计盈余——预算管理资金累计盈余"科目。

（3）期末确认借入主权外债的应付利息时，根据债务管理部门计算出的本期应付未付利息金额，借记"累计盈余——预算管理资金累计盈余"科目，贷记"借入款项"科目。

（4）偿还本级政府财政承担的借入主权外债本金时，借记"债务还本支出"科目，贷记"国库存款""其他财政存款"等科目；根据债务管理部门转来的相关资料，按照实际偿还的本金金额，借记"借入款项"科目，贷记"累计盈余——预算管理资金累计盈余"科目。

（5）偿还本级政府财政承担的借入主权外债利息时，借记"一般公共预算支出"等科目，贷记"国库存款""其他财政存款"等科目；实际偿还利息金额中属于已确认的应付利息部分，还应根据债务管理部门转来的相关资料，借记"借入款项"科目，贷记"累计盈余——预算管理资金累计盈余"科目。

（6）偿还下级政府财政承担的借入主权外债的本息时，借记"其他应付款"或"其他应收款"科目，贷记"国库存款""其他财政存款"等科目；根据债务管理部门转来的相关资料，按照实际偿还的本金及已确认的应付利息金额，借记"借入款项"科目，贷记"累计盈余——预算管理资金累计盈余"科目。

（7）被上级政府财政扣缴借入主权外债的本息时，借记"其他应收款"科目，贷记"与上级往来"科目；根据债务管理部门转来的相关资料，按照实际扣缴的本金及已确认的应付利息金额，借记"借入款项"科目，贷记"累计盈余——预算管理资金累计盈余"科目。列报支出时，对应由本级政府财政承担的还本支出，借记"债务还本支出"科目，贷记"其他应收款"科目；对应由本级政府财政承担的利息支出，借记"一般公共预算支出"等科目，贷记"其他应收款"科目。

（8）债权人豁免本级政府财政承担偿还责任的借入主权外债本息时，根据债务管理部门转来的相关资料，按照被豁免的本金及已确认的应付利息金额，借记"借入款项"科目，贷记"累计盈余——预算管理资金累计盈余"科目。

债权人豁免下级政府财政承担偿还责任的借入主权外债本息时，根据债务管理部门转来的相关资料，按照被豁免的本金及已确认的应付利息金额，借记"借入款项"科目，贷记"累计盈余——预算管理资金累计盈余"科目；同时，借记"累计盈余——预算管理资金累计盈余"科目,贷记"应收主权外债转贷款"科目。

"借入款项"期末贷方余额反映本级政府财政尚未偿还的借入款项本金和利息。

【例7-4】 中央财政实行国库集中收付制度,2023年发生以下有关经济业务,据以编制会计分录。

① 根据全国人民代表大会的决定,向外国政府借入主权外债资金880 000 000元,已经收到款项。

借:国库存款——一般公共预算存款　　　　　　　　　　　880 000 000
　　贷:债务收入　　　　　　　　　　　　　　　　　　　　880 000 000
借:累计盈余——预算管理资金累计盈余　　　　　　　　　880 000 000
　　贷:借入款项　　　　　　　　　　　　　　　　　　　　880 000 000

② 年末,确认借入主权外债的应付利息7 000 000元。

借:累计盈余——预算管理资金累计盈余　　　　　　　　　　7 000 000
　　贷:借入款项　　　　　　　　　　　　　　　　　　　　　7 000 000

③ 以前年度借入的主权外债资金330 000 000元已到期,另支付利息2 000 000元,其中已计提利息1 500 000元。

借:债务还本支出　　　　　　　　　　　　　　　　　　　330 000 000
　　贷:国库存款——一般公共预算存款　　　　　　　　　　330 000 000
借:借入款项　　　　　　　　　　　　　　　　　　　　　330 000 000
　　贷:累计盈余——预算管理资金累计盈余　　　　　　　　330 000 000
借:一般公共预算支出　　　　　　　　　　　　　　　　　　2 000 000
　　贷:资金结存　　　　　　　　　　　　　　　　　　　　　2 000 000
借:应付利息　　　　　　　　　　　　　　　　　　　　　　2 000 000
　　贷:国库存款——一般公共预算存款　　　　　　　　　　　2 000 000
借:借入款项　　　　　　　　　　　　　　　　　　　　　　1 500 000
　　贷:累计盈余——预算管理资金累计盈余　　　　　　　　　1 500 000

第二节　非流动负债核算

一、应付政府债券的核算

应付政府债券是政府财政部门以政府名义发行的国债和地方政府债券,按照偿还期限的不同,分为应付短期政府债券和应付长期政府债券。

(一) 应付短期政府债券的核算

"应付短期政府债券"科目用来核算政府财政部门以政府名义发行的期限不超过1年(含1年)的国债和地方政府债券的应付本金和利息。"应付短期政府债券"科目下应当设置"应付国债""应付地方政府一般债券""应付地方政府专项债券"等一级明细科目,在一级明细科目下,再分别设置"应付本金""应付利息"明细科目,分别核算政府债券的应付本金和利息。债务管理部门应当设置相应的辅助账,详细记录每期政府债券金额、种类、期限、发行日、到期日、票面利率、偿还本金及付息情况等。

"应付短期政府债券"的主要账务处理如下:

(1)实际收到短期政府债券发行收入时,按照实际收到的金额,借记"国库存款"科目,按照短期政府债券实际发行额,贷记"债务收入"科目,按照发行收入和发行额的差额,借记或贷记有关支出科目;根据债券发行确认文件等相关债券管理资料,按照到期应付的短期政府债券本金金额,借记"累计盈余——预算管理资金累计盈余——应付短期政府债券"科目,贷记"应付短期政府债券"科目。

(2)期末确认短期政府债券的应付利息时,根据债务管理部门计算出的本期应付未付利息金额,借记"累计盈余——预算管理资金累计盈余——应付短期政府债券"科目,贷记"应付短期政府债券"科目。

(3)实际支付本级政府财政承担的短期政府债券利息时,借记"一般公共预算支出"或"政府性基金预算支出"科目,贷记"国库存款"等科目;实际支付利息金额中属于已确认的应付利息部分,还应根据债券兑付确认文件等相关债券管理资料,借记"应付短期政府债券"科目,贷记"累计盈余——预算管理资金累计盈余——应付短期政府债券"科目。

(4)实际偿还本级政府财政承担的短期政府债券本金时,借记"债务还本支出"科目,贷记"国库存款"等科目;根据债券兑付确认文件等相关债券管理资料,借记"应付短期政府债券"科目,贷记"累计盈余——预算管理资金累计盈余——应付短期政府债券"科目。

(5)省级财政部门采用定向承销方式发行短期地方政府债券置换存量债务时,根据债权债务确认相关资料,按照置换本级政府存量债务的额度,借记"债务还本支出"科目,贷记"债务收入"科目;根据债务管理部门转来的相关资料,按照置换本级政府存量债务的额度,借记"累计盈余——预算管理资金累计盈余——应付短期政府债券"科目,贷记"应付短期政府债券"科目。

"应付短期政府债券"科目期末贷方余额,反映政府财政尚未偿还的短期政府债券本金和利息。

(二)应付长期政府债券的核算

"应付长期政府债券"科目用来核算政府财政部门以政府名义发行的期限超过1年的国债和地方政府债券的应付本金和利息。"应付长期政府债券"科目下应当设置"应付国债""应付地方政府一般债券""应付地方政府专项债券"等一级明细科目,在一级明细科目下,再分别设置"应付本金""应付利息"明细科目,分别核算政府债券的应付本金和利息。债务管理部门应当设置相应的辅助账,详细记录每期政府债券金额、种类、期限、发行日、到期日、票面利率、偿还本金及付息情况等。

"应付长期政府债券"的主要账务处理如下:

(1)实际收到长期政府债券发行收入时,按照实际收到的金额,借记"国库存款"科目,按照长期政府债券实际发行额,贷记"债务收入"科目,按照发行收入和发行额的差额,借记或贷记有关支出科目;根据债券发行确认文件等相关债券管理资料,按照到期应付的长期政府债券本金金额,借记"累计盈余——预算管理资金累计盈余"科目,贷记"应付长期政府债券"科目。

(2) 期末确认长期政府债券的应付利息时,根据债务管理部门计算出的本期应付未付利息金额,借记"累计盈余——预算管理资金累计盈余"科目,贷记"应付长期政府债券"科目。

(3) 实际支付本级政府财政承担的长期政府债券利息时,借记"一般公共预算支出"或"政府性基金预算支出"科目,贷记"国库存款"等科目;实际支付利息金额中属于已确认的应付利息部分,还应根据债券兑付确认文件等相关债券管理资料,借记"应付长期政府债券"科目,贷记"累计盈余——预算管理资金累计盈余"科目。

(4) 实际偿还本级政府财政承担的长期政府债券本金时,借记"债务还本支出"科目,贷记"国库存款"等科目;根据债券兑付确认文件等相关债券管理资料,借记"应付长期政府债券"科目,贷记"累计盈余——预算管理资金累计盈余"科目。

(5) 本级政府财政偿还下级政府财政承担的地方政府债券本息时,借记"其他应付款"或"其他应收款"科目,贷记"国库存款"科目;根据债券兑付确认文件等相关债券管理资料,按照实际偿还的长期政府债券本金及已确认的应付利息金额,借记"应付长期政府债券"科目,贷记"累计盈余——预算管理资金累计盈余"科目。

(6) 省级财政部门采用定向承销方式发行长期地方政府债券置换存量债务时,根据债权债务确认相关资料,按照置换本级政府存量债务的额度,借记"债务还本支出"科目,按照置换下级政府存量债务的额度,借记"债务转贷支出"科目,按照置换存量债务的总额度,贷记"债务收入"科目;根据债务管理部门转来的相关资料,按照置换存量债务的总额度,借记"累计盈余——预算管理资金累计盈余"科目,贷记"应付长期政府债券"科目。同时,按照置换下级政府存量债务额度,借记"应收地方政府债券转贷款"科目,贷记"累计盈余——预算管理资金"科目。

"应付长期政府债券"科目期末贷方余额反映政府财政尚未偿还的长期政府债券本金和利息。

【例 7-5】 中央财政根据有关法律法规向社会发行 2 年期国债,共计 100 亿元。中央财政总会计做如下会计分录:

借:国库存款   10 000 000 000
  贷:其他收入   10 000 000 000
借:累计盈余——预算管理资金累计盈余   10 000 000 000
  贷:应付长期政府债券   10 000 000 000

二、其他负债的核算

其他负债是政府财政因有关政策明确要求其承担支出责任的事项而形成的应付未付款项。

"其他负债"科目属于负债性质的科目,借方反映应付未付款项的增加,贷方反映应付未付款项的减少。本科目应当按照债权单位和项目等进行明细核算。

"其他负债"科目的主要账务处理如下：有关政策已明确政府财政承担的支出责任，按照确定应承担的负债金额，借记"累计盈余——预算管理资金累计盈余"科目，贷记"其他负债"科目。实际偿还负债时，借记有关支出等科目，贷记"国库存款"等科目；同时，按照相同的金额，借记"其他负债"科目，贷记"累计盈余——预算管理资金累计盈余"科目。

"其他负债"科目贷方余额反映政府财政承担的尚未支付的其他负债余额。

思考题

1. 应付及暂收款项包括哪些内容？
2. 如何对借入款项进行核算？
3. 如何对应付政府债券进行核算？

第八章
财政总会计的净资产核算

学习目标

通过本章的学习,掌握财政总会计核算的净资产的概念和内容,掌握各项净资产的计算方法和结转程序,掌握各项净资产的核算方法。为避免重复,本章例题仅介绍财务会计核算,暂不考虑预算会计的账务处理。

第一节 盈余类核算

一、本期盈余

本期盈余是指政府财政纳入一般公共预算、政府性基金预算、国有资本经营预算管理的预算资金,财政专户管理资金、专用基金本期各项收入、费用分别相抵后的余额。

(一) 科目设置

本科目核算政府财政纳入一般公共预算、政府性基金预算、国有资本经营预算管理的预算资金,财政专户管理资金、专用基金本期各项收入、费用分别相抵后的余额。设置补充和动用预算稳定调节基金,设置补充预算周转金产生的盈余变动事项,也通过本科目核算。

本科目应设置"预算管理资金本期盈余""财政专户管理资金本期盈余""专用基金本期盈余"明细科目。

(二) 主要账务处理

1. "预算管理资金本期盈余"科目的账务处理

(1) 年终转账时,将纳入一般公共预算、政府性基金预算、国有资本经营预算管理的各类收入科目本年发生额转入本科目的贷方,借记"税收收入""非税收入""投资收益""补助收入""上解收入""地区间援助收入""其他收入"科目,贷记本科目;将纳入一般公共预算、政府性基金预算、国有资本经营预算管理的各类费用科目本年发生额转入本科目的借方,借记本科目,贷记"政府机关商品和服务拨款费用""政府机关工资福利拨款费用""对事业单位补助拨款费用""对企业补助拨款费用""对个人和家庭补助拨款费用""对社会保障基金补助拨款费用""资本性拨款费用""其他拨款费用""财务费用""补助费用""上解费用""地区间援助费用""其他费用"科目。

(2) 设置或补充预算稳定调节基金时,借记本科目,贷记"预算稳定调节基金"科目;动用预算稳定调节基金时,借记"预算稳定调节基金"科目,贷记本科目。

(3) 设置或补充预算周转金时,借记本科目,贷记"预算周转金"科目。

(4) 完成上述结转后,将本科目余额转入累计盈余。如为借方余额,贷记本科目,借记"累计盈余——预算管理资金累计盈余"科目;如为贷方余额,借记本科目,贷记"累计盈余——预算管理资金累计盈余"科目。

(5) 期末结转后,本科目应无余额。

2."财政专户管理资金本期盈余"科目的账务处理

(1) 年终转账时,将财政专户管理资金收入的本年发生额转入本科目的贷方,借记"财政专户管理资金收入"科目,贷记本科目;将财政专户管理资金支出的本年发生额转入本科目的借方,借记本科目,贷记"财政专户管理资金支出"科目。

(2) 完成上述结转后,将本科目余额转入累计盈余,借记或贷记本科目,贷记或借记"累计盈余——财政专户管理资金累计盈余"科目。

(3) 期末结转后,本科目应无余额。

3."专用基金本期盈余"科目的账务处理

(1) 年终转账时,将专用基金收入的本年发生额转入本科目的贷方,借记"专用基金收入"科目,贷记本科目;将专用基金支出的本年发生额转入本科目的借方,借记本科目,贷记"专用基金支出"科目。

(2) 完成上述结转后,将本科目余额转入累计盈余,借记或贷记本科目,贷记或借记"累计盈余——专用基金累计盈余"科目。

(3) 期末结转后,本科目应无余额。

【例 8-1】 某市财政经年终结算,财务会计中的收入类和费用类科目的余额情况如表 8-1 所示。

表 8-1 某市财政年终收入类和费用类科目余额表

单位:元

收入类科目	贷方余额	费用类科目	借方余额
税收收入	1 200 000	政府机关商品和服务拨款费用	400 000
非税收入	200 000	政府机关工资福利拨款费用	300 000
投资收益	50 000	对事业单位补助拨款费用	150 000
补助收入	300 000	对企业补助拨款费用	50 000
上解收入	100 000	对个人和家庭补助拨款费用	100 000
地区间援助收入	50 000	对社会保障基金补助拨款费用	250 000
其他收入	20 000	资本性拨款费用	500 000

续表

收入类科目	贷方余额	费用类科目	借方余额
		其他拨款费用	20 000
		财务费用	5 000
		补助费用	15 000
		上解费用	4 000
		地区间援助费用	10 000
		其他费用	2 000

根据上表所示,总会计应编制的会计分录为:

借:税收收入	1 200 000
非税收入	200 000
投资收益	50 000
补助收入	300 000
上解收入	100 000
地区间援助收入	50 000
其他收入	20 000
贷:本期盈余——预算管理资金本期盈余	1 920 000
借:本期盈余——预算管理资金本期盈余	1 806 000
贷:政府机关商品和服务拨款费用	400 000
政府机关工资福利拨款费用	300 000
对事业单位补助拨款费用	150 000
对企业补助拨款费用	50 000
对个人和家庭补助拨款费用	100 000
对社会保障基金补助拨款费用	250 000
资本性拨款费用	500 000
其他拨款费用	20 000
财务费用	5 000
补助费用	15 000
上解费用	4 000
地区间援助费用	10 000
其他费用	2 000

【例 8-2】 承例 8-1,经研究决定,补充预算稳定调节基金 100 000 元。总会计应编制的会计分录为:

在财务会计中:

借:本期盈余——预算管理资金本期盈余	100 000
贷:预算稳定调节基金	100 000

二、累计盈余

累计盈余是指政府财政一般公共预算资金、政府性基金预算资金、国有资本经营预算资金、财政专户管理资金、专用基金历年实现的盈余滚存的金额。

(一) 科目设置

"累计盈余"科目核算政府财政纳入一般公共预算、政府性基金预算、国有资本经营预算管理的预算资金,财政专户管理资金、专用基金历年实现的盈余滚存的金额。本科目应设置"预算管理资金累计盈余""财政专户管理资金累计盈余""专用基金累计盈余"明细科目。

(二) 主要账务处理

1. "预算管理资金累计盈余"科目的主要账务处理

(1) 年终转账时,将"本期盈余——预算管理资金本期盈余"科目余额转入本科目,借记或贷记"预算管理资金本期盈余"科目,贷记或借记本科目。

(2) 年终转账时,将"以前年度盈余调整——预算管理资金以前年度盈余调整"科目余额转入本科目,借记或贷记"以前年度盈余调整——预算管理资金以前年度盈余调整"科目,贷记或借记本科目。

(3) 本科目期末余额反映预算管理资金累计盈余的累计数。

2. "财政专户管理资金累计盈余"科目的主要账务处理

(1) 年终转账时,将"本期盈余——财政专户管理资金本期盈余"科目余额转入本科目,借记或贷记"财政专户管理资金本期盈余"科目,贷记或借记本科目。

(2) 年终转账时,将"以前年度盈余调整——财政专户管理资金以前年度盈余调整"科目余额转入本科目,借记或贷记"以前年度盈余调整——财政专户管理资金以前年度盈余调整"科目,贷记或借记本科目。

(3) 本科目期末余额反映财政专户管理资金累计盈余的累计数。

3. "专用基金累计盈余"科目的主要账务处理

(1) 年终转账时,将"本期盈余——专用基金本期盈余"科目的余额转入本科目,借记或贷记"专用基金本期盈余"科目,贷记或借记本科目。

(2) 年终转账时,将"以前年度盈余调整——专用基金以前年度盈余调整"科目的余额转入本科目,借记或贷记"以前年度盈余调整——专用基金以前年度盈余调整"科目,贷记或借记本科目。

(3) 本科目期末余额反映专用基金累计盈余的累计数。

【例 8-3】 承例 8-1、例 8-2,经上述结转后,"本期盈余——预算管理资金本期盈余"科目贷方余额为 14 000 元,现转入累计盈余及相应的明细科目。总会计应编制的会计分录为:

借:本期盈余——预算管理资金本期盈余　　　　　　　　　　　14 000
　　贷:累计盈余——预算管理资金累计盈余　　　　　　　　　　　　14 000

第二节 其他净资产核算

一、预算稳定调节基金

预算稳定调节基金是指政府财政为保持年度间预算的衔接和稳定而设置的储备性资金。

(一) 科目设置

本科目核算本级政府财政为保持年度间预算的衔接和稳定而设置的储备性资金。
本科目期末贷方余额反映预算稳定调节基金的累计规模。

(二) 主要账务处理

(1) 设置或补充预算稳定调节基金时,借记"本期盈余——预算管理资金本期盈余"科目,贷记本科目。
(2) 将预算周转金调入预算稳定调节基金时,借记"预算周转金"科目,贷记本科目。
(3) 动用预算稳定调节基金时,借记本科目,贷记"本期盈余——预算管理资金本期盈余"科目。

二、预算周转金

预算周转金是指政府财政为调剂预算年度内季节性收支差额,保证及时用款而设置的库款周转资金。
本科目期末贷方余额反映预算周转金的累计规模。

(一) 科目设置

本科目核算政府财政设置的用于调剂预算年度内季节性收支差额周转使用的资金。

(二) 主要账务处理

(1) 设置或补充预算周转金时,借记"本期盈余——预算管理资金本期盈余"科目,贷记本科目。
(2) 将预算周转金调入预算稳定调节基金时,借记本科目,贷记"预算稳定调节基金"科目。

三、权益法调整

权益法调整是指政府财政按照持股比例计算应享有的被投资主体除净损益和利润分配以外的所有者权益变动的份额。

(一) 科目设置

本科目核算政府财政按照持股比例计算应享有的被投资主体除净损益和利润分配以外的所有者权益变动的份额。

本科目应根据管理需要,按照被投资主体进行明细核算。

本科目期末余额反映政府财政在被投资主体除净损益和利润分配以外的所有者权益变动中累计享有(或分担)的份额。

(二) 主要账务处理

(1) 被投资主体发生除净损益和利润分配以外的其他权益变动时,按照政府财政持股比例计算应享有的部分,借记或贷记"股权投资——其他权益变动"科目,贷记或借记本科目。

(2) 处置股权投资或因企业破产清算导致股权投资减少时,按照相应的"权益法调整"账面余额,借记或贷记本科目,贷记或借记"股权投资——其他权益变动"科目。

(3) 无偿划出股权投资时,根据股权管理部门提供的资料,按照被划出股权投资对应的"权益法调整"科目账面余额,借记或贷记本科目,贷记或借记"股权投资——其他权益变动"科目;按照被划出股权投资的账面余额,借记"其他费用"科目,贷记"股权投资——投资成本、损益调整"科目。

(4) 由于管理需要,股权投资的核算由权益法改为成本法的,按照"权益法调整"科目账面余额,借记或贷记本科目,贷记或借记"股权投资——其他权益变动"科目;以权益法下"股权投资——投资成本、损益调整"科目账面余额作为成本法下"股权投资——投资成本"账面余额,借记"股权投资——投资成本"科目,贷记"股权投资——投资成本、损益调整"科目。

四、以前年度盈余调整

以前年度盈余调整是指政府财政调整以前年度盈余的事项。

(一) 科目设置

本科目核算政府财政调整以前年度盈余的事项。期末结转后,本科目应无余额。

本科目应设置"预算管理资金以前年度盈余调整""财政专户管理资金以前年度盈余调整""专用基金以前年度盈余调整"明细科目。

(二) 主要账务处理

(1) 调整增加以前年度收入时,按照调整增加的金额,借记有关科目,贷记本科目;调整减少的,做相反会计分录。

(2) 调整增加以前年度费用时,按照调整增加的金额,借记本科目,贷记有关科目;调整减少的,做相反会计分录。

(3) 对于政府以前年度取得的资产或承担的负债,在本年初次确认时,借记有关资产科目或贷记有关负债科目,贷记或借记本科目。

(4) 年终转账时,将本科目余额转入累计盈余,借记或贷记"累计盈余"科目,贷记或借记本科目。

【例 8-4】 某日,某市财政收到一笔上一年度发生的一般公共预算支出退回 10 000 元,该笔支出在发生时曾列入"资本性拨款费用",现款项已退回至国库。总会计应编制的会计分录为:

在财务会计中:

借:国库存款　　　　　　　　　　　　　　　　　　　　　　10 000
　　贷:以前年度盈余调整——预算管理资金以前年度盈余调整　　　10 000

思考题

1. 财政总会计核算的净资产具体包括哪些内容?
2. 什么是财政总会计核算的本期盈余?本期盈余如何核算?
3. 什么是财政总会计核算的累计盈余?累计盈余包括哪些内容?
4. 什么是财政总会计核算的预算稳定调节基金?预算稳定调节基金如何核算?
5. 什么是财政总会计核算的预算周转金?预算周转金如何核算?

第九章 财政总会计的预算结余核算

学习目标

通过本章的学习,掌握财政总会计核算的预算结余的概念和内容,掌握各项结转结余的计算方法,掌握各项结转结余的核算方法。

预算结余是指预算年度内政府预算收入扣除预算支出后的余额,以及历年滚存的库款和专户资金余额。总会计核算的预算结余包括一般公共预算结转结余、政府性基金预算结转结余、国有资本经营预算结转结余、财政专户管理资金结余、专用基金结余、预算稳定调节基金、预算周转金和资金结存等。

第一节 结转结余核算

一、一般公共预算结转结余

一般公共预算结转结余是指本级政府财政一般公共预算收支的执行结果。

(一)科目设置

本科目核算本级政府财政一般公共预算收支的执行结果,期末贷方余额反映一般公共预算收支相抵后的滚存结转结余。

(二)主要账务处理

(1)年终转账时,将一般公共预算的有关收入科目贷方余额转入本科目的贷方,借记"一般公共预算收入""补助预算收入——一般公共预算补助收入""上解预算收入——一般公共预算上解收入""地区间援助预算收入""调入预算资金——一般公共预算调入资金""债务预算收入——国债收入""债务预算收入——一般债务收入""债务转贷预算收入——一般债务转贷收入""动用预算稳定调节基金"科目,贷记本科目;将一般公共预算的有关支出科目借方余额转入本科目的借方,借记本科目,贷记"一般公共预算支出""补助预算支出——一般公共预算补助支出""上解预算支出——一般公共预算上解支出""地区间援助预算支出""调出预算资金——一般公共预算调出资金""安排预算稳定调节基金""债务还本预算支出——国债还本支出""债务还本预算支出——一般债务还本支出""债务转贷预算支出——一般债务转贷支出"科目。

（2）设置或补充预算周转金时，借记本科目，贷记"预算周转金"科目。

二、政府性基金预算结转结余

政府性基金预算结转结余是指本级政府财政政府性基金预算收支的执行结果。

（一）科目设置

本科目核算本级政府财政政府性基金预算收支的执行结果，期末贷方余额反映政府性基金预算收支相抵后的滚存结转结余。本科目可根据管理需要，按照政府性基金的项目进行明细核算。

（二）主要账务处理

年终转账时，将政府性基金预算的有关收入科目贷方余额转入本科目的贷方，按照政府性基金项目分别转入本科目的贷方，借记"政府性基金预算收入""补助预算收入——政府性基金预算补助收入""上解预算收入——政府性基金预算上解收入""调入预算资金——政府性基金预算调入资金""债务预算收入——专项债务收入""债务转贷预算收入——专项债务转贷收入"科目，贷记本科目；将政府性基金预算的有关支出科目借方余额转入本科目的借方，借记本科目，贷记"政府性基金预算支出""补助预算支出——政府性基金预算补助支出""上解预算支出——政府性基金预算上解支出""调出预算资金——政府性基金预算调出资金""债务还本预算支出——专项债务还本支出""债务转贷预算支出——专项债务转贷支出"科目。

【例9-1】 年终，某市财政经结算，"政府机关商品和服务拨款费用"科目借方余额为5 000 000元，现将其转入本期盈余。政府机关商品和服务拨款费用5 000 000元，其中，纳入一般公共预算管理的资金支出3 000 000元，纳入政府性基金预算管理的资金支出2 000 000元。总会计编制年终转账分录如下：

借：本期盈余——预算管理资金本期盈余　　　　　　　　　　　5 000 000
　　贷：政府机关商品和服务拨款费用　　　　　　　　　　　　　　5 000 000
同时，应编制的预算会计分录为：
借：一般公共预算结转结余　　　　　　　　　　　　　　　　　3 000 000
　　贷：一般公共预算支出　　　　　　　　　　　　　　　　　　　3 000 000
借：政府性基金预算结转结余　　　　　　　　　　　　　　　　2 000 000
　　贷：政府性基金预算支出　　　　　　　　　　　　　　　　　　2 000 000

三、国有资本经营预算结转结余

国有资本经营预算结转结余是指本级政府财政国有资本经营预算收支的执行结果。

（一）科目设置

本科目核算本级政府财政国有资本经营预算收支的执行结果。

本科目期末贷方余额反映国有资本经营预算收支相抵后的滚存结转结余。

(二) 主要账务处理

年终转账时,将国有资本经营预算的有关收入科目贷方余额转入本科目的贷方,借记"国有资本经营预算收入""补助预算收入——国有资本经营预算补助收入""上解预算收入——国有资本经营预算上解收入"科目,贷记本科目;将国有资本经营预算的有关支出科目借方余额转入本科目的借方,借记本科目,贷记"国有资本经营预算支出""补助预算支出——国有资本经营预算补助支出""上解预算支出——国有资本经营预算上解支出""调出预算资金——国有资本经营预算调出资金"科目。

四、财政专户管理资金结余

财政专户管理资金结余是指本级政府财政纳入财政专户管理的教育收费等资金收支的执行结果。

(一) 科目设置

本科目核算本级政府财政纳入财政专户管理的教育收费等资金收支的执行结果。

本科目期末贷方余额反映政府财政纳入财政专户管理的资金收支相抵后的滚存结余。

(二) 主要账务处理

年终转账时,将财政专户管理资金的有关收入科目贷方余额转入本科目的贷方,借记"财政专户管理资金收入"科目,贷记本科目;将财政专户管理资金的有关支出科目借方余额转入本科目的借方,借记本科目,贷记"财政专户管理资金支出"科目。

第二节 其他预算结余核算

一、专用基金结余

专用基金结余是指本级政府财政专用基金收支的执行结果。

(一) 科目设置

本科目核算本级政府财政专用基金收支的执行结果。本科目应根据专用基金的种类进行明细核算。本科目期末贷方余额反映政府财政管理的专用基金收支相抵后的滚存结余。

(二) 主要账务处理

年终转账时,将专用基金的有关收入科目贷方余额转入本科目的贷方,借记"专用基金收入"科目,贷记本科目;将专用基金的有关支出科目借方余额转入本科目的借方,借记本科目,贷记"专用基金支出"科目。

二、预算稳定调节基金

预算稳定调节基金是指本级政府财政为保持年度间预算的衔接和稳定,在一般公共预算中设置的储备性资金。

(一)科目设置

本科目核算本级政府财政为保持年度间预算的衔接和稳定,在一般公共预算中设置的储备性资金。本科目期末贷方余额反映预算稳定调节基金的累计规模。

(二)主要账务处理

(1)使用超收收入或一般公共预算结余设置或补充预算稳定调节基金时,借记"安排预算稳定调节基金"科目,贷记本科目。

(2)将预算周转金调入预算稳定调节基金时,借记"预算周转金"科目,贷记本科目。

(3)动用预算稳定调节基金时,借记本科目,贷记"动用预算稳定调节基金"科目。

【例9-2】 由于一般公共预算收入短收等,某市财政决定动用预算稳定调节基金50 000元用于弥补当年收支差额。总会计应编制的会计分录如下:

在财务会计中:
借:预算稳定调节基金　　　　　　　　　　　　　　　　　　　50 000
　　贷:本期盈余——预算管理资金本期盈余　　　　　　　　　　　　50 000
在预算会计中:
借:预算稳定调节基金　　　　　　　　　　　　　　　　　　　50 000
　　贷:动用预算稳定调节基金　　　　　　　　　　　　　　　　　　50 000

三、预算周转金

预算周转金是指本级政府财政为调剂预算年度内季节性收支差额,保证及时用款而设置的周转资金。

(一)科目设置

本科目核算政府财政设置的用于调剂预算年度内季节性收支差额周转使用的资金。本科目期末贷方余额反映预算周转金的累计规模。

(二)主要账务处理

(1)设置或补充预算周转金时,借记"一般公共预算结转结余"科目,贷记本科目。

(2)将预算周转金调入预算稳定调节基金时,借记本科目,贷记"预算稳定调节基金"科目。

【例9-3】 某市财政经研究确定,从当年的一般公共预算结转结余中安排预算周转金 50 000 元。总会计应编制的会计分录如下：

在财务会计中：

借：本期盈余——预算管理资金本期盈余　　　　　　　　　　50 000
　　贷：预算周转金　　　　　　　　　　　　　　　　　　　　　　50 000

同时，在预算会计中：

借：一般公共预算结转结余　　　　　　　　　　　　　　　　　50 000
　　贷：预算周转金　　　　　　　　　　　　　　　　　　　　　　50 000

四、资金结存

资金结存是指政府财政纳入预算管理资金的流入、流出、调整和滚存的结果。

（一）科目设置

本科目核算政府财政纳入预算管理的资金流入、流出、调整和滚存的情况。本科目应设置"库款资金结存""专户资金结存""在途资金结存""集中支付结余结存""上下级调拨结存""待发国债结存""零余额账户结存""已结报支出""待处理结存"明细科目。

（二）主要账务处理

（1）"库款资金结存"科目核算政府财政以国库存款形态存在的资金。本科目期末应为借方余额。

① 收到预算收入时，根据当日预算收入日报表所列预算收入数，借记本科目，贷记有关预算收入科目。已入库款项发生退库（付）的，资金划出时，借记有关预算收入科目，贷记本科目。

② 发生预算支出时，按照实际支付的金额，借记有关预算支出科目，贷记本科目。预算支出发生退回的，资金划出时，借记本科目，贷记有关预算支出科目。

（2）"专户资金结存"科目核算政府财政以财政专户存款形态存在的资金。本科目期末应为借方余额。

① 收到预算收入时，按照有关收入凭证，借记本科目，贷记有关预算收入科目。已收到款项发生退付的，资金划出时，借记有关预算收入科目，贷记本科目。

② 发生预算支出时，按照实际支付的金额，借记有关预算支出科目，贷记本科目。预算支出发生退回的，资金划出时，借记本科目，贷记有关预算支出科目。

（3）"在途资金结存"科目核算报告清理期和库款报解整理期内发生的需要通过本科目过渡处理的属于上年度收入、支出等业务的款项。本科目期末余额反映政府财政持有的在途款金额。

① 报告清理期和库款报解整理期内收到属于上年度收入时，在上年度账务中，借记本科目，贷记有关收入科目；收回属于上年度支出时，在上年度账务中，借记本科目，贷记"预拨经费"或有关支出科目。

② 冲转在途款时，在本年度账务中，借记"资金结存——库款资金结存"科目，贷记本科目。

(4)"集中支付结余结存"科目核算省级以上(含省级)政府财政国库集中支付中,应列为当年支出,但年末尚未支付需结转下一年度支付的款项。本科目期末应为贷方余额,反映政府财政尚未支付的国库集中支付结余。

① 年末,对当年发生的应付国库集中支付结余,借记有关支出科目,贷记本科目。

② 实际支付应付国库集中支付结余资金时,借记本科目,贷记"资金结存——库款资金结存"科目。

③ 收回尚未支付的应付国库集中支付结余时,借记本科目,贷记有关支出科目。

(5)"上下级调拨结存"科目核算上下级政府财政之间资金调拨和资金结算等事项。本科目期末余额反映政府财政上下级往来款项的净额。

① 年终转账时,将"补助预算收入——上级调拨"科目贷方余额转入资金结存,借记"补助预算收入——上级调拨"科目,贷记本科目。

② 年终转账时,将"补助预算支出——调拨下级"科目借方余额转入资金结存,借记本科目,贷记"补助预算支出——调拨下级"科目。

(6)"待发国债结存"科目核算为弥补中央财政预算收支差额,中央财政预计发行国债与实际发行国债之间的差额。本科目期末应为借方余额,反映中央财政尚未使用的国债发行额度。年度终了,实际发行国债收入用于债务还本支出后,小于为弥补中央财政预算收支差额,中央财政预计发行国债时,按照其差额,借记本科目,贷记"债务预算收入"科目;实际发行国债收入用于债务还本支出后,大于为弥补中央财政预算收支差额,中央财政预计发行国债时,按照其差额,借记"债务预算收入"科目,贷记本科目。

(7)"零余额账户结存"科目核算政府财政国库支付执行机构在代理银行开设的财政零余额账户发生的支付和清算业务。财政国库支付执行机构未单设的地区不使用本科目。本科目年末应无余额。

① 财政国库支付执行机构通过财政零余额账户支付款项时,借记有关预算支出科目,贷记本科目。

② 根据每日清算的金额,借记本科目,贷记"资金结存——已结报支出"科目。

(8)"已结报支出"科目核算政府财政国库支付执行机构已清算的国库集中支付支出数额。财政国库支付执行机构未单设的地区不使用本科目。本科目年末应无余额。

① 财政国库集中支付执行机构根据每日清算的金额,借记"资金结存——零余额账户结存"科目,贷记本科目。

② 财政国库集中支付执行机构按照国库集中支付制度有关规定办理资金支付时,借记相关预算支出科目,贷记本科目。

③ 年终,财政国库集中支付执行机构按照累计结清的预算支出金额,与有关方面核对一致后转账,借记本科目,贷记有关预算支出科目。

(9)"待处理结存"科目核算结转下年度的待处理收入和待处理支出等。本科目期末余额反映尚未清理的以前年度待处理收支的金额。

① 年终转账时,将"待处理收入"科目贷方余额转入资金结存,借记"待处理收入"科目,贷记本科目。

② 年终转账时,将"待处理支出"科目借方余额转入资金结存,借记本科目,贷记"待

处理支出"科目。

③将以前年度结转的待处理收入转列预算收入或退回时,借记本科目,贷记有关预算收入科目、"资金结存——库款资金结存"科目。

④将以前年度结转的待处理支出转列预算支出或收回时,借记有关预算支出科目、"资金结存——库款资金结存"等科目,贷记本科目。

思考题

1. 什么是预算结余?其具体内容包括哪些?
2. 什么是一般公共预算结转结余?如何对其进行核算?
3. 什么是政府性基金预算结转结余?如何对其进行核算?政府性基金预算结转结余与一般公共预算结转结余在核算时有什么不同?
4. 什么是国有资本经营预算结转结余?如何对其进行核算?
5. 什么是专用基金结余?如何对其进行核算?
6. 什么是预算周转金?预算周转金的来源渠道有哪些?如何对其进行核算?
7. 什么是资金结存?其包括哪些明细科目?

第十章 财政总会计报表

> **学习目标**
>
> 通过本章的学习,明确财政总会计报表的种类和内容,掌握财政总会计的财务会计报表和预算会计报表的编制方法,掌握旬报、月报编制的数字来源。

第一节 财政总会计的财务会计报表

一、资产负债表

资产负债表是反映政府财政在某一特定日期财务状况的报表。资产负债表应当至少按年度编制。

资产负债表的一般格式如表10-1所示。

表10-1 资产负债表

总会财01表

编制单位: 年 月 日 单位:元

资 产	年初余额	期末余额	负债和净资产	年初余额	期末余额
流动资产:			**流动负债:**		
国库存款			应付短期政府债券		
其他财政存款			应付国库集中支付结余		
国库现金管理资产			与上级往来		
有价证券			其他应付款		
应收非税收入			应付代管资金		
应收股利			应付利息		
借出款项			一年内到期的非流动负债		
与下级往来			**流动负债合计**		
预拨经费			**非流动负债:**		

续表

资　产	年初余额	期末余额	负债和净资产	年初余额	期末余额
在途款			应付长期政府债券		
其他应收款			借入款项		
应收利息			应付地方政府债券转贷款		
一年内到期的非流动资产			应付主权外债转贷款		
流动资产合计			其他负债		
非流动资产：			**非流动负债合计**		
应收地方政府债券转贷款			**负债合计**		
应收主权外债转贷款			**净资产：**		
股权投资			累计盈余		
非流动资产合计			预算稳定调节基金		
			预算周转金		
			权益法调整		
			净资产合计		
资产总计			**负债和净资产总计**		

资产负债表的编制说明：

1. 资产类项目

(1)"国库存款"项目，反映政府财政期末存放在国库单一账户的款项金额。本项目应当根据"国库存款"科目的期末余额填列。

(2)"其他财政存款"项目，反映政府财政期末持有的其他财政存款金额。本项目应当根据"其他财政存款"科目的期末余额填列。

(3)"国库现金管理资产"项目，反映政府财政期末实行国库现金管理业务等持有的资产金额。本项目应当根据"国库现金管理资产"科目的期末余额填列。

(4)"有价证券"项目，反映政府财政期末持有的有价证券金额。本项目应当根据"有价证券"科目的期末余额填列。

(5)"应收非税收入"项目，反映政府财政期末向缴款人收取但尚未缴入国库的非税收入。本项目应当根据"应收非税收入"科目的期末余额填列。

(6)"应收股利"项目，反映政府财政期末尚未收回的现金股利或利润金额。本项目应当根据"应收股利"科目的期末余额填列。

(7)"借出款项"项目，反映政府财政期末借给预算单位尚未收回的款项金额。本项目应当根据"借出款项"科目的期末余额填列。

(8)"与下级往来"项目，正数反映下级政府财政欠本级政府财政的款项金额；负数反映本级政府财政欠下级政府财政的款项金额。本项目应当根据"与下级往来"科目的期末余额填列，期末余额如为借方则以正数填列，如为贷方则以负数填列。

(9)"预拨经费"项目,反映政府财政期末尚未转列支出或尚待收回的预拨经费金额。本项目应当根据"预拨经费"科目的期末余额填列。

(10)"在途款"项目,反映政府财政期末持有的在途款金额。本项目应当根据"在途款"科目的期末余额填列。

(11)"其他应收款"项目,反映政府财政期末尚未收回的其他应收款的金额。本项目应当根据"其他应收款"科目的期末余额填列。

(12)"应收利息"项目,反映政府财政期末应收未收的转贷款利息金额。本项目应当根据"应收地方政府债券转贷款""应收主权外债转贷款"科目下的"应收利息"明细科目期末余额填列。

(13)"一年内到期的非流动资产"项目,反映政府财政期末非流动资产项目中距离偿还本金日期1年以内(含1年)的转贷款本金。本项目应当根据"应收地方政府债券转贷款""应收主权外债转贷款"科目下的"应收本金"明细科目期末余额及债务管理部门提供的资料分析填列。

(14)"应收地方政府债券转贷款"项目,反映政府财政期末尚未收回的距离偿还本金日期超过1年的地方政府债券转贷款的本金金额。本项目应当根据"应收地方政府债券转贷款"科目下的"应收本金"明细科目期末余额及债务管理部门提供的资料分析填列。

(15)"应收主权外债转贷款"项目,反映政府财政期末尚未收回的距离偿还本金日期超过1年的主权外债转贷款的本金金额。本项目应当根据"应收主权外债转贷款"科目下的"应收本金"明细科目期末余额及债务管理部门提供的资料分析填列。

(16)"股权投资"项目,反映政府期末持有股权投资的金额。本项目应当根据"股权投资"科目的期末余额填列。

2.负债类项目

(1)"应付短期政府债券"项目,反映政府财政期末尚未偿还的发行期不超过1年(含1年)的国债和地方政府债券本金金额。本项目应当根据"应付短期政府债券"科目的期末余额填列。

(2)"应付国库集中支付结余"项目,反映政府财政期末尚未支付的国库集中支付结余金额。本项目应当根据"应付国库集中支付结余"科目的期末余额填列。

(3)"与上级往来"项目,正数反映本级政府财政期末欠上级政府财政的款项金额;负数反映上级政府财政欠本级政府财政的款项金额。本项目应当根据"与上级往来"科目的期末余额填列,期末余额如为贷方则以正数填列,如为借方则以负数填列。

(4)"其他应付款"项目,反映政府财政期末尚未支付的其他应付款的金额。本项目应当根据"其他应付款"科目的期末余额填列。

(5)"应付代管资金"项目,反映政府财政期末尚未支付的代管资金金额。本项目应当根据"应付代管资金"科目的期末余额填列。

(6)"应付利息"项目,反映政府财政期末尚未支付的利息金额。省级以上(含省级)政府财政应当根据"应付利息"科目期末余额填列;市县政府财政应当根据"应付地方政府债券转贷款""应付主权外债转贷款"科目下的"应付利息"明细科目期末余额填列。

（7）"一年内到期的非流动负债"项目，反映政府财政期末承担的距离偿还本金日期1年以内（含1年）的非流动负债。省级以上（含省级）政府财政应当根据"应付长期政府债券""借入款项"科目余额，市县政府财政应当根据"应付地方政府债券转贷款""应付主权外债转贷款"科目下的"应付本金"明细科目期末余额及债务管理部门提供的资料分析填列。

（8）"应付长期政府债券"项目，反映政府财政期末承担的距离偿还本金日期超过1年的国债和地方政府债券本金金额。本项目应当根据"应付长期政府债券"科目期末余额及债务管理部门提供的资料分析填列。

（9）"借入款项"项目，反映政府财政期末承担的距离偿还本金日期超过1年的借入款项的本金金额。省级以上（含省级）政府财政应当根据"借入款项"科目的期末余额及债务管理部门提供的资料分析填列。

（10）"应付地方政府债券转贷款"项目，反映政府财政期末承担的距离偿还本金日期超过1年的地方政府债券转贷款的本金金额。本项目应当根据"应付地方政府债券转贷款"科目下的"应付本金"明细科目期末余额及债务管理部门提供的资料分析填列。

（11）"应付主权外债转贷款"项目，反映政府财政期末承担的距离偿还本金日期超过1年的主权外债转贷款的本金金额。本项目应当根据"应付主权外债转贷款"科目下的"应付本金"明细科目期末余额及债务管理部门提供的资料分析填列。

（12）"其他负债"项目，反映中央政府财政期末承担的其他负债金额。本项目应当根据"其他负债"科目的期末余额填列。

3. 净资产类项目

（1）"累计盈余"项目，反映政府财政纳入一般公共预算、政府性基金预算、国有资本经营预算管理的预算资金，财政专户管理资金、专用基金历年实现的盈余滚存的金额。本项目应当根据"预算管理资金累计盈余""财政专户管理资金累计盈余""专用基金累计盈余"科目的期末余额填列。

（2）"预算稳定调节基金"项目，反映政府财政期末预算稳定调节基金的余额。本项目应当根据"预算稳定调节基金"科目的期末余额填列。

（3）"预算周转金"项目，反映政府财政期末预算周转金的余额。本项目应当根据"预算周转金"科目的期末余额填列。

（4）"权益法调整"项目，反映政府财政按照持股比例计算应享有的被投资主体除净损益和利润分配以外的其他权益变动的份额。本项目根据"权益法调整"科目的期末余额填列。

二、收入费用表

收入费用表是反映政府财政在一定会计期间运行情况的报表。收入费用表应当按月度和年度编制。

收入费用表的参考格式如表10-2所示。

表 10-2 收入费用表

总会财 02 表

编制单位：　　　　　　　　　　　　年　月　　　　　　　　　　　　单位：元

项　目	预算管理资金		财政专户管理资金		专用基金	
	本月数	本年累计数	本月数	本年累计数	本月数	本年累计数
收入合计						
税收收入			—	—	—	—
非税收入			—	—	—	—
投资收益			—	—	—	—
补助收入			—	—	—	—
上解收入			—	—	—	—
地区间援助收入			—	—	—	—
其他收入			—	—	—	—
财政专户管理资金收入	—	—			—	—
专用基金收入	—	—	—	—		
费用合计						
政府机关商品和服务拨款费用			—	—	—	—
政府机关工资福利拨款费用			—	—	—	—
对事业单位补助拨款费用			—	—	—	—
对企业补助拨款费用			—	—	—	—
对个人和家庭补助拨款费用			—	—	—	—
对社会保障基金补助拨款费用			—	—	—	—
资本性拨款费用			—	—	—	—
其他拨款费用			—	—	—	—
财务费用			—	—	—	—
补助费用			—	—	—	—
上解费用			—	—	—	—
地区间援助费用			—	—	—	—
其他费用			—	—	—	—
财政专户管理资金支出	—	—			—	—
专用基金支出	—	—	—	—		
本期盈余（本年收入与费用的差额）						

注：表中有"—"的部分不必填列。

收入费用表"本月数"栏各项目的内容和填列方法：

（1）"收入合计"项目，反映政府财政本期取得的各项收入合计金额。其中，预算管理资金的"收入合计"应当根据属于预算管理资金的"税收收入""非税收入""投资收益""补助收入""上解收入""地区间援助收入""其他收入"项目金额的合计填列；财政专户管理资金的"收入合计"应当根据"财政专户管理资金收入"项目的金额填列；专用基金的"收入合计"应当根据"专用基金收入"项目的金额填列。

（2）"税收收入"项目，反映政府财政本期取得的税收收入金额。本项目根据"税收收入"科目本期发生额填列。

（3）"非税收入"项目，反映政府财政本期取得的各项非税收入金额。本项目根据"非税收入"科目本期发生额填列。

（4）"投资收益"项目，反映政府财政本期取得的各项投资收益金额。本项目根据"投资收益"科目本期发生额填列。

（5）"补助收入"项目，反映政府财政本期取得的各类资金的补助收入金额。本项目根据"补助收入"科目本期发生额填列。

（6）"上解收入"项目，反映政府财政本期取得的各类资金的上解收入金额。本项目根据"上解收入"科目本期发生额填列。

（7）"地区间援助收入"项目，反映政府财政本期取得的地区间援助收入金额。本项目应当根据"地区间援助收入"科目的本期发生额填列。

（8）"其他收入"项目，反映政府财政本期取得的除"税收收入""非税收入""投资收益""补助收入""上解收入""地区间援助收入""财政专户管理资金收入""专用基金收入"以外的收入金额。本项目应当根据"其他收入"科目本期发生额填列。

（9）"财政专户管理资金收入"项目，反映政府财政本期取得的教育收费等资金收入金额。本项目根据"财政专户管理资金收入"科目本期发生额填列。

（10）"专用基金收入"项目，反映政府财政本期取得的粮食风险基金等资金收入金额。本项目根据"专用基金收入"科目本期发生额填列。

（11）"费用合计"项目，反映政府财政本期发生的各类费用合计金额。其中，预算管理资金的"费用合计"应当根据属于预算管理资金的"政府机关商品和服务拨款费用""政府机关工资福利拨款费用""对事业单位补助拨款费用""对企业补助拨款费用""对个人和家庭补助拨款费用""对社会保障基金补助拨款费用""资本性拨款费用""其他拨款费用""财务费用""补助费用""上解费用""地区间援助费用""其他费用"项目金额的合计填列；财政专户管理资金的"费用合计"应当根据"财政专户管理资金支出"项目的金额填列；专用基金的"费用合计"应当根据"专用基金支出"项目的金额填列。

（12）"政府机关商品和服务拨款费用"项目，反映政府财政本期发生的购买商品和服务的各类费用金额。本项目根据"政府机关商品和服务拨款费用"科目本期发生额填列。

（13）"政府机关工资福利拨款费用"项目，反映政府财政本期发生的支付给职工和长期聘用人员的各类劳动报酬及为上述人员缴纳的各项社会保险费等费用。本项目根据"政府机关工资福利拨款费用"科目本期发生额填列。

(14)"对事业单位补助拨款费用"项目,反映政府财政本期发生的对事业单位的经常性补助费用金额。本项目根据"对事业单位补助拨款费用"科目本期发生额填列。

(15)"对企业补助拨款费用"项目,反映政府财政本期发生的对企业补助拨款费用金额。本项目根据"对企业补助拨款费用"科目本期发生额填列。

(16)"对个人和家庭补助拨款费用"项目,反映政府财政本期发生的对个人和家庭补助拨款费用金额。本项目根据"对个人和家庭补助拨款费用"科目本期发生额填列。

(17)"对社会保障基金补助拨款费用"项目,反映政府财政本期发生的对社会保险基金的补助拨款以及补充全国社会保障基金费用的拨款金额。本项目根据"对社会保障基金补助拨款费用"科目本期发生额填列。

(18)"资本性拨款费用"项目,反映政府财政本期发生的对行政事业单位的房屋建筑物购建、基础设施建设、公务用车购置、设备购置、物资储备等方面资本性拨款费用金额。本项目根据"资本性拨款费用"科目本期发生额填列。

(19)"其他拨款费用"项目,反映政府财政未列入以上拨款费用项目的财政拨款费用金额。本项目根据"其他拨款费用"科目本期发生额填列。

(20)"财务费用"项目,反映政府财政本期发生的偿还政府债务利息及支付政府债务发行、兑付、登记相关费用及汇兑损益金额。本项目根据"财务费用"科目本期发生额填列。

(21)"补助费用"项目,反映政府财政本期发生的各类资金的补助费用金额。本项目根据"补助费用"科目本期发生额填列。

(22)"上解费用"项目,反映政府财政本期发生的上缴上级各类资金产生的费用金额。本项目根据"上解费用"科目本期发生额填列。

(23)"地区间援助费用"项目,反映政府财政本期发生的地区间援助费用金额。本项目根据"地区间援助费用"科目的本期发生额填列。

(24)"其他费用"项目,反映政府财政本期股权划出、其他负债变动形成的费用金额。本项目根据"其他费用"科目的本期发生额填列。

(25)"财政专户管理资金支出"项目,反映政府财政本期使用纳入财政专户管理的教育收费等资金产生的费用金额。本项目根据"财政专户管理资金支出"科目本期发生额填列。

(26)"专用基金支出"项目,反映政府财政本期使用专用基金产生的费用金额。本项目根据"专用基金支出"科目本期发生额填列。

(27)"本期盈余"项目,反映政府财政本年末收入减去费用的金额。本项目根据本表"收入合计"减去"费用合计"的差额填列。

三、报表附注

会计报表附注具体应包括下列内容:会计报表编制基础、遵循相关制度规定的声明、会计报表包含的主体范围、重要会计政策与会计估计变更情况、会计报表重要项目明细信息及说明、需要说明的其他事项。

政府综合财务报告中的会计报表以权责发生制为基础编制。政府财政部门应当声明编制的会计报表符合政府会计准则、相关会计制度和财务报告编制规定的要求,如实反映政府整体的财务状况、运行情况等有关信息。

第二节 财政总会计的预算会计报表

预算会计报表包括预算收入支出表、一般公共预算执行情况表、政府性基金预算执行情况表、国有资本经营预算执行情况表、财政专户管理资金收支情况表、专用基金收支情况表等会计报表和附注。

一、预算收入支出表

预算收入支出表是反映政府财政在某一会计期间各类财政资金收支余情况的报表。预算收入支出表根据资金性质按照收入、支出、结转结余的构成分类、分项列示。收入支出表按月度和年度编制。预算收入支出表的一般格式如表10-3所示。

表10-3 预算收入支出表

总会预01表

编制单位：　　　　　　　　　　　　　年　月　　　　　　　　　　　　　单位：元

项目	一般公共预算		政府性基金预算		国有资本经营预算		财政专户管理资金		专用基金	
	本月数	本年累计数	本月数	本年累计数	本月数	本年累计数	本月数	本年累计数	本月数	本年累计数
年初结转结余										
收入合计										
本级收入										
其中:来自预算安排的收入	—	—	—	—	—	—				
补助预算收入									—	—
上解预算收入										
地区间援助预算收入							—	—	—	—
债务预算收入							—	—	—	—
债务转贷预算收入							—	—	—	—
动用预算稳定调节基金			—	—	—	—	—	—	—	—
调入预算资金										
支出合计										
本级支出										
其中:权责发生制列支							—	—	—	—
预算安排专用基金的支出										
补助预算支出										

续表

项 目	一般公共预算		政府性基金预算		国有资本经营预算		财政专户管理资金		专用基金	
	本月数	本年累计数	本月数	本年累计数	本月数	本年累计数	本月数	本年累计数	本月数	本年累计数
上解预算支出					—	—	—	—	—	—
地区间援助预算支出					—	—	—	—	—	—
债务还本预算支出					—	—	—	—	—	—
债务转贷预算支出					—	—	—	—	—	—
安排预算稳定调节基金					—	—	—	—	—	—
调出预算资金							—	—	—	—
结余转出										
其中:增设预算周转金										
年末结转结余										

注:表中有"—"的部分不必填列。

预算收入支出表的编制说明:

(1) 本表"本月数"栏反映各项目的本月实际发生数。在编制年度预算收入支出表时,应将本栏改为"上年数"栏,反映上年度各项目的实际发生数;如果本年度预算收入支出表规定的各个项目的名称和内容同上年度不一致,应对上年度预算收入支出表各项目的名称和数字按照本年度的规定进行调整,填入本年度预算收入支出表的"上年数"栏。

本表"本年累计数"栏反映各项目自年初起至报告期末止的累计实际发生数。编制年度预算收入支出表时,应当将本栏改为"本年数"。

(2) 本表"本月数"栏各项目的内容和填列方法:

① "年初结转结余"项目,反映政府财政本年初各类资金结转结余金额。其中,一般公共预算的"年初结转结余"应当根据"一般公共预算结转结余"科目的年初余额填列;政府性基金预算的"年初结转结余"应当根据"政府性基金预算结转结余"科目的年初余额填列;国有资本经营预算的"年初结转结余"应当根据"国有资本经营预算结转结余"科目的年初余额填列;财政专户管理资金的"年初结转结余"应当根据"财政专户管理资金结余"科目的年初余额填列;专用基金的"年初结转结余"应当根据"专用基金结余"科目的年初余额填列。

② "收入合计"项目,反映政府财政本期取得的各类资金的收入合计金额。其中,一般公共预算的"收入合计"应当根据属于一般公共预算的"本级收入""补助预算收入""上解预算收入""地区间援助预算收入""债务预算收入""债务转贷预算收入""动用预算稳定调节基金"和"调入预算资金"各行项目金额的合计填列;政府性基金预算的"收入合计"应当根据属于政府性基金预算的"本级收入""补助预算收入""上解预算收入""债务预算收入""债务转贷预算收入"和"调入预算资金"各行项目金额的合计填列;国有资本经营预算的"收入合计"应当根据属于国有资本经营预算的"本级收入""补助预算收入""上解预算收入"项目的金额

填列;财政专户管理资金的"收入合计"应当根据属于财政专户管理资金的"本级收入"项目的金额填列;专用基金的"收入合计"应当根据属于专用基金的"本级收入"项目的金额填列。

③"本级收入"项目,反映政府财政本期取得的各类资金的本级收入金额。其中,一般公共预算的"本级收入"应当根据"一般公共预算收入"科目的本期发生额填列;政府性基金预算的"本级收入"应当根据"政府性基金预算收入"科目的本期发生额填列;国有资本经营预算的"本级收入"应当根据"国有资本经营预算收入"科目的本期发生额填列;财政专户管理资金的"本级收入"应当根据"财政专户管理资金收入"科目的本期发生额填列;专用基金的"本级收入"应当根据"专用基金收入"科目的本期发生额填列。

④"来自预算安排的收入"项目,反映政府财政本期通过预算安排取得专用基金收入的金额。本项目应当根据"专用基金收入"科目的本期发生额分析填列。

⑤"补助预算收入"项目,反映政府财政本期取得的各类资金的补助收入金额。其中,一般公共预算的"补助预算收入"应当根据"补助预算收入"科目下的"一般公共预算补助预算收入"明细科目的本期发生额填列;政府性基金预算的"补助预算收入"应当根据"补助预算收入"科目下的"政府性基金预算补助收入"明细科目的本期发生额填列;国有资本经营预算的"补助预算收入"应当根据"补助预算收入"科目下的"国有资本经营预算补助收入"明细科目的本期发生额填列。

⑥"上解预算收入"项目,反映政府财政本期取得的各类资金的上解预算收入金额。其中,一般公共预算的"上解预算收入"应当根据"上解预算收入"科目下的"一般公共预算上解收入"明细科目的本期发生额填列;政府性基金预算的"上解收入"应当根据"上解预算收入"科目下的"政府性基金预算上解收入"明细科目的本期发生额填列;国有资本经营预算的"上解收入"应当根据"上解预算收入"科目下的"国有资本经营预算上解收入"明细科目的本期发生额填列。

⑦"地区间援助预算收入"项目,反映政府财政本期取得的地区间援助预算收入金额。本项目应当根据"地区间援助预算收入"科目的本期发生额填列。

⑧"债务预算收入"项目,反映政府财政本期取得的债务预算收入金额。其中,一般公共预算的"债务预算收入"应当根据"债务预算收入"科目下除"专项债务收入"以外的其他明细科目的本期发生额填列;政府性基金预算的"债务预算收入"应当根据"债务预算收入"科目下的"专项债务收入"明细科目的本期发生额填列。

⑨"债务转贷预算收入"项目,反映政府财政本期取得的债务转贷预算收入金额。其中,一般公共预算的"债务转贷预算收入"应当根据"债务转贷预算收入"科目下"一般债务转贷收入"明细科目的本期发生额填列;政府性基金预算的"债务转贷收入"应当根据"债务转贷预算收入"科目下的"专项债务转贷收入"明细科目的本期发生额填列。

⑩"动用预算稳定调节基金"项目,反映政府财政本期动用的预算稳定调节基金金额。本项目应当根据"动用预算稳定调节基金"科目的本期发生额填列。

⑪"调入预算资金"项目,反映政府财政本期取得的调入预算资金金额。其中,一般公共预算的"调入预算资金"应当根据"调入预算资金"科目下"一般公共预算调入资金"明细科目的本期发生额填列;政府性基金预算的"调入预算资金"应当根据"调入预算资金"科目下"政府性基金预算调入资金"明细科目的本期发生额填列。

⑫"支出合计"项目,反映政府财政本期发生的各类资金的支出合计金额。其中,一般公共预算的"支出合计"应当根据属于一般公共预算的"本级支出""补助预算支出""上解预算支出""地区间援助预算支出""债务还本预算支出""债务转贷预算支出""安排预算稳定调节基金"和"调出预算资金"各行项目金额的合计填列;政府性基金预算的"支出合计"应当根据属于政府性基金预算的"本级支出""补助预算支出""上解预算支出""债务还本预算支出""债务转贷预算支出"和"调出预算资金"各行项目金额的合计填列;国有资本经营预算的"支出合计"应当根据属于国有资本经营预算的"本级支出""补助预算支出""上解预算支出"和"调出预算资金"项目金额的合计填列;财政专户管理资金的"支出合计"应当根据属于财政专户管理资金的"本级支出"项目的金额填列;专用基金的"支出合计"应当根据属于专用基金的"本级支出"项目的金额填列。

⑬"本级支出"项目,反映政府财政本期发生的各类资金的本级支出金额。其中,一般公共预算的"本级支出"应当根据"一般公共预算支出"科目的本期发生额填列;政府性基金预算的"本级支出"应当根据"政府性基金预算支出"科目的本期发生额填列;国有资本经营预算的"本级支出"应当根据"国有资本经营预算支出"科目的本期发生额填列;财政专户管理资金的"本级支出"应当根据"财政专户管理资金支出"科目的本期发生额填列;专用基金的"本级支出"应当根据"专用基金支出"科目的本期发生额填列。

⑭"权责发生制列支"项目,反映省级以上(含省级)政府财政国库集中支付中,应列为当年费用,但年末尚未支付需结转下一年度支付的款项。其中,一般公共预算的"权责发生制列支项目"应当根据"一般公共预算支出"科目的本期发生额分析填列;政府性基金预算的"权责发生制列支项目"应当根据"政府性基金预算支出"科目的本期发生额分析填列;国有资本经营预算的"权责发生制列支项目"应当根据"国有资本经营预算支出"科目的本期发生额分析填列。

⑮"预算安排专用基金的支出"项目,反映政府财政本期通过预算安排取得专用基金收入的金额。本项目应当根据"一般公共预算支出"科目的本期发生额分析填列。

⑯"补助预算支出"项目,反映政府财政本期发生的各类资金的补助预算支出金额。其中,一般公共预算的"补助预算支出"应当根据"补助预算支出"科目下的"一般公共预算补助支出"明细科目的本期发生额填列;政府性基金预算的"补助预算支出"应当根据"补助预算支出"科目下的"政府性基金预算补助支出"明细科目的本期发生额填列;国有资本经营预算的"补助预算支出"应当根据"补助预算支出"科目下的"国有资本经营预算补助支出"明细科目的本期发生额填列。

⑰"上解预算支出"项目,反映政府财政本期发生的各类资金的上解预算支出金额。其中,一般公共预算的"上解预算支出"应当根据"上解预算支出"科目下的"一般公共预算上解支出"明细科目的本期发生额填列;政府性基金预算的"上解预算支出"应当根据"上解预算支出"科目下的"政府性基金预算上解支出"明细科目的本期发生额填列;国有资本经营预算的"上解预算支出"应当根据"上解预算支出"科目下的"国有资本经营预算上解支出"明细科目的本期发生额填列。

⑱"地区间援助预算支出"项目,反映政府财政本期发生的地区间援助预算支出金额。本项目应当根据"地区间援助预算支出"科目的本期发生额填列。

⑲"债务还本预算支出"项目,反映政府财政本期发生的债务还本预算支出金额。其中,一般公共预算的"债务还本预算支出"应当根据"债务还本预算支出"科目下除"专项债务还本支出"以外的其他明细科目的本期发生额填列;政府性基金预算的"债务还本预算支出"应当根据"债务还本预算支出"科目下的"专项债务还本支出"明细科目的本期发生额填列。

⑳"债务转贷预算支出"项目,反映政府财政本期发生的债务转贷预算支出金额。其中,一般公共预算的"债务转贷预算支出"应当根据"债务转贷预算支出"科目下"一般债务转贷支出"明细科目的本期发生额填列;政府性基金预算的"债务转贷支出"应当根据"债务转贷支出"科目下的"专项债务转贷支出"明细科目的本期发生额填列。

㉑"安排预算稳定调节基金"项目,反映政府财政本期安排的预算稳定调节基金金额。本项目根据"安排预算稳定调节基金"科目的本期发生额填列。

㉒"调出预算资金"项目,反映政府财政本期发生的各类资金的调出资金金额。其中,一般公共预算的"调出预算资金"应当根据"调出预算资金"科目下"一般公共预算调出资金"明细科目的本期发生额填列;政府性基金预算的"调出预算资金"应当根据"调出预算资金"科目下"政府性基金预算调出资金"明细科目的本期发生额填列;国有资本经营预算的"调出预算资金"应当根据"调出预算资金"科目下"国有资本经营预算调出资金"明细科目的本期发生额填列。

㉓"增设预算周转金"项目,反映政府财政本期设置或补充预算周转金的金额。本项目应当根据"预算周转金"科目的本期贷方发生额填列。

㉔"年末结转结余"项目,反映政府财政本年末的各类资金的结转结余金额。其中,一般公共预算的"年末结转结余"应当根据"一般公共预算结转结余"科目的年末余额填列;政府性基金预算的"年末结转结余"应当根据"政府性基金预算结转结余"科目的年末余额填列;国有资本经营预算的"年末结转结余"应当根据"国有资本经营预算结转结余"科目的年末余额填列;财政专户管理资金的"年末结转结余"应当根据"财政专户管理资金结余"科目的年末余额填列;专用基金的"年末结转结余"应当根据"专用基金结余"科目的年末余额填列。

二、一般公共预算执行情况表

一般公共预算执行情况表是反映政府财政在某一会计期间一般公共预算收支执行结果的报表,按照《政府收支分类科目》中一般公共预算收支科目列示。一般公共预算执行情况表应当按旬、月度和年度编制。旬报、月报的报送期限及编报内容应当根据上级政府财政具体要求和本行政区域预算管理的需要办理。

一般公共预算执行情况表的参考格式如表10-4所示。

表10-4 一般公共预算执行情况表

总会预02-1表

编制单位: 年 月 日 单位:元

项 目	本月(旬)数	本年(月)累计数
一般公共预算收入		
101 税收收入		

续表

项　　目	本月(旬)数	本年(月)累计数
10101　增值税		
1010101　国内增值税		
……		
一般公共预算支出		
201　一般公共服务支出		
20101　人大事务		
2010101　行政运行		
……		

一般公共预算执行情况表的编制说明：

(1)"一般公共预算收入"项目及所属各明细项目，应当根据"一般公共预算收入"科目及所属各明细科目的本期发生额填列。

(2)"一般公共预算支出"项目及所属各明细项目，应当根据"一般公共预算支出"科目及所属各明细科目的本期发生额填列。

三、政府性基金预算执行情况表

政府性基金预算执行情况表是反映政府财政在某一会计期间政府性基金预算收支执行结果的报表，按照《政府收支分类科目》中政府性基金预算收支科目列示。政府性基金预算执行情况表应当按旬、月度和年度编制。旬报、月报的报送期限及编报内容应当根据上级政府财政具体要求和本行政区域预算管理的需要办理。

政府性基金预算执行情况表的一般格式如表10－5所示。

表10－5　政府性基金预算执行情况表

总会预02－2表

编制单位：　　　　　　　　　　　年　月　日　　　　　　　　　　　单位：元

项　　目	本月(旬)数	本年(月)累计数
政府性基金预算收入		
10301　政府性基金收入		
1030102　农网还贷资金收入		
103010201　中央农网还贷资金收入		
……		
政府性基金预算支出		
206　科学技术支出		
20610　核电站乏燃料处理处置基金支出		
2061001　乏燃料运输		
……		

政府性基金预算执行情况表的编制说明：

（1）"政府性基金预算收入"项目及所属各明细项目，应当根据"政府性基金预算收入"科目及所属各明细科目的本期发生额填列。

（2）"政府性基金预算支出"项目及所属各明细项目，应当根据"政府性基金预算支出"科目及所属各明细科目的本期发生额填列。

四、国有资本经营预算执行情况表

国有资本经营预算执行情况表是反映政府财政在某一会计期间国有资本经营预算收支执行结果的报表，按照《政府收支分类科目》中国有资本经营预算收支科目列示。国有资本经营预算执行情况表应当按旬、月度和年度编制。旬报、月报的报送期限及编报内容应当根据上级政府财政具体要求和本行政区域预算管理的需要办理。

国有资本经营预算执行情况表的一般格式如表10-6所示。

表10-6　国有资本经营预算执行情况表

总会预02-3表

编制单位：　　　　　　　　　　年　月　日　　　　　　　　　　单位：元

项　目	本月（旬）数	本年（月）累计数
国有资本经营预算收入		
10306　国有资本经营收入		
1030601　利润收入		
103060103　烟草企业利润收入		
……		
国有资本经营预算支出		
208　社会保障和就业支出		
20804　补充全国社会保障基金		
2080451　国有资本经营预算补充社保基金支出		
……		

国有资本经营预算执行情况表的编制说明：

（1）"国有资本经营预算收入"项目及所属各明细项目，应当根据"国有资本经营预算收入"科目及所属各明细科目的本期发生额填列。

（2）"国有资本经营预算支出"项目及所属各明细项目，应当根据"国有资本经营预算支出"科目及所属各明细科目的本期发生额填列。

五、财政专户管理资金收支情况表

财政专户管理资金收支情况表是反映政府财政在某一会计期间纳入财政专户管理的资金收支情况的报表，按照相关政府收支分类科目列示。财政专户管理资金收支情况表应当按月度和年度编制。

财政专户管理资金收支情况表的一般格式如表10-7所示。

表10-7 财政专户管理资金收支情况表

总会预03表

编制单位：　　　　　　　　　　　　年　月　日　　　　　　　　　　　　单位：元

项　　目	本月(旬)数	本年(月)累计数
财政专户管理资金收入		
财政专户管理资金支出		

财政专户管理资金收支情况表的编制说明：

（1）"财政专户管理资金收入"项目及所属各明细项目，应当根据"财政专户管理资金收入"科目及所属各明细科目的本期发生额填列。

（2）"财政专户管理资金支出"项目及所属各明细项目，应当根据"财政专户管理资金支出"科目及所属各明细科目的本期发生额填列。

六、专用基金收支情况表

专用基金收支情况表是反映政府财政在某一会计期间专用基金收支情况的报表，按照专用基金类型分别列示。专用基金收支情况表应当按月度和年度编制。

专用基金收支情况表的一般格式如表10-8所示。

表10-8 专用基金收支情况表

总会预04表

编制单位：　　　　　　　　　　　　年　月　日　　　　　　　　　　　　单位：元

项　　目	本月(旬)数	本年(月)累计数
专用基金收入		
粮食风险基金		
……		
专用基金支出		
粮食风险基金		
……		

专用基金收支情况表的编制说明：

（1）"专用基金收入"项目及所属各明细项目，应当根据"专用基金收入"科目及所属各明细科目的本期发生额填列。

（2）"专用基金支出"项目及所属各明细项目，应当根据"专用基金支出"科目及所属各明细科目的本期发生额填列。

七、预算会计报表附注

总会计预算会计报表附注应当至少披露下列内容：

（1）遵循《财政总会计制度》的声明；

（2）本级政府财政预算执行情况的说明；

（3）会计报表中列示的重要项目的进一步说明，包括其主要构成、增减变动情况等；

（4）有助于理解和分析会计报表的其他需要说明的事项。

思考题

1. 财政总会计应如何编制资产负债表？
2. 什么是财政总会计预算报表？财政总会计预算报表主要包括哪些种类？

第三部分　政府单位会计

第十一章　政府单位会计概述

> **学习目标**
>
> 通过本章的学习，了解政府单位会计的概念和特点，理解政府单位会计的核算原理，掌握平行记账方法，了解政府单位会计的核算对象，熟悉会计科目及会计科目的核算内容。

第一节　政府单位会计的概念与特点

一、政府单位的概念

政府单位是指在我国境内通过政治程序建立的、在一特定区域内对其他机构单位拥有立法、司法和行政权的法律实体及其附属范围，包括行政单位和事业单位。政府单位的主要职能是利用征税和以其他方式获得的资金向社会和公众提供公共服务。通过转移支付，对社会收入和财产进行再分配。

（一）行政单位

在行政单位会计中，行政单位是进行国家行政管理、组织经济建设和文化建设、维护社会公共秩序的单位，泛指各级各类国家机关和政党组织。它主要包括：

(1) 国家立法机关，如各级人民代表大会及其常务委员会机关。
(2) 国家行政（执法）机关，如各级人民政府及其所属工作机构。
(3) 国家政治协商机关，如中国人民政治协商会议各级委员会机关。
(4) 国家司法机关，如最高人民法院、地方各级法院等审判机关。
(5) 国家法律监督机关，如最高人民检察院、地方各级人民检察院等检察机关。

（6）列为行政编制并接受财政拨款的政党组织和社会团体，其中，政党组织如中国共产党各级机关及各民主党派和工商联的各级机关，社会团体如共青团各级机关、妇联各级机关等。

（二）事业单位

在事业单位会计中，事业单位泛指由政府举办的各级各类向社会提供公益服务的组织。在现行实务中，按照不同的行业，常见的事业单位主要包括以下种类：

（1）教育事业单位，如由各级人民政府举办的普通中小学校、成人中学、成人初等学校，以及由各级人民政府举办的全日制普通高等学校、成人高等学校等。

（2）医疗卫生事业单位，如各级各类公立医院，包括综合医院、中医院、专科医院、政府举办的城市社区卫生服务中心、乡镇卫生院等。

（3）文化事业单位，如各级各类公共图书馆、文化馆、纪念馆以及由文化及其他部门主管的剧场、剧团等。

（4）文物事业单位，如各级各类公共博物馆、博物院等。

（5）科学事业单位，如由各级政府举办的各级各类科学院、研究院、研究所等。

（6）广播电视事业单位，如各级政府举办的广播台、电视台等。

（7）体育事业单位，如各级政府举办的体育馆、体育场等。

二、政府单位会计的概念

政府单位会计，又称行政事业单位会计，是以货币为主要计量单位，对各级行政事业单位的经济活动或会计事项进行记录、核算、反映和监督的一种专门技术方法和管理活动，它是政府会计体系的重要组成内容。政府单位会计信息的使用者包括各级人民代表大会及其常务委员会、各级政府及其有关部门、政府会计主体自身、社会公众、债权人和其他利益相关者。

政府单位会计适用于与本级政府财政部门直接或者间接发生预算拨款关系的国家机关、军队、政党组织、社会团体、事业单位和其他单位。其核算目标是向会计信息使用者提供与单位财务状况、预算执行情况等有关的会计信息，反映单位受托责任的履行情况，有助于会计信息使用者进行管理、监督和决策。现行政府会计制度的适用主体不包括军队、已纳入企业财务管理体系的单位和执行《民间非营利组织会计制度》的社会团体。

三、政府单位会计的特点

政府单位会计是适用于各级各类单位财务活动的一门专业会计。政府会计和企业会计同属于专业会计的范畴，政府单位会计核算应当具备财务会计与预算会计双重功能，实现财务会计与预算会计适度分离并相互衔接，全面、清晰地反映单位财务信息和预算执行信息。单位财务会计核算实行权责发生制；单位预算会计核算实行收付实现制。国务院另有规定的，依照其规定。据此，单位会计具有如下主要特点。

（一）核算主体不同

政府单位会计的主体是各级各类单位。单位应当对其自身发生的经济业务或者事项进行会计核算。单位自身发生的经济业务或事项与同级财政总预算发生的经济业务或事项之间，既有重叠的地方，也有相互独立的地方。例如，同级财政为行政单位支付日常办公经费，同级财政形成支出，行政单位也形成支出。但如果同级财政为行政单位支付购置设备的款项，同级财政形成支出，行政单位在形成支出的同时，还形成固定资产。单位对设备计提折旧，同级财政没有相应的经济业务或事项，但单位需要记录相应的经济业务或事项。又如，事业单位利用取得的事业收入支付日常办公经费，事业单位形成支出，但财政总会计不形成支出。事业单位取得的非财政资金收入和发生的非财政资金支出，对财政总会计来说，既没有收入，也没有支出。

（二）单位会计需要详细反映单位预算执行情况

单位会计在反映单位预算执行情况时，采用的会计核算方法需要与相应的预算编制方法一致，只有这样，预算数与会计核算的决算数才具有可比性，会计核算的结果才能反映预算执行情况。例如，单位按照预算安排购置一台办公设备，支付的相应价款属于预算支出的内容，为如实反映预算执行情况，单位会计需要确认相应的实际支出，并将实际支出与预算支出进行比较。由于单位预算区分基本支出预算和项目支出预算，基本支出预算又区分人员经费预算和日常公用经费预算，各种预算又分别安排财政拨款收入和其他等相关收入，因此，行政单位会计需要按照预算管理的相应要求，分别为各种预算组织会计核算，以分别反映各种预算的执行情况。如果没有相应的预算，单位就不能发生相应的经济业务，从而也就没有相应的会计核算。

（三）单位会计需要反映单位财务状况

单位的资产、负债和净资产三个会计要素构成了单位财务状况。单位的资产不仅包括库存现金、银行存款、零余额账户用款额度、应收账款等货币性资产，还包括存货、固定资产、在建工程、无形资产等非货币性资产。此外，有些行政单位的资产还包括政府储备物资、公共基础设施等特殊种类的资产，有些事业单位的资产还包括短期投资、长期投资等种类。这与财政总会计的资产种类有很大的不同。单位的净资产包括累计盈余，事业单位的净资产还包括专用基金、权益法调整。除此之外，单位还有各项收入，但各项收入具有年度性，使用后即预算已经执行，由此形成的资产尤其是否定资产、无形资产等的管理具有长期性。行政单位应如实反映其财务状况，以利于加强对单位资产、负债和净资产的管理。

（四）核算模式不同

政府单位会计采用财务会计和预算会计适度分离并相互衔接的会计核算模式。

所谓"适度分离"，是指适度分离行政事业单位预算会计和财务会计功能，决算报告和财务报告功能，全面反映行政事业单位的预算执行信息和财务信息。这主要体现在"双功能""双基础""双报告"上。其中，"双功能"是指在同一会计核算系统中实现财务会计和预算会计双重功能。其中，财务会计是指以权责发生制为基础对政府会计主体发生的各项经济业务或者事项进行会计核算，主要反映和监督政府会计主体财务状况、运行情况和现金流量等的会计；预算会计是指以收付实现制为基础对政府会计主体预算执行过程中发生的全部收入和全部支出进行会计核算,主要反映和监督预算收支执行情况的会计。通过资产、负债、净资产、收入、费用五个要素进行财务会计核算,通过预算收入、预算支出和预算结余三个要素进行预算会计核算。"双基础"是指财务会计采用权责发生制,预算会计采用收付实现制,国务院另有规定的,依照其规定。"双报告"是指通过财务会计核算形成财务报告,通过预算会计核算形成决算报告。在同一会计核算系统中政府预算会计要素和财务会计要素相互协调,决算报告和财务报告相互补充,共同反映政府会计主体的预算执行信息和财务信息。

所谓"相互衔接",是指在同一会计核算系统中,行政事业单位预算会计要素和相关财务会计要素相互协调,决算报告和财务报告相互补充,共同反映行政事业单位的预算执行信息和财务信息。这主要体现在"平行记账"方法上。"平行记账"方法是指单位对于纳入部门预算管理的现金收支业务,在采用财务会计核算的同时应当进行预算会计核算;对于其他业务,仅需进行财务会计核算。例如,某行政单位以财政直接支付方式购入一项固定资产,在财务会计中,借记"固定资产"科目,贷记"财政拨款收入"科目;同时,在预算会计中,借记"行政支出"科目,贷记"财政拨款预算收入"科目。而对于不涉及现金预算执行情况的其他业务或事项,单位仅需要在财务会计中记录。例如,单位计提固定资产折旧时,在财务会计中,借记"业务活动费用"科目,贷记"固定资产累计折旧"科目,因不涉及现金预算执行情况,在预算会计中不记录。

政府会计制度要求各会计单位进行"平行记账",即对于纳入预算管理的现金收支,在采用财务会计核算的同时进行预算会计核算。对于不属于预算收支的现金收支,如应当上缴国库或财政专户的款项、应当转拨其他单位的款项、受托代理的款项等,收到或支付时仅作财务会计核算,不需要进行预算会计核算。"平行记账"相对于原来行政事业单位会计制度中"双分录"核算模式,更能全面准确反映行政事业单位的财务信息和预算执行信息。

(五) 不进行利润及利润分配的核算

政府会计没有利润和所有者权益的概念,政府组织的活动不以营利为目的,政府组织在开展各项活动中增加的净资产也不需要向出资者分配。政府会计虽然也进行收入和费用核算,但是各个政府会计主体的收入减去费用的差额(盈余),与企业会计的经营成果(利润)不同,并不是越大越好。

第二节 政府单位会计科目表

一、单位会计科目表

会计要素又叫会计对象要素,是指按照交易或事项的经济特征所做的基本分类,也是指对会计对象按经济性质所做的基本分类。《政府会计制度》规定行政事业单位会计要素包括财务会计要素和预算会计要素。其中,财务会计要素包括资产、负债、净资产、收入和费用;预算会计要素包括预算收入、预算支出和预算结余。

会计科目是对会计核算对象按其经济内容或用途所做的科学分类,是设置账户和核算归集各项经济业务的依据。科学地设置会计科目,正确地使用会计科目,是做好会计核算工作的重要条件。

行政事业单位会计的会计科目按核算层次不同可分为总账科目和明细科目两大类。总账科目是对核算对象的总分类,是设置总账的依据;明细科目是对某总账科目核算内容的进一步分类的科目,是设置明细账的依据。

《政府会计制度》列出了行政事业单位财务会计和预算会计两类科目表,共计103个总账会计科目,其中,财务会计的资产、负债、净资产、收入和费用五个会计要素共77个总账科目,预算会计的预算收入、预算支出和预算结余三个会计要素共26个总账科目。科目设置的依据是遵循重要性原则,重要的项目需要多级、多维度明细核算,不重要的项目可汇总核算(会计科目表附后)。

根据《政府会计制度》,行政事业单位的会计科目分为财务会计科目和预算会计科目,财务会计科目如表11-1所示,预算会计科目如表11-2所示。

表11-1 行政事业单位财务会计科目

序号	科目编号	会计科目名称	科目核算内容
一、资产类			
1	1001	库存现金	行政事业单位的库存现金
2	1002	银行存款	单位存入银行或者其他金融机构的存款
3	1011	零余额账户用款额度	实行国库集中支付的单位根据财政部门批复的用款计划收到和支用的零余额账户用款额度
4	1021	其他货币资金	单位的外埠存款、银行本票存款、银行汇票存款、信用卡存款等各种其他货币资金
5	1101	短期投资	事业单位按照规定取得的,持有时间不超过1年(含1年)的投资
6	1201	财政应返还额度	实行国库集中支付的单位应收财政返还的资金额度,包括可以使用的以前年度财政直接支付资金额度和财政应返还的财政授权支付资金额度
7	1211	应收票据	事业单位因开展经营活动销售产品、提供有偿服务等而收到的商业汇票,包括银行承兑汇票和商业承兑汇票
8	1212	应收账款	事业单位提供服务、销售产品等应收取的款项,以及单位因出租资产、出售物资等应收取的款项
9	1214	预付账款	单位按照购货合同、服务合同或协议规定预付给供应单位(或个人)的款项,以及按照合同规定向承包工程的施工企业预付的备料款和工程款
10	1215	应收股利	事业单位持有长期股权投资应当收取的现金股利或应当分得的利润
11	1216	应收利息	事业单位长期债券投资应当收取的利息

续表

序 号	科目编号	会计科目名称	科目核算内容
12	1218	其他应收款	单位除财政应返还额度、应收票据、应收账款、预付账款、应收股利、应收利息以外的其他各项应收及暂付款项
13	1219	坏账准备	事业单位对收回后不需上缴财政的应收账款和其他应收款提取的坏账准备
14	1301	在途物品	单位采购材料等物资时货款已付或已开出商业汇票但尚未验收入库的在途物品的采购成本
15	1302	库存物品	单位在开展业务活动及其他活动中为耗用或出售而储存的各种材料、产品、包装物、低值易耗品,以及达不到固定资产标准的用具、装具、动植物等的成本
16	1303	加工物品	单位自制或委托外单位加工的各种物品的实际成本
17	1401	待摊费用	单位已经支付,但应当由本期和以后各期分别负担的分摊期在1年以内(含1年)的各项费用
18	1501	长期股权投资	事业单位按照规定取得的,持有时间超过1年(不含1年)的股权性质的投资
19	1502	长期债券投资	事业单位按照规定取得的,持有时间超过1年(不含1年)的债券投资
20	1601	固定资产	单位固定资产的原值
21	1602	固定资产累计折旧	单位计提的固定资产累计折旧
22	1611	工程物资	单位为在建工程准备的各种物资的成本,包括工程用材料、设备等
23	1613	在建工程	单位在建的建设项目工程的实际成本
24	1701	无形资产	单位无形资产的原值
25	1702	无形资产累计摊销	单位对使用年限有限的无形资产计提的累计摊销
26	1703	研发支出	单位自行研究开发项目研究阶段和开发阶段发生的各项支出
27	1801	公共基础设施	单位控制的公共基础设施的原值
28	1802	公共基础设施累计折旧(摊销)	单位计提的公共基础设施累计折旧和累计摊销
29	1811	政府储备物资	单位控制的政府储备物资的成本
30	1821	文物文化资产	单位为满足社会公共需求而控制的文物文化资产的成本
31	1831	保障性住房	单位为满足社会公共需求而控制的保障性住房的原值

续表

序号	科目编号	会计科目名称	科目核算内容
32	1832	保障性住房累计折旧	单位计提的保障性住房的累计折旧
33	1891	受托代理资产	单位接受委托方委托管理的各项资产,包括受托指定转赠的物资、受托存储保管的物资等的成本
34	1901	长期待摊费用	单位已经支出,但应由本期和以后各期负担的分期期限在1年以上(不含1年)的各项费用
35	1902	待处理财产损溢	单位在资产清查过程中查明的各种资产盘盈、盘亏和报废、毁损的价值
二、负债类			
36	2001	短期借款	事业单位经批准向银行或其他金融机构等借入的期限在1年内(含1年)的各种费用
37	2101	应交增值税	单位按照税法规定计算应缴纳的增值税
38	2102	其他应交税费	单位按照税法等规定计算应缴纳的除增值税以外的各种税费
39	2103	应缴财政款	单位取得或应收的按照规定应当上缴财政的款项,包括应缴国库的款项和应缴财政专户的款项
40	2201	应付职工薪酬	单位按照有关规定应付给职工(包含长期聘用人员)的各种薪酬
41	2301	应付票据	事业单位因购买材料、物资等而开出、承兑的商业票据,包括银行承兑汇票和商业承兑汇票
42	2302	应付账款	单位因购买物资、接受服务、开展工程建设等而应当支付的偿还时间在1年以内(含1年)的款项
43	2303	应付政府补贴款	负责发放政府补贴的行政单位,按照规定应当支付给政府补贴接受者的各种政府补贴款
44	2304	应付利息	事业单位按照合同约定应支付的借款利息,包括短期借款、分期付息还本的长期借款等应支付的利息
45	2305	预收账款	事业单位预先收取但尚未结算的款项
46	2307	其他应付款	单位除应交增值税、其他应交税费、应缴财政款、应付职工薪酬、应付票据、应付账款、应付政府补贴款、应付利息、预收账款以外,其他各项偿还时间在1年内(含1年)的应付及暂收款项
47	2401	预提费用	单位预先提取的已经发生但尚未支付的费用,如预提租金费用等
48	2501	长期借款	事业单位经批准向银行或其他金融机构等借入的期限超过1年(不含1年)的各种借款本息

续表

序号	科目编号	会计科目名称	科目核算内容
49	2502	长期应付款	单位发生的偿还期限超过1年(不含1年)的应付款项,如以融资租赁方式取得固定资产应付的租赁费等
50	2601	预计负债	单位对因或有事项所产生的现实义务而确认的负债,如对未决诉讼等确认的负债
51	2901	受托代理负债	单位接受委托取得受托代理资产时形成的负债

三、净资产类

序号	科目编号	会计科目名称	科目核算内容
52	3001	累计盈余	单位历年实现的盈余扣除盈余分配后滚存的金额,以及因无偿调入调出资产产生的净资产变动额
53	3101	专用基金	事业单位按照规定提取或设置的具有专门用途的净资产,主要包括职工福利基金、科技成果转换基金等
54	3201	权益法调整	事业单位持有的长期股权投资采用权益法核算时,按照被投资单位除净损益和利润分配以外的所有者权益变动份额调整长期股权投资账面余额而计入净资产的金额
55	3301	本期盈余	单位本期各项收入、费用相抵后的余额
56	3302	本期盈余分配	单位本年度盈余分配的情况和结果
57	3401	无偿调拨净资产	单位无偿调入或调出非现金资产所引起的净资产变动金额
58	3501	以前年度盈余调整	单位本年度发生的调整以前年度盈余的事项,包括本年度发生的重要前期差错更正涉及调整以前年度盈余的事项

四、收入类

序号	科目编号	会计科目名称	科目核算内容
59	4001	财政拨款收入	单位从同级政府财政部门取得的各类财政拨款
60	4101	事业收入	事业单位开展专业业务活动及其辅助活动实现的收入,不包括从同级政府财政部门取得的各类财政拨款
61	4201	上级补助收入	事业单位从主管部门和上级单位取得的非财政拨款收入
62	4301	附属单位上缴收入	事业单位取得的附属独立核算单位按照有关规定上缴的收入
63	4401	经营收入	事业单位在专业业务活动及其辅助活动之外开展非独立核算经营活动取得的收入
64	4601	非同级财政拨款收入	单位从非同级政府财政部门取得的经费拨款,包括从同级政府其他部门取得的横向转拨财政款、从上级或下级政府财政部门取得的经费拨款等

续表

序　号	科目编号	会计科目名称	科目核算内容
65	4602	投资收益	事业单位股权投资和债券投资所实现的收益或发生的损失
66	4603	捐赠收入	单位接受其他单位或者个人捐赠取得的收入
67	4604	利息收入	单位取得的银行存款利息收入
68	4605	租金收入	单位经批准利用国有资产出租取得并按照规定纳入本单位预算管理的租金收入
69	4606	其他收入	单位取得的除财政拨款收入、事业收入、上级补助收入、附属单位上缴收入、经营收入、非同级财政拨款收入、投资收益、捐赠收入、利息收入、租金收入以外的各项收入
五、费用类			
70	5001	业务活动费用	单位为实现其职能目标,依法履职或者开展专业业务活动及其辅助活动所发生的各项费用
71	5101	单位管理费用	事业单位本级行政及后勤管理部门开展管理活动发生的各项费用
72	5201	经营费用	事业单位在专业业务活动及其辅助活动之外开展非独立核算经营活动发生的各项费用
73	5301	资产处置费用	单位经批准处置资产时发生的费用,包括转销的被处置资产价值,以及在处置过程中发生的相关费用或者处置收入小于相关费用形成的净支出
74	5401	上缴上级费用	事业单位按照财政部门和主管部门的规定上缴上级单位款项发生的费用
75	5501	对附属单位补助费用	事业单位用财政拨款收入之外的收入对附属单位补助发生的费用
76	5801	所得税费用	有企业所得税缴纳义务的事业单位按规定缴纳企业所得税所形成的费用
77	5901	其他费用	单位发生的除业务活动费用、单位管理费用、经营费用、资产处置费用、上缴上级费用、附属单位补助费用、所得税费用以外的各项费用

表11-2　行政事业单位预算会计科目

序　号	科目编号	科目名称	科目核算内容
一、预算收入类			
1	6001	财政拨款预算收入	单位从同级政府财政部门取得的各类财政拨款
2	6101	事业预算收入	事业单位开展专业业务活动及其辅助活动实现的现金流入,不包括从同级政府财政部门取得的各类财政拨款

续表

序号	科目编号	科目名称	科目核算内容
3	6201	上级补助预算收入	事业单位从主管部门和上级单位取得的非财政补助现金流入
4	6301	附属单位上缴预算收入	事业单位取得的附属独立核算单位按照有关规定上缴的现金流入
5	6401	经营预算收入	事业单位在专业业务活动及其辅助活动之外开展非独立核算经营活动取得的现金流入
6	6501	债务预算收入	事业单位按照规定从银行和其他金融机构等借入的、纳入部门预算管理的、不以财政资金作为偿还来源的债务本金
7	6601	非同级财政拨款预算收入	单位从非同级政府财政部门取得的财政拨款，包括从同级政府其他部门取得的横向转拨财政款、从上级或下级政府财政部门取得的经费拨款等
8	6602	投资预算收益	事业单位按照规定纳入部门预算管理的属于投资收益性质的现金流入，包括股权投资收益、出售或收回债券投资所取得的收益和债券投资利息收入
9	6609	其他预算收入	单位除财政拨款预算收入、事业预算收入、上级补助预算收入、附属单位上缴预算收入、经营预算收入、债务预算收入、非同级财政拨款预算收入、投资预算收益之外的纳入部门预算管理的现金流入

二、预算支出类

序号	科目编号	科目名称	科目核算内容
10	7101	行政支出	行政单位履行其职责实际发生的各项现金流出
11	7201	事业支出	事业单位开展专业业务活动及其辅助活动实际发生的各项现金流出
12	7301	经营支出	事业单位在开展专业业务活动及其辅助活动之外开展非独立核算经营活动实际发生的各项现金流出
13	7401	上缴上级支出	事业单位按照财政部门和主管部门的规定上缴上级单位款项发生的现金流出
14	7501	对附属单位补助支出	事业单位用财政拨款预算收入之外的收入对附属单位补助发生的现金流出
15	7601	投资支出	事业单位以货币资金对外投资发生的现金流出
16	7701	债务还本支出	事业单位偿还自身承担的纳入预算管理的从金融机构举借的债务本金的现金流出
17	7901	其他支出	单位除行政支出、事业支出、经营支出、上缴上级支出、对附属单位补助支出、投资支出、债务还本支出以外的各项现金流出

续表

序　号	科目编号	科目名称	科目核算内容
三、预算结余类			
18	8001	资金结存	单位纳入部门预算管理的资金的流入、流出、调整和滚存等情况
19	8101	财政拨款结转	单位取得的同级财政拨款结转资金的调整、结转和滚存情况
20	8102	财政拨款结余	单位取得的同级财政拨款项目支出结余资金的调整、结转和滚存情况
21	8201	非财政拨款结转	单位除财政拨款收支、经营收支以外各非同级财政拨款专项资金的调整、结转和滚存情况
22	8202	非财政拨款结余	单位历年滚存的非限定用途的非同级财政拨款结余资金,主要为非财政拨款结余扣除结余分配后滚存的金额
23	8301	专用结余	事业单位按照规定从非财政拨款结余中提取的具有专门用途的资金的变动和滚存情况
24	8401	经营结余	事业单位本年度经营活动收支相抵后余额弥补以前年度经营亏损后的余额
25	8501	其他结余	单位本年度除财政拨款收支、非同级财政专项资金收支和经营收支以外的各项收支相抵后的余额
26	8701	非财政拨款结余分配	事业单位本年度非财政拨款结余分配的情况和结果

行政事业单位应当按照下列规定运用会计科目：

（1）行政事业单位应当按照《政府会计制度》的规定设置和使用会计科目。在不影响会计处理和编制报表的前提下,单位可以根据实际情况自行增设或减少某些会计科目。

（2）行政事业单位应当执行《政府会计制度》统一规定的会计科目编号,以便于填制会计凭证、登记账簿、查阅账目,实行会计信息化管理。

（3）行政事业单位在填制会计凭证、登记会计账簿时,应当填列会计科目的名称,或者同时填列会计科目的名称和编号,不得只填列会计科目编号、不填列会计科目名称。

（4）行政事业单位设置明细科目或进行明细核算,除遵循《政府会计制度》规定外,还应当满足权责发生制政府部门财务报告和政府综合财务报告编制的其他需要。

二、行政事业单位财务会计与预算会计"平行记账"方法之会计科目的对应关系

（一）收入（含借款）类科目与预算收入类科目的对应关系

财务会计收入（含借款）类科目与预算会计预算收入类科目的对应关系如表11-3所示。

表 11-3　收入(含借款)类科目与预算收入类科目的对应关系

财务会计	预算会计	财务会计	预算会计
财政拨款收入	财政拨款预算收入	非同级财政拨款收入	非同级财政拨款预算收入
事业收入	事业预算收入	投资收益	投资预算收益
上级补助收入	上级补助预算收入	捐赠收入、利息收入、租金收入、其他收入	其他预算收入
附属单位上缴收入	附属单位上缴预算收入	短期借款、长期借款	债务预算收入
经营收入	经营预算收入		

从表 11-3 中可以看出：

(1) 预算会计的收入类科目的名称基本上是在财务会计的收入类科目名称上添加了"预算"两字。

(2) 预算会计的"其他预算收入"科目同时对应财务会计的"捐赠收入""利息收入""租金收入""其他收入"等科目。财务会计将"捐赠收入""利息收入""租金收入"等科目分别设置为一级科目，前提是相关业务发生较多，否则仍可归入"其他收入"科目核算。当然，预算会计可增设"捐赠预算收入""利息预算收入""租金预算收入"等科目，与财务会计的"捐赠收入""利息收入""租金收入"相对应。

(3) 在财务会计中，单位将举借的短期借款和长期借款确认为负债类要素，这符合财务会计惯例，因而设置"短期借款""长期借款"科目；而在预算会计中，单位将短期借款和长期借款确认为"债务预算收入"，这与政府预算编制和预算管理相吻合，因而设置"债务预算收入"科目。

(二) 费用(含投资和借款)类科目和预算支出类科目的对应关系

单位财务会计费用(含投资和借款)类科目与预算会计预算支出类科目的对应关系如表 11-4 所示。

表 11-4　费用(含投资和借款)类科目与预算支出类科目的对应关系

财务会计	预算会计	财务会计	预算会计
业务活动费用	行政支出、事业支出	所得税费用	非财政拨款结余——累计盈余
单位管理费用	事业支出	其他支出	其他支出
经营费用	经营支出	短期投资、长期股权投资、长期债权投资	投资支出
上缴上级费用	上缴上级支出	短期借款、长期借款	债务还本支出
对附属单位补助费用	对附属单位补助支出		

从表 11-4 中可以看出：

(1) 预算会计支出类科目的名称只是将财务会计费用类科目名称的"费用"调整为"支出"("所得税费用"科目除外)，这与政府预算会计和政府财务会计的会计要素分类相吻合。

(2) 财务会计的"所得税费用"科目并没有调整为"所得税支出"科目，这是与预算会计对事业单位实际缴纳单位所得税直接冲减"非财政拨款结余——累计结余"科目的会计处理相一致的。

(3) 预算会计中将事业单位因发生短期投资、长期股权投资和长期债权投资所流出的货币资金记入"投资支出"科目来予以确认，是收付实现制原则的体现。

(4) 事业单位因归还短期借款和长期借款而流出的货币资金记入"债务还本支出"科目，这是与因举借短期借款和长期借款而流入的货币资金记入"债务预算收入"科目相对应的。

(三) 货币资金类科目和资金结存类科目的对应关系

单位财务会计货币资金类科目与预算会计资金结存类科目的对应关系如表 11-5 所示。

表 11-5　单位财务会计货币资金类科目与预算会计资金结存类科目的对应关系

财务会计	预算会计
库存现金、银行存款、其他货币资金	资金结存——货币资金
零余额账户用款额度	资金结存——零余额账户用款额度
财政应返还额度	资金结存——财政应返还额度

从表 11-5 中可以看出，财务会计设置"库存现金""银行存款""其他货币资金""零余额账户用款额度""财政应返还额度"等货币资金类会计科目；预算会计设置了"资金结存"这一会计科目来对应，并在"资金结存"科目下分别设置"货币资金""零余额账户用款额度""财政应返还额度"三个明细科目。预算会计这样设置资金类会计科目，与行政事业单位会计应清晰反映预算资金管理模式的做法一致，同时也与财务会计相关货币资金类科目相呼应。

综上所述，根据行政事业单位会计采用的"平行记账"方法，财务会计科目和预算会计科目在财务会计和预算会计中的对应关系可概括如下：

第一，取得纳入预算管理的现金收入时，在财务会计中，借记相关现金科目，贷记相关收入、应收项目、负债科目；同时，在预算会计中，借记相关资金结存科目，贷记相关预算收入科目。

第二，发生纳入预算管理的现金支出时，在财务会计中，借记相关费用科目、非现金资产科目、负债科目，贷记相关现金科目；同时，在预算会计中，借记相关支出科目，贷记资金结存及相关预算收入科目。

第三，对于其他业务，仅需进行财务会计核算。

(1) 赊购资产业务。此类业务，在财务会计中，同时确认相关资产和相关负债的增加，即借记相关资产科目，贷记相关负债科目；在预算会计中，则不需要进行会计处理。

(2) 计提归集费用业务。单位在为履职人员计提薪酬、为履职领用存货、为履职使用的固定资产或无形资产计提折旧或摊销、计提利息、计提坏账、摊销或预提相关费用、计算相关税费、预计可能发生的损失时,在财务会计中,借记相关费用科目,贷记相关资产、负债、折旧或摊销、预提或待摊等科目;在预算会计中,如同没有发生经济业务,不做会计处理。

(3) 受托代理资产业务。单位收到受托代理代管款项,其所有权、控制权仍归属原单位,不属于单位纳入部门预算管理的现金收支,在财务会计中仅需确认受托代理资产和受托代理负债;在预算会计中无须进行账务处理。

(4) 应缴财政款项业务。单位发生的应缴财政款应上缴财政国库,其所有权不归属于单位,不纳入单位的预算收支管理,故在预算会计中不进行账务处理。

(5) 无偿调入调出各类非现金资产业务。在财务会计中,调入非现金资产时,借记相关非现金资产科目,贷记"无偿调拨净资产"科目;调出非现金资产时,借记"无偿调拨净资产"科目及相关折旧或摊销科目,贷记相关资产科目。在预算会计中,不进行账务处理。

(6) 盘盈、盘亏或者毁损、报废各类非现金资产业务。在财务会计中,单位盘盈各类非现金资产时,借记相关非现金资产科目,贷记"待处理财产损溢"科目;盘亏或者毁损、报废的各类非现金资产时,借记"待处理财产损溢"及相关折旧或摊销科目,贷记相关资产科目。在预算会计中,不进行账务处理。

❓ 思考题

1. 简述行政单位的概念及其内容。
2. 简述事业单位的概念及其内容。
3. 简述政府单位会计的概念及特点。
4. 简述行政事业单位会计组织系统。
5. 简述行政事业单位会计科目的种类。
6. 简述行政事业单位会计科目的使用要求。
7. 简述政府单位财务会计与预算会计"平行记账"方法之会计科目的对应关系。

第十二章
政府单位收入与预算收入

学习目标

通过本章的学习,掌握行政单位与事业单位收入与预算收入的概念、分类、确认和计量方法;掌握行政事业单位各项收入与预算收入的核算方法及账务处理。

第一节 收入与预算收入概述

一、收入与预算收入的概念

(一) 收入的概念

收入是行政事业单位在履行职责或开展业务活动中依法取得的非偿还性资金。收入是政府会计主体履行职能、完成事业发展目标和计划的财力保障,收入管理是政府会计主体财务管理的重要组成部分。收入包括以下两方面的含义:

(1) 收入是行政事业单位开展业务及其他活动而取得的。取得收入与补偿行政事业单位提供公共产品和服务所发生的各项资产的耗费之间存在因果对应关系,其确认和计量以权责发生制为基础。行政事业单位为完成国家规定的科、教、文、卫等事业任务而发生的资源消耗,是以获得政府的财政补助收入或上级补助收入进行补偿的。另外,事业单位因开展有偿服务的业务活动和经营活动而取得事业收入和经营收入,补偿其费用支出。

(2) 收入是行政事业单位在报告期形成的导致净资产增加的经济资源的流入。收入的取得会引起货币资金的流入、其他资产的增加或负债的减少,或者资产增加、负债减少兼而有之。并非所有的流入都是收入。

(二) 预算收入的概念

预算收入是行政事业单位在预算年度内依法取得并纳入预算管理的现金流入。

行政事业单位主要的业务活动就是按照法定程序批准的预算,为向社会公众提供公共产品和服务,以收付实现制为基础,从财政部门取得的财政拨款和向服务对象收取费用,形成当期各项预算收入,对其提供的公共产品和服务成本进行补偿,体现了行政事业单位预算执行的过程和结果。另外。事业单位为了完成既定的服务目标和任务,向银行借款取得的债务预算收入,形成了当期的现金流入,也属于单位的预算收入。

二、收入与预算收入的分类

(一) 收入的分类

政府单位会计收入项目包括财政拨款收入、事业收入、上级补助收入、附属单位上缴收入、经营收入、非同级财政拨款收入、投资收益、捐赠收入、利息收入、租金收入和其他收入。其中财政拨款收入、非同级财政拨款收入、捐赠收入、利息收入、租金收入和其他收入属于行政单位和事业单位共有的收入项目;事业收入、上级补助收入、附属单位上缴收入、经营收入和投资收益是事业单位特有的收入项目。

(二) 预算收入的分类

政府单位预算收入包括财政拨款预算收入、事业预算收入、上级补助预算收入、附属单位上缴预算收入、经营预算收入、债务预算收入、非同级财政拨款预算收入、投资预算收益、其他预算收入。其中,财政拨款预算收入、非同级财政拨款预算收入和其他预算收入是行政单位和事业单位共有的预算收入项目;事业预算收入、上级补助预算收入、附属单位上缴预算收入、经营预算收入、债务预算收入和投资预算收益是事业单位特有的预算收入项目。

三、收入与预算收入的确认和计量

(一) 收入的确认和计量

1. 收入的确认

收入的确认应当同时满足以下条件:
(1) 与收入相关的含有服务潜力或者经济利益的经济资源很可能流入政府会计主体;
(2) 含有服务潜力或者经济利益的经济资源流入会导致政府会计主体资产增加或者负债减少;
(3) 流入金额能够可靠地计量。

2. 收入的计量

收入按照实际收到的金额或者有关凭据注明的金额进行计量。

收入确认应该遵循权责发生制原则,即凡属于本期的收入,不论款项是否收到,均作为本期的收入处理;反之,凡不属于本期的收入,即使款项已经在本期收到,也不应作为本期的收入处理。

(二) 预算收入的确认和计量

预算会计执行收付实现制,预算收入一般在实际收到资金时予以确认,以实际收到的金额计量。

第二节 行政事业单位共有收入和预算收入

行政单位和事业单位共有的收入项目包括财政拨款收入、非同级财政拨款收入、捐赠收入、利息收入、租金收入和其他收入。行政单位和事业单位共有的预算收入项目包括财政拨款预算收入、非同级财政拨款预算收入和其他预算收入。

一、财政拨款收入与财政拨款预算收入的核算

财政拨款收入和财政拨款预算收入是指行政事业单位从同级政府财政部门取得的各类财政拨款。其中，同级政府财政部门是行政事业单位的预算管理部门，行政事业单位的预算需要经过同级政府财政部门批准后才能开始执行。在实务中，大多数行政单位直接向同级政府财政部门申请取得财政拨款，这些行政单位属于主管预算单位或一级预算单位。也有一些行政单位通过其上级行政单位从同级财政部门取得财政拨款，这些单位属于二级或二级以下预算单位。在实务中，大多数事业单位为二级或者二级以下预算单位，其预算首先需要上报其主管预算单位或者一级预算单位，并经其主管或者一级预算单位审核汇总后，再向同级政府财政部门申报取得财政拨款。也有一些事业单位属于一级预算单位，一级预算单位的预算直接向同级政府财政部门申报。无论是一级预算单位，还是二级或者二级以下的预算单位，只要存在部门预算隶属关系，相应的行政事业单位都属于向同级政府财政部门申请取得财政拨款收入的单位。行政事业单位从非同级政府财政部门取得的经费拨款，不作为财政拨款收入，而作为非同级财政拨款收入核算。

（一）科目设置

政府单位应设置"财政拨款收入"和"财政拨款预算收入"科目，核算所取得的财政拨款收入和财政拨款预算收入。同级政府财政部门预拨的下期预算款和没有纳入预算的暂付款项，以及采用实拨资金方式通过本单位转拨给下属单位的财政拨款，通过"其他应付款"科目核算，不通过"财政拨款收入"科目核算。

"财政拨款收入"科目按照一般公共预算财政拨款、政府性基金预算财政拨款等拨款种类进行明细核算。

"财政拨款预算收入"科目应当设置"基本支出"和"项目支出"两个明细科目，并按照《政府收支分类科目》中"支出功能分类科目"的项级科目进行明细核算；同时，在"基本支出"明细科目下，按照"人员经费"和"日常公用经费"进行明细核算，在"项目支出"明细科目下，按照具体项目进行明细核算。有一般公共预算财政拨款、政府性基金预算财政拨款等两种或两种以上财政拨款的单位，还应当按照财政拨款的种类进行明细核算。财政拨款收入与财政拨款预算收入明细科目设置如表12-1所示。

表 12-1　财政拨款收入与财政拨款预算收入明细科目设置

总账科目	一级明细科目	二级明细科目	三级明细科目	四级明细科目
财政拨款（预算）收入	一般公共预算拨款	支出功能分类项级科目	基本支出拨款	人员经费
				日常公用经费
			项目支出拨款	××项目
				××项目
	政府性基金预算拨款	同上	同上	同上

(二) 主要账务处理

1. 财政直接支付方式下财政拨款(预算)收入的核算

在财政直接支付方式下,行政事业单位根据收到的"财政直接支付入账通知书"及相关原始凭证,按照通知书中的直接支付入账金额,在财务会计中,借记"库存物品""固定资产"等科目,贷记"财政拨款收入"科目;同时,在预算会计中,借记"行政支出""事业支出"等科目,贷记"财政拨款预算收入"科目。涉及增值税业务的,相关账务处理参见"应交增值税"科目。

(1) 购买库存物品或固定资产。

【例 12-1】 某行政单位实行国库集中支付制度。要求:编制该单位会计对下述业务进行账务处理的会计分录。

2×22 年 3 月 1 日,该单位购买一批办公用品,价值为 100 000 元。该笔款项已经通过财政直接支付方式支付,该批办公用品也已验收入库。

2×22 年 3 月 20 日,该单位购买一项通用设备,实际成本为 1 000 000 元。该笔款项已经通过财政直接支付方式支付,该设备不需要安装,验收合格,作为固定资产管理。

① 2×22 年 3 月 1 日,编制的财务会计分录为:

借:库存物品　　　　　　　　　　　　　　　　　　　　　100 000
　　贷:财政拨款收入　　　　　　　　　　　　　　　　　　　　100 000

同时,编制的预算会计分录为:

借:行政支出　　　　　　　　　　　　　　　　　　　　　100 000
　　贷:财政拨款预算收入　　　　　　　　　　　　　　　　　　100 000

② 2×22 年 3 月 20 日,编制的财务会计分录为:

借:固定资产　　　　　　　　　　　　　　　　　　　　　100 000
　　贷:财政拨款收入　　　　　　　　　　　　　　　　　　　　100 000

同时,编制的预算会计分录为:

借:行政支出　　　　　　　　　　　　　　　　　　　　　100 000
　　贷:财政拨款预算收入　　　　　　　　　　　　　　　　　　100 000

(2) 年末确认财政应返还额度。

年末,根据本年度财政直接支付预算指标数与当年财政直接支付实际支付数的差额,在财务会计中,借记"财政应返还额度——财政直接支付"科目,贷记"财政拨款收入";同时,在预算会计中,借记"资金结存——财政应返还额度"科目,贷记"财政拨款预算收入"科目。

【例 12-2】 某行政单位 2×22 年全年财政直接支付预算指标数为 6 000 000 元,当年以财政直接支付的实际支出数为 5 500 000 元,预算指标数与实际支出数的差额为 500 000 元。

2×22 年 12 月 31 日,编制的财务会计分录为:

借:财政应返还额度——财政直接支付　　　　　　　　　　500 000
　　贷:财政拨款收入　　　　　　　　　　　　　　　　　　　500 000

同时,编制的预算会计分录:

借:资金结存——财政应返还额度　　　　　　　　　　　　500 000
　　贷:财政拨款预算收入　　　　　　　　　　　　　　　　　500 000

(3)因会计差错更正或购货退回等发生退款。

因差错更正或购货退回等发生国库直接支付款项退回的,属于以前年度支付的款项,按照退回金额,在财务会计中,借记"财政应返还额度——财政直接支付"科目,贷记"以前年度盈余调整""库存物品"等科目;在预算会计中,借记"资金结存——财政应返还额度"科目,贷记"财政拨款结转——年初余额调整"科目或"财政拨款结余——年初余额调整"科目。属于本年度支付的款项,按照退回金额,在财务会计中,借记"财政拨款收入"科目,贷记"业务活动费用""库存物品"等科目;同时,在预算会计中借记"财政拨款预算收入"科目,贷记"行政支出""事业支出"等科目。

2. 财政授权支付方式下财政拨款(预算)收入的核算

(1)收到财政授权支付用款额度。

在财政授权支付方式下,行政事业单位根据收到的"财政授权支付额度到账通知书",按照通知书中的授权支付额度,在财务会计中,借记"零余额账户用款额度"科目,贷记"财政拨款收入"科目;同时,在预算会计中,借记"资金结存——零余额账户用款额度"科目,贷记"财政拨款预算收入"科目。

【例 12-3】 某行政单位实行国库集中支付制度,2×22 年 2 月 20 日,该单位收到财政部门委托代理银行转来的"财政授权支付额度入账通知书",该通知书中所列的财政授权支付额度为 20 000 元。

2×22 年 2 月 20 日,编制的财务会计分录为:

借:零余额账户用款额度　　　　　　　　　　　　　　　　20 000
　　贷:财政拨款收入　　　　　　　　　　　　　　　　　　　20 000

同时,编制的预算会计分录为:

借:资金结存——零余额账户用款额度　　　　　　　　　　20 000
　　贷:财政拨款预算收入　　　　　　　　　　　　　　　　　20 000

(2)年末确认财政应返还额度。

年末,本年度财政授权支付预算指标数大于零余额账户用款额度下达数的,行政事业单位按照两者差额,在财务会计中,借记"财政应返还额度——财政授权支付"科目,贷记"财政拨款收入"科目;同时在预算会计中,借记"资金结存——财政应返还额度"科目,贷记"财政拨款预算收入"科目。

【例 12-4】 某事业单位实行财政国库集中支付制度,2×22 年全年财政授权支付预算指标为 6 000 000 元,当年下达数 5 500 000 元,本年度有 500 000 元尚未下达。

2×22 年 12 月 31 日,编制的财务会计分录为:

借:财政应返还额度——财政授权支付　　　　　　　　　500 000
　　贷:财政拨款收入　　　　　　　　　　　　　　　　　　500 000

同时,编制的预算会计分录为:

借:资金结存——财政应返还额度　　　　　　　　　　　500 000
　　贷:财政拨款预算收入　　　　　　　　　　　　　　　　500 000

3. 其他方式下财政拨款(预算)收入的核算

在其他方式下收到财政拨款时,按照实际收到的金额,在财务会计中,借记"银行存款"等科目,贷记"财政拨款收入"科目;同时,在预算会计中,借记"资金结存——货币资金",贷记"财政拨款预算收入"科目。

单位收到下期预算的财政预拨款,应当在下个预算期,按照预收的金额,借记"资金结存——货币资金"科目,贷记"财政拨款预算收入"科目。

财政实拨资金是财政部门的国库支付执行机构按照批复的部门预算和资金使用计划开出拨款凭证,将财政款项划转到事业单位在商业银行开设的存款账户。财政实拨资金主要适用于未实行国库集中支付制度的事业单位以及一些特殊财政款项的拨付。目前,财政实拨资金支付方式很少使用了。

4. 财政拨款(预算)收入期末结转

期末,行政事业单位将"财政拨款收入"科目本期发生额转入本期盈余,借记"财政拨款收入"科目,贷记"本期盈余"科目。期末结转后,"财政拨款收入"科目应无余额。"财政拨款收入"期末结转业务处理例题参见净资产——本期盈余相关业务的处理。

期末,行政事业单位将"财政拨款预算收入"科目本年发生额转入财政拨款结转,借记"财政拨款预算收入"科目,贷记"财政拨款结转——本年收支结转"科目。年末结转后,"财政拨款预算收入"科目应无余额。"财政拨款预算收入"期末结转业务处理例题参见预算结余——财政拨款结转相关业务的处理。

二、非同级财政拨款收入与非同级财政拨款预算收入的核算

非同级财政拨款收入是行政事业单位从非同级政府财政部门取得的经费拨款,包括从同级政府其他部门取得的横向转拨财政款、从上级或下级政府财政部门取得的经费拨款等。

非同级财政拨款预算收入是行政事业单位从非同级政府财政部门取得的财政拨款,包括本级横向转拨财政款和非本级财政拨款。

(一) 科目设置

行政事业单位应设置"非同级财政拨款收入"和"非同级财政拨款预算收入"总账科目,核算所取得的非同级财政拨款收入和非同级财政拨款预算收入。

"非同级财政拨款收入"科目应当按照本级横向转拨财政款和非本级财政拨款进行明细核算,并按照收入来源进行明细核算。

"非同级财政拨款预算收入"科目应当按照非同级财政拨款预算收入的类别、来源、《政府收支分类科目》中"支出功能分类科目"的项级科目等进行明细核算。非同级财政拨款预算收入中如有专项资金收入,还应按照具体项目进行明细核算。非同级财政拨款收入与非同级财政拨款预算收入明细科目设置如表12-2所示。

表12-2 非同级财政拨款收入与非同级财政拨款预算收入明细科目设置

总账科目	一级明细科目	二级明细科目	三级明细科目	四级明细科目
非同级财政拨款(预算)收入	本级横向转拨财政款	支出功能分类项级科目	××单位	非专项
				××项目
				××项目
	非同级财政拨款	同上	同上	同上

事业单位因开展科研及其辅助活动从非同级政府财政部门取得的经费拨款,应当通过"事业收入——非同级财政拨款"科目核算,不通过"非同级财政拨款收入"科目核算。

(二) 主要账务处理

1. 确认非同级财政拨款(预算)收入

确认非同级财政拨款收入时,按照应收或实际收到的金额,在财务会计中,借记"其他应收款""银行存款"等科目,贷记"非同级财政拨款收入"科目;同时,在预算会计中,按照实际收到的金额,借记"资金结存——货币资金"科目,贷记"非同级财政拨款预算收入"科目。

【例12-5】 某纳入省级财政部门预算范围的事业单位发生如下业务:

① 从同级政府其他部门取得的横向转拨财政资金50 000元,款项已存入银行。

该事业单位应编制的会计分录如下:

财务会计分录为:

借:银行存款 50 000
　　贷:非同级财政拨款收入 50 000

同时,编制的预算会计分录为:

借:资金结存——货币资金 50 000
　　贷:非同级财政拨款预算收入 50 000

② 从当地市级政府财政部门获得一笔财政资金10 000元,具体内容为当地市政府支持该事业单位发展的专项资金,款项已存入银行存款。

该事业单位应编制的会计分录如下：
财务会计分录为：
借：银行存款　　　　　　　　　　　　　　　　　　　　　　　10 000
　　贷：非同级财政拨款收入　　　　　　　　　　　　　　　　　　10 000
同时，编制的预算会计分录为：
借：资金结存——货币资金　　　　　　　　　　　　　　　　　10 000
　　贷：非同级财政拨款预算收入　　　　　　　　　　　　　　　　10 000

如果行政事业单位确认非同级财政拨款收入时尚未收到款项，在财务会计中，应借记"其他应收款"科目，贷记"非同级财政拨款收入"科目；不用进行预算会计账务处理。待收到相应款项时，在财务会计中，应当借记"银行存款"科目，贷记"其他应收款"科目；同时，在预算会计中，应当借记"资金结存——货币资金"科目，贷记"非同级财政拨款预算收入"科目。

2. 非同级财政拨款（预算）收入的期末结转

期末，将"非同级财政拨款收入"科目本期发生额转入本期盈余，借记"非同级财政拨款收入"科目，贷记"本期盈余"科目。期末结转后，"非同级财政拨款收入"科目应无余额。"非同级财政拨款收入"期末结转业务处理例题参见净资产——本期盈余相关业务的处理。

年末，将"非同级财政拨款预算收入"科目本期发生额转入本期盈余，借记"非同级财政拨款收入"科目下各专项资金收入明细科目，贷记"非财政拨款结转——本年收支结转"科目；将"非同级财政拨款预算收入"科目本年发生额中的非专项资金收入转入其他结余，借记"非同级财政拨款预算收入"科目下各非专项资金收入明细科目，贷记"其他结余"科目。年末结转后，"非同级财政拨款预算收入"科目应无余额。"非同级财政拨款预算收入"期末结转业务处理例题参见预算结余相关业务的处理。

三、捐赠收入与其他预算收入的核算

捐赠收入即单位接受其他单位或者个人捐赠取得的收入。

其他预算收入是行政事业单位除财政拨款预算收入、事业预算收入、上级补助预算收入、附属单位上缴预算收入、经营预算收入、债务预算收入、非同级财政拨款预算收入、投资预算收益之外的纳入部门预算管理的现金流入，包括捐赠预算收入、利息预算收入、租金预算收入和现金盘盈收入等。

（一）科目设置

政府单位应设置"捐赠收入"总账科目，核算单位所取得的捐赠收入。"捐赠收入"科目应当按照捐赠资产的用途和捐赠单位等进行明细核算。期末结转后，本科目应无余额。

政府单位应设置"其他预算收入"总账科目，核算行政事业单位其他预算收入业务。"其他预算收入"科目应当按照其他收入类别、《政府收支分类科目》中"支出功能分类科目"的项级科目等进行明细核算。其他预算收入中如有专项资金收入，还应当按照具体项目进行明细核算。年末结转后，本科目应无余额。

单位发生的捐赠预算收入、利息预算收入、租金预算收入金额较大或业务较多时，可

单独设置"捐赠预算收入""利息预算收入""租金预算收入"等科目。

(二) 主要账务处理

(1) 接受捐赠的货币资金。

接受捐赠的货币资金,按照实际收到的金额,在财务会计中,借记"银行存款""库存现金"等科目,贷记"捐赠收入"科目;同时,在预算会计中,借记"资金结存——货币资金"等科目,贷记"其他预算收入"科目。

【例 12-6】 2×22 年 3 月 1 日,某教育部直属高校接受捐赠的一笔货币资金为 100 000 元,按捐赠规定用于高校实验室建设,款项已存入开户银行。

该事业单位应编制的会计分录如下:

财务会计分录为:

借:银行存款　　　　　　　　　　　　　　　　　　　　100 000
　　贷:捐赠收入　　　　　　　　　　　　　　　　　　　　100 000

同时,编制的预算会计分录为:

借:资金结存——货币资金　　　　　　　　　　　　　　100 000
　　贷:其他预算收入——捐赠收入　　　　　　　　　　　　100 000

(2) 接受捐赠的存货、固定资产等非现金资产。

接受捐赠的存货、固定资产等非现金资产,按照确定的成本,在财务会计中,借记"库存物品""固定资产"等科目,按照发生的相关税费、运输费等,贷记"银行存款"等科目,按照其差额,贷记"捐赠收入"科目;同时,对支付的相关税费、运输费等,在预算会计中,借记"其他支出"科目,贷记"资金结存——货币资金"科目。

(3) 接受捐赠的按照名义金额入账的资产。

接受捐赠的资产按照名义金额入账的,按照名义金额,借记"库存物品""固定资产"等科目,贷记"捐赠收入"科目;同时,按照发生的相关税费、运输费等,借记"其他费用"科目,贷记"银行存款"等科目。同时,对支付的相关税费、运输费等,在预算会计中,借记"其他支出"科目,贷记"资金结存——货币资金"科目。

(4) 期末,在财务会计中,将"捐赠收入"科目本期发生额转入本期盈余,借记"捐赠收入"科目,贷记"本期盈余"科目。期末结转后,"捐赠收入"科目应无余额。"捐赠收入"期末结转业务处理例题参见净资产——本期盈余相关业务的核算。

年末,将"其他预算收入"科目中的专项资金转入非财政拨款结转,借记"其他预算收入"科目下各专项资金收入明细科目,贷记"非财政拨款结转"科目;将"其他预算收入"科目中的非专项资金收入转入其他结余,借记"其他预算收入"科目下的非专项资金收入明细科目,贷记"其他结余"科目。年末结转后,"其他预算收入"科目应无余额。"其他预算收入"期末结转业务处理例题参见预算结余相关业务的处理。

四、利息收入与其他预算收入的核算

利息收入是指单位取得的银行存款利息收入。

其他预算收入是行政事业单位除财政拨款预算收入、事业预算收入、上级补助预算收

入、附属单位上缴预算收入、经营预算收入、债务预算收入、非同级财政拨款预算收入、投资预算收益之外的纳入部门预算管理的现金流入,包括捐赠预算收入、利息预算收入、租金预算收入和现金盘盈收入等。

(一) 科目设置

行政事业单位应设置"利息收入"总账科目,核算利息收入业务。期末结转后,本科目应无余额。

政府单位应设置"其他预算收入"总账科目,核算行政事业单位其他预算收入业务。"其他预算收入"科目应当按照其他收入类别、《政府收支分类科目》中"支出功能分类科目"的项级科目等进行明细核算。其他预算收入中如有专项资金收入,还应当按照具体项目进行明细核算。年末结转后,本科目应无余额。

单位发生的捐赠预算收入、利息预算收入、租金预算收入金额较大或业务较多时,可单独设置"捐赠预算收入""利息预算收入""租金预算收入"等科目。

(二) 主要账务处理

1. 取得银行存款利息

行政事业单位取得银行存款利息时,按照实际收到的金额,在财务会计中,借记"银行存款"科目,贷记"利息收入"科目;同时,在预算会计中,借记"资金结存——货币资金"等科目,贷记"其他预算收入——利息收入"科目。

2. 利息收入的期末结转

期末,在财务会计中,行政事业单位将"利息收入"科目本期发生额转入"本期盈余"科目,借记"利息收入"科目,贷记"本期盈余"科目。期末结转后,"利息收入"科目应无余额。

年末,将"其他预算收入"科目中的专项资金转入非财政拨款结转,借记"其他预算收入"科目下各专项资金收入明细科目,贷记"非财政拨款结转"科目;将"其他预算收入"科目中的非专项资金收入转入其他结余,借记"其他预算收入"科目下的非专项资金收入明细科目,贷记"其他结余"科目。年末结转后,"其他预算收入"科目应无余额。"其他预算收入"期末结转业务处理例题参见预算结余相关业务的处理。

五、租金收入与其他预算收入的核算

租金收入是指单位经批准利用国有资产出租取得并按照规定纳入本单位预算管理的租金收入。

其他预算收入是行政事业单位除财政拨款预算收入、事业预算收入、上级补助预算收入、附属单位上缴预算收入、经营预算收入、债务预算收入、非同级财政拨款预算收入、投资预算收益之外的纳入部门预算管理的现金流入,包括捐赠预算收入、利息预算收入、租金预算收入和现金盘盈收入等。

(一) 科目设置

行政事业单位应设置"租金收入"总账科目,核算租金收入业务。"租金收入"科目应当按照出租国有资产类别和收入来源等进行明细核算。

(二) 主要账务处理

1. 国有资产出租收入核算

国有资产出租收入,行政事业单位应当在租赁期内各个期间按照直线法予以确认。

(1) 行政事业单位采用预收租金方式的,预收租金时,按照收到的金额,借记"银行存款"等科目,贷记"预收账款"科目;分期确认租金收入时,按照各期租金金额,借记"预收账款"科目,贷记"租金收入"科目。同时,在预算会计中,借记"资金结存——货币资金"等科目,贷记"其他预算收入——租金收入"科目。

(2) 行政事业单位采用后付租金方式的,每期确认租金收入时,按照各期租金金额,借记"应收账款"科目,贷记"租金收入"科目;收到租金时,按照实际收到的金额,借记"银行存款"等科目,贷记"应收账款"科目。同时,在预算会计中,借记"资金结存——货币资金"等科目,贷记"其他预算收入——租金收入"科目。

(3) 单位采用分期收取租金方式的,每期收取租金时,按照租金金额,借记"银行存款"等科目,贷记"租金收入"科目。同时,在预算会计中,借记"资金结存——货币资金"等科目,贷记"其他预算收入——租金收入"科目。涉及增值税业务的,相关账务处理参见"应交增值税"科目。

2. 租金收入的期末结转

期末,在财务会计中,行政事业单位将"租金收入"科目本期发生额转入"本期盈余"科目,借记"租金收入"科目,贷记"本期盈余"科目。结转后,"租金收入"科目应无余额。

六、其他收入与其他预算收入的核算

其他收入是指单位取得的除财政拨款收入、事业收入、上级补助收入、附属单位上缴收入、经营收入、非同级财政拨款收入、投资收益、捐赠收入、利息收入、租金收入以外的各项收入,包括现金盘盈收入、按照规定纳入单位预算管理的科技成果转化收入、行政单位收回已核销的其他应收款、无法偿付的应付及预收款项、置换换出资产评估增值等。

其他预算收入是指单位除财政拨款预算收入、事业预算收入、上级补助预算收入、附属单位上缴预算收入、经营预算收入、债务预算收入、非同级财政拨款预算收入、投资预算收益以外的纳入部门预算管理的现金流入,包括捐赠预算收入、利息预算收入、租金预算收入和现金盘盈收入等。

(一) 科目设置

行政事业单位应设置"其他收入"和"其他预算收入"总账科目,核算其他收入和其他预算收入。

"其他收入"科目应当按照其他收入的类别、来源等进行明细核算。

"其他预算收入"科目应当按照其他收入类别、《政府收支分类科目》中"支出功能分类科目"的项级科目等进行明细核算。其他预算收入中如有专项资金收入,还应按照具体项目进行明细核算。

单位发生的捐赠预算收入、利息预算收入、租金预算收入金额较大或业务较多时,可单独设置"捐赠预算收入""利息预算收入""租金预算收入"等科目。

(二) 主要账务处理

1. 现金盘盈收入

行政事业单位在每日现金账款核对中发现的现金溢余,属于无法查明原因的部分,报经批准后,在财务会计中,借记"待处理财产损溢"科目,贷记"其他收入"科目;同时,按照溢余的现金金额,在预算会计中,借记"资金结存——货币资金"等科目,贷记"其他预算收入"科目。

2. 科技成果转化收入

事业单位科技成果转化所取得的收入,按照规定留归本单位的,其所取得收入扣除相关费用之后的净收益,在财务会计中,借记"银行存款"等科目,贷记"其他收入"科目;同时在预算会计中,借记"资金结存——货币资金"等科目,贷记"其他预算收入"科目。

3. 收回已核销的其他应收款

行政单位已核销的其他应收款在以后期间收回的,按照实际收回的金额,在财务会计中,借记"银行存款"等科目,贷记"其他收入"科目;同时在预算会计中,借记"资金结存——货币资金"等科目,贷记"其他预算收入"科目。

【例12-7】 2×22年3月20日,某行政单位收到一笔款项3 000元,该笔款项是前期应收A单位的一笔其他应收款已作坏账处理后又重新收回。该行政单位收到了来自银行的入账通知书。

财务会计分录为:

借:银行存款　　　　　　　　　　　　　　　　　　　　　　　　3 000
　　贷:其他收入　　　　　　　　　　　　　　　　　　　　　　　　3 000

同时,应编制的预算会计分录为:

借:资金结存——货币资金　　　　　　　　　　　　　　　　　　3 000
　　贷:其他预算收入　　　　　　　　　　　　　　　　　　　　　　3 000

4. 无法偿付的应付及预收款项

行政事业单位无法偿付或债权人豁免偿还的应付账款、预收账款、其他应付款及长期应付款,在财务会计中,借记"应付账款""预收账款""其他应付款""长期应付款"等科目,贷记"其他收入"科目。

5. 置换换出资产评估增值

行政事业单位在资产置换过程中,换出资产评估增值的,按照评估价值高于资产账面价值或账面余额的金额,借记有关科目,贷记"其他收入"科目。具体账务处理参见库存物品等相关业务处理。

以未入账的无形资产取得的长期股权投资,按照评估价值加相关税费作为投资成本,在财务会计中,借记"长期股权投资"科目,按照发生的相关税费,贷记"银行存款""其他应交税费"等科目,按其差额,贷记"其他收入"科目。

6. 上述几项以外的其他收入

行政事业单位确认除上述以外的其他收入时,按照应收或实际收到的金额,借记"其他应收款""银行存款""库存现金"等科目,贷记"其他收入"科目。收到其他预算收入时,按照收入的金额,借记"资金结存——货币资金"等科目,贷记"其他预算收入"科目。

涉及增值税业务的,相关账务处理参见"应交增值税"科目。

7. 其他收入的期末结转

期末,行政事业单位将"其他收入"科目本期发生额转入本期盈余,借记"其他收入"科目,贷记"本期盈余"科目。结转后,"其他收入"科目应无余额。"其他收入"期末结转业务处理例题参见净资产——本期盈余相关业务的核算。

期末,将"其他预算收入"科目本年发生额中的专项资金收入转入非财政拨款结转,借记"其他预算收入"科目下各专项资金收入明细科目,贷记"非财政拨款结转——本年收支结转"科目;将"其他预算收入"科目本年发生额中的非专项资金收入转入其他结余,借记"其他预算收入"科目下各非专项资金收入明细科目,贷记"其他结余"科目。期末结转后,"其他预算收入"科目应无余额。"其他预算收入"期末结转业务处理例题参见预算结余相关业务的处理。

第三节 事业单位专有收入和预算收入

一、事业收入与事业预算收入的核算

事业收入是指事业单位开展专业业务活动及辅助活动所取得的收入。其中,专业业务活动是指事业单位根据本单位专业特点所从事或开展的主要业务活动;辅助活动是指与专业业务活动相关、直接为专业业务活动服务的单位行政管理活动、后勤服务活动及其他有关活动。

事业预算收入是事业单位开展专业业务活动及其辅助活动取得的现金流入。事业单位因开展科研及其辅助活动从非同级政府财政部门取得的经费拨款,也属于事业预算收入。

(一) 科目设置

事业单位应设置"事业收入"与"事业预算收入"总账科目,核算事业单位取得的各项事业收入与事业预算收入。"事业收入"科目核算事业单位开展专业业务活动及其辅助活动实现的收入,不包括从同级政府财政部门取得的各类财政拨款。"事业预算收入"核算事业单位开展专业业务活动及辅助活动取得的现金流入,该科目借方反映取得的各项事业预算收入的退还数,贷方反映取得的各项事业预算收入,平时余额在贷方,反映事业预

算收入累计数。年末,将本科目贷方累计数按照事业预算收入明细账,分别转入"非财政拨款结转——本年收支结转"科目贷方和"其他结余"科目贷方,年终结账后,本科目无余额。

事业收入应当按照事业收入的类别、来源等进行明细核算。对于事业单位因开展科研及其辅助活动从非同级财政部门取得的经费拨款,应当在该科目下单设"非同级财政拨款"明细科目进行核算。该科目平时贷方余额反映事业收入的累计数额。期末,将该科目本期发生额转入本期盈余,结转后,该科目应无余额。

事业预算收入应当按照事业预算收入类别、项目、来源、《政府收支分类科目》中"支出功能分类科目"项级科目等进行明细核算。事业预算收入中如有专项资金收入,还应按照具体项目进行明细核算。对于因开展科研及其辅助活动从非同级政府财政部门取得的经费拨款,应当在本科目下单设"非同级财政拨款"明细科目进行明细核算。

(二) 主要账务处理

1. 采用财政专户返还方式管理的事业收入

事业单位实现应上缴财政专户的事业收入时,按照实际收到或应收的金额,借记"银行存款""应收账款"等科目,贷记"应缴财政款"科目;向财政专户上缴款项时,按照实际上缴的款项金额,借记"应缴财政款"科目,贷记"银行存款"等科目。

收到从财政专户返还的事业收入时,按照实际收到的返还金额,在财务会计中,借记"银行存款"等科目,贷记"事业收入"科目;同时在预算会计中,借记"资金结存——货币资金"科目,贷记"事业预算收入"科目。

【例12-8】 2×22年3月25日,某中学收到一笔款项500 000元,系收到的一项应上缴财政专户的教育事业收入款项,当日送存其开户银行;3月30日,按规定上缴财政专户;同年4月20日,将从财政专户返回的款项300 000元确认为事业收入。

该事业单位财务会计应编制的会计分录为:

① 2×22年3月25日,收到应上缴财政专户的教育事业收入款时,应编制的财务会计分录为:

借:银行存款　　　　　　　　　　　　　　　　　　　　　500 000
　　贷:应缴财政款　　　　　　　　　　　　　　　　　　　　500 000

无须编制预算会计分录。

② 3月30日,按规定上缴财政专户时,应编制的财务会计分录为:

借:应缴财政款　　　　　　　　　　　　　　　　　　　　500 000
　　贷:银行存款　　　　　　　　　　　　　　　　　　　　　500 000

无须编制预算会计分录。

③ 收到从财政专户返还的事业收入时,应编制的财务会计分录为:

借:银行存款　　　　　　　　　　　　　　　　　　　　　300 000
　　贷:事业收入　　　　　　　　　　　　　　　　　　　　　300 000

同时,应编制的预算会计分录为:

借：资金结存——货币资金   300 000
 贷：事业预算收入   300 000

2. 采用预收款方式确认的事业收入

事业单位实际收到预收款项时，按照收到的款项金额，在财务会计中，借记"银行存款"等科目，贷记"预收账款"科目；同时在预算会计中，借记"资金结存——货币资金"科目，贷记"事业预算收入"科目。

以合同完成进度确认事业收入时，按照基于合同完成进度计算的金额，借记"预收账款"科目，贷记"事业收入"科目。涉及增值税业务的，相关账务处理参见"应交增值税"科目。

3. 采用应收款方式确认的事业收入

事业单位根据合同完成进度计算本期应收的款项，借记"应收账款"科目，贷记"事业收入"科目；实际收到款项时，在财务会计中，借记"银行存款"等科目，贷记"应收账款"科目。同时在预算会计中，借记"资金结存——货币资金"科目，贷记"事业预算收入"科目。

涉及增值税业务的，相关账务处理参见"应交增值税"科目。

4. 其他方式下确认的事业收入

其他方式下确认的事业收入，事业单位按照实际收到的金额，在财务会计中，借记"银行存款""库存现金"等科目，贷记"事业收入"科目。同时在预算会计中，借记"资金结存——货币资金"科目，贷记"事业预算收入"科目。涉及增值税业务的，相关账务处理参见"应交增值税"科目。

5. 期末事业单位结转

期末，事业单位将"事业收入"科目本期发生额转入本期盈余，借记"事业收入"科目，贷记"本期盈余"科目。期末结转后，"事业收入"科目没有余额。"事业收入"结转业务处理例题参见净资产——本期盈余相关业务的核算。

年末，将"事业预算收入"科目本年发生额中的专项资金收入转入非财政拨款结转，借记"事业预算收入"科目下各专项资金收入明细，贷记"非财政拨款结转——本年收支结转"科目；将"事业预算收入"科目本年发生额中的非专项资金收入转入其他结余，借记"事业预算收入"科目下各非专项资金收入明细科目，贷记"其他结余"科目。年末结转后，"事业预算收入"科目应无余额。"事业预算收入"期末结转业务处理例题参见预算结余相关业务的处理。

二、经营收入与经营预算收入的核算

经营收入是指事业单位在专业业务活动及辅助活动之外开展非独立核算经营活动取得的收入。事业单位应当在提供服务或发出存货，同时收讫价款或者取得索取价款的凭据时按照实际收到或应收的金额确认经营收入。行政单位没有经营收入业务。

经营预算收入是事业单位在专业业务活动及其辅助活动之外开展非独立核算经营活动取得的现金流量。

(一) 科目设置

事业单位应设置"经营收入"和"经营预算收入"总账科目,核算事业单位发生的经营收入业务和经营预算收入业务。

"经营收入"科目应当按照经营活动类别、项目和收入来源等进行明细核算。该科目借方反映经营收入的退还数,贷方反映事业单位开展各项经营活动形成和取得的经营收入,该科目平时余额在贷方,反映经营收入累计数;年末,将本科目本年发生额转入经营结余,年末结转后,本科目应无余额。

"经营预算收入"科目应当按照经营活动类别、项目、《政府收支分类科目》中"支出功能分类科目"的项级科目等进行明细核算。"经营预算收入"科目借方反映经营预算收入的退还数,贷方反映经营预算收入的取得数,该科目平时余额在贷方,反映经营预算收入的累计数。年末,将本科目本年发生额转入经营结余,年末结转后,该科目应无余额。

(二) 主要账务处理

1. 实现经营(预算)收入

事业单位实现经营收入时,按照确定的收入金额,在财务会计中,借记"库存现金""银行存款""应收账款""应收票据"等科目,贷记"经营收入"科目;在预算会计中,按照实际收到的金额,借记"资金结存——货币资金"科目,贷记"经营预算收入"科目。

涉及增值税业务的,相关账务处理参见"应交增值税"科目。

【例 12-9】 某事业单位在专业业务活动及其辅助活动之外开展一项非独立核算的经营活动,生产研制一种新产品推向市场销售,销售价款合计为 400 000 元,款项已存入开户银行,不考虑增值税的影响。

该事业单位应编制的财务会计分录为:

借:银行存款 400 000
    贷:经营收入 400 000

同时,应编制的预算会计分录为:

借:资金结存——货币资金 400 000
    贷:经营预算收入 400 000

2. 期末结转经营(预算)收入

期末,事业单位将"经营收入"科目本期发生额转入本期盈余,借记"经营收入"科目,贷记"本期盈余"科目。结账后,"经营收入"科目无余额。"经营收入"期末结转业务处理例题参见净资产——本期盈余相关业务的处理。

年末,事业单位将"经营预算收入"科目本年发生额转入经营结余,借记"经营预算收入"科目,贷记"经营结余"科目。年末结账后,"经营预算收入"科目应无余额。"经营预算收入"期末结转业务处理例题参见预算结余相关业务的处理。

三、上级补助收入与上级补助预算收入的核算

上级补助收入是指事业单位从主管部门和上级单位取得的非财政性资金补助收入。它是由事业单位的上级单位用自身组织的收入或集中下级单位的收入拨给事业单位的资金,是上级单位用于调剂附属单位资金收支余缺的机动财力。也就是说,事业单位按经费领拨关系取得的财政拨款收入不足以弥补正常业务活动的开支时,还可以向上级单位申请取得非财政性补助款。

上级补助收入与财政拨款收入的主要差别是:财政拨款收入来源于同级财政部门,资金性质为财政资金;上级补助收入来源于主管部门或上级单位,资金性质为非财政资金,如主管部门或上级单位自身组织的收入或集中下级单位的收入等。另外,财政拨款收入属于事业单位的常规性收入,是事业单位开展业务活动的基本保证;上级补助收入属于事业单位的非常规性收入,主管部门或上级单位一般根据自身资金情况和事业单位的需要,向事业单位拨付上级补助资金。

上级补助预算收入是事业单位从主管部门和上级单位取得的非财政补助现金流入。

(一)科目设置

事业单位应设置"上级补助收入"和"上级补助预算收入"总账科目,核算上级补助收入业务和上级补助预算收入业务。

"上级补助收入"科目应当按照发放补助单位、补助项目等进行明细核算。该科目借方平时反映取得的各项非财政补助收入的退还数,贷方反映从主管部门和上级单位取得的各项非财政补助收入,本科目平时余额在贷方,反映各项非财政补助收入累计数。年末,将本科目贷方累计数转入"本期盈余"科目贷方,年终结账后,本科目无余额。

"上级补助预算收入"科目应当按照发放补助单位、补助项目、《政府收支分类科目》中"支出项目分类科目"的项级科目等进行明细核算。上级补助预算收入中如有专项资金收入,还应按照具体项目进行明细核算。该科目借方平时反映取得的各项上级补助预算收入的退还数,贷方反映从主管部门和上级单位取得的各项非财政补助款项,本科目平时余额在贷方,反映上级补助预算收入累计数。年末,将本科目贷方累计数按照事业预算收入明细账,分别转入"非财政拨款结转——本年收支结转"科目贷方和"其他结余"科目贷方,年终结账后,本科目无余额。

(二)主要账务处理

1. 确认上级补助(预算)收入

事业单位确认上级补助收入时,按照应收或实际收到的金额,借记"其他应收款""银行存款"等科目,贷记"上级补助收入"科目;实际收到应收的上级补助款时,按照实际收到的金额,借记"银行存款"等科目,贷记"其他应收款"科目;在预算会计中,按照实际收入的金额,借记"资金结存——货币资金"科目,贷记"上级补助预算收入"科目。

2. 期末结转上级补助(预算)收入

期末,事业单位将"上级补助收入"科目本期发生额转入本期盈余,借记"上级补助收

入"科目,贷记"本期盈余"科目。期末结转后,"上级补助收入"科目应无余额。"上级补助收入"期末结转业务处理例题参见净资产——本期盈余相关业务的处理。

年末,将"上级补助预算收入"科目本年发生额中的专项资金收入转入非财政拨款结转,借记"上级补助预算收入"科目下各专项资金收入明细科目,贷记"非财政拨款结转——本年收支结转"科目;将"上级补助预算收入"科目本年发生额中的非专项资金收入转入其他结余,借记"上级补助预算收入"科目下各非专项资金收入明细科目,贷记"其他结余"科目。年末结转后,"上级补助预算收入"科目应无余额。"上级补助预算收入"科目期末结转业务处理例题参见预算结余相关业务的处理。

【例12-10】 2×22年4月22日,某省属高校按规定确认应从其上级单位取得一笔补助款项30 000元,该笔款项专用于教学改革。同年5月10日,该事业单位接到其开户银行通知,收到其上级单位拨来的该笔补助款项30 000元。

该事业单位应编制的会计分录为:

① 2×22年4月22日,确认应从上级单位取得的补助款时,编制的财务会计分录为:

借:其他应收款　　　　　　　　　　　　　　　　　　　30 000
　　贷:上级补助收入　　　　　　　　　　　　　　　　30 000

无须编制预算会计分录。

② 同年5月10日,收到上级单位拨来的补助款时,编制的财务会计分录为:

借:银行存款　　　　　　　　　　　　　　　　　　　　30 000
　　贷:其他应收款　　　　　　　　　　　　　　　　　30 000

同时,应编制的预算会计分录为:

借:资金结存——货币资金　　　　　　　　　　　　　　30 000
　　贷:上级补助预算收入　　　　　　　　　　　　　　30 000

四、附属单位上缴收入与附属单位上缴预算收入的核算

附属单位上缴收入是指事业单位附属独立核算的单位按规定标准或比例上缴的收入,包括附属的事业单位上缴的收入和利润等。附属独立核算的单位一般是指有独立法人资格的单位。它包括附属的事业单位和附属的企业(或公司)。事业单位与其附属独立核算的事业单位通常存在行政隶属关系和预算管理关系;与其附属独立核算的企业通常不仅存在投资上的资金联系,还存在有权任免其管理人员职务、支持或否决其决策等权力联系。

事业单位取得的附属单位上缴收入,是凭借特定的经济关系获得的,一旦取得,即为事业单位拥有,即可确认为收入。事业单位开展非独立核算经营活动取得的收入,应确认为经营收入,不作为附属单位上缴收入。事业单位对附属独立核算单位经营项目的投资所获得的投资收益,应确认为其他收入,不属于附属单位上缴收入。事业单位与其附属独立核算单位之间的业务往来款项,如事业单位向其附属独立核算单位提供专业服务而收到的款项,不属于事业单位的附属单位上缴收入,而属于事业单位的事业收入。

附属单位上缴预算收入是事业单位取得的附属独立核算单位根据有关规定上缴的现金流入。

(一) 科目设置

事业单位应设置"附属单位上缴收入"和"附属单位上缴预算收入"总账科目,核算事业单位取得的附属单位上缴收入业务和附属单位上缴预算收入业务。

"附属单位上缴收入"科目应当按照附属单位、缴款项目等进行明细核算。该科目借方平时反映取得的附属单位上缴收入的退还数,贷方反映附属独立核算单位按照有关规定上缴的各项收入,该科目平时余额在贷方,反映各项附属单位上缴收入累计数。年末,将该科目贷方累计数转入"本期盈余"科目贷方,年终结账后,该科目无余额。

"附属单位上缴预算收入"科目应当按照附属单位、缴款项目、《政府收支分类科目》中"支出功能分类科目"的项级科目等进行明细核算。附属单位上缴预算收入中如有专项资金收入,还应按照具体项目进行明细核算。该科目借方平时反映取得的各项附属单位上缴预算收入的退还数,贷方反映附属独立核算单位根据有关规定上缴的各种款项,该科目平时余额在贷方,反映附属单位上缴预算收入累计数,年末将本科目贷方累计数按照事业预算收入明细账,分别转入"非财政拨款结转——本年收支结转"科目贷方和"其他结余"科目贷方,年终结账后,本科目无余额。

(二) 主要账务处理

1. 确认附属单位上缴(预算)收入

事业单位确认附属单位上缴收入时,在财务会计中,按照应收或收到的金额,借记"其他应收款""银行存款"等科目,贷记"附属单位上缴收入"科目。实际收到应收附属单位上缴款时,按照实际收到的金额,借记"银行存款"等科目,贷记"其他应收款"科目。在预算会计中,按照实际收到的金额,借记"资金结存——货币资金"科目,贷记"附属单位上缴预算收入"科目。

2. 期末结转附属单位上缴(预算)收入

期末,事业单位将"附属单位上缴收入"科目本期发生额转入本期盈余,借记"附属单位上缴收入"科目,贷记"本期盈余"科目。结转后,"附属单位上缴收入"科目没有余额。"附属单位上缴收入"期末结转业务处理例题参见净资产——本期盈余相关业务的处理。

年末,将"附属单位上缴预算收入"科目本年发生额中的专项资金收入转入非财政拨款结转,借记"附属单位上缴预算收入"科目下各专项资金收入明细科目,贷记"非财政拨款结转——本年收支结转"科目;将"附属单位上缴预算收入"科目本年发生额中的非专项资金收入转入其他结余,借记"附属单位上缴预算收入"科目下各非专项资金收入明细科目,贷记"其他结余"科目。年末结转后,"附属单位上缴预算收入"科目应无余额。"附属单位上缴预算收入"科目期末结转业务处理例题参见预算结余相关业务的处理。

五、投资收益与投资预算收益的核算

投资收益是指事业单位股权投资和债券投资所实现的收益或发生的损失。

投资预算收益是事业单位取得的按照规定纳入部门预算管理的属于投资收益性质的

现金流入,包括股权投资收益、出售或收回债券投资所取得的收益和债券投资利息收入。

(一) 科目设置

事业单位应设置"投资收益"和"投资预算收益"总账科目,核算事业单位投资收益业务和投资收益预算收益业务。

"投资收益"科目应当按照投资的种类等进行明细核算。该科目借方反映发生的投资损失,贷方反映实现的投资收益,本科目余额一般在贷方,反映本期实现的投资收益累计数。期末,将本科目本期发生额转入本期盈余,期末结转后,本科目应无余额。

"投资预算收益"科目当按照《政府收支分类科目》中的"支出功能分类科目"的项级科目等进行明细核算。该科目借方反映本期发生的投资损失,贷方反映本期收到的投资收益,本科目余额一般在贷方,反映本期投资收益的累计数。年末,将本科目本年发生额转入其他结余,年末结转后,该账户应无余额。

(二) 主要账务处理

1. 短期投资的投资收益

(1) 事业单位收到短期投资持有期间的利息时,按照实际收到的金额,在财务会计中,借记"银行存款"科目,贷记"投资收益"科目。同时在预算会计中,借记"资金结存——货币资金"科目,贷记"投资预算收益"科目。

(2) 出售或到期收回短期债券本息时,在财务会计中,按照实际收到的金额,借记"银行存款"科目,按照出售或收回短期投资的成本,贷记"短期投资"科目,按照其差额,贷记或借记"投资收益"科目;同时在预算会计中,按照出售或收回短期投资的成本,贷记"投资支出"科目,按照其差额,贷记或借记"投资预算收益"科目。

涉及增值税业务的,相关账务处理参见"应交增值税"科目。

【例12-11】 2×22年4月1日,某事业单位出售当年1月1日取得的一项短期债券投资,实际收到款项33 000元,款项已存入开户银行。该事业单位取得债券时"投资支出"科目的发生额为30 000元。两者的差额3 000元(=33 000-30 000)确认为投资收益。

2×22年4月1日,该事业单位应编制的会计分录为:

财务会计分录为:

借:银行存款	33 000
贷:短期投资	30 000
投资收益	3 000

同时,应编制的预算会计分录为:

借:资金结存——货币资金	33 000
贷:投资支出	30 000
投资预算收益	3 000

【例12-12】 承例12-11,假定该事业单位2×22年4月1日出售2×21年12月

1日取得的一项短期投资,其他资料相同。

该事业单位应编制的会计分录为：

财务会计分录为：

借:银行存款　　　　　　　　　　　　　　　　　　　33 000
　　贷:短期投资　　　　　　　　　　　　　　　　　　30 000
　　　　投资收益　　　　　　　　　　　　　　　　　　3 000

同时,应编制的预算会计分录为：

借:资金结存——货币资金　　　　　　　　　　　　　33 000
　　贷:其他结余　　　　　　　　　　　　　　　　　　30 000
　　　　投资预算收益——投资收益　　　　　　　　　　3 000

由于"投资支出"科目的本年发生额年末转入其他结余,因此,事业单位出售或到期收回以前年度取得的短期、长期债券投资,应当借记"资金结存——货币资金"科目,贷记"其他结余"科目,借贷差额确认为投资预算收益,即将以前年度结转至"其他结余"科目中的投资支出与实际收到的货币资金相抵,差额为投资预算收益。

2. 长期债券投资的投资收益

(1) 事业单位持有的分期付息、一次还本的长期债券投资,按期确认利息收入时,在财务会计中,按照计算确定的应收未收利息,借记"应收利息"科目,贷记"投资收益"科目;持有的到期一次还本付息的债券投资,按期确认利息收入时,按照计算确定的应收未收利息,借记"长期债券投资——应计利息"科目,贷记"投资收益"科目。收到利息时,按照实际收到的金额,在预算会计中,借记"资金结存——货币资金"科目,贷记"投资预算收益"科目。

(2) 事业单位出售长期债券投资或到期收回长期债券投资本息时,按照实际收到的金额,在财务会计中,借记"银行存款"等科目,按照债券初始投资成本和已计未收利息金额,贷记"长期债券投资——成本、应计利息"(到期一次还本付息债券)或"长期债券投资""应收利息"(分期付息债券)科目,按照其差额,贷记或借记"投资收益"科目。涉及增值税业务的,相关账务处理参见"应交增值税"科目。出售或到期收回以前年度取得的短期、长期债券,按照实际取得的价款或实际收到的本息金额,同时在预算会计中,借记"资金结存——货币资金"科目,按照取得债券时"投资支出"科目的发生额,贷记"其他结余"科目,按照其差额,贷记或借记"投资预算收益"科目。

3. 长期股权投资的投资收益

(1) 成本法。事业单位采用成本法核算的长期股权投资持有期间,被投资单位宣告分派现金股利或利润时,按照宣告分派的现金股利或利润中属于单位应享有的份额,借记"应收股利"科目,贷记"投资收益"科目。按照实际收到的金额,在财务会计中,借记"银行存款"科目,贷记"应收股利"科目;同时在预算会计中,借记"资金结存——货币资金"科目,贷记"投资预算收益"科目。

(2) 权益法。事业单位采用权益法核算的长期股权投资持有期间,按照应享有或应分担的被投资单位实现的净损益的份额,借记或贷记"长期股权投资——损益调整"科目,贷记或借记"投资收益"科目;被投资单位发生净亏损,但以后年度又实现净利润的,单位在其收益分享额弥补未确认的亏损分担额等后,恢复确认投资收益,借记"长期股权投资——损益调整"科目,贷记"投资收益"科目。事业单位按照规定处置长期股权投资时有关投资收益的账务处理参见"长期股权投资"科目。

4. 期末结转投资(预算)收益

期末,事业单位将"投资收益"科目本期发生额转入本期盈余,借记或贷记"投资收益"科目,贷记或借记"本期盈余"科目。结转后,"投资收益"科目应无余额。"投资收益"科目期末结转业务处理例题参见净资产——本期盈余相关业务的处理。

年末,将"投资预算收益"科目本年发生额转入其他结余,借记或贷记"投资预算收益"科目,贷记或借记"其他结余"科目。年末结账后,"投资预算收益"科目应无余额。"投资预算收益"科目期末结转业务处理例题参见预算结余相关业务的处理。

六、债务预算收入的核算

债务预算收入是指事业单位按照规定从银行和其他金融机构等借入的、纳入部门预算管理的、不以财政资金作为偿还来源的债务本金收入。行政单位没有债务预算收入业务。

(一)科目设置

事业单位预算会计应设置"债务预算收入"总账科目,核算事业单位债务预算收入业务。"债务预算收入"总账科目借方平时没有发生额,贷方反映事业单位由于借款形成的债务预算收入,平时余额在贷方,反映债务预算收入累计数。年末,将本科目贷方累计数按照债务预算收入明细账,分别转入"非财政拨款结转——本年收支结转"科目贷方和"其他结余"科目贷方。年终结账后,本科目无余额。

"债务预算收入"科目应当按照贷款单位、贷款种类、《政府收支分类科目》中"支出功能分类科目"的项级科目等进行明细核算。债务预算收入中如有专项资金收入,还应按照具体项目进行明细核算。

(二)主要账务处理

1. 事业单位借入借款

事业单位借入各项短期或长期借款时,按照实际借入的金额,借记"资金结存——货币资金"科目,贷记"债务预算收入"科目。

【例12-13】 某科研事业单位为开展一项非独立核算的经营活动,经批准向某银行借入一笔短期借款50 000元,款项已转存开户银行。

该事业单位应编制的会计分录为:

财务会计分录为:

借:银行存款　　　　　　　　　　　　　　　　　　　　　　　50 000
　　贷:短期借款　　　　　　　　　　　　　　　　　　　　　　　　50 000

预算会计分录为：

借：资金结存——货币资金　　　　　　　　　　　　　　50 000
　　贷：债务预算收入　　　　　　　　　　　　　　　　　　　50 000

2. 年末结转债务预算收入

年末，事业单位将"债务预算收入"科目本年发生额中的专项资金收入转入非财政拨款结转，借记"债务预算收入"科目下各专项资金收入明细科目，贷记"非财政拨款结转——本年收支结转"科目；将"债务预算收入"科目本年发生额中的非专项资金收入转入其他结余，借记"债务预算收入"科目下各非专项资金收入明细科目，贷记"其他结余"科目。年末结转后"债务预算收入"科目应无余额。"债务预算收入"科目期末结转业务处理例题参见预算结余相关业务的处理。

思考题

1. 简述政府单位收入的含义和种类。
2. 简述政府单位预算收入的含义和种类。
3. 简述政府单位财务会计的收入确认条件和计量方法。
4. 简述政府单位预算会计的收入确认条件和计量方法。
5. 简述财政拨款收入在财政直接支付、财政授权支付、实拨资金方式下分别应如何确认。
6. 简述其他收入的主要内容和预算会计的其他预算收入主要内容，并举例说明两者核算的异同。

扫码阅读

第十三章 政府单位费用与预算支出

> **学习目标**
>
> 通过本章的学习,掌握政府单位费用与预算支出的概念、分类、确认和计量方法,掌握行政事业单位各项费用与预算支出的核算方法及账务处理。

第一节 费用与预算支出概述

一、费用与预算支出的概念

(一)费用的概念

费用是指报告期内导致行政事业单位净资产减少的、含有服务潜力或者经济利益的经济资源的流出,包括以下两方面的含义:

(1)财务会计的费用是行政事业单位开展业务及其他活动而发生的。费用的发生一方面体现为各项资产和资源的耗费,如行政事业单位为完成国家规定的科、教、文、卫等事业任务而发生的资产和资源消耗,另一方面这些耗费需要通过政府的财政拨款或者其他收入来源进行补偿,并且其确认和计量以权责发生制为基础。行政事业单位的费用可以根据其履行职能或者管理要求不同进行分类,有些费用是行政事业单位都要发生的,有些费用则仅仅在行政单位或者事业单位发生。

(2)财务会计的费用是行政事业单位在报告期形成的导致净资产减少或经济资源流出费用的发生会引起货币资金的流出、其他资产的减少或负债的增加,或者资产减少、负债增加兼而有之。并非所有的费用都会形成资金流出,如固定资产计提折旧。

(二)预算支出的概念

预算支出是指行政事业单位在预算执行过程中为了开展专业业务活动及其辅助活动实际发生的各项现金流出。行政事业单位以收付实现制为基础,按照法定程序批准的预算,取得各项预算收入,在向社会公众提供公共产品和服务过程中实际发生的各项现金流出,形成了相应的支出。

二、费用与预算支出的分类

(一) 费用的分类

行政事业单位的费用包括业务活动费用、单位管理费用、经营费用、资产处置费用、上缴上级费用、对附属单位补助费用、所得税费用、其他费用等。其中,业务活动费用、资产处置费用和其他费用为行政单位和事业单位共有的费用项目;单位管理费用、经营费用、上缴上级费用、对附属单位补助费用、所得税费用属于事业单位特有的费用项目。

(二) 预算支出的分类

行政事业单位的预算支出包括行政支出、事业支出、经营支出、上缴上级支出、对附属单位补助支出、投资支出、债务还本支出和其他支出等。其中,行政支出是行政单位特有的预算支出项目;事业支出、经营支出、上缴上级支出、对附属单位补助支出、投资支出、债务还本支出是事业单位特有的预算支出项目;其他支出是行政事业单位共有的预算支出项目。

三、费用与预算支出的确认和计量

(一) 费用的确认和计量

费用的确认应当同时满足以下条件:
(1) 与费用相关的含有服务潜力或者经济利益的经济资源很可能流出政府会计主体。
(2) 含有服务潜力或者经济利益的经济资源流出会导致政府会计主体资产减少或者负债增加。
(3) 流出金额能够可靠地计量。

财务会计对费用的计量以权责发生制为基础,一般应当在支付款项或者发生支付款项的义务时予以确认,并以实际支付的金额或者相关凭证注明的金额进行计量。

(二) 预算支出的确认和计量

预算会计以收付实现制为基础。预算支出一般在实际支付时予以确认,以实际支付的金额计量。

第二节 行政事业单位共有费用和预算支出

行政单位和事业单位共有的费用项目包括业务活动费用、资产处置费用和其他费用;其他支出是行政事业单位共有的预算支出项目。行政事业单位共有费用类科目与预算支出类科目衔接关系如表13-1所示。

第十三章　政府单位费用与预算支出

表 13 - 1　费用类科目与预算支出类科目衔接表

财务会计		预算会计		衔接关系
科目编码	科目名称	科目编码	科目名称	
5001	业务活动费用	—	行政支出/事业支出	财务会计中"业务活动费用"科目核算内容在预算会计中记入"行政支出"或"事业支出"科目
5901	其他费用	7901	其他支出	财务会计中"其他费用"科目核算内容在预算会计中记入"其他支出"科目
5301	资产处置费用			资产处置过程中发生相关费用时,进行预算会计处理,该费用记入"其他支出"科目

一、业务活动费用

业务活动费用是指单位为实现其职能目标,依法履职或开展专业业务活动及其辅助活动所发生的各项费用。它包括为履职或开展业务活动人员计提的薪酬、外部人员劳务费、领用的库存物品、动用发出的政府储备物资、相关长期资产的折旧和摊销、相关税费以及为履职或开展业务活动发生的其他各项费用。

(一) 科目设置

行政事业单位应设置"业务活动费用"总账科目,核算行政事业单位的业务活动费用业务。该科目借方反映开展专业业务活动及其辅助活动所发生的各项费用,贷方平时反映各项费用的退还数,本科目平时余额在借方,反映业务活动费用累计数。年末,将本科目本年发生额转入本期盈余,年终结账后,该科目无余额。

该科目应当按照项目、服务或者业务类别、支付对象等进行明细核算。为了满足成本核算需要,该科目下还可按照"工资福利费用""商品和服务费用""对个人和家庭的补助费用""对企业补助费用""固定资产折旧费""无形资产摊销费""公共基础设施折旧(摊销)费""保障性住房折旧费""计提专用基金"等成本项目设置明细科目,归集能够直接计入业务活动费用或采用一定方法计算后记入业务活动费用。

(二) 主要账务处理

1. 计提职工薪酬

行政事业单位为履职或开展业务活动人员计提的薪酬,在财务会计中,按照计算确定的金额,借记"业务活动费用"科目,贷记"应付职工薪酬"科目。

行政事业单位为履职或开展业务活动发生的外部人员劳务费,在财务会计中,按照计算确定的金额,借记"业务活动费用"科目;按照代扣代缴个人所得税的金额,贷记"其他应交税费——应交个人所得税"科目;按照扣税后应付或实际支付的金额,贷记"其他应付款""财政拨款收入""零余额账户用款额度""银行存款"等科目。同时在预算会计中,按照实际支出金额,借记"行政支出""事业支出"科目,贷记"财政拨款预算收入""资金结存"科目。

【例13-1】 2×22年3月3日,某行政单位计提当月依法履职的在编人员计提职工薪酬200 000元;为开展业务活动发生的外部人员劳务费50 000元,其中,应代扣个人所得税4 800元。2×22年3月10日,该单位以财政直接支付方式发放上述工资并缴纳了税款。

① 2×22年3月3日,该行政单位应编制的财务会计分录为:
借:业务活动费用 250 000
　　贷:应付职工薪酬 200 000
　　　　其他应付款 45 200
　　　　其他应交税费——应交个人所得税 4 800

无须编制预算会计分录。

② 2×22年3月10日,应编制的财务会计分录为:
借:应付职工薪酬 200 000
　　其他应付款 45 200
　　其他应交税费——应交个人所得税 4 800
　　贷:财政拨款收入 250 000

同时,编制的预算会计分录为:
借:行政支出 250 000
　　贷:财政拨款预算收入 250 000

2. 领用库存物品和政府储备物资

行政事业单位为履职或开展业务活动领用库存物品,以及动用发出相关政府储备物资,按照领用库存物品或发出相关政府储备物资的账面余额,借记"业务活动费用"科目,贷记"库存物品""政府储备物资"科目。

3. 固定资产、无形资产、公共基础设施、保障性住房计提的折旧、摊销的核算

行政事业单位为履职或开展业务活动所使用的固定资产、无形资产以及为所控制的公共基础设施保障性住房计提的折旧、摊销,按照计提金额,借记"业务活动费用"科目,贷记"固定资产累计折旧""无形资产累计摊销""公共基础设施累计折旧(摊销)""保障性住房累计折旧"科目。

【例13-2】 某行政单位本期为履职或开展业务活动使用的固定资产计提折旧5 000元、无形资产摊销1 000元。

该行政单位应编制的财务会计分录为:
借:业务活动费用 6 000
　　贷:固定资产累计折旧 5 000
　　　　无形资产累计摊销 1 000

4. 计提相关税费

为履职或开展业务活动发生的城市维护建设税、教育费附加、地方教育费附加、车船税、房产税、城镇土地使用税等,按照计算确定应缴纳的金额,借记"业务活动费用"科目,贷记"其他应交税费"等科目。

5. 发生其他各项费用

为履职或开展业务活动发生其他各项费用时,在财务会计中,按照费用确认金额,借记"业务活动费用"科目,贷记"财政拨款收入""零余额账户用款额度""银行存款""应付账款""其他应付款""其他应收款"等科目。同时在预算会计中,按照实际支付的金额,借记"行政支出""事业支出"科目,贷记"财政拨款预算收入""资金结存"科目。

6. 提取专用基金

事业单位按照规定从收入中提取专用基金并计入费用的,一般按照预算会计下基于预算收入计算提取的金额,借记"业务活动费用"科目,贷记"专用基金"科目。国家另有规定的,从其规定。

7. 发生销售退回业务

行政事业单位发生当年购货退回等业务,对于已计入本年业务活动费用的,按照收回或应收的金额,借记"财政拨款收入""零余额账户用款额度""银行存款""其他应收款"等科目,贷记"业务活动费用"科目。属于当年支出收回的,在预算会计中,按照收回或更正金额,借记"财政拨款预算收入""资金结存"科目,贷记"行政支出""事业支出"科目。

【例13-3】 2×22年8月10日,某事业单位收回一笔退款2 000元,该笔退款是当年购买的办公用品因发现存在质量问题退货收到的款项,退货款退回到单位零余额账户。购买时该款项已经通过财政授权支付方式支付,该款项已经计入业务活动费用。

2×22年8月10日,应编制的财务会计分录为:

借:零余额账户用款额度　　　　　　　　　　　　　　　　　　2 000
　　贷:业务活动费用　　　　　　　　　　　　　　　　　　　　　　　2 000

同时,编制的预算会计分录为:

借:资金结存——零余额账户用款额度　　　　　　　　　　　　2 000
　　贷:事业支出　　　　　　　　　　　　　　　　　　　　　　　　　2 000

8. 期末结转业务活动费用

期末,将"业务活动费用"科目本期发生额转入本期盈余,借记"本期盈余"科目,贷记"业务活动费用"科目。期末结转后,本科目应无余额。"业务活动费用"科目期末结转业务处理例题参见净资产——本期盈余相关业务的处理。

二、资产处置费用

资产处置费用是单位经批准处置资产时发生的费用。它包括转销的被处置资产价值,以及在处置过程中发生的相关费用或者处置收入小于相关费用形成的净支出。资产处置的形式按照规定包括无偿调拨、出售、出让、转让、置换、对外捐赠、报废、毁损以及货币性资产损失核销等。

(一) 科目设置

行政事业单位应当设置"资产处置费用"总账科目,核算资产处置发生的各项费用。

该科目借方反映单位在经批准处置资产时发生的各项费用,包括转销的被处置资产价值,以及在处置过程中发生的相关费用或者处置收入小于相关费用形成的净支出。本科目贷方平时无发生额,本科目平时余额在借方,反映资产处置费用累计数。年末,将本科目本年发生额转入本期盈余,年终结账后,该科目无余额。

该科目应当按照处置资产的类别、资产处置的形式等进行明细核算。

单位在资产清查中查明的资产盘亏、毁损以及资产报废等,应当先通过"待处理财产损溢"科目进行核算,再将处理资产价值和处理净支出计入"资产处置费用"科目。短期投资、长期股权投资、长期债券投资的处置,按照相关资产科目的规定进行账务处理。

(二)主要账务处理

1. 不通过"待处理财产损溢"科目核算的资产处置

《政府会计制度》规定经批准的下列资产处置情况,如无偿调拨、出售、出让、转让、置换、对外捐赠等被处置资产价值以及在处置过程中发生的相关费用或者处置收入小于相关费用形成的净支出,可不通过"待处理财产损溢"科目,而直接记入"资产处置费用"科目。

(1) 按照规定报经批准处置资产时,按照处置资产的账面价值,借记"资产处置费用"科目(处置固定资产、无形资产、公共基础设施、保障性住房的,还应借记"固定资产累计折旧""无形资产累计摊销""公共基础设施累计折旧(摊销)""保障性住房累计折旧"科目),按照处置资产的账面余额,贷记"库存物品""固定资产""无形资产""公共基础设施""政府储备物资""文物文化资产""保障性住房""其他应收款""在建工程"等科目。

(2) 处置资产过程中仅发生相关费用的,按照实际发生金额,借记"资产处置费用"科目,贷记"银行存款""库存现金"等科目。同时,在预算会计中,按照实际支付的相关税费,借记"其他支出"科目,贷记"资金结存"。

(3) 处置资产过程中取得收入的,按照取得的价款,借记"库存现金""银行存款"等科目,按照处置资产过程中发生的相关费用,贷记"银行存款""库存现金"等科目,按照其差额,借记"资产处置费用"科目或贷记"应缴财政款"等科目。

涉及增值税业务的,相关账务处理参见"应交增值税"科目。

【例13-4】 2×22年8月20日,某行政单位按规定报经批准处置一项电子计算机设备。该设备账面原值为26 000元,已计提累计折旧23 000元,以银行存款支付处理报废固定资产发生的相关费用1 000元。

2×22年8月20日,报批处置电子计算机设备时,应编制的财务会计分录为:
核销报废固定资产时:

借:资产处置费用 3 000
　　固定资产累计折旧 23 000
　贷:固定资产 26 000

以银行存款支付处理报废固定资产时:

借:资产处置费用 1 000
　贷:银行存款 1 000

同时，编制的预算会计分录为：
借：其他支出　　　　　　　　　　　　　　　　　　　　　　　　　1 000
　　贷：资金结存——货币资金　　　　　　　　　　　　　　　　　　　　1 000

2. 通过"待处理财产损溢"科目核算的资产处置

单位在资产清查中查明的资产盘亏、毁损以及资产报废等，应当先通过"待处理财产损溢"科目进行核算，再将处理资产价值和处理净支出计入"资产处置费用"科目。

通过"待处理财产损溢"科目核算的资产处置，应当分别按照以下情况确认资产处置费用：

（1）单位在账款核对中发现的现金短缺，属于无法查明原因的，报经批准核销时，借记"资产处置费用"科目，贷记"待处理财产损溢"科目。

（2）单位在资产清查过程中盘亏或者毁损、报废的存货、固定资产、无形资产、公共基础设施、政府储备物资、文物文化资产、保障性住房等，报经批准处理时，按照处理资产价值，借记"资产处置费用"科目，贷记"待处理财产损溢——待处理财产价值"科目。处理收支结清时，处理过程中所取得收入小于所发生相关费用的，按照相关费用减去处理收入后的净支出，借记"资产处置费用"科目，贷记"待处理财产损溢——处理净收入"科目。

3. 期末结转资产处置费用

期末，单位将"资产处置费用"科目本期发生额转入本期盈余，借记"本期盈余"科目，贷记"资产处置费用"科目。结转后，"资产处置费用"科目应无余额。"资产处置费用"科目期末结转业务处理例题参见净资产——本期盈余相关业务的处理。

三、其他费用与其他支出的核算

其他费用是指行政事业单位发生的除业务活动费用、单位管理费用、经营费用、资产处置费用、上缴上级费用、对附属单位补助费用、所得税费用以外的各项费用，包括利息费用、坏账损失、罚没支出、现金资产捐赠支出和其他相关费用等。

其他支出是指行政事业单位除行政支出、事业支出、经营支出、上缴上级支出、对附属单位补助支出、投资支出、债务还本支出以外的各项现金流出，包括利息支出、对外捐赠现金支出、现金盘亏损失、接受捐赠（调入）和对外捐赠（调出）非现金资产发生的税费支出、资产置换过程中发生的相关税费支出、罚没支出等。

（一）科目设置

行政事业单位应当设置"其他费用"和"其他支出"总账科目，核算行政事业单位所发生的其他费用和其他支出业务。

"其他费用"总账科目应当按照其他费用的类别等进行明细核算。单位发生的利息费用较多的，可以单独设置"利息费用"科目。

"其他支出"总账科目应当按照其他支出的类别，"财政拨款支出""非财政专项资金支出"和"其他资金支出"，《政府收支分类科目》中"支出功能分类科目"的项级科目和"部门预算支出经济分类科目"的款级科目等进行明细核算。其他支出中如有专项资金支出，还应按照具体项目进行明细核算。年末结转后,该科目应无余额。

有一般公共预算财政拨款、政府性基金预算财政拨款等两种或两种以上财政拨款的事业单位,还应当在"财政拨款支出"明细科目下按照财政拨款的种类进行明细核算。单位发生利息支出、捐赠支出等其他支出金额较大或业务较多的,可单独设置"利息支出""捐赠支出"等科目。

(二)主要账务处理

1. 利息费用和利息支出

行政事业单位按期计算确认借款利息费用时,按照计算确定的金额,在财务会计中,借记"在建工程"科目或"其他费用"科目,贷记"应付利息""长期借款——应计利息"科目。

行政事业单位实际支付银行借款利息时,按照实际支付金额,在财务会计中,借记"其他费用"科目或"应付利息""长期借款——应计利息"科目,贷记"银行存款"等科目;同时在预算会计中,借记"其他支出"科目,贷记"资金结存"科目。

【例13-5】 2×22年8月28日,某事业单位计算确认当月一笔银行借款利息为3 000元。2×22年9月5日,该事业单位通过银行存款账户支付了该笔利息。

①2×22年8月28日,应编制的财务会计分录为:

借:其他费用　　　　　　　　　　　　　　　　　　　　　　3 000
　　贷:应付利息　　　　　　　　　　　　　　　　　　　　　　3 000

无须编制预算会计分录。

②2×22年9月5日,应编制的财务会计分录为:

借:应付利息　　　　　　　　　　　　　　　　　　　　　　3 000
　　贷:银行存款　　　　　　　　　　　　　　　　　　　　　　3 000

同时,应编制的预算会计分录为:

借:其他支出　　　　　　　　　　　　　　　　　　　　　　3 000
　　贷:资金结存——货币资金　　　　　　　　　　　　　　　　3 000

2. 坏账损失

年末,事业单位按照规定对收回后不需上缴财政的应收账款和其他应收款计提坏账准备时,按照计提金额,借记"其他费用"科目,贷记"坏账准备"科目;冲减多提的坏账准备时,按照冲减金额,借记"坏账准备"科目,贷记"其他费用"科目。

3. 罚没支出

单位发生罚没支出的,按照实际缴纳或应当缴纳的金额,在财务会计中,借记"其他费用"科目,贷记"银行存款""库存现金""其他应付款"等科目;同时在预算会计中,借记"其他支出"科目,贷记"资金结存"科目。

4. 现金资产捐赠支出

单位对外捐赠现金资产的,按照实际捐赠的金额,在财务会计中,借记"其他费用"科目,贷记"银行存款""库存现金"等科目。同时在预算会计中,借记"其他支出"科目,贷记

"资金结存"科目。

5. 现金盘亏损失

单位在每日现金账款核对中如发现现金短缺,按照短缺的现金金额,在财务会计中,借记"待处理财产损溢"科目,贷记"库存现金"等科目;同时在预算会计中,借记"其他支出"科目,贷记"资金结存——货币资金"科目。经核实,现金短缺属于应当由有关人员赔偿的,按照收到的赔偿金额,在财务会计中,借记"其他应收款"科目,贷记"待处理财产损溢"科目;同时在预算会计中,借记"资金结存——货币资金"科目,贷记"其他支出"科目。

6. 其他相关费用

单位接受捐赠(或无偿调入)以名义金额计量的存货、固定资产、无形资产,以及成本无法可靠取得的公共基础设施、文物文化资产等发生的相关税费、运输费等,按照实际支付的金额,在财务会计中,借记"其他费用"科目,贷记"财政拨款收入""零余额账户用款额度""银行存款""库存现金"等科目;同时在预算会计中,借记"其他支出"科目,贷记"资金结存"科目。

单位发生的与受托代理资产相关的税费、运输费、保管费等,按照实际支付或应付的金额,在财务会计中,借记"其他费用"科目,贷记"零余额账户用款额度""银行存款""库存现金""其他应付款"等科目;同时在预算会计中,借记"其他支出"科目,贷记"资金结存"科目。

7. 期末结转业务

期末,行政事业单位将"其他费用"科目本期发生额转入本期盈余,借记"本期盈余"科目,贷记"其他费用"科目。期末结转后,本科目应无余额。"其他费用"科目期末结转业务处理例题参见净资产——本期盈余相关业务的处理。

年末,行政事业单位将"其他支出"科目本年发生额中的财政拨款支出转入财政拨款结转,借记"财政拨款结转——本年收支结转"科目,贷记"其他支出"科目下各财政拨款支出明细科目;将"其他支出"科目本年发生额中的非财政专项资金支出转入非财政拨款结转,借记"非财政拨款结转——本年收支结转"科目,贷记"其他支出"科目下各非财政专项资金支出明细科目;将"其他支出"科目本年发生额中的其他资金支出(非财政非专项资金支出)转入其他结余,借记"其他结余"科目,贷记"其他支出"科目下各其他资金支出明细科目。"其他支出"科目期末结转业务处理例题参见预算结余相关业务的处理。

第三节 行政单位专有预算支出

行政支出是行政单位专有预算支出项目。因此,本节主要阐述行政支出的核算。

一、行政支出概述

行政支出是指行政单位履行其职责实际发生的各项现金流出。行政支出是行政单位为实现国家管理职能、完成行政任务所必须发生的各项资金支出,是行政单位组织和领导经济、政治、文化、社会和生态等各项建设,促进社会全面发展的资金保证。

为了全面反映行政单位各项行政资金支出的内容，便于分析和考核各项行政支出的实际发生情况及其效果，从而有针对性地加强和改善对行政单位资金支出的管理，行政单位有必要对行政支出按照一定的标准进行适当的分类。

(一) 按照部门预算支出经济分类科目进行的分类

在《政府收支分类科目》中，"部门预算支出经济分类科目"是对预算单位预算支出具体经济用途的分类，它既适用于行政单位，也适用于事业单位。行政单位的行政支出以及事业单位的事业支出在基本支出和项目支出下应当进一步按照《政府收支分类科目》中的"部门预算支出经济分类科目"进行分类。按照现行《政府收支分类科目》，部门预算支出经济分类科目分设类、款两级科目，两级科目在内容上逐渐细化，具体科目设置情况如下：

(1) "工资福利支出"类级科目。该类级科目反映单位开支的在职职工和编制外长期聘用人员的各类劳动报酬，以及为上述人员缴纳的各项社会保险费等。该类级科目下设"基本工资""津贴补贴""奖金""伙食补助费""绩效工资""机关事业单位基本养老保险缴费""职业年金缴费""职工基本医疗保险缴费""公务员医疗补助缴费""其他社会保障缴费""住房公积金""医疗费""其他工资福利支出"等款级科目。

(2) "商品和服务支出"类级科目。该类级科目反映单位购买商品和服务的支出，不包括用于购置固定资产、战略性和应急性物资储备等资本性支出。该类级科目下设"办公费""印刷费""咨询费""手续费""电费""邮电费""取暖费""物业管理费""因公出国（境）费用""维修(护)费""租赁费""会议费""培训费""公务接待费""专用材料费""被装购置费""专用燃料费""劳务费""委托业务费""工会经费""福利费""公务用车运行维护费""其他交通费用""税金及附加费用""其他商品和服务支出"等款级科目。

(3) "对个人和家庭的补助"类级科目。该类级科目反映政府用于对个人和家庭的补助支出。该类级科目下设"离休费""退休费""退职(役)费""抚恤金""生活补助""救济费""医疗费补助""助学金""奖励金""个人农业生产补贴""其他对个人和家庭的补助"等款级科目。

(4) "债务利息及费用支出"类级科目。该类级科目反映单位的债务利息及费用支出。该类级科目下设"国内债务付息""国外债务付息""国内债务发行费用""国外债务发行费用"等款级科目。

(5) "资本性支出(基本建设)"类级科目。该类级科目反映切块由发展改革部门安排的基本建设支出，对企业补助支出不在此科目反映。该类级科目下设"房屋建筑物购建""办公设备购置""专用设备购置""基础设施建设""大型修缮""信息网络及软件购置更新""物资储备""公务用车购置""其他交通工具购置""文物和陈列品购置""无形资产购置""其他基本建设支出"等款级科目。

(6) "资本性支出"类级科目。该类级科目反映各单位安排的资本性支出，切块由发展改革部门安排的基本建设支出不在此科目反映。该类级科目下设"房屋建筑物购建""办公设备购置""专用设备购置""基础设施建设""大型修缮""信息网络及软件购置更新""物资储备""土地补偿""安置补助""地上附着物和青苗补偿""拆迁补偿""公务用车购置""其他交通工具购置""文物和陈列品购置""无形资产购置""其他资本性支出"等款级科目。

(7)"对企业补助(基本建设)"类级科目。该类级科目反映切块由发展改革部门安排的基本建设支出中对企业补助支出。该类级科目下设"资本金注入""其他对企业补助"等款级科目。

(8)"对企业补助"类级科目。该类级科目反映政府对各类企业的补助支出,切块由发展改革部门安排的基本建设支出中对企业补助支出不在此科目反映。该类级科目下设"资本金注入""政府投资基金股权投资""费用补贴""利息补贴""其他对企业补助"等款级科目。

(9)"对社会保障基金补助"类级科目。该类级科目反映政府对社会保险基金的补助以及补充全国社会保障基金的支出。该类级科目下设"对社会保险基金补助""补充全国社会保障基金"等款级科目。

(10)"其他支出"类级科目。该类级科目反映不能划分到上述经济科目的其他支出。该类级科目下设"赠与""国家赔偿费用支出""对民间非营利组织和群众性自治组织补贴""其他支出"等款级科目。

在以上部门预算支出经济分类科目中,绝大多数科目同时适用于行政单位和事业单位,但也有少量科目根据科目使用说明仅适用于行政单位或仅适用于事业单位,或者主要适用于行政单位或主要适用于事业单位。例如,在"工资福利支出"类级科目中,"绩效工资"款级科目反映事业单位工作人员的绩效工资,仅适用于事业单位;"奖金"款级科目反映按规定发放的奖金,包括机关工作人员年终一次性奖金等,主要适用于行政单位。又如,在"资本性支出"类级科目中,"基础设施建设"款级科目反映用于农田设施、道路、铁路、桥梁、水坝和机场、车站、码头等公共基础设施建设方面的支出,主要适用于行政单位。以上对部门预算支出经济分类科目的介绍,侧重于行政单位对行政支出或事业单位对事业支出的经济分类,不完全细化到现行具体做法。

(二) 按照部门预算管理要求进行的分类

按照部门预算管理要求,行政单位的行政支出可分为基本支出和项目支出两大类。

(1) 基本支出。基本支出是指行政单位为维持正常运转和完成日常工作任务而发生的各项支出。它包括人员经费支出和日常公用经费支出。其中,人员经费支出是指为保障机构正常运转和完成日常工作任务而发生的可归集到个人的各项支出,如工资福利支出、对个人和家庭的补助支出等;日常公用经费支出是指为保障机构正常运转和完成日常工作任务而发生的不能归集到个人的各项支出,如商品和服务支出、资本性支出等。基本支出是行政单位的基本资金支出,是行政单位维持日常正常运转的基本资金保证。如果没有基本支出做保障,行政单位就无法维持正常运转,也无法完成日常工作任务。基本支出应当在不同种类的行政单位以及在同一行政单位的不同部门之间保持基本相同的水平。

(2) 项目支出。项目支出是指行政单位在基本支出之外为完成特定的工作任务而发生的各项支出。从项目属性来看,行政单位项目支出中的项目可以包括房屋建筑物购建类项目、房租类项目、大中型修缮类项目、设备购置类项目、信息网络购建类项目、信息系统运行维护类项目、大型会议和培训类项目、专项课题和规划类项目、执法办案类项目、监督检查类项目、调查统计项目、重大宣传活动类项目等。在单位预算编制以及会计核算时,行政单位项目支出中的项目都需要按照《政府收支分类科目》中的"支出功能分类科目"统一进行分类。行政单位发生项目支出时,根据支出用途,涉及的"支出经济分类科目"可以包括工资福利支出、商品和服务支出、对个人和家庭的补助、资本性支出(基本建设支出)、资本性支出等项目支出是在保证行政单位基本支出的基础上,对行政单位的特定工作任务所安排的专项资金保障。行政单位的项目支出通常需要针对具体项目进行绩效评价。

(三)按照政府支出功能分类科目进行的分类

在《政府收支分类科目》中,"支出功能分类科目"是对政府各项支出的职能作用所做的基本分类。行政单位的各项行政支出都需要按照政府支出功能分类科目进行分类反映。行政单位行政支出中的政府支出功能分类与财政总会计"一般公共预算本级支出""政府性基金预算本级支出"总账科目下设置的"支出功能分类科目"明细科目应当是一致的。《政府收支分类科目》中的"支出功能分类科目"是行政单位各项预算收入和预算支出核算中需要进行明细核算的基本种类。

行政单位行政支出中的财政拨款支出与财政拨款收入在政府支出功能分类科目、基本支出和项目支出的具体种类上都是一样的。相应的支出和收入形成直接的配比关系。

(四)按不同资金性质进行的分类

按照不同资金的性质,行政支出可以分为财政拨款支出、非财政专项资金支出和其他资金支出等种类。同时,有一般公共预算财政拨款和政府性基金预算财政拨款等两种或两种以上财政拨款的行政单位,财政拨款支出还可以区分为一般公共预算财政拨款支出和政府性基金预算财政拨款支出等种类。

(1)财政拨款支出。财政拨款支出是指使用财政拨款收入发生的支出。如果行政单位使用的是一般公共预算财政拨款收入而发生的支出,相应的支出为一般公共预算财政拨款支出;如果使用的是政府性基金预算财政拨款收入而发生的支出,相应的支出为政府性基金预算财政拨款支出。对于只有一般公共预算财政拨款收入、没有政府性基金预算财政拨款收入的行政单位,使用一般公共预算财政拨款发生的支出即为财政拨款支出。财政拨款支出与财政拨款收入存在对应关系。行政单位在编制单位预算时,财政拨款收入预算和财政拨款支出预算需要单独编制。行政单位在编制单位决算时,财政拨款收入决算和财政拨款支出决算也需要单位编制。满足行政单位预算管理的需要,是行政支出分类的基本要求。

(2)非财政专项资金支出。非财政专项资金支出是指使用非财政专项资金收入发生的支出,如使用非同级财政拨款收入、捐赠收入中的专项资金收入发生的支出等。

(3)其他资金支出。其他资金支出是指使用除财政拨款收入、非财政专项资金支出以外的资金而发生的支出,如使用经批准不上缴财政、没有指定专项用途、纳入单位预算管理的租金收入发生的支出等。其他资金支出需要按照专项支出和非专项支出分别反映,以分别与专项收入和非专项收入对应。

在行政单位中,财政拨款收入是最主要甚至是全部的收入来源,因此,财政拨款支出也是最主要的行政支出种类。非财政专项资金支出和其他资金支出都是少量的,有的行政单位甚至没有这两类支出。

二、行政支出的核算

(一) 科目设置

行政单位应设置"行政支出"总账科目,核算行政单位履行其职责实际发生的各项现金流出。该科目借方登记实际支出数,贷方登记支出收回或冲销转出数。平时余额在借方,反映行政支出累计数,年终结账后,本科目应无余额。

"行政支出"科目应当分别按照"财政拨款支出""非财政专项资金支出"和"其他资金支出"以及"基本支出"明细科目和"项目支出"等进行明细核算,并按照《政府收支分类科目》中"支出功能分类科目"的项级科目进行明细核算;"基本支出"明细科目和"项目支出"明细科目下应当按照《政府收支分类科目》中"部门预算支出经济分类科目"的款级科目进行明细核算,同时在"项目支出"明细科目下按照具体项目进行明细核算。

有一般公共预算财政拨款、政府性基金预算财政拨款等两种或两种以上财政拨款的行政单位,还应当在"财政拨款支出"明细科目下按照财政拨款的种类进行明细核算。

对于预付款项,行政单位可通过在该科目下设置"待处理"明细科目进行核算,待确认具体支出项目后再转入该科目下相关明细科目。年末结账前,行政单位应将该科目"待处理"明细科目余额全部转入该科目下相关明细科目。

(二) 主要账务处理

1. 支付职工薪酬

行政单位向单位职工个人支付薪酬时,按照实际支付的金额,在预算会计中,借记"行政支出"科目,贷记"财政拨款预算收入"或"资金结存"科目。

行政单位按照规定代扣代缴个人所得税以及代扣代缴或为职工缴纳职工社会保险费、住房公积金等时,在预算会计中,按照实际缴纳的金额,借记"行政支出"科目,贷记"财政拨款预算收入""资金结存"科目。

【例 13-6】 2×22 年 7 月 1 日,某行政单位计提专业业务活动职工工资总额为 124 000 元,代扣代缴个人所得税 8 500 元。本月 10 日,通过财政直接支付方式支付单位职工薪酬及代缴个人所得税。该行政单位财务会计应编制的会计分录为:

① 2×22 年 7 月 1 日,计提职工工资,该行政单位应编制的财务会计分录为:

借:业务活动费用　　　　　　　　　　　　　　　　　　　　124 000
　　贷:应付职工薪酬　　　　　　　　　　　　　　　　　　　　115 500
　　　　其他应交税费——应交个人所得税　　　　　　　　　　　8 500

无须编制预算会计分录

② 2×22 年 7 月 10 日,发放职工工资以及缴纳个人所得税时,应编制的财务会计分录为:

借:应付职工薪酬　　　　　　　　　　　　　　　　　　　　115 500
　　其他应交税费——应交个人所得税　　　　　　　　　　　　8 500
　　贷:财政拨款收入　　　　　　　　　　　　　　　　　　　　124 000

同时,应编制的预算会计分录为:
借:行政支出　　　　　　　　　　　　　　　　　　　　　　　　　　　124 000
　　贷:财政拨款预算收入　　　　　　　　　　　　　　　　　　　　　　124 000

　　行政单位在为职工计提薪酬时,在财务会计中应当按照权责发生制的要求,同时确认费用和负债,即应当借记"业务活动费用"科目,贷记"应付职工薪酬"科目。此时,在预算会计中则不需要进行会计处理。行政单位在实际向职工支付薪酬时,既需要做财务会计处理,也需要做预算会计处理。但财务会计的处理是转销之前确认的应付职工薪酬负债,预算会计的处理则是确认行政支出。

　　行政单位按照规定代扣代缴个人所得税以及代扣代缴或为职工缴纳职工社会保险费、住房公积金等与职工薪酬相关的业务,其会计处理原理如同向职工个人支付薪酬的业务。即在财务会计中,需要按照权责发生制的要求进行会计处理,先确认相应的负债和费用,之后再转销确认的负债;在预算会计中,则按照收付实现制的要求进行会计处理,于实际支付款项时确认支出。

2. 支付外部人员劳务费

　　行政单位按照实际支付给外部人员个人的金额,借记"行政支出"科目,贷记"财政拨款预算收入""资金结存"科目。

　　行政单位按照规定代扣代缴个人所得税时,按照实际缴纳的金额,借记"行政支出"科目,贷记"财政拨款预算收入""资金结存"科目。

　　行政单位向外部人员支付应付劳务费的会计核算原理,与向单位职工个人支付应付薪酬业务相同。

3. 为购买存货、固定资产、无形资产等以及在建工程支付相关款项

　　行政单位为购买存货、固定资产、无形资产等以及在建工程支付相关款项时,按照实际支付的金额,借记"行政支出"科目,贷记"财政拨款预算收入""资金结存"科目。

【例13-7】　某行政单位通过财政直接支付方式支付一笔款项,金额为850 000元,具体内容为购买办公设备。购入的办公设备作为固定资产。

该行政单位应编制的财务会计分录为:
借:固定资产　　　　　　　　　　　　　　　　　　　　　　　　　　　850 000
　　贷:财政拨款收入　　　　　　　　　　　　　　　　　　　　　　　　850 000
同时,应编制的预算会计分录为:
借:行政支出　　　　　　　　　　　　　　　　　　　　　　　　　　　850 000
　　贷:财政拨款预算收入　　　　　　　　　　　　　　　　　　　　　　850 000

　　行政单位为购买存货、固定资产、无形资产等以及在建工程支付相关款项时,在财务会计中,存货、固定资产、无形资产或在建工程等资产增加;但在预算会计中,支出增加。行政单位为履职领用存货、对使用的固定资产或无形资产计提折旧或摊销时,在财务会计中,业务活动费用增加;但在预算会计中,如同没有发生经济业务,不做会计处理。在预算会计中,没有资产和负债的记录,只有收入、支出和结余的记录。

4. 发生预付款项

行政单位发生预付账款时，按照实际支付的金额，借记"行政支出"科目，贷记"财政拨款预算收入""资金结存"科目。

对于暂付款项，行政单位在支付款项时可不做预算会计处理，待结算或报销时，按照结算或报销的金额，借记"行政支出"科目，贷记"资金结存"科目。

【例 13 - 8】 某行政单位向社会力量购买一项服务，发生预付账款 3 500 元，款项通过财政直接支付方式支付。

该行政单位应编制的财务会计分录为：

借：预付账款　　　　　　　　　　　　　　　　　　　　　　　　　　3 500
　　贷：财政拨款收入　　　　　　　　　　　　　　　　　　　　　　　3 500

同时，应编制的预算会计分录为：

借：行政支出　　　　　　　　　　　　　　　　　　　　　　　　　　3 500
　　贷：财政拨款预算收入　　　　　　　　　　　　　　　　　　　　　3 500

在该项业务中，当行政单位收到购买的服务时，在财务会计中，转销预付账款，同时确认业务活动费用；而在预算会计中，除非补付预付账款或收回多预付的款项，否则，不进行账务处理。

对于暂付款项业务，如职工预借的差旅费、拨付给内部有关部门的备用金等，在财务会计中，行政单位在支付款项时将其作为其他应收款记录，此时没有费用发生，待结算或报销时再转销其他应收款，同时确认业务活动费用。在预算会计中，支付款项时不做会计处理；待结算或报销时，按照结算或报销的金额确认支出。暂付款项业务可以视为不属于纳入部门预算管理的现金收支业务，因此，行政单位不做预算会计处理。

5. 发生其他支出

行政单位发生其他各项支出时，按照实际支付的金额，借记"行政支出"科目，贷记"财政拨款预算收入""资金结存"科目。

6. 发生当年购货退回等业务

因购货退回等发生款项退回或者发生差错更正的，属于当年支出收回的，行政单位按照收回或更正金额，借记"财政拨款预算收入""资金结存"科目，贷记"行政支出"科目。

因购货退回等发生款项退回或者发生差错更正的，属于当年支出收回的，行政单位按照收回或更正金额，财务会计冲减"财政拨款收入""零余额账户用款额度""银行存款"和相关资产或"业务活动费用"；预算会计冲减"财政拨款预算收入""资金结存"和"行政支出"。如果退回款项或发生差错更正，属于以前年度支出收回的，在财务会计中，应当调整净资产数额，具体应当通过"以前年度盈余调整"科目核算；在预算会计中，应当调整结转结余数额，具体应当视情况通过"财政拨款结转""财政拨款结余""非财政拨款结转""非财政拨款结余"科目核算。

在该项业务中，若退货款项尚未收到，该行政单位在财务会计中应当根据权责发生制的要求，按照应收的金额，借记"其他应收款"科目，贷记"固定资产"科目；而在预算会计中则不做会计处理。

7. 行政支出的年末结转

年末,行政单位将"行政支出"科目本年发生额中的财政拨款支出转入财政拨款结转,借记"财政拨款结转——本年收支结转"科目,贷记"行政支出"科目下各财政拨款支出明细科目;将"行政支出"科目本年发生额中的非财政专项资金支出转入非财政拨款结转,借记"非财政拨款结转——本年收支结转"科目,贷记"行政支出"科目下各非财政专项资金支出明细科目;将"行政支出"科目本年发生额中的其他资金支出(非财政非专项资金支出)转入其他结余,借记"其他结余"科目,贷记"行政支出"科目下各其他资金支出明细科目。"行政支出"科目期末结转业务处理例题参见预算结余相关业务的处理。

第四节 事业单位专有费用和预算支出

一、单位管理费用与事业支出的核算

单位管理费用是指事业单位本级行政及后勤管理部门开展管理活动发生的各项费用,包括单位行政及后勤管理部门发生的人员经费、公用经费、资产折旧(摊销)等费用,以及由单位统一负担的离退休人员经费、工会经费、诉讼费、中介费等。行政单位没有单位管理费用业务。

事业支出是指事业单位开展专业业务活动及其辅助活动实际发生的各项现金流出。事业支出是事业单位的最主要支出。

事业单位的专业业务活动及其辅助活动是事业单位持续运行的主要业务活动,在不同行业的事业单位中表现为不同的具体内容。例如,在教育事业单位主要表现为教学和科研事业活动,在科学事业单位主要表现为科研、科普和教学事业活动等,在医疗卫生事业单位主要表现为医疗和科教事业活动,在文化文物事业单位主要表现为图书阅览、艺术展览、文物展示等事业活动,在广播电视事业单位主要表现为广播电视节目的制作、播出等事业活动,在体育事业单位主要表现为体育训练、群众体育等事业活动。

(一)科目设置

事业单位应当设置"单位管理费用"和"事业支出"总账科目,核算单位管理费用业务和事业支出业务。

"单位管理费用"科目借方反映事业单位行政及后勤管理部门发生的人员经费、公用经费、资产折旧(摊销)等费用,以及由单位统一负担的离退休人员经费、工会经费、诉讼费、中介费等;贷方平时反映各项费用的退还数。本科目平时余额在借方,反映单位管理费用累计数。年末,将本科目本年发生额转入本期盈余,年终结账后,该科目无余额。

"单位管理费用"科目应当按照项目、费用类别、支付对象等进行明细核算。为了满足成本核算需要,该科目下还可按照"工资福利费用""商品和服务费用""对个人和家庭的补助费用""固定资产折旧费""无形资产摊销费"等成本项目设置明细科目,归集能够直接计

入单位管理活动或采用一定方法计算后计入单位管理活动的费用。

"事业支出"总账科目借方登记实际发生的事业支出数,贷方登记事业支出收回或冲销转出数。平时余额在借方,反映行政支出累计数,年终结账后,本科目应无余额。

"事业支出"科目应当分别按照"财政拨款支出""非财政专项资金支出"和"其他资金支出"以及"基本支出"和"项目支出"等进行明细核算,并按照《政府收支分类科目》中"支出功能分类科目"的项级科目进行明细核算;"基本支出"明细科目和"项目支出"明细科目下应当按照《政府收支分类科目》中"部门预算支出经济分类科目"的款级科目进行明细核算,同时在"项目支出"明细科目下按照具体项目进行明细核算。

事业单位发生教育、科研、医疗、行政管理、后勤保障等活动的,可在该科目下设置相应的明细科目进行核算,或单设"教育支出""科研支出""医疗支出""行政管理支出""后勤保障支出"等一级会计科目进行核算。

有一般公共预算财政拨款、政府性基金预算财政拨款等两种或两种以上财政拨款的事业单位,还应当在"财政拨款支出"明细科目下按照财政拨款的种类进行明细核算。

对于预付款项,事业单位可通过在"事业支出"科目下设置"待处理"明细科目进行明细核算,待确认具体支出项目后再转入"事业支出"科目下相关明细科目。年末结账前,事业单位应将"事业支出"科目下"待处理"明细科目余额全部转入"事业支出"科目下相关明细科目。

(二)主要账务处理

1. 支付管理人员薪酬

事业单位为管理活动人员计提的薪酬,按照计算确定的金额,借记"单位管理费用"科目,贷记"应付职工薪酬"科目。实际支出给职工时,按照实际支付给职工个人的金额,借记"应付职工薪酬"科目,贷记"财政拨款收入"等科目;同时,在预算会计中,借记"事业支出"科目,贷记"财政拨款预算收入"等科目。实际缴纳税款时,按照实际缴纳额,借记"事业支出"科目,贷记"财政拨款预算收入"等科目。

【例13-9】 某事业单位通过财政直接支付方式向开展专业业务活动及其辅助活动人员支付职工薪酬共计500 000元。

该事业单位应编制的财务会计分录为:

借:应付职工薪酬 500 000
　　贷:财政拨款收入 500 000

同时,应编制的预算会计分录为:

借:事业支出 500 000
　　贷:财政拨款预算收入 500 000

2. 发生外部人员劳务费

事业单位为开展管理活动发生的外部人员劳务费,按照计算确定的费用金额,借记"单位管理费用"科目,按照代扣代缴个人所得税的金额,贷记"其他应交税费——应交个人所得税"科目,按照扣税后应付或实际支付的金额,贷记"其他应付款""财政拨款收入"

"零余额账户用款额度""银行存款"等科目。按照实际支付给外部人员个人的金额,在预算会计中,借记"事业支出"科目,贷记"财政拨款预算收入""资金结存"科目。按照规定代扣代缴个人所得税时,按照实际缴纳的金额,在预算会计中,借记"事业支出"科目,贷记"财政拨款预算收入""资金结存"科目。

3. 领用库存物品

事业单位开展管理活动内部领用库存物品,按照领用物品实际成本,借记"单位管理费用"科目,贷记"库存物品"科目。预算会计中无须进行账务处理。

【例 13-10】 某事业单位领用甲材料一批用于开展管理活动,实际成本为 50 000 元。

该事业单位应编制的财务会计分录为:

借:单位管理费用　　　　　　　　　　　　　　　　　　　　　　　50 000
　　贷:库存物品　　　　　　　　　　　　　　　　　　　　　　　　　50 000

4. 计提固定资产折旧和无形资产摊销

事业单位为管理活动所使用固定资产、无形资产计提的折旧、摊销,按照应提折旧、摊销额,借记"单位管理费用"科目,贷记"固定资产累计折旧""无形资产累计摊销"科目。

5. 发生相关税费

事业单位为开展管理活动发生城市维护建设税、教育费附加、地方教育费附加、车船税、房产税、城镇土地使用税等,按照计算确定应缴纳的金额,在财务会计中,借记"单位管理费用"科目,贷记"其他应交税费"等科目。同时在预算会计中,按照实际支付的金额,借记"事业支出"科目,贷记"财政拨款预算收入""资金结存"科目。

6. 开展管理活动发生的预付款项

事业单位开展专业业务活动及其辅助活动过程中发生预付账款时,按照实际支付的金额,在财务会计中,借记"单位管理费用"科目,贷记"预付款项""财政拨款收入""零余额账户用款额度""银行存款"等科目;同时,在预算会计中,借记"事业支出"科目,贷记"财政拨款预算收入""资金结存"科目。

对于暂付款项,事业单位在支付款项时可不做预算会计处理,待结算或报销时,按照结算或报销的金额,借记"事业支出"科目,贷记"资金结存"科目。

【例 13-11】 某事业单位 2×22 年 9 月通过财政直接支付方式支付一笔预付款项,金额为 350 000 元,具体内容为向某社会组织购买一项服务。次月,购买的该项服务完成,成本为 350 000 元,该事业单位购买该项服务的费用属于单位管理费用。

① 预付账款时,该事业单位应编制的财务会计分录为:

借:单位管理费用　　　　　　　　　　　　　　　　　　　　　　　350 000
　　贷:财政拨款收入　　　　　　　　　　　　　　　　　　　　　　350 000

同时,应编制的预算会计分录为:

借:事业支出　　　　　　　　　　　　　　　　　　　　　　　　　350 000
　　贷:财政拨款预算收入　　　　　　　　　　　　　　　　　　　　350 000

② 服务完成时,该事业单位应编制的财务会计分录为:

借：单位活动费用　　　　　　　　　　　　　　　　　　　　　　350 000
　　　　贷：预付账款　　　　　　　　　　　　　　　　　　　　　　　　350 000
　　在该项业务中，事业单位在收到所购服务时确认费用，但在实际支付款项时确认支出。如果事业单位在购买存货、固定资产、无形资产等资产过程中发生预付账款的业务，也是在收到所购资产时确认资产，在实际支付款项时确认支出。

　　7. 发生其他相关费用
　　事业单位为开展管理活动发生的其他各项费用，按照费用确认金额，在财务会计中，借记"单位管理费用"科目，贷记"财政拨款收入""零余额账户用款额度""银行存款""其他应付款""其他应收款"等科目。同时，在预算会计中，按照实际支付的金额，借记"事业支出"科目，贷记"财政拨款预算收入""资金结存"科目。

　　8. 发生当年购货退回等业务
　　事业单位发生当年购货退回等业务，对于已计入本年单位管理费用的，按照收回或应收的金额，借记"财政拨款收入""零余额账户用款额度""银行存款""其他应收款"等科目，贷记"单位管理费用"科目。同时，按照收回或更正的金额，在预算会计中，借记"财政拨款预算收入""资金结存"科目，贷记"事业支出"科目。

　　9. 事业支出的年末结转
　　年末，事业单位将"事业支出"科目本年发生额中的财政拨款支出转入财政拨款结转，借记"财政拨款结转——本年收支结转"科目，贷记"事业支出"科目下各财政拨款支出明细科目；将"事业支出"科目本年发生额中的非财政专项资金支出转入非财政拨款结转，借记"非财政拨款结转——本年收支结转"科目，贷记"事业支出"科目下各非财政专项资金支出明细科目；将"事业支出"科目本年发生额中的其他资金支出（非财政非专项资金支出）转入其他结余，借记"其他结余"科目，贷记"事业支出"科目下各其他资金支出明细科目。"事业支出"科目期末结转业务处理例题参见预算结余相关业务的处理。

二、经营费用与经营支出的核算

　　经营费用是指事业单位在专业业务活动及其辅助活动之外开展非独立核算经营活动发生的各项费用。事业单位开展非独立核算经营活动的，应当正确归集开展经营活动发生的各项费用；无法直接归集的，应当按照规定的标准或比例合理分配。

　　经营支出是指事业单位在专业业务活动及其辅助活动之外开展非独立核算经营活动实际发生的各项现金流出。事业单位的经营支出与经营预算收入相对应，属于预算会计中的核算内容；经营费用与经营收入相对应，属于财务会计中的核算内容。事业单位的经营预算收入减去经营支出后的差额为经营结余。

（一）科目设置

　　事业单位应设置"经营费用"和"经营支出"总账科目，核算事业单位在专业业务活动及其辅助活动之外开展非独立核算经营活动发生的各项费用和各项现金流出。
　　"经营费用"科目借方反映事业单位在专业业务活动及其辅助活动之外开展非独立核算

经营活动发生的各项费用,贷方平时反映各项经营费用的退还数,本科目平时余额在借方,反映经营费用累计数,年末将本科目本年发生额转入本期盈余,年终结账后,该科目无余额。

"经营支出"科目借方登记实际发生的经营支出数,贷方登记经营支出收回或冲销转出数。年终结账后,本科目应无余额。

"经营费用"科目应当按照经营活动类别、项目、支付对象等进行明细核算。为了满足成本核算需要,该科目下还可按照"工资福利费用""商品和服务费用""对个人和家庭的补助费用""固定资产折旧费""无形资产摊销费"等成本项目设置明细科目,归集能够直接计入单位经营活动或采用一定方法计算后计入单位经营活动的费用。

"经营支出"科目应当按照经营活动类别、项目、《政府收支分类科目》中"支出功能分类"的项级科目进行明细核算。对于预付款项,可通过在本科目下设置"待处理"明细科目进行明细核算,待确认具体支出项目后再转入本科目下相关明细科目。年末结账前,应将本科目"待处理"明细科目余额全部转入本科目下相关明细科目。

(二) 主要账务处理

1. 支付经营部门职工薪酬

事业单位为经营活动人员计提的薪酬,按照计算确定的金额,在财务会计中,借记"经营费用"科目,贷记"应付职工薪酬"科目。向职工个人支付薪酬时,按照实际支付的金额,在财务会计中,借记"应付职工薪酬"科目,贷记"银行存款""零余额账户用款额度"等科目,同时在预算会计中,借记"经营支出"科目,贷记"资金结存"科目。按照规定为经营部门职工代扣代缴个人所得税以及代扣代缴或为职工缴纳职工社会保险费、住房公积金时,按照实际缴纳的金额,借记"经营支出"科目,贷记"资金结存"科目。

【例13-12】 2×22年8月5日,某事业单位为从事经营活动的职工计提职工薪酬,金额为50 000元。同月30日,该事业单位通过开户银行支付了该笔薪酬。

① 2×22年8月5日,该事业单位应编制的财务会计分录为:

借:经营费用　　　　　　　　　　　　　　　　　　　　　　50 000
　　贷:应付职工薪酬　　　　　　　　　　　　　　　　　　　　　50 000

无须编制预算会计分录。

② 2×22年8月30日,该事业单位应编制的财务会计分录为:

借:应付职工薪酬　　　　　　　　　　　　　　　　　　　　50 000
　　贷:银行存款　　　　　　　　　　　　　　　　　　　　　　　50 000

同时,应编制的预算会计分录为:

借:经营支出　　　　　　　　　　　　　　　　　　　　　　50 000
　　贷:资金结存——货币资金　　　　　　　　　　　　　　　　　50 000

2. 为经营活动支付外部人员劳务费

事业单位为从事经营活动的外部人员计提的薪酬,按照计算确定的金额,在财务会计中,借记"经营费用"科目,贷记"应付职工薪酬"科目。按照实际支付给外部人员个人的金额,在财务会计中,借记"应付职工薪酬"科目,贷记"银行存款"等科目,同时在预算会计中,借记"经营支出"科目,贷记"资金结存"科目。事业单位按照规定代扣代缴个人所得税时,按照实际缴纳的金额,借记"经营支出"科目,贷记"资金结存"科目。

3. 开展经营活动过程中为购买存货、固定资产、无形资产等以及在建工程支付相关款项

事业单位开展经营活动过程中为购买存货、固定资产、无形资产等以及在建工程支付相关款项时,按照实际支付的金额,在财务会计中,借记"库存物品""固定资产""无形资产"等科目,贷记"银行存款""库存现金""其他货币资金""财政拨款收入""零余额账户用款额度"等科目,同时,在预算会计中,借记"经营支出"科目,贷记"资金结存"科目。

4. 领用或发出库存物品

事业单位为开展经营活动领用或发出库存物品,按照物品的实际成本,借记"经营费用"科目,贷记"库存物品"科目。无须编制预算会计分录。

5. 为经营活动所使用固定资产、无形资产计提的折旧、摊销

为经营活动所使用固定资产、无形资产计提的折旧、摊销,按照应提折旧额、摊销额借记"经营费用"科目,贷记"固定资产累计折旧""无形资产累计摊销"科目。无须编制预算会计分录。

6. 开展经营活动缴纳的相关税费以及发生的其他各项支出

事业单位开展经营活动发生城市维护建设税、教育费附加、地方教育费附加、车船税、房产税、城镇土地使用税等,按照计算确定应缴纳的金额,借记"经营费用"科目,贷记"其他应交税费"等科目;实际缴纳时,按照实际支付的金额,在财务会计中,借记"其他应交税费"科目,贷记"银行存款"等科目,同时在预算会计中,借记"经营支出"科目,贷记"资金结存"科目。

【例 13-13】 2×22年9月30日,某事业单位按规定计算出经营活动中的各项税费如下:城市维护建设税200元,教育费附加120元,地方教育费附加80元,车船税3 000元,房产税7 600元,城市土地使用税10 000元,共计21 000元。同年10月12日,该事业单位通过其开户账户缴纳上述各项税费。

① 2×22年9月30日,该事业单位应编制的财务会计分录为:

借:经营费用　　　　　　　　　　　　　　　　　　　　　21 000
　　贷:其他应交税费——应交城市维护建设税　　　　　　　　200
　　　　　　　　　　——应交教育费附加　　　　　　　　　　120
　　　　　　　　　　——应交地方教育费附加　　　　　　　　80
　　　　　　　　　　——应交车船税　　　　　　　　　　　3 000
　　　　　　　　　　——应交房产税　　　　　　　　　　　7 600
　　　　　　　　　　——应交城市土地使用税　　　　　　10 000

② 2×22年10月12日,该事业单位应编制的财务会计分录为:

借:其他应交税费——应交城市维护建设税　　　　　　　　　200
　　　　　　　　——应交教育费附加　　　　　　　　　　　120
　　　　　　　　——应交地方教育费附加　　　　　　　　　80

　　　　——应交车船税　　　　　　　　　　　　　　　　　　3 000
　　　　——应交房产税　　　　　　　　　　　　　　　　　　7 600
　　　　——应交城市土地使用税　　　　　　　　　　　　　10 000
　　　贷：银行存款　　　　　　　　　　　　　　　　　　　　　21 000
　同时，应编制的预算会计分录为：
　　借：经营支出　　　　　　　　　　　　　　　　　　　　　　21 000
　　　贷：资金结存——货币资金　　　　　　　　　　　　　　　21 000

7. 发生其他各项费用

事业单位发生与经营活动相关的其他各项费用时，按照费用确认金额，在财务会计中，借记"经营费用"科目，贷记"银行存款""其他应付款""其他应收款"等科目。实际发生的其他各项支出，在预算会计中，借记"经营支出"科目，贷记"资金结存"科目。涉及增值税业务的，相关账务处理参见"应交增值税"科目。

8. 开展经营活动过程中发生预付账款

事业单位开展经营活动过程中发生预付账款时，按照实际支付的金额，借记"经营支出"科目，贷记"资金结存"科目。对于暂付款项，在支付款项时可不做预算会计处理，待结算或报销时，按照结算或报销的金额，借记"经营支出"科目，贷记"资金结存"科目。

9. 开展经营活动中因购货退回等发生款项退回而收回当年支出等业务

事业单位开展经营活动中因购货退回等发生款项退回或者发生差错更正的，属于当年支出收回的，按照收回或更正金额，在财务会计中，借记"银行存款""其他应收款"等科目，贷记"经营费用"科目。同时，在预算会计中，借记"资金结存"科目，贷记"经营支出"科目。

10. 期末结转

期末，事业单位将"经营费用"科目本期发生额转入本期盈余，借记"本期盈余"科目，贷记"经营费用"科目。结转后，"经营费用"科目应无余额。"经营费用"科目期末结转业务处理例题参见净资产——本期盈余相关业务的处理。

年末，事业单位将"经营支出"科目本年发生额转入经营结余，借记"经营结余"科目，贷记"经营支出"科目。年末结转后，"经营支出"科目应无余额。"经营支出"科目期末结转业务处理例题参见预算结余相关业务的处理。

三、上缴上级费用与上缴上级支出的核算

上缴上级费用是指事业单位按照财政部门和主管部门的规定上缴上级单位款项发生的费用。上缴上级支出是指事业单位按照财政部门和主管部门的规定上缴上级单位款项发生的现金流出。

上缴上级支出与附属单位上缴补助预算收入在上、下级单位之间的业务内容上形成对应关系，即一方为缴款方，另一方为收款方。但上缴上级支出与上级补助预算收入在上、下级单位之间的业务内容上不形成对应关系，即上缴上级支出业务的发生与上级补助预算收入业务的发生是相互独立的。

(一)科目设置

事业单位应当设置"上缴上级费用"和"上缴上级支出"总账科目,核算上缴上级费用和上缴上级支出业务。"上缴上级费用"科目借方反映事业单位按照财政部门和主管部门的规定上缴上级单位款项发生的费用,贷方反映上缴上级费用的退还数,平时余额在借方,反映上缴上级费用累计数。"上缴上级支出"科目借方反映事业单位按照财政部门和主管部门的规定上缴上级单位款项的实际支出数,贷方反映上缴上级款项的退还数或冲销转出数,平时余额在借方,反映上缴上级支出累计数。

"上缴上级费用"科目应当按照收缴款项单位、缴款项目等进行明细核算。期末,事业单位将该科目本期借方发生额结转入"本期盈余"科目。结转后,该科目应无余额。

"上缴上级支出"科目应当按照收缴款项单位、缴款项目、《政府收支分类科目》中"支出功能分类科目"的项级科目和"部门预算支出经济分类科目"的款级科目等进行明细核算。年末,事业单位将该科目本年发生额转入其他结余。结转后,该科目应无余额。

(二)主要账务处理

1. 上缴上级费用的日常核算

事业单位发生上缴上级支出的,按照实际上缴的金额或者按照规定计算出应当上缴上级单位的金额,在财务会计中,借记"上缴上级费用"科目,贷记"银行存款""其他应付款"等科目。按照实际上缴的金额,在预算会计中,借记"上缴上级支出"科目,贷记"资金结存"科目。

【例13-14】 某事业单位按财政部门和主管部门的规定,对取得的有关事业收入,按照相应的标准和比例上缴上级单位,经计算,上缴金额为120 000元,款项已通过银行支付。

该事业单位应编制的财务会计分录为:

借:上缴上级费用 120 000
　　贷:银行存款 120 000

同时,应编制的预算会计分录为:

借:上缴上级支出 120 000
　　贷:资金结存——货币资金 120 000

如果事业单位发生应上缴上级款项的业务,那么,在财务会计中,应当按照计算确定的金额,借记"上缴上级费用"科目,贷记"其他应付款"科目;而此时,在预算会计中则不做会计处理。之后,事业单位上缴应缴款项时,在财务会计中,借记"其他应付款"科目,贷记"银行存款"科目;在预算会计中,借记"上缴上级支出"科目,贷记"资金结存"科目。上缴上级费用属于财务会计的核算内容,采用权责发生制基础核算;上缴上级支出属于预算会计的核算内容,采用收付实现制基础核算。

2. 上缴上级费用的期末结转

期末,事业单位将"上缴上级费用"科目本期发生额转入本期盈余,借记"本期盈余"科目,贷记"上缴上级费用"科目。结转后,"上缴上级费用"科目应无余额。"上缴上级费用"

科目期末结转业务处理例题参见净资产——本期盈余相关业务的处理。

年末,事业单位将"上缴上级支出"科目本年发生额转入其他结余,借记"其他结余"科目,贷记"上缴上级支出"科目。结转后,"上缴上级支出"科目应无余额。"上缴上级支出"科目期末结转业务处理例题参见预算结余相关业务的处理。

四、对附属单位补助费用与对附属单位补助支出的核算

对附属单位补助费用是指事业单位用财政拨款收入之外的收入对附属单位补助发生的费用。

对附属单位补助支出是指事业单位用财政拨款预算收入之外的收入对附属单位补助发生的现金流出。

对附属单位补助支出与上级补助预算收入在上、下级单位间的业务内容上形成对应关系,即一方为补助方,另一方为接受补助方。但对附属单位补助支出与附属单位上缴预算收入在上、下级单位间的业务内容上不形成对应关系,即对附属单位补助支出业务的发生与附属单位上缴预算收入业务的发生是相互独立的。对附属单位补助支出的业务内容可参阅对附属单位补助费用的相关内容。

(一)科目设置

事业单位应当设置"对附属单位补助费用"和"对附属单位补助支出"总账科目,核算对附属单位补助发生的费用和现金流出。

"对附属单位补助费用"科目借方反映事业单位用财政拨款收入之外的收入对附属单位补助发生的费用,贷方反映对附属单位补助费用的收回数或者转销数,本科目平时余额在借方,反映对附属单位补助费用累计数。年末将本科目本年发生额转入本期盈余,年终结账后,该科目无余额。

"对附属单位补助支出"科目借方反映对附属单位补助实际支出数,贷方反映对附属单位补助支出收回或冲销转出数,本科目平时余额在借方,反映对附属单位补助支出累计数。年末,将本科目本年发生额转入其他结余,年末结转后,本科目应无余额。

"对附属单位补助费用"科目应当按照接受补助单位、补助项目等进行明细核算。"对附属单位补助支出"科目应当按照接受补助单位、补助项目、《政府收支分类科目》中"支出功能分类科目"的项级科目和"部门预算支出经济分类科目"的款级科目等进行明细核算。

(二)主要账务处理

1. 对附属单位补助支出的日常核算

事业单位发生上缴上级支出的,按照实际上缴的金额或者按照规定计算出应当上缴上级单位的金额,在财务会计中,借记"上缴上级费用"科目,贷记"银行存款""其他应付款"等科目;按照实际补助的金额,在预算会计中,借记"对附属单位补助支出"科目,贷记"资金结存"科目。

【例13-15】 某事业单位用一部分事业收入和其他收入对附属单位拨付一次性补助

款,金额为 20 000 元,以进一步改进和提升附属单位工作水平。款项通过银行存款支付。

该事业单位应编制的财务会计分录为:

借:对附属单位补助费用　　　　　　　　　　　　　　　　　　20 000
　　贷:银行存款　　　　　　　　　　　　　　　　　　　　　　　　20 000

同时,应编制的预算会计分录为:

借:对附属单位补助支出　　　　　　　　　　　　　　　　　　20 000
　　贷:资金结存——货币资金　　　　　　　　　　　　　　　　　20 000

若事业单位在上一会计期间按照规定计算出对附属单位的补助额时,在财务会计中,借记"对附属单位补助支出"科目,贷记"其他应付款"科目;在预算会计中,不做会计处理。

2. 期末结转

期末,事业单位将"上缴上级费用"科目本期发生额转入本期盈余,借记"本期盈余"科目,贷记"上缴上级费用"科目。结转后,"上缴上级费用"科目应无余额。"上缴上级费用"科目期末结转业务处理例题参见净资产——本期盈余相关业务的处理。

年末,事业单位将"对附属单位补助支出"科目本年发生额转入其他结余,借记"其他结余"科目,贷记"对附属单位补助支出"科目。结转后,"对附属单位补助支出"科目应无余额。"对附属单位补助支出"科目期末结转业务处理例题参见预算结余相关业务的处理。

五、所得税费用的核算

所得税费用是指有企业所得税缴纳义务的事业单位按规定缴纳企业所得税所形成的费用。

(一)科目设置

为了核算所得税费用业务,有企业所得税缴纳义务的事业单位应设置"所得税费用"总账科目。年末,事业单位将该科目本年发生额转入本期盈余。年末结转后,该科目应无余额。

(二)主要账务处理

1. 计算与缴纳所得税

事业单位发生企业所得税纳税义务的,按照税法规定计算的应交税金数额,借记"所得税费用"科目,贷记"其他应交税费——单位应交所得税"科目。实际缴纳时,按照缴纳金额,在财务会计中,借记"其他应交税费——单位应交所得税"科目,贷记"银行存款"科目;在预算会计中,借记"非财政拨款结余——累计结余"科目,贷记"资金结存——货币资金"科目。

【例 13-16】 某事业单位存在企业所得税纳税义务,按照税法规定计算本期应缴纳企业所得税税额为 8 000 元;数日后,通过开户银行向税务机关缴纳税款。

计提本年度应纳税所得额时,该事业单位应编制的财务会计分录为:

借:所得税费用　　　　　　　　　　　　　　　　　　　　　　8 000
　　贷:其他应交税费——单位应交所得税　　　　　　　　　　　　8 000

实际缴纳所得税时,该事业单位应编制的财务会计分录为:

借:其他应交税费——单位应交所得税　　　　　　　　　　　　8 000
　　贷:银行存款　　　　　　　　　　　　　　　　　　　　　　　　8 000
同时,应编制的预算会计分录为:
借:非财政拨款结余——累计结余　　　　　　　　　　　　　　8 000
　　贷:资金结存——货币资金　　　　　　　　　　　　　　　　　8 000

2. 期末结转

年末,事业单位将"所得税费用"科目本年发生额转入本期盈余,借记"本期盈余"科目,贷记"所得税费用"科目。年末结转后,"所得税费用"科目应无余额。"所得税费用"科目期末结转业务处理例题参见净资产——本期盈余相关业务的处理。

六、投资支出的核算

投资支出是指事业单位以货币资金对外投资发生的现金流出。事业单位对外投资的款项属于非财政拨款资金,通常是事业单位自身从事业务活动中取得的事业收入、经营收入和其他收入,或者是事业单位从其他附属单位取得的附属单位上缴收入等。事业单位不能用其自身取得的财政拨款预算收入作为投资支出。行政单位没有投资支出。

(一) 科目设置

为了核算投资支出业务,事业单位应设置"投资支出"总账科目。该科目应当按照投资类型、投资对象、《政府收支分类科目》中"支出功能分类科目"的项级科目和"部门预算支出经济分类科目"的款级科目等进行明细核算。年末,事业单位将该科目本年发生额转入其他结余。结转后,该科目应无余额。

(二) 主要账务处理

1. 投资支出的日常核算

(1) 以货币资金对外投资。

事业单位以货币资金对外投资时,按照投资金额和所支付的相关税费金额的合计数,在财务会计中,借记"短期投资""长期股权投资""长期债券投资"等科目,贷记"银行存款"等科目;在预算会计中,借记"投资支出"科目,贷记"资金结存"科目。

事业单位的投资业务在财务会计和预算会计中的核算内容不完全相同。在财务会计中,长期股权投资既反映以现金取得的长期股权投资,也反映以现金之外的其他资产置换取得的长期股权投资;而在预算会计中,投资支出只反映以货币资金对外投资发生的现金流出,不反映以货币资金以外的其他资产对外投资发生的非货币资金流出。

(2) 出售、对外转让或到期收回以货币资金取得的对外投资。

出售、对外转让或到期收回本年度以货币资金取得的对外投资的,如果按规定将投资收益纳入单位预算,按照实际收到的金额,在财务会计中,借记"银行存款"科目,贷记"短期投资""长期债券投资""长期股权投资"等科目;同时,在预算会计中,借记"资金结存"科目,按照取得投资时"投资支出"科目的发生额,贷记"投资支出"科目,按照其差额,贷记或借记"投资预算收益"科目;如果按规定将投资收益上缴财政的,按照取得投资时"投资支出"科目的发生额,借记"资金结存"科目,贷记"投资支出"科目。

出售、对外转让或到期收回以前年度以货币资金取得的对外投资的,如果按规定将投资收益纳入单位预算,按照实际收到的金额,借记"资金结存"科目,按照取得投资时"投资支出"科目的发生额,贷记"其他结余"科目,按照其差额,贷记或借记"投资预算收益"科目;如果按规定将投资收益上缴财政的,按照取得投资时"投资支出"科目的发生额,借记"资金结存"科目,贷记"其他结余"科目。

【例13-17】 2×22年1月1日,某事业单位以银行存款购买一批国债作为短期投资,投资成本为100 000元。2×22年6月30日,该事业单位出售该项短期投资,实际收到价款105 000元。按照规定所取得的相应投资收益5 000元留归单位,纳入预算统一管理和使用。

① 2×22年1月1日,取得短期投资时,该事业单位应编制的财务会计分录为:

借:短期投资　　　　　　　　　　　　　　　100 000
　　贷:银行存款　　　　　　　　　　　　　　　　100 000

同时,应编制的预算会计分录为:

借:投资支出　　　　　　　　　　　　　　　100 000
　　贷:资金结存——货币资金　　　　　　　　　　100 000

② 出售短期投资时,应编制的财务会计分录为:

借:银行存款　　　　　　　　　　　　　　　105 000
　　贷:短期投资　　　　　　　　　　　　　　　　100 000
　　　　投资收益　　　　　　　　　　　　　　　　5 000

同时,应编制的预算会计分录为:

借:资金结存——货币资金　　　　　　　　　105 000
　　贷:投资支出　　　　　　　　　　　　　　　　100 000
　　　　投资预算收益　　　　　　　　　　　　　　5 000

在该项业务中,如果出售的是以前年度的投资,在第二年出售投资时,应当贷记"其他结余"科目,而不是贷记"投资支出"科目。因为投资支出不同于其他有关支出,"投资支出"科目在取得投资当年年末已经结转至"其他结余"科目。投资支出在出售、对外转让或到期收回投资时,会产生现金流入。此时,事业单位应当冲销投资支出,使投资支出的余额为零;或者冲销已转入其他结余的投资支出,恢复其他结余的原有余额。

2. 投资支出的年末结转

年末,事业单位将"投资支出"科目本年发生额转入其他结余,借记"其他结余"科目,贷记"投资支出"科目。结转后,"投资支出"科目应无余额。"投资支出"科目期末结转业务处理例题参见预算结余相关业务的处理。

七、债务还本支出的核算

债务还本支出是指事业单位偿还自身承担的纳入预算管理的从金融机构举借的债务本金的现金流出。行政单位没有债务还本支出。

(一) 科目设置

为了核算债务还本支出业务,事业单位预算会计应设置"债务还本支出"总账科目。该科目应当按照贷款单位、贷款种类、《政府收支分类科目》中"支出功能分类科目"的项级科目和"部门预算支出经济分类科目"的款级科目等进行明细核算。年末,事业单位将该科目本年发生额转入其他结余。结转后,该科目应无余额。

(二) 主要账务处理

1. 债务还本支出的日常核算

事业单位偿还各项短期或长期借款时,按照偿还的借款本金,在财务会计中,借记"短期借款"或"长期借款"科目,贷记"银行存款"等科目;在预算会计中,借记"债务还本支出"科目,贷记"资金结存"科目。

【例13-18】 2×22年8月31日,某事业单位通过开户银行偿还某金融机构一项短期借款本金100 000元,一次还本付息的应计利息36 000元。

2×22年8月31日,该事业单位应编制的财务会计分录为:

借:短期借款　　　　　　　　　　　　　　　　　　　100 000
　　其他费用　　　　　　　　　　　　　　　　　　　 36 000
　　贷:银行存款　　　　　　　　　　　　　　　　　　　　136 000

同时,应编制的预算会计分录为:

借:债务还本支出　　　　　　　　　　　　　　　　　 100 000
　　其他支出　　　　　　　　　　　　　　　　　　　 36 000
　　贷:资金结存——货币资金　　　　　　　　　　　　　　136 000

2. 债务还本支出的年末结转

年末,事业单位将"债务还本支出"科目本年发生额转入其他结余,借记"其他结余"科目,贷记"债务还本支出"科目。结转后,"债务还本支出"科目应无余额。"债务还本支出"科目期末结转业务处理例题参见预算结余相关业务的处理。

思考题

1. 简述政府单位费用和预算支出的含义和确认方法。
2. 行政单位和事业单位的费用和预算支出分别包括哪些内容?
3. 简述事业单位业务活动费用和单位管理费用的区别。
4. 简述政府单位资产处置费用的核算内容。
5. 简述事业单位事业支出和经营支出的区别。
6. 什么是所得税费用?如何核算?
7. 什么是行政支出?如何分类?
8. 什么是投资支出和债务还本支出?

扫码阅读

第十四章 政府单位资产的核算

> **学习目标**
>
> 通过本章的学习,掌握行政事业单位流动资产和非流动资产的内容,掌握行政事业单位各项资产的概念和核算方法,掌握行政事业单位折旧和摊销的范围和核算方法。

第一节 流动资产核算

行政事业单位流动资产是指预计在1年内(含1年)耗用或者可以变现的资产,包括货币资金、短期投资、应收及预付款项、存货、待摊费用等。

一、货币资金

按照存放的地点和用途不同,行政事业单位的货币资金可分为库存现金、银行存款、零余额账户用款额度和其他货币资金等。

(一)库存现金

1. 库存现金核算内容和科目设置

库存现金是指单位存放在财务部门的货币资金,简称现金。

政府单位应设置"库存现金"总账科目,核算现金业务。该科目借方反映库存现金的增加,贷方反映库存现金的减少,期末余额在借方,反映单位实际持有的库存现金。该科目应当设置"受托代理资产"明细科目,核算单位受托代理、代管的现金。该科目期末借方余额反映单位实际持有的库存现金。

单位有外币现金的,应当分别按照人民币、外币种类设置"库存现金日记账"进行明细核算。有关外币现金业务的账务处理参见"银行存款"科目的相关规定。

2. 库存现金的主要账务处理

(1)从银行等金融机构提存现金。

单位从银行等金融机构提取现金,按照实际提取的金额,在财务会计中,借记"库存现金"科目,贷记"银行存款"科目;将现金存入银行等金融机构,按照实际存入金额,借记"银行存款"科目,贷记"库存现金"科目。无须进行预算会计的处理。

【例 14-1】 2×22年9月20日,某事业单位将现金10 000元存入其开户银行;同月22日,该单位签发现金支票,从其开户银行提取现金5 000元备用。

① 2×22年9月20日,该事业单位应编制的财务会计分录为:

借:银行存款 10 000
　　贷:库存现金 10 000

无须编制预算会计分录。

② 2×22年9月22日,该事业单位应编制的财务会计分录为:

借:库存现金 5 000
　　贷:银行存款 5 000

无须编制预算会计分录。

根据规定从单位零余额账户提取现金,按照实际提取的金额,借记"库存现金"科目,贷记"零余额账户用款额度"科目;同时,在预算会计中,借记"资金结存——货币资金"科目,贷记"资金结存——零余额账户用款额度"科目。将现金退回单位零余额账户,按照实际退回的金额,在财务会计中,借记"零余额账户用款额度"科目,贷记"库存现金"科目;同时,在预算会计中,借记"资金结存——零余额账户用款额度"科目,贷记"资金结存——货币资金"科目。

【例 14-2】 2×22年9月21日,某行政单位从单位零余额账户中提取现金3 200元,以备日常零星使用。

该行政单位应编制的财务会计分录为:

借:库存现金 3 200
　　贷:零余额账户用款额度 3 200

同时,应编制的预算会计分录为:

借:资金结存——货币资金 3 200
　　贷:资金结存——零余额账户用款额度 3 200

在该项业务中,资金结存相关明细科目的余额发生了变化,但资金结存没有发生变化。

(2) 因内部职工出差等借出现金。

因单位内部职工出差等借出的现金,按照实际借出的现金金额,在财务会计中,借记"其他应收款"科目,贷记"库存现金"科目。出差人员报销差旅费时,按照实际报销的金额,借记"业务活动费用""单位管理费用"等科目,按照实际借出的现金金额,贷记"其他应收款"科目,按照其差额,借记或贷记"库存现金"科目。同时,在预算会计中,按照实际报销金额,借记"行政支出""事业支出"等科目,贷记"资金结存——货币资金"科目。

【例 14-3】 某文化事业单位职工李某出差预借差旅费5 000元,以现金支付。李某出差回来后报销,实际开支4 500元,退回多余现金500元。

该行政单位应编制的会计分录为:

① 李某预借差旅费时,应编制的财务会计分录为:

借:其他应收款——李某	5 000	
贷:库存现金		5 000

无须编制预算会计分录。

② 李某出差回来后报销,退回多余现金时,应编制的财务会计分录为:

借:业务活动费用	4 500	
库存现金	500	
贷:其他应收款——李某		5 000

同时,应编制的预算会计分录为:

借:事业支出	4 500	
贷:资金结存——货币资金		4 500

(3) 提供服务、物品或者其他事项收到现金。

政府单位因提供服务、物品或者其他事项收到现金时,按照实际收到的金额,在财务会计中,借记"库存现金"科目,贷记"事业收入""应收账款"等相关科目;实际收到款项时,在预算会计中,借记"资金结存——货币资金"科目,贷记"事业预算收入"等科目。

涉及增值税业务的,相关账务处理参见"应交增值税"科目。

(4) 因购买服务、物品或者其他事项支付现金。

政府单位因购买服务、物品或者其他事项支付现金时,按照实际支付的金额,在财务会计中,借记"业务活动费用""单位管理费用""库存物品"等相关科目,贷记"库存现金"科目;同时,在预算会计中,借记"行政支出""事业支出""经营支出"等科目,贷记"资金结存——货币资金"科目。涉及增值税业务的相关账务处理参见"应交增值税"科目。

(5) 对外捐赠现金。

政府单位以库存现金对外捐赠,按照实际捐出的金额,在财务会计中,借记"其他费用"科目,贷记"库存现金"科目;同时,在预算会计中,借记"其他支出"科目,贷记"资金结存——货币资金"科目。

(6) 收到受托代理、代管的现金。

政府单位收到受托代理、代管的现金,按照实际收到的金额,借记"库存现金——受托代理资产"科目,贷记"受托代理负债"科目;支付受托代理、代管的现金,按照实际支付的金额,借记"受托代理负债"科目,贷记"库存现金——受托代理资产"科目。无须编制预算会计分录。

【例 14-4】 某行政单位收到受托代理的一笔现金 10 000 元。根据委托人要求,该笔现金应当转赠给有关的受赠人。之后,该行政单位按照委托人的要求,将受托代理的现金支付给有关的受赠人。

该行政单位应编制的财务会计分录为:

① 收到受托代理的现金时:

借:库存现金——受托代理资产	10 000	
贷:受托代理负债		10 000

② 支付受托代理的现金时:

借:受托代理负债	10 000	

　　　　贷：库存现金——受托代理资产　　　　　　　　　　　　　　10 000
　　无须编制预算会计分录。
　　（7）现金清查。
　　单位应当设置"库存现金日记账"，由出纳人员根据收付款凭证，按照业务发生顺序逐笔登记。每日终了，应当计算当日的现金收入合计数、现金支出合计数和结余数，并将结余数与实际库存数相核对，做到账款相符。
　　每日终了结算现金收支，核对库存现金时发现有待查明原因的现金短缺或溢余，应通过"待处理财产损溢"科目核算。属于现金溢余，应当按照实际溢余的金额，在财务会计中，借记"库存现金"科目，贷记"待处理财产损溢"科目；同时在预算会计中，借记"资金结存——货币资金"科目，贷记"其他预算收入"科目。属于现金短缺，应当按照实际短缺的金额，在财务会计中，借记"待处理财产损溢"科目，贷记"库存现金"科目；同时，在预算会计中，借记"其他支出"科目，贷记"资金结存——货币资金"科目，待查明原因后及时进行账务处理。相关业务核算举例请参阅本章待处理财产损溢相关内容。
　　现金收入业务繁多、单独设有收款部门的单位，收款部门的收款员应当将每天所收现金连同收款凭据一并交财务部门核收记账，或者将每天所收现金直接送存开户银行后，将收款凭据及向银行送存现金的凭证等一并交财务部门核收记账。

（二）银行存款

1. 银行存款核算内容和科目设置

　　银行存款是指单位存放在开户银行或其他金融机构的各种存款。单位应当严格按照国家有关支付结算办法的规定办理银行存款收支业务，并按单位会计制度的规定核算银行存款的各项收支业务。随着财政国库集中收付制度的推行，单位财政资金的收付业务都直接通过财政国库单一账户体系办理，单位银行存款的业务越来越少。
　　行政事业单位对于来自财政预算经费拨款的银行存款，应由财务部门统一在同级财政部门或上级主管部门指定的国家银行开户，国家规定凡独立编报预、决算的行政事业单位都必须在国家核定设立的银行或其他金融机构开立存款户。行政事业单位的货币资金，除保留限额内的库存现金外，其余都必须存入开户银行，用于办理转账结算。在银行或其他金融机构的账户必须由单位财务部门统一开立和管理，避免多头开户。在办理银行存款开户时，应按照银行规定填列"开户申请表"，报经上级主管部门和财政部门同意后，连同盖有有权签发支票人的名章及单位财务公章的印签卡片，交开户银行办理开户手续。
　　政府单位应设置"银行存款"总账科目，核算行政事业单位存入银行或者其他金融机构的各种存款。该科目借方反映银行存款的增加，贷方反映银行存款的减少，期末余额在借方，反映单位实际存放在银行或其他金融机构的款项。本科目应当设置"受托代理资产"明细科目，核算单位受托代理、代管的银行存款。
　　单位应当按照开户银行或其他金融机构、存款种类及币种等，分别设置"银行存款日记账"，由出纳人员根据收付款凭证，按照业务的发生顺序逐笔登记，每日终了应结出余额。"银行存款日记账"应定期与"银行对账单"核对。至少每月核对一次。月度终了,单位银行存款日记账账面余额与银行对账单余额之间如有差额,应当逐笔查明原因并进行处理,按月编制"银行存款余额调节表",调节相符。

2.银行存款的主要账务处理

(1)将款项存入银行或者其他金融机构。

政府单位将款项存入银行或者其他金融机构时,按照实际存入的金额,在财务会计中,借记"银行存款"科目,贷记"库存现金""应收账款""事业收入""经营收入""其他收入"等相关科目;同时在预算会计中,借记"资金结存——货币资金"科目,贷记"事业预算收入""经营预算收入""其他预算收入"等相关科目。

涉及增值税业务的,相关账务处理参见"应交增值税"科目。

(2)收到银行存款利息。

单位收到银行存款利息,按照实际收到的金额,在财务会计中,借记"银行存款"科目,贷记"利息收入"科目;同时,在预算会计中,借记"资金结存——货币资金"科目,贷记"其他预算收入"科目。

(3)从银行等金融机构提取现金。

单位从银行等金融机构提取现金,按照实际提取的金额,在财务会计中,借记"库存现金"科目,贷记"银行存款"科目;无须编制预算会计分录。

(4)以银行存款支付相关费用。

政府单位以银行存款支付相关费用,按照实际支付的金额,在财务会计中,借记"业务活动费用""单位管理费用""其他费用"等相关科目,贷记"银行存款"科目;同时,在预算会计中,借记"行政支出""事业支出""其他支出"等科目,贷记"资金结存——货币资金"科目。涉及增值税业务的,相关账务处理参见"应交增值税"科目。

【例14-5】 2×22年6月25日,某文化事业单位通过开户银行支付一笔款项1 500元,具体内容为完成专业业务过程中发生的一笔办公费。

2×22年6月25日,该事业单位应编制的财务会计分录为:

借:业务活动费用　　　　　　　　　　　　　　　　　　　　1 500
　　贷:银行存款　　　　　　　　　　　　　　　　　　　　　　　1 500

同时,应编制的预算会计分录为:

借:事业支出　　　　　　　　　　　　　　　　　　　　　　1 500
　　贷:资金结存——货币资金　　　　　　　　　　　　　　　　　1 500

(5)以银行存款对外捐赠。

政府单位以银行存款对外捐赠时,按照实际捐出的金额,在财务会计中,借记"其他费用"科目,贷记"银行存款"科目;同时,在预算会计中,借记"其他支出"科目,贷记"资金结存——货币资金"科目。

(6)收到受托代理、代管的银行存款。

政府单位收到受托代理、代管的银行存款时,按照实际收到的金额,借记"银行存款——受托代理资产"科目,贷记"受托代理负债"科目;支付受托代理、代管的银行存款,按照实际支付的金额,借记"受托代理负债"科目,贷记"银行存款——受托代理资产"科目。

(7) 发生外币业务。

单位发生外币业务的,应当按照业务发生当日的即期汇率,将外币金额折算为人民币金额记账,并登记外币金额和汇率。

期末,各种外币账户的期末余额,应当按照期末的即期汇率折算为人民币,作为外币账户期末人民币余额。调整后的各种外币账户人民币余额与原账面余额的差额,作为汇兑损益计入当期费用。具体账务处理如下:

第一,以外币购买物资、设备等,按照购入当日的即期汇率,将支付的外币或应支付的外币折算为人民币金额,在财务会计中,借记"库存物品"等科目,贷记"银行存款""应付账款"等科目的外币账户;实际支付的同时在预算会计中,借记"事业支出""行政支出"等科目,贷记"资金结存——货币资金"科目。涉及增值税业务的,相关账务处理参见"应交增值税"科目。

第二,销售物品、提供服务以外币收取相关款项等,按照收入确认当日的即期汇率,将收取的外币或应收取的外币折算为人民币金额,在财务会计中,借记"银行存款""应收账款"等科目的外币账户,贷记"事业收入"等相关科目;同时在预算会计中,借记"资金结存——货币资金"等科目,贷记"事业预算收入"等相关科目。

第三,期末,根据各外币银行存款账户按照期末汇率调整后的人民币余额与原账面人民币余额的差额,作为汇兑损益,在财务会计中,借记或贷记"银行存款"科目,贷记或借记"业务活动费用""单位管理费用"等科目;同时在预算会计中,借记或贷记"资金结存——货币资金"科目,贷记或借记"行政支出""事业支出"等科目。

"应收账款""应付账款"等科目有关外币账户期末汇率调整业务的账务处理参照"银行存款"科目。

(8) 从本单位零余额账户向本单位实有资金账户划转资金。

根据《政府会计准则制度解释第2号》的规定,单位在某些特定情况下按规定从本单位零余额账户向本单位实有资金账户划转资金用于后续相关支出的,可在"银行存款"或"资金结存——货币资金"科目下设置"财政拨款资金"明细科目,或采用辅助核算等形式,核算反映按规定从本单位零余额账户转入实有资金账户的资金金额,并应当按照以下规定进行账务处理:

第一,从本单位零余额账户向实有资金账户划转资金时,按照划转的资金金额,在财务会计中,借记"银行存款"科目,贷记"零余额账户用款额度"科目;同时,在预算会计中,借记"资金结存——货币资金"科目,贷记"资金结存——零余额账户用款额度"科目。

第二,将本单位实有资金账户中从零余额账户划转的资金用于相关支出时,按照实际支付的金额,在财务会计中,借记"应付职工薪酬""其他应交税费"等科目,贷记"银行存款"科目;同时,在预算会计中,借记"事业支出"等相关科目,贷记"资金结存——货币资金"科目。

(9) 归垫资金。

根据《政府会计准则制度解释第2号》的规定,单位按规定在财政授权支付用款额度或财政直接支付用款计划下达之前,用本单位实有资金账户资金垫付相关支出,再通过财政授权支付方式或财政直接支付方式将资金归还原垫付资金账户的,财务会计应当按照以下规定进行账务处理:

第一,用本单位实有资金账户资金垫付相关支出时,按照垫付的资金金额,在财务会计中,借记"业务活动费用"等科目,贷记"银行存款"科目;同时,在预算会计中,借记"事业支出"等相关科目,贷记"资金结存——货币资金"科目。

第二,通过财政直接支付方式或授权支付方式将资金归还原垫付资金账户时,按照归垫的资金金额,在财务会计中,借记"银行存款"科目,贷记"财政拨款收入"科目;同时,在预算会计中,借记"资金结存——货币资金"科目,贷记"财政拨款预算收入"科目。

(10) 银行存款的核对。

政府单位应当按照开户银行或其他金融机构、存款种类及币种等,分别设置银行存款日记账,由出纳人员根据收付款凭证,按照业务的发生顺序逐笔登记,每日终了应结出余额。该行政事业单位应定期将银行存款日记账与银行对账单核对,至少每月核对一次。月度终了,单位银行存款日记账账面余额与银行对账单余额之间如有差额,应当逐笔查明原因并进行处理,按月编制银行存款余额调节表,将两者余额调节相符。

(三) 零余额账户用款额度

1. 零余额账户用款额度的核算内容和科目设置

零余额账户用款额度是指实行财政国库集中支付的单位根据财政部门批复的用款计划收到和支用的零余额账户用款额度。纳入财政国库单一账户制度改革的行政事业单位,财政部门需为单位在商业银行开设零余额账户。

财政部门为单位在商业银行开设单位零余额账户,用于财政部门授权支付。财政部门向某单位零余额账户的代理银行下达零余额账户用款额度时,该单位的零余额账户用款额度增加;单位可以根据经批准的单位预算和用款计划,自行向单位零余额账户的代理银行开具支付令,从单位零余额账户向收款人支付款项,或从单位零余额账户提取现金,该单位的零余额账户用款额度减少。代理银行在将单位开具的支付令与单位的单位预算和用款计划进行核对,并向收款人支付款项后,于当日通过单位的零余额账户与财政国库单一账户进行资金清算。资金清算后,单位零余额账户的余额为零,因此,该账户称为零余额账户。因此,政府单位的零余额账户是一个过渡账户,它在财政国库单一账户与收款人之间起一个过渡作用。每日终了,当代理银行与财政部门进行资金清算后,单位的零余额账户的余额就为零。

政府单位应设置"零余额账户用款额度"总账科目,核算实行国库集中支付的行政事业单位根据财政部门批复的用款计划收到和支出的零余额账户用款额度。该科目借方反映收到的财政授权支付额度,贷方反映财政授权支付额度的使用数,本科目期末借方余额,反映单位尚未支用的零余额账户用款额度。年度终了,注销单位零余额账户用款额度后,该科目应无余额。

2. 零余额账户用款额度的主要账务处理

(1) 收到额度。

政府单位收到财政授权支付额度到账通知书时,根据通知书上所列金额,在财务会计中,借记"零余额账户用款额度"科目,贷记"财政拨款收入"科目;同时,在预算会计中,借记"资金结存——零余额账户用款额度"科目,贷记"财政拨款预算收入"科目。

(2) 支用额度。

政府单位支付日常活动费用时,按照支付的金额,在财务会计中,借记"业务活动费用""单位管理费用"等科目,贷记"零余额账户用款额度"科目;同时,在预算会计中,借记"行政支出""事业支出"等科目,贷记"资金结存——零余额账户用款额度"科目。

购买库存物品或购建固定资产,按照实际发生的成本,在财务会计中,借记"库存物品""固定资产""在建工程"等科目,按照实际支付或应付的金额,贷记"零余额账户用款额度""应付账款"等科目;同时,在预算会计中,借记"行政支出""事业支出"等科目,贷记"资金结存——零余额账户用款额度"科目。涉及增值税业务的,相关账务处理参见"应交增值税"科目。

从零余额账户提取现金时,按照实际提取的金额,在财务会计中,借记"库存现金"科目,贷记"零余额账户用款额度"科目;同时,在预算会计中,借记"资金结存——货币资金"科目,贷记"资金结存——零余额账户用款额度"科目。

(3) 因购货退回等发生的额度退回。

因购货退回等发生财政授权支付额度退回的,按照退回的金额,在财务会计中,借记"零余额账户用款额度"科目,贷记"库存物品"等科目;同时,在预算会计中,借记"资金结存——零余额账户用款额度"科目,贷记"行政支出""事业支出"等科目。属于以前年度支付的款项,按照退回金额,在财务会计中,借记"零余额账户用款额度"科目,贷记"以前年度盈余调整""库存物品"等科目;同时,在预算会计中,借记"资金结存——零余额账户用款额度"科目,贷记"财政拨款结转""财政拨款结余"科目。

(4) 年末注销额度。

年末,政府单位根据代理银行提供的对账单注销额度时,在财务会计中,借记"财政应返还额度——财政授权支付"科目,贷记"零余额账户用款额度"科目;同时在预算会计中,借记"资金结存——财政应返还额度"科目,贷记"资金结存——零余额账户用款额度"科目。

行政事业单位本年度财政授权支付预算指标数大于零余额账户用款额度下达数的,根据未下达的用款额度,在财务会计中,借记"财政应返还额度——财政授权支付"科目,贷记"财政拨款收入"科目;同时,在预算会计中,借记"资金结存——财政应返还额度"科目,贷记"财政拨款预算收入"科目。

下年年初,单位根据代理银行提供的上年度注销额度恢复到账通知书恢复额度时,在财务会计中,借记"零余额账户用款额度"科目,贷记"财政应返还额度——财政授权支付"科目;同时,在预算会计中,借记"资金结存——零余额账户用款额度"科目,贷记"资金结存——财政应返还额度"。单位收到财政部门批复的上年未下达零余额账户用款额度,在财务会计中,借记"零余额账户用款额度"科目,贷记"财政应返还额度——财政授权支付"科目;同时,在预算会计中,借记"资金结存——零余额账户用款额度"科目,贷记"资金结存——财政应返还额度"科目。

【例 14-6】 某行政单位年终本年度财政授权支付预算指标数为 785 000 元,本年度财政授权支付实际支出数为 760 000 元,单位零余额账户代理银行收到零余额账户用款额度 770 000 元。该行政单位存在尚未使用的财政授权支付预算额度 10 000 元（＝770 000－760 000）,存在尚未收到的财政授权支付预算指标 15 000 元（＝785 000－770 000）。根据上述业务情况,该行政单位应编制的会计分录为：

① 年末,根据代理银行提供的对账单,注销尚未使用的零余额账户用款额度时,应编制的财务会计分录为：

借：财政应返还额度——财政授权支付　　　　　　　　　　　10 000
　　贷：零余额账户用款额度　　　　　　　　　　　　　　　　　　10 000

同时,应编制的预算会计分录为：

借：资金结存——财政应返还额度　　　　　　　　　　　　　10 000
　　贷：资金结存——零余额账户用款额度　　　　　　　　　　　　10 000

② 年末,确认尚未收到的财政授权支付用款额度时,应编制的财务会计分录为：

借：财政应返还额度——财政授权支付　　　　　　　　　　　15 000
　　贷：财政拨款收入　　　　　　　　　　　　　　　　　　　　　15 000

同时,应编制的预算会计分录为：

借：资金结存——财政应返还额度　　　　　　　　　　　　　15 000
　　贷：财政拨款预算收入　　　　　　　　　　　　　　　　　　　15 000

③ 下年年初,收到代理银行提供的额度恢复到账通知书,恢复财政授权支付额度时,应编制的财务会计分录为：

借：零余额账户用款额度　　　　　　　　　　　　　　　　　10 000
　　贷：财政应返还额度——财政授权支付　　　　　　　　　　　　10 000

同时,应编制的预算会计分录为：

借：资金结存——零余额账户用款额度　　　　　　　　　　　10 000
　　贷：资金结存——财政应返还额度　　　　　　　　　　　　　　10 000

④ 下年年初,收到财政部门批复的上年年末未下达的单位零余额账户用款额度时,应编制的财务会计分录为：

借：零余额账户用款额度　　　　　　　　　　　　　　　　　15 000
　　贷：财政应返还额度——财政授权支付　　　　　　　　　　　　15 000

同时,应编制的预算会计分录为：

借：资金结存——零余额账户用款额度　　　　　　　　　　　15 000
　　贷：资金结存——财政应返还额度　　　　　　　　　　　　　　15 000

在财政国库单一账户制度下,财政部门在商业银行开设财政零余额账户。财政零余额账户用于财政直接支付。当单位根据经批准的部门预算和用款计划购买物品或服务时,向财政部门申请财政直接支付。财政部门经审核无误,向财政零余额账户的代理银行开具支付令,通过财政零余额账户将款项支付给收款人。每日终了,当代理银行与财政国库单一账户进行资金清算后,财政零余额账户的余额即为零。

与单位零余额账户用款额度不同的是,单位不能自行向财政零余额账户开具支付令,只有财政部门才能向财政零余额账户开具支付令。单位也不需要为财政零余额账户设置特别的总账科目来核算财政直接支付业务。财政零余额账户的业务由财政国库支付执行机构通过设置"财政零余额账户存款"总账科目来核算相应的业务内容。

(四) 其他货币资金

1. 其他货币资金的核算内容和科目设置

其他货币资金是指单位的外埠存款、银行本票存款、银行汇票存款、信用卡存款等货币资金。单位应当加强对其他货币资金的管理,及时办理结算,对于逾期尚未办理结算的银行汇票、银行本票等,应当按照规定及时转回,并按照规定进行相应账务处理。

政府单位应设置"其他货币资金"总账科目,核算其他货币资金业务。"其他货币资金"科目借方反映其他货币资金的增加数,贷方反映其他货币资金的减少数。本科目期末借方余额,反映单位实际持有的其他货币资金。该科目应当设置"外埠存款""银行本票存款""银行汇票存款""信用卡存款"等明细科目,进行明细核算。

2. 其他货币资金的主要账务处理

(1) 单位按照有关规定需要在异地开立银行账户,将款项委托本地银行汇往异地开立账户时,借记"其他货币资金"科目,贷记"银行存款"科目。收到采购员交来供应单位发票账单等报销凭证时,在财务会计中,借记"库存物品"等科目,贷记"其他货币资金"科目;同时在预算会计中,按照实际支付的金额,借记"事业支出"科目,贷记"资金结存——货币资金"科目。将多余的外埠存款转回本地银行时,根据银行的收账通知,借记"银行存款"科目,贷记"其他货币资金"科目。

(2) 将款项交存银行取得银行本票、银行汇票,按照取得的银行本票、银行汇票金额,借记"其他货币资金"科目,贷记"银行存款"科目。使用银行本票、银行汇票购买库存物品等资产时,按照实际支付金额,在财务会计中,借记"库存物品"等科目,贷记"其他货币资金"科目;同时在预算会计中,按照实际支付的金额,借记"事业支出"科目,贷记"资金结存——货币资金"科目。如有余款或因本票、汇票超过付款期等而退回款项,按照退款金额,借记"银行存款"科目,贷记"其他货币资金"科目。

(3) 将款项交存银行并取得信用卡,按照交存金额,借记"其他货币资金"科目,贷记"银行存款"科目。用信用卡购物或支付有关费用,按照实际支付金额,在财务会计中,借记"单位管理费用""库存物品"等科目,贷记"其他货币资金"科目;同时在预算会计中,借记"事业支出"等科目,贷记"资金结存——货币资金"科目。单位信用卡在使用过程中,需向其账户续存资金的,按照续存金额,借记"其他货币资金"科目,贷记"银行存款"科目。

单位应当加强对其他货币资金的管理,及时办理结算,对于逾期尚未办理结算的银行汇票、银行本票等,应当按照规定及时转回,并按照上述相关规定进行相应的账务处理。

二、短期投资

短期投资是指事业单位按照规定取得的,持有时间不超过1年(含1年)的投资。投资对象主要是国债。行政单位没有短期投资业务。

事业单位应当严格遵守国家法律、行政法规以及财政部门、主管部门关于对外投资的有关规定,不得使用财政拨款及其结余进行对外投资,不得从事股票、期货、基金、企业债券等投资,国家另有规定的除外。

(一) 科目设置

事业单位应设置"短期投资"总账科目,核算短期投资业务。该科目借方反映事业单位开展短期投资而增加的短期投资成本,贷方反映转让或者到期兑付而减少的短期投资成本。本科目期末借方余额,反映事业单位持有短期投资的成本。该科目应当按照投资的种类等进行明细核算。该科目期末借方余额反映事业单位持有短期投资的成本。

(二) 主要账务处理

1. 取得短期投资

事业单位取得短期投资时,按照确定的投资成本,在财务会计中,借记"短期投资"科目,贷记"银行存款"等科目;同时,在预算会计中,借记"投资支出"科目,贷记"资金结存——货币资金"科目。收到取得投资时实际支付价款中包含的已到付息期但尚未领取的利息,按照实际收到的金额,在财务会计中,借记"银行存款"科目,贷记"短期投资"科目;同时,在预算会计中,借记"资金结存——货币资金"科目,贷记"投资支出"科目。

2. 收到短期投资持有期间的利息

事业单位收到短期投资持有期间的利息时,按照实际收到的金额,在财务会计中,借记"银行存款"科目,贷记"投资收益"科目;同时,在预算会计中,借记"资金结存——货币资金"科目,贷记"投资预算收益"科目。

3. 出售短期投资或到期收回短期投资本息

事业单位出售短期投资或到期收回短期投资本息,按照实际收到的金额,在财务会计中,借记"银行存款"科目,按照出售或收回短期投资的账面余额,贷记"短期投资"科目,按照其差额,借记或贷记"投资收益"科目。同时,在预算会计中,借记"资金结存——货币资金"科目,贷记"投资支出"科目,差额记入"投资预算收益"科目。涉及增值税业务的,相关账务处理参见"应交增值税"科目。

【例 14-7】 2×22 年 5 月 1 日,某事业单位使用闲置资金购入一批 1 年期国库券,面值为 50 000 元,每半年付息一次,实际支付购入价格及税费为 51 200 元,其中含有已到付息期但尚未领取的利息 1 200 元。同年 5 月 12 日,收到上述该笔利息 1 200 元。10 月 31 日,收到持有期间的半年利息 1 200 元。1 年到期后,该单位收回本金和利息,共计 51 200 元,并存入开户银行。

① 2×22 年 5 月 1 日,购入短期投资时,应编制的财务会计分录为:

借:短期投资——债券投资　　　　　　　　　　　　　　　　51 200
　　贷:银行存款　　　　　　　　　　　　　　　　　　　　　51 200

同时,应编制的预算会计分录为:

借:投资支出　　　　　　　　　　　　　　　　　　　　　　51 200

  贷:资金结存——货币资金 51 200

  ② 2×22年5月12日,收到购入时含有的已到付息期但尚未领取的利息时,应编制的财务会计分录为:

  借:银行存款 1 200
    贷:短期投资——债券投资 1 200

  同时,应编制的预算会计分录为:

  借:资金结存——货币资金 1 200
    贷:投资支出 1 200

  ③ 10月31日,收到持有期间的利息,应编制的财务会计分录为:

  借:银行存款 1 200
    贷:投资收益 1 200

  同时,应编制的预算会计分录为:

  借:资金结存——货币资金 1 200
    贷:投资预算收益 1 200

  ④ 到期收回本息时,应编制的财务会计分录为:

  借:银行存款 51 200
    贷:短期投资——债券投资 50 000
      投资收益 1 200

  同时,应编制的预算会计分录为:

  借:资金结存——货币资金 51 200
    贷:投资支出 50 000
      投资预算收益 1 200

三、财政应返还额度

  财政应返还额度是指实行国库集中支付的单位应收财政返还的资金额度,包括可以使用的以前年度财政直接支付资金额度和财政应返还的财政授权支付资金额度。

  在财政国库单一账户制度下,政府单位的年度支出预算经批准后,分别构成行政单位的财政直接支付用款额度或预算指标和财政授权支付用款额度或预算指标。年度终了,当行政单位通过财政零余额账户发生的实际财政直接支付数小于财政直接支付用款额度数时,行政单位就存在尚未使用的财政直接支付用款额度。同样,当行政单位通过单位零余额账户发生的实际财政授权支付数小于财政授权支付额度数时,行政单位也就存在尚未使用的财政授权支付用款额度。财政部门对行政单位尚未使用的财政直接支付用款额度和财政授权支付用款额度,采用先注销后恢复的管理办法。即年度终了,财政部门对行政单位尚未使用的用款额度先进行注销,次年初,财政部门再对行政单位尚未使用的用款额度予以恢复,供行政单位使用。如此,行政单位在年终尚未使用的当年财政直接支付用款额度和当年财政授权支付用款额度,在次年可以继续按计划使用。由此,当年尚未使用的用款额度,即构成行政单位的财政应返还额度。财政应返还额度只有在已经纳入财政国库单一账户制度改革的行政单位才存在。尚未纳入财政国库单一账户制度改革的行政单位,没有财政应返还额度的业务内容。

在财政国库单一账户制度下,年度终了,当单位通过财政零余额账户发生的实际财政直接支付数(假定为 90 万元)小于财政直接支付用款额度数(假定为 100 万元)时,单位就存在尚未使用的财政直接支付用款额度(10 万元)。同样,当单位通过单位零余额账户发生的实际财政授权支付数(假定为 95 万元)小于财政授权支付额度数(假定为 100 万元)时,单位也就存在尚未使用的财政授权支付用款额度(5 万元)。财政部门对单位尚未使用的财政直接支付用款额度和财政授权支付用款额度,采用先注销后恢复的管理办法。即年度终了,财政部门对单位尚未使用的用款额度先进行注销;下年年初,财政部门再对单位尚未使用的用款额度予以恢复,供单位使用。由此,单位当年尚未使用的用款额度(15 万元),即构成单位的财政应返还额度。

(一) 科目设置

单位应设置"财政应返还额度"总账科目,核算财政应返还额度的业务。该科目借方反映年末转入的应收财政返还的财政直接支付和财政授权支付的资金额度,贷方反映应收财政返还的财政直接支付和财政授权支付的资金额度的使用数或者收回数。本科目期末借方余额,反映单位应收财政返还的资金额度。该科目应当设置"财政直接支付""财政授权支付"两个明细科目进行明细核算。

(二) 主要账务处理

在财政直接支付方式下,年末,单位根据本年度财政直接支付预算指标数与当年财政直接支付实际支出数的差额,在财务会计中,借记"财政应返还额度——财政直接支付"科目,贷记"财政拨款收入"科目;同时,在预算会计中,借记"资金结存——财政应返还额度"科目,贷记"财政拨款预算收入"科目。下年年初,财政部门恢复财政直接支付额度时,单位不做会计处理。下年度,单位实际使用以前年度财政直接支付额度发生支出时,在财务会计中,借记"业务活动费用""单位管理费用"等科目,贷记"财政应返还额度——财政直接支付"科目;同时,在预算会计中,借记"事业支出""行政支出"等科目,贷记"资金结存——财政应返还额度"科目。

在财政授权支付方式下,年末,根据代理银行提供的对账单作注销额度的相关账务处理,在财务会计中,借记"财政应返还额度——财政授权支付"科目,贷记"零余额账户用款额度"科目;同时,在预算会计中,借记"资金结存——财政应返还额度"科目,贷记"资金结存——零余额账户用款额度"。年末,单位本年度财政授权支付预算指标数大于零余额账户用款额度下达数的,根据未下达的用款额度,在财务会计中,借记"财政应返还额度——财政授权支付"科目,贷记"财政拨款收入"科目;同时,在预算会计中,借记"资金结存——财政应返还额度"科目,贷记"财政拨款预算收入"科目。根据已经下达尚未使用的用款额度,在财务会计中,借记"财政应返还额度——财政授权支付"科目,贷记"零余额账户用款额度"科目;同时,在预算会计中,借记"资金结存——财政应返还额度"科目,贷记"资金结存——零余额账户用款额度"科目。下年年初,单位根据代理银行提供的上年度注销额度恢复到账通知书作恢复额度的相关账务处理,在财务会计中,借记"零余额账户用款额度"

科目,贷记"财政应返还额度——财政授权支付"科目。单位收到财政部门批复的上年未下达零余额账户用款额度,借记"零余额账户用款额度"科目,贷记"财政应返还额度——财政授权支付"科目。

四、应收及预付款项

应收及预付款项是指行政事业单位在开展业务活动中形成的各项债权。其具体包括应收票据、应收账款、预付账款、应收股利、应收利息和其他应收款等。

(一) 应收票据的核算

应收票据是指事业单位因开展经营活动销售产品、提供有偿服务等收到的商业汇票。商业汇票是由出票人签发的、指定付款人在一定日期支付一定金额给收款人或持票人的票据。行政单位没有应收票据业务。

商业汇票按其承兑人不同,分为商业承兑汇票和银行承兑汇票。商业承兑汇票是由付款人承兑的汇票,它可以由收款人签发,也可以由付款人签发,但必须由付款人承兑;银行承兑汇票是由收款人或承兑申请人签发,并由承兑申请人向银行申请,银行审查同意承兑的汇票。

事业单位应设置"应收票据"总账科目,核算单位因开展经营活动销售产品、提供有偿服务等而收到的商业汇票,包括商业承兑汇票和银行承兑汇票。该科目借方反映收到的商业汇票金额,贷方反映到期兑付的商业汇票金额。本科目期末借方余额,反映事业单位持有的商业汇票票面金额。该科目应按照开出、承兑商业汇票的单位等进行明细核算。事业单位应当设置"应收票据备查簿",逐笔登记每一应收票据的种类、号数、出票日期、到期日、票面金额、交易合同号和付款人、承兑人、背书人姓名或单位名称、背书转让日、贴现日期、贴现率和贴现净额、收款日期、收回金额和退票情况等。应收票据到期结清票款或退票后,应当在备查簿内逐笔注销。

1. 收到应收票据

因销售产品、提供服务等收到商业汇票,按照商业汇票的票面金额借记"应收票据"科目,按照确认的收入金额贷记"经营收入"等科目。涉及增值税业务的,相关账务处理参见"应交增值税"科目。

【例 14-8】 某事业单位(系小规模纳税人)所属非独立核算部门开展一项经营活动,内容为对外销售一批日常体育用品给 A 公司,产品已发出,销售价款为 20 000 元。因 A 公司短缺资金,开出一张银行承兑汇票,期限为 3 个月,面值为 20 000 元。不考虑增值税的影响。

该事业单位应编制的财务会计分录为:
借:应收票据——A 公司   20 000
  贷:经营收入   20 000
无须编制预算会计分录。

2. 应收票据贴现

事业单位持有的应收票据,在到期前可以用背书形式转让给银行。银行同意接受时,要预扣自贴现日至到期日的利息,将其余额(即贴现净值)支付给企业。这种利用票据向银行融资的做法,被称为应收票据贴现。

在贴现业务中,银行所预扣的利息,称为贴现利息。银行计算贴现利息使用的利率,称为贴现率。贴现单位从银行获得的票据到期额中扣除贴现利息后的货币资金称为贴现所得。相关计算公式如下:

贴现息＝票据到期价值×银行贴现率×贴现期

贴现期＝票据期限－票据已持有期限

贴现所得＝票据到期价值－贴现利息

事业单位将其所持有的未到期的商业汇票向银行贴现,按照实际收到的金额(即票据到期值减去贴现利息后的净额),在财务会计中,借记"银行存款"科目;按照贴现息,借记"经营费用"等科目,按照商业汇票的票面金额,贷记"应收票据"科目(无追索权)或"短期借款"科目(有追索权)。附追索权的商业汇票到期未发生追索事项的,按照商业汇票的票面金额,借记"短期借款"科目,贷记"应收票据"科目。同时,在预算会计中,借记"资金结存——货币资金"科目,贷记"经营预算收入"等科目。

【例14-9】 借承例14-8,假定事业单位因需要资金将未到期的应收票据向银行贴现,收到款项19 000元,贴现利息为1 000元。

该事业单位应编制的财务会计分录为:

借:银行存款 19 000
　　经营费用——贴现利息支出 1 000
　　贷:应收票据——A公司 20 000

同时,应编制的预算会计分录为:

借:资金结存——货币资金 19 000
　　贷:经营预算收入 19 000

3. 应收票据背书转让

事业单位可以将自己持有的商业汇票背书转让,将汇票的权利转让给他人。背书是指在商业汇票背面或者在粘单上记载有关事项并签章的票据行为。背书人背书转让汇票后,即承担保证其后手所持汇票承兑和付款的责任。

将持有的商业汇票背书转让以取得所需物资时,按照取得物资的成本,在财务会计中,借记"库存物品"等科目,按照商业汇票的票面金额,贷记"应收票据"科目,如有差额,借记或贷记"银行存款"等科目。同时,在预算会计中,借记"经营支出"等科目,贷记"资金结存——货币资金"科目。涉及增值税业务的,相关账务处理参见"应交增值税"科目。

4. 汇票到期

应收票据到期、商业汇票到期时,应当分别按照以下情况处理:

第一,收回票款时,按照实际收到的商业汇票票面金额,在财务会计中,借记"银行存款"科目,贷记"应收票据"科目;同时,在预算会计中,借记"资金结存——货币资金"科目,贷记"经营预算收入"科目。

第二,因付款人无力支付票款,收到银行退回的商业承兑汇票、委托收款凭证、未付票款通知书或拒付款证明等,按照商业汇票的票面金额,借记"应收账款"科目,贷记"应收票据"科目。

事业单位应当设置应收票据备查簿,逐笔登记每一应收票据的种类、号数、出票日期、到期日、票面金额、交易合同号、付款人、承兑人、背书人姓名或单位名称、背书转让日、贴现日期、贴现率和贴现净额、收款日期、收回金额和退票情况等。

应收票据到期结清票款或退票后,应当在备查簿内逐笔注销。

(二) 应收账款的核算

应收账款是指事业单位提供服务、销售产品等应收取的款项,以及单位因出租资产、出售物资等应收取的款项。

事业单位应设置"应收账款"总账科目,核算事业单位提供服务、销售产品等应收取的款项,以及单位因出租资产、出售物资等应收取的款项。该科目借方反映应收账款的增加数,贷方反映应收账款的收回数。本科目期末借方余额,反映单位尚未收回的应收账款。该科目应当按照债务单位(或个人)进行明细核算。

1. 收回后不需上缴财政的应收账款

单位发生应收账款时,按照应收未收金额,借记"应收账款"科目,贷记"事业收入""经营收入""租金收入""其他收入"等科目。涉及增值税业务的,相关账务处理参见"应交增值税"科目。

收回应收账款时,按照实际收到的金额,在财务会计中,借记"银行存款"等科目,贷记"应收账款"科目;同时,在预算会计中,借记"资金结存——货币资金"科目,贷记"事业预算收入""经营预算收入""其他预算收入"等科目。

2. 收回后需上缴财政的应收账款

单位出租资产发生应收未收租金款项时,按照应收未收金额,借记"应收账款"科目,贷记"应缴财政款"科目;收回应收账款时,按照实际收到的金额,借记"银行存款"等科目,贷记"应收账款"科目。

单位出售物资发生应收未收的款项时,按照应收未收金额,借记"应收账款"科目,贷记"应缴财政款"科目;收回应收账款时,按照实际收到的金额,借记"银行存款"等科目,贷记"应收账款"科目。涉及增值税业务的,相关账务处理参见"应交增值税"科目。

【例 14-10】 2×22 年 7 月 10 日,某事业单位经批准将暂时闲置的设备出售,销售价款为 30 000 元,款项尚未收到。7 月 25 日,收到该笔款项后按规定款项应上缴财政。

① 2×22 年 7 月 10 日,该事业单位应编制的财务会计分录为:

借:应收账款 30 000
  贷:应缴财政款 30 000

② 2×22 年 7 月 25 日,收到上述租金时,该事业单位应编制的财务会计分录为:

借:银行存款 30 000
  贷:应收账款 30 000

由于应收账款收回后需要上缴财政,收回资金不纳入部门预算管理,故在预算会计中不进行账务处理。

3. 事业单位对收回后不需上缴财政的应收账款进行年末计价

事业单位应当于每年年末对收回后不需上缴财政的应收账款和其他应收款进行全面检查,分析其可收回性,对预计可能产生的坏账损失计提坏账准备。坏账准备是指事业单位对收回后不需上缴财政的应收账款预计产生坏账损失而提取的准备金。

坏账是指政府单位无法收回或收回的可能性极小的应收款项。由于发生坏账而产生的损失,称为坏账损失。坏账准备是政府单位采用备抵法核算坏账损失时,对应收款项计提的减值准备。事业单位应当于每年年末对收回后不需上缴财政的应收账款和其他应收款进行全面检查,分析其可收回性,对预计可能产生的坏账损失计提坏账准备、确认坏账损失。

为了核算坏账准备业务,事业单位应设置"坏账准备"总账科目。该科目应当区分应收账款和其他应收款进行明细核算。该科目期末贷方余额反映事业单位提取的坏账准备金额。

事业单位提取坏账准备时,借记"其他费用"科目,贷记"坏账准备"科目;冲减坏账准备时,借记"坏账准备"科目,贷记"其他费用"科目。

第一,对于账龄超过规定年限、确认无法收回的应收账款,按照规定报经批准后予以核销。按照核销金额,借记"坏账准备"科目,贷记"应收账款"科目。核销的应收账款应在备查簿中保留登记。

第二,已核销的应收账款在以后期间又收回的,按照实际收回金额,在财务会计中,借记"应收账款"科目,贷记"坏账准备"科目;同时,借记"银行存款"等科目,贷记"应收账款"科目。在预算会计中,借记"资金结存——货币资金"科目,贷记"非财政拨款结余"科目。

事业单位可以采用应收款项余额百分比法、账龄分析法、个别认定法等方法计提坏账准备。坏账准备计提方法一经确定,不得随意变更;如需变更,应当按照规定报经批准,并在报表附注中予以说明。

当期应补提或冲减的坏账准备金额的计算公式如下:

当期应补提或冲减的坏账准备金额=按照期末应收账款和其他应收款计算应计提的坏账准备金额—"坏账准备"科目期末贷方余额(或+"坏账准备"科目期末借方余额)

第一,应收账款余额百分比法。它是指根据会计期末应收款项的余额和估计的坏账比率,估计坏账损失,计提坏账准备的方法。这一方法是基于坏账的发生与应收账款余额之间存在相对稳定的比例关系,根据这个比例关系和当前应收账款的期末余额,估计本期可能发生的坏账损失,并据此提取坏账准备。

第二,账龄分析法。它是指根据应收账款入账时间的长短来估计坏账损失的方法。虽然应收账款能否收回以及能收回多少,不一定完全取决于时间的长短,但一般来说,账款拖欠的时间越长,发生坏账的可能性就越大。

第三,个别认定法。它是指根据每一项应收款项的情况来估计坏账损失的方法。在采用余额百分比法、账龄分析法等方法的同时,如果某项应收款项的可收回性与其他各项应收款项存在明显的差别,导致该项应收款项如果按照与其他应收款项同样的方法计提坏账准备将无法真实地反映其可收回金额的,单位可对该项应收款项采用个别认定法计提坏账准备。在某一会计期末运用个别认定法的应收款项,应从按其他方法计提坏账准备的应收款项中剔除。

4. 单位对收回后应当上缴财政的应收账款进行年末计价

单位应当于每年年末对收回后应当上缴财政的应收账款进行全面检查。

第一,对于账龄超过规定年限、确认无法收回的应收账款,单位应按照规定报经批准后予以核销,根据核销金额,借记"应缴财政款"科目,贷记"应收账款"科目,并将核销的应收账款在备查簿中保留登记。

第二,已核销的应收账款在以后期间又收回的,按照实际收回金额,借记"银行存款"等科目,贷记"应缴财政款"科目。

(三) 预付账款的核算

预付账款是指单位按照购货、服务合同或协议规定预付给供应单位(或个人)的款项,以及按照合同规定向承包工程的施工企业预付的备料款和工程款。单位依据合同规定支付的定金,也属于预付账款的内容范围。单位支付可以收回的订金,不属于预付账款的内容范围,而属于其他应收款的内容范围。

单位应设置"预付账款"总账科目,核算单位按照购货、服务合同或协议规定预付给供应单位(或个人)的款项,以及按照合同规定向承包工程的施工企业预付的备料款和工程款。该科目借方反映预付账款的增加数,贷方反映预付账款的结算数或者收回数。本科目期末借方余额,反映单位实际预付但尚未结算的款项。

该科目应当按照供应单位(或个人)及具体项目进行明细核算。对于基本建设项目发生的预付账款,还应当在本科目所属基建项目明细科目下设置"预付备料款""预付工程款""其他预付款"等明细科目,进行明细核算。

1. 支付预付款

单位根据购货、服务合同或协议规定预付款项时,按照预付金额,在财务会计中,借记"预付账款"科目,贷记"财政拨款收入""零余额账户用款额度""银行存款"等科目;同时,在预算会计中,借记"行政支出""事业支出"等科目,贷记"财政拨款预算收入""资金结存"科目。

【例 14-11】 某行政单位通过财政授权支付方式支付一笔款项 10 000 元,具体内容是向甲公司预付购入专用物资的款项。

该单位应编制的财务会计分录为:

借:预付账款 10 000
  贷:零余额账户用款额度 10 000

同时,应编制的预算会计分录为:

借:行政支出 10 000
  贷:资金结存——零余额账户用款额度 10 000

2.收到采用预付款购买的货物

单位收到所购资产或服务时,按照购入资产或服务的成本,在财务会计中,借记"库存物品""固定资产""无形资产""业务活动费用"等相关科目,按照相关预付账款的账面余额,贷记"预付账款"科目,按照实际补付的金额,贷记"财政拨款收入""零余额账户用款额度""银行存款"等科目。同时,在预算会计中,借记"行政支出""事业支出"等科目,贷记"财政拨款预算收入""资金结存"科目。涉及增值税业务的,相关账务处理参见"应交增值税"科目。

3.根据完成进度结算预付款

根据工程进度结算工程价款及备料款时,按照结算金额,在财务会计中,借记"在建工程"科目,按照相关预付账款的账面余额,贷记"预付账款"科目,按照实际补付的金额,贷记"财政拨款收入""零余额账户用款额度""银行存款"等科目。同时,在预算会计中,按照实际补付的金额,借记"行政支出""事业支出"等科目,贷记"财政拨款预算收入""资金结存"科目。

4.预付账款退回

发生预付账款退回的,按照实际退回金额,在财务会计中,借记"财政拨款收入"(本年直接支付)"财政应返还额度"(以前年度直接支付)"零余额账户用款额度""银行存款"等科目,贷记"预付账款"科目。同时,在预算会计中,借记"财政拨款预算收入""资金结存"科目,贷记"行政支出""事业支出"等科目。

5.期末计价

单位应当于每年年末对预付账款进行全面检查。如果有确凿证据表明预付账款不再符合预付款项性质,或者因供应单位破产、撤销等可能无法收到所购货物、服务的,应当先将其转入其他应收款,再按照规定进行处理。将预付账款账面余额转入其他应收款时,借记"其他应收款"科目,贷记"预付账款"科目。

(四)应收股利的核算

应收股利是指事业单位因持有长期股权投资应当收取的现金股利或应当分得的利润。

事业单位应设置"应收股利"总账科目,核算事业单位持有长期股权投资收取的现金股利或应当分得的利润。该科目借方反映收现金股利或应当分得的利润的增加数,贷方反映应收现金股利或应当分得的利润的收回数。本科目期末借方余额,反映事业单位应当收取但尚未收到的现金股利或利润。本科目应当按照被投资单位等进行明细核算。

1.取得长期股权投资时包含现金股利,并收到

事业单位取得长期股权投资,按照支付的价款中所包含的已宣告但尚未发放的现金股利,在财务会计中,借记"应收股利"科目,按照确定的长期股权投资成本,借记"长期股权投资"科目,按照实际支付的金额,贷记"银行存款"等科目。同时,在预算会计中,按照实际支付的金额,借记"投资支出"科目,贷记"资金结存——货币资金"等科目。

收到取得投资时实际支付价款中所包含的已宣告但尚未发放的现金股利时,按照收到的金额,在财务会计中,借记"银行存款"科目,贷记"应收股利"科目。同时,在预算会计中,借记"资金结存——货币资金"科目,贷记"投资支出"科目。

2. 确认持有期间应享有的股利或利润,并收到

长期股权投资持有期间,被投资单位宣告发放现金股利或利润的,按照应享有的份额,借记"应收股利"科目,贷记"投资收益"(成本法下)或"长期股权投资"(权益法下)科目。实际收到现金股利或利润时,按照收到的金额,在财务会计中,借记"银行存款"等科目,贷记"应收股利"科目。同时,在预算会计中,借记"资金结存——货币资金"科目,贷记"投资预算收益"科目。相关账务处理参见长期股权投资有关例题。

(五) 应收利息的核算

应收利息是指事业单位长期债券投资应当收取的利息。其形成主要来源于两个方面:一是取得债权投资时,所支付的价款中所包含的已到付息期但尚未支付的利息;二是在持有债权投资期间,在资产负债表日按投资的面值、票面利率计算的利率所确认的应收债权投资的利息。

事业单位应设置"应收利息"总账科目,核算其持有投资应当收取的利息。事业单位购入的到期一次还本付息的长期债券投资持有期间的利息,应当通过"长期债券投资——应计利息"科目核算,不通过该科目核算。该科目借方反映事业单位开展长期债券投资应收的利息,贷方反映收到的长期债券利息。期末借方余额反映事业单位应收未收的长期债券投资利息。该科目应当按照被投资单位等进行明细核算。

1. 取得投资时包含利息,并收到

事业单位取得长期债券投资,按照确定的投资成本,在财务会计中,借记"长期债券投资"科目,按照支付的价款中包含的已到付息期但尚未领取的利息,借记"应收利息"科目,按照实际支付的金额,贷记"银行存款"等科目。同时,在预算会计中,按照实际支付的价款,借记"投资支出"科目,贷记"资金结存——货币资金"科目。

收到取得投资时实际支付价款中所包含的已到付息期但尚未领取的利息时,在财务会计中,按照收到的金额,借记"银行存款"等科目,贷记"应收利息"科目。同时,在预算会计中,借记"资金结存——货币资金"科目,贷记"投资支出"科目。

2. 持有债权投资按期计提利息,并收到

事业单位按期计算确认长期债券投资利息收入时,对于分期付息、一次还本的长期债券投资,按照以票面金额和票面利率计算确定的应收未收利息金额,借记"应收利息"科目,贷记"投资收益"科目。实际收到应收利息时,按照收到的金额,借记"银行存款"等科目,贷记"应收利息"科目。同时,在预算会计中,借记"资金结存——货币资金"科目,贷记"投资预算收益"科目。应收利息相关例题参见长期债券投资相关账务处理。

(六) 其他应收款的核算

其他应收款是指单位除财政应返还额度、应收票据、应收账款、预付账款、应收股利、

应收利息外的其他各项应收及暂付款项,如职工预借的差旅费、已经偿还银行尚未报销的本单位公务卡欠款、拨付给内部有关部门的备用金、应向职工收取的各种垫付款项、支付的可以收回的订金或押金、应收的上级补助和附属单位上缴款项等。

单位应设置"其他应收款"科目,核算其他应收款业务。该科目借方反映其他应收款的增加数,贷方反映其他应收款的收回数或者减少数;该科目期末借方余额,反映单位尚未收回的其他应收款。该科目应当按照其他应收款的类别以及债务单位(或个人)进行明细核算。

1. 拨付备用金

单位内部实行备用金制度的,有关部门使用备用金以后应当及时到财务部门报销并补足备用金。财务部门核定并发放备用金时,按照实际发放金额,借记"其他应收款"科目,贷记"库存现金"等科目。根据报销金额,用现金补足备用金定额时,借记"业务活动费用""单位管理费用"等科目,贷记"库存现金"等科目,报销数和拨补数都不再通过"其他应收款"科目核算。同时,在预算会计中,按照实际报销金额,借记"行政支出""事业支出"等科目,贷记"资金结存——货币资金"科目。

【例14-12】 某行政单位内部实行备用金制度,财务部门向单位内部相关业务和管理部门核定并发放备用金。2×22年1月8日,财务部门核定办公室定额备用金2 000元,款项以库存现金支付。2月10日,办公室人员到财务部门报销备用金1 500元,经财务部门审核后报销,并以现金补足定额备用金。

① 2×22年1月8日,核定并发放备用金时,该行政单位应编制的财务会计分录为:
借:其他应收款——备用金　　　　　　　　　　　　　　　　2 000
　　贷:库存现金　　　　　　　　　　　　　　　　　　　　　　2 000
无须编制预算会计分录。

② 2×22年2月10日,报销并补足备用金时,该行政单位应编制的财务会计分录为:
借:业务活动费用　　　　　　　　　　　　　　　　　　　　1 500
　　贷:库存现金　　　　　　　　　　　　　　　　　　　　　　1 500
同时,应编制的预算会计分录为:
借:行政支出　　　　　　　　　　　　　　　　　　　　　　1 500
　　贷:资金结存——货币资金　　　　　　　　　　　　　　　　1 500

2. 发生各种应收及暂付款项

政府单位发生其他各种应收及暂付款项时,按照实际发生金额,借记"其他应收款"科目,贷记"零余额账户用款额度""银行存款""库存现金""上级补助收入""附属单位上缴收入"等科目。涉及增值税业务的,相关账务处理参见"应交增值税"科目。

收回其他各种应收及暂付款项时,按照收回的金额,借记"库存现金""银行存款"等科目,贷记"其他应收款"科目。对于纳入预算管理体系的资金,还需进行预算会计处理,借记"行政支出""事业支出"等科目,贷记"资金结存——货币资金"科目。

3. 单位公务卡报销

偿还尚未报销的本单位公务卡欠款时,按照偿还的款项,借记"其他应收款"科目,贷记"零余额账户用款额度""银行存款"等科目；持卡人报销时，按照报销金额，在财务会计中，借记"业务活动费用""单位管理费用"等科目，贷记"其他应收款"科目。同时，在预算会计中，借记"行政支出""事业支出"等科目，贷记"资金结存"科目。

4. 预付账款转入其他应收款

单位将预付账款账面余额转入其他应收款时，借记"其他应收款"科目，贷记"预付账款"科目。

5. 年末计价

事业单位应当于每年年末对其他应收款进行全面检查，如发现不能收回的迹象，应当计提坏账准备。

对于账龄超过规定年限、确认无法收回的其他应收款，按照规定报经批准后予以核销。按照核销金额，借记"坏账准备"科目，贷记"其他应收款"科目。核销的其他应收款应当在备查簿中保留登记。

已核销的其他应收款在以后期间又收回的，按照实际收回金额，借记"其他应收款"科目，贷记"坏账准备"科目；同时，借记"银行存款"等科目，贷记"其他应收款"科目。其他应收款"坏账准备"的核算方法请参阅应收账款"坏账准备"的核算方法进行。

行政单位应当于每年年末对其他应收款进行全面检查。对于超过规定年限、确认无法收回的其他应收款，应当按照有关规定报经批准后予以核销。

核销的其他应收款应在备查簿中保留登记。具体而言，经批准核销其他应收款时，按照核销金额，借记"资产处置费用"科目，贷记"其他应收款"科目。已核销的其他应收款在以后期间又收回的，按照收回金额，借记"银行存款"等科目，贷记"其他收入"科目；同时，在预算会计中，借记"资金结存——货币资金"等科目，贷记"其他预算收入"科目。

五、存货

（一）存货概述

存货是指单位在开展业务活动及其他活动中为耗用或出售而储存的资产，包括材料、产品、包装物和低值易耗品，以及未达到固定资产标准的家具、用具、装具等。行政事业单位的存货具体可以分为在途物品、库存物品和加工物品等。

（1）在途物品。在途物品是指单位采购材料等物资时货款已付或已开出商业汇票但尚未验收入库的物品。

（2）库存物品。库存物品是指单位在开展业务活动及其他活动中为耗用或出售而储存的各种材料、产品、包装物、低值易耗品，以及达不到固定资产标准的用具、装具、动植物等。已完成的测绘、地质勘查、设计成果等，也通过本科目核算。

（3）加工物品。加工物品是指单位自制或委托外单位加工的各种物品。未完成的测绘、地质勘查、设计成果，也通过本科目核算。

单位随买随用的零星办公用品，可以在购进时直接列作费用，不通过本科目核算。单位控制的政府储备物资，应当通过"政府储备物资"科目核算。单位受托存储保管的物资和受托转赠的物资,应当通过"受托代理资产"科目核算。单位为在建工程购买和使用的材料物资,应当通过"工程物资"科目核算。

根据《政府会计准则第1号——存货》的规定,同时满足下列条件的,应当予以确认:

一是与该存货相关的服务潜力很可能实现或者经济利益很可能流入政府会计主体;

二是该存货的成本或者价值能够可靠地计量。

存货在取得时,应当按照其实际成本初始计量。具体而言:

(1) 购入的存货。其成本包括购买价款、相关税费、运输费、装卸费、保险费以及其他使得存货达到目前场所和状态所发生的支出。

(2) 自行加工的存货。其成本包括耗用的直接材料费用、发生的直接人工费用和按照规定方法分配的与存货加工有关的间接费用。

(3) 委托加工的存货。其成本包括委托加工前存货成本、委托加工的成本(如委托加工费以及按规定应计入委托加工存货成本的相关税费等)以及使存货达到目前场所和状态所发生的归属于存货成本的其他支出。

下列各项应当在发生时确认为当期费用,不计入存货成本:

第一,非正常消耗的直接材料、直接人工和间接费用。

第二,仓储费用(不包括在加工过程中为达到下一个加工阶段所必需的费用)。

第三,不能归属于使存货达到目前场所和状态所发生的其他支出。

(4) 置换换入的存货。其成本按照换出资产的评估价值,加上支付的补价或减去收到的补价,加上为换入存货支付的其他支出(运输费等)确定。

(5) 接受捐赠的存货。其成本按照有关凭据注明的金额加上相关税费、运输费等确定;没有相关凭据可供取得,但按规定经过资产评估的,其成本按照评估价值加上相关税费、运输费等确定;没有相关凭据可供取得,也未经资产评估的,其成本比照同类或类似资产的市场价格加上相关税费、运输费等确定;没有相关凭据且未经资产评估、同类或类似资产的市场价格也无法可靠取得的,按照名义金额入账,相关税费、运输费等计入当期费用。

(6) 无偿调入的存货。其成本按照调出方账面价值加上相关税费、运输费等确定。

(7) 盘盈的存货。其成本按照有关凭据注明的金额确定;没有相关凭据但按照规定经过资产评估的,其成本按照评估价值确定;没有相关凭据,也未经过评估的,其成本按照重置成本确定。如无法采用上述方法确定盘盈的库存物品成本的,按照名义金额入账。

与企业不同,行政事业单位以提供非物质产品为主,购入的大多数存货为自用物品,如购入的办公用品、实验室用品等。

发出存货时应当根据实际情况采用先进先出法、加权平均法或者个别计价法确定发出存货的实际成本。存货的计价方法一经确定,不得随意更改。

性质和用途相似的存货,应当采用相同的成本计价方法确定发出存货的成本。对于不能替代使用的存货、为特定项目专门购入或加工的存货,通常采用个别计价法确定发出存货的成本。

对于已发出的存货,应当将其成本结转为当期费用或者计入相关资产成本。按规定报经批准对外捐赠、无偿调出的存货,应当将其账面余额予以转销,对外捐赠、无偿调出过程中发生的归属于捐出方、调出方的相关费用应当计入当期费用。政府会计主体应当采用一次转销法或者五五摊销法对低值易耗品、包装物进行摊销,将其成本计入当期费用或者是相关资产成本。

对于发生的存货毁损,应当将存货账面余额转销计入当期费用,并将毁损存货处置收入扣除相关处置费用后的差额,按规定做应缴款项处理(差额为净收益时)或计入当期费用(差额为净损失时)。存货盘亏造成的损失,按规定报经批准后应当计入当期费用。

(二)在途物品的核算

1. 科目设置

单位应设置"在途物品"总账科目,核算单位采购材料等物资时货款已付或已开出商业汇票但尚未验收入库的在途物品的采购成本。该科目借方反映货款已付或已开出商业汇票但尚未验收入库的在途物品的采购成本,贷方反映验收入库的在途物品的采购成本。本科目期末借方余额,反映单位在途存货的采购成本。该科目可按照供应单位和物品种类进行明细核算。

2. 主要账务处理

单位采购材料等物品,按照确定的物品采购成本的金额,在财务会计中,借记"在途物品"科目,按照实际支付的金额,贷记"财政拨款收入""零余额账户用款额度""银行存款"等科目。同时,在预算会计中,借记"行政支出""事业支出""经营支出"等科目,贷记"财政拨款预算收入""资金结存"等科目。涉及增值税业务的,相关账务处理参见"应交增值税"科目。

所购材料等物品到达验收入库,按照确定的库存物品成本金额,在财务会计中,借记"库存物品"科目,按照物品采购成本金额,贷记"在途物品"科目,按照入库物品达到目前场所和状态所发生的其他支出,贷记"银行存款"等科目。对于存在其他支出款项的,还要在预算会计中,借记"行政支出""事业支出""经营支出"等科目,贷记"资金结存"等科目。

(三)库存物品的核算

1. 科目设置

单位应设置"库存物品"总账科目,核算在开展业务活动及其他活动中为耗用或出售而储存的各种材料、产品、包装物、低值易耗品,以及达不到固定资产标准的用具、装具、动植物等的成本。该科目借方反映入库的各项库存物品的成本,贷方反映出库的各项库存物品的成本。本科目期末借方余额,反映单位库存物品的实际成本。该科目应当按照库存物品的种类、规格、保管地点等进行明细核算。单位储存的低值易耗品、包装物较多的,可以在该科目(低值易耗品、包装物)下按照"在库""在用"和"摊销"等进行明细核算。

使用该科目应注意以下几点:

(1)已完成的测绘、地质勘察、设计成果等的成本,也通过该科目核算。

(2)单位随买随用的零星办公用品,可以在购进时直接列作费用,不通过该科目核算。

(3) 单位控制的政府储备物资,应当通过"政府储备物资"科目核算,不通过该科目核算。

(4) 单位受托存储保管的物资和受托转赠的物资,应当通过"受托代理资产"科目核算,不通过该科目核算。

(5) 单位为在建工程购买和使用的材料物资,应当通过"工程物资"科目核算,不通过该科目核算。

2. 主要账务处理

(1) 库存物品的取得。

行政事业单位取得的库存物品,应当按照取得时的成本入账。

单位外购的库存物品已验收入库,应按照确定的成本,在财务会计中,借记"库存物品"科目,贷记"财政拨款收入""零余额账户用款额度""银行存款""应付账款"等科目。同时,在预算会计中,借记"行政支出""事业支出""经营支出"等科目,贷记"财政拨款预算收入""资金结存"等科目。涉及增值税业务的,相关账务处理参见"应交增值税"科目。

【例 14-13】 某行政单位购入一批维修材料,买入价为 5 000 元,款项通过财政直接支付方式支付,库存物品已验收入库。

该行政单位应编制的财务会计分录为:

借:库存物品　　　　　　　　　　　　　　　　　　　　　　5 000
　　贷:零余额账户用款额度　　　　　　　　　　　　　　　　5 000

同时,应编制的预算会计分录为:

借:行政支出　　　　　　　　　　　　　　　　　　　　　　5 000
　　贷:资金结存——零余额账户用款额度　　　　　　　　　　5 000

自制的库存物品加工完成并验收入库,按照确定的成本,借记"库存物品"科目,贷记"加工物品——自制物品"科目。

委托外单位加工收回的库存物品验收入库,按照确定的成本,借记"库存物品"科目,贷记"加工物品——委托加工物品"等科目。

接受捐赠的库存物品验收入库,在财务会计中,按照确定的成本,借记"库存物品"科目,按照发生的相关税费、运输费等,贷记"银行存款"等科目,按照其差额,贷记"捐赠收入"科目。同时,在预算会计中,按照发生的相关税费、运输费等,借记"其他支出"科目,贷记"资金结存"科目。接受捐赠的库存物品按照名义金额入账的,按照名义金额,在财务会计中,借记"库存物品"科目,贷记"捐赠收入"科目;同时,按照发生的相关税费、运输费等,借记"其他费用"科目,贷记"银行存款"等科目。在预算会计中,按照发生的相关税费、运输费等,借记"其他支出"科目,贷记"资金结存"科目。

无偿调入的库存物品验收入库,在财务会计中,按照确定的成本,借记"库存物品"科目,按照发生的相关税费、运输费等,贷记"银行存款"等科目,按照其差额,贷记"无偿调拨净资产"科目。同时,在预算会计中,按照发生的相关税费、运输费等,借记"其他支出"科目,贷记"资金结存"科目。

置换换入的库存物品验收入库,按照确定的成本,在财务会计中,借记"库存物品"科目,按照换出资产的账面余额,贷记相关资产科目(换出资产为固定资产、无形资产的,还应当借记"固定资产累计折旧""无形资产累计摊销"科目),按照置换过程中发生的其他相关支出,贷记"银行存款"等科目,按照借、贷方差额,借记"资产处置费用"科目或贷记"其他收入"科目。

涉及补价的,分别按照以下情况处理:

其一,支付补价。支付补价的,按照确定的成本,借记"库存物品"科目,按照换出资产的账面余额,贷记相关资产科目(换出资产为固定资产、无形资产的,还应当借记"固定资产累计折旧""无形资产累计摊销"科目),按照支付的补价和置换过程中发生的其他相关支出,贷记"银行存款"等科目,按照借、贷方差额,借记"资产处置费用"科目或贷记"其他收入"科目。

其二,收到补价。收到补价的,按照确定的成本,借记"库存物品"科目,按照收到的补价,借记"银行存款"等科目,按照换出资产的账面余额,贷记相关资产科目(换出资产为固定资产、无形资产的,还应当借记"固定资产累计折旧""无形资产累计摊销"科目),按照置换过程中发生的其他相关支出,贷记"银行存款"等科目,按照补价扣减其他相关支出后的净收入,贷记"应缴财政款"科目,按照借、贷方差额,借记"资产处置费用"科目或贷记"其他收入"科目。

【例 14-14】 甲事业单位经批准以某项专用设备与乙事业单位交换一批库存物品。换出固定资产的账面原值为 200 000 元,已计提折旧为 20 000 元,账面净值为 180 000 元(=200 000−20 000)。该固定资产评估确认的价值为 160 000 元,收到乙单位的补价 11 000 元,为换入库存物品发生的相关费用为 1 000 元。则换入库存物品的成本为 150 000 元(=160 000+1 000−11 000),应缴财政款为 10 000 元(=11 000−1 000)。借方差额 30 000 元(=211 000−181 000),即为资产处置费用。

甲事业单位财务会计应编制的会计分录为:

借:库存物品	150 000
银行存款	11 000
固定资产累计折旧	20 000
资产处置费用	30 000
贷:固定资产	200 000
银行存款	1 000
应缴财政款	10 000

(2) 库存物品的发出。

单位开展业务活动等领用、按照规定自主出售发出或加工发出库存物品,按照领用、出售等发出物品的实际成本,借记"业务活动费用""单位管理费用""经营费用""加工物品"等科目,贷记"库存物品"科目。

采用一次转销法摊销低值易耗品、包装物的,在首次领用时,将其账面余额一次性摊销并计入有关成本费用时,借记有关科目,贷记"库存物品"科目。采用五五摊销法摊销低值易耗品、包装物的,首次领用时,将其账面余额的 50% 摊销计入有关成本费用,借记有关科目,贷记"库存物品"科目;使用完时,将剩余的账面余额转销计入有关成本费用,借记有关科目,贷记"库存物品"科目。

该批低值易耗品报废时,再摊销其成本的50%,其财务会计编制的会计分录同上。

经批准对外出售的库存物品(不含可自主出售的库存物品),发出时,按照库存物品的账面余额,借记"资产处置费用"科目,贷记"库存物品"科目;同时,按照收到的价款,借记"银行存款"等科目,按照处置过程中发生的相关费用,贷记"银行存款"等科目,按照其差额,贷记"应缴财政款"科目。

经批准对外捐赠的库存物品发出时,按照库存物品的账面余额和对外捐赠过程中发生的归属于捐出方的相关费用合计数,在财务会计中,借记"资产处置费用"科目,按照库存物品账面余额,贷记"库存物品"科目,按照对外捐赠过程中发生的归属于捐出方的相关费用,贷记"银行存款"等科目。同时,在预算会计中,按照实际支付的相关费用,借记"其他支出"科目,贷记"资金结存"科目。

经批准无偿调出的库存物品发出时,按照库存物品的账面余额,在财务会计中,借记"无偿调拨净资产"科目,贷记"库存物品"科目;同时,按照无偿调出过程中发生的归属于调出方的相关费用,借记"资产处置费用"科目,贷记"银行存款"等科目。同时,在预算会计中,按照实际支付的相关费用,借记"其他支出"科目,贷记"资金结存"科目。

经批准置换换出的库存物品,参照"库存物品"科目有关置换换入库存物品的规定进行账务处理。

3. 库存物品的清查盘点及毁损、报废

单位应当定期对库存物品进行清查盘点,每年至少盘点一次。对于发生的库存物品盘盈、盘亏或者报废、毁损,应当先记入"待处理财产损溢"科目,按照规定报经批准后及时进行后续账务处理。

盘盈的库存物品,其成本按照有关凭据注明的金额确定;没有相关凭据,但按照规定经过资产评估的,其成本按照评估价值确定;没有相关凭据,也未经过评估的,其成本按照重置成本确定。如无法采用上述方法确定盘盈的库存物品成本的,按照名义金额入账。

盘盈的库存物品,按照确定的入账成本,借记"库存物品"科目,贷记"待处理财产损溢"科目。

盘亏或者毁损、报废的库存物品,按照待处理库存物品的账面余额,借记"待处理财产损溢"科目,贷记"库存物品"科目。

属于增值税一般纳税人的单位,非正常原因导致库存物品盘亏或毁损,还应当将与该库存物品相关的增值税进项税额转出,按照其增值税进项税额,借记"待处理财产损溢"科目,贷记"应交增值税——应交税金——进项税额转出"科目。

(四) 加工物品的核算

1. 科目设置

单位应设置"加工物品"总账科目,核算单位自制或委托单位加工的各种物品的实际成本。该科目借方反映发出加工的物品在加工过程中发生的各项材料费、加工费、运输费等各项成本,贷方反映完工入库的加工物品成本。该科目期末借方余额,反映单位自制或委托外单位加工但尚未完工的各种物品的实际成本。

该科目应当设置"自制物品""委托加工物品"两个一级明细科目,并按照物品类别、品种、项目等设置明细账,进行明细核算。该科目"自制物品"一级明细科目下应当设置"直接材料""直接人工""其他直接费用"等二级明细科目来归集自制物品发生的直接材料、直接人工(专门从事物品制造人员的人工费)等直接费用;对于自制物品发生的间接费用,应当在"自制物品"一级明细科目下单独设置"间接费用"二级明细科目予以归集,期末,再按照一定的分配标准和方法,分配计入有关物品的成本。该科目借方余额反映单位自制或委托外单位加工但尚未完工的各种物品的实际成本。

未完成的测绘、地质勘察、设计成果的实际成本,也通过该科目核算。

2. 主要账务处理

(1) 自制物品。

为自制物品领用材料等,按照材料成本,借记"加工物品——自制物品——直接材料"科目,贷记"库存物品"科目。

专门从事物品制造的人员发生的直接人工费用,按照实际发生的金额,借记"加工物品——自制物品——直接人工"科目,贷记"应付职工薪酬"科目。

为自制物品发生的其他直接费用,按照实际发生的金额,在财务会计中,借记"加工物品——自制物品——其他直接费用"科目,贷记"零余额账户用款额度""银行存款"等科目。同时,在预算会计中,借记"事业支出""经营支出"等科目,贷记"财政拨款预算收入""资金结存"等科目。

为自制物品发生的间接费用,按照实际发生的金额,在财务会计中,借记"加工物品——自制物品——间接费用"科目,贷记"零余额账户用款额度""银行存款""应付职工薪酬""固定资产累计折旧""无形资产累计摊销"等科目。同时,在预算会计中,借记"事业支出""经营支出"等科目,贷记"财政拨款预算收入""资金结存"等科目。

间接费用一般按照生产人员工资、生产人员工时、机器工时、耗用材料的数量或成本、直接费用(直接材料和直接人工)或产品产量等进行分配。单位可根据具体情况自行选择间接费用的分配方法。分配方法一经确定,不得随意变更。

已经制造完成并验收入库的物品,按照所发生的实际成本(包括耗用的直接材料费用、直接人工费用、其他直接费用和分配的间接费用),借记"库存物品"科目,贷记"加工物品——自制物品"科目。

(2) 委托加工物品。

发给外单位加工的材料等,按照其实际成本,借记"加工物品——委托加工物品"科目,贷记"库存物品"科目。

支付加工费、运输费等费用,按照实际支付的金额,在财务会计中,借记"加工物品——委托加工物品"科目,贷记"零余额账户用款额度""银行存款"等科目。同时,在预算会计中,借记"事业支出""行政支出"等科目,贷记"资金结存"等科目。涉及增值税业务的,相关账务处理参见"应交增值税"科目。

委托加工完成的材料等验收入库,按照加工前发出材料的成本和加工、运输成本等,借记"库存物品"等科目,贷记"加工物品——委托加工物品"科目。

六、待摊费用

待摊费用是指单位已经支付,但应当由本期和以后各期分别负担的分摊期在 1 年以内(含 1 年)的各项费用,如预付航空保险费、预付租金等。

(一) 科目设置

单位应设置"待摊费用"总账科目,核算单位已经支付,但应当由本期和以后各期分别负担的分摊期在 1 年以内(含 1 年)的各项费用。该科目核算内容包括预付航空保险费、预付租金等。该科目借方反映单位发生的需要在 1 年内摊销的各项费用,贷方反映摊销额;该科目期末借方余额,反映单位各种已支付但尚未摊销的分摊期在 1 年以内(含 1 年)的费用。该科目应当按照待摊费用种类进行明细核算。

摊销期限在 1 年以上的租入固定资产改良支出和其他费用,应当通过"长期待摊费用"科目核算,不通过该科目核算。

待摊费用应当在其受益期限内分期平均摊销,如预付航空保险费应在保险期的有效期内、预付租金应在租赁期内分期平均摊销,计入当期费用。

(二) 主要账务处理

(1) 发生待摊费用时,按照实际预付的金额,在财务会计中,借记"待摊费用"科目,贷记"财政拨款收入""零余额账户用款额度""银行存款"等科目。同时,在预算会计中,借记"行政支出""事业支出"等科目,贷记"财政拨款预算收入""资金结存"等科目。

(2) 按照受益期限分期平均摊销时,按照摊销金额,借记"业务活动费用""单位管理费用""经营费用"等科目,贷记"待摊费用"科目。

(3) 如果某项待摊费用已经不能使单位受益,应当将其摊余金额一次全部转入当期费用。按照摊销金额,借记"业务活动费用""单位管理费用""经营费用"等科目,贷记"待摊费用"科目。

【例 14-15】 某事业单位通过银行存款账户支付一笔款项 24 000 元,具体内容为预付非独立核算经营活动的房屋租金。按合约约定租期为 6 个月,在租期内每月平均分摊租金金额为 4 000 元。该事业单位应编制的会计分录为:

① 预付房屋租金时,应编制的财务会计分录为:

借:待摊费用——租赁费　　　　　　　　　　　　　　　　24 000
　　贷:银行存款　　　　　　　　　　　　　　　　　　　24 000

同时,应编制的预算会计分录为:

借:经营支出　　　　　　　　　　　　　　　　　　　　24 000
　　贷:资金结存——货币资金　　　　　　　　　　　　　24 000

② 租赁期内,每月摊销房屋租金时,应编制的财务会计分录为:

借:经营费用　　　　　　　　　　　　　　　　　　　　4 000
　　贷:待摊费用——租赁费　　　　　　　　　　　　　　4 000

无须编制预算会计分录。

第二节 非流动资产核算

一、长期投资

长期投资是指事业单位取得的除短期投资以外的债权和股权性质的投资。按长期投资性质不同,长期投资分为长期股权投资和长期债权投资。

行政单位不涉及长期投资核算业务。事业单位长期投资业务的开展应当严格遵守国家法律、行政法规以及财政部门、主管部门的有关规定。

(一) 长期股权投资

长期股权投资是指事业单位按照规定取得的,持有时间超过1年(不含1年)的股权性质的投资。

事业单位应设置"长期股权投资"总账科目,核算长期股权投资业务。该科目借方反映取得的长期股权投资成本,贷方反映转让或者到期收回的长期股权投资成本。本科目期末借方余额,反映事业单位持有的长期股权投资的价值。该科目应当按照被投资单位和长期股权投资取得方式等进行明细核算。长期股权投资采用权益法核算的事业单位,还应当按照"成本""损益调整""其他权益变动"设置明细科目,进行明细核算。

1. 长期股权投资的取得

长期股权投资在取得时,应当以其实际成本作为初始投资成本。

(1) 以现金取得的长期股权投资。

以现金取得的长期股权投资,在财务会计中,按照确定的投资成本,借记"长期股权投资"或"长期股权投资——成本"科目,按照支付的价款中包含的已宣告但尚未发放的现金股利,借记"应收股利"科目,按照实际支付的全部价款,贷记"银行存款"等科目。同时,在预算会计中,按照实际支付的价款,借记"投资支出"科目,贷记"资金结存"科目。

实际收到取得投资时所支付价款中包含的已宣告但尚未发放的现金股利时,在财务会计中,借记"银行存款"科目,贷记"应收股利"科目。同时,在预算会计中,按照实际支付的价款,借记"资金结存"科目,贷记"投资支出"科目。

以支付现金取得的长期股权投资,以实际支付的全部价款(包括购买价款和相关税费)作为实际成本。实际支付的价款中包含的已宣告但尚未发放的现金股利,应当单独确认为应收股利,不计入长期股权投资的初始投资成本。

【例14-16】 2×22年3月8日,某事业单位以银行存款对甲公司进行投资,以每股10.1元购买甲公司2 000股股票作为长期投资,拥有甲公司25%的股权,有权决定甲公司的财务和经营政策,相应的长期股权投资采用权益法核算。其中,每股的购买股价中包含0.1元已宣告但尚未分派的现金股利。

2×22年3月8日,购入股票时,该事业单位应编制的财务会计分录为:

借:长期股权投资——成本	20 000
应收股利	200
贷:银行存款	20 200

同时,应编制的预算会计分录为:

| 借:投资支出 | 20 200 |
| 贷:资金结存——货币资金 | 20 200 |

(2) 以现金以外的其他资产置换取得的长期股权投资。

以现金以外的其他资产置换取得的长期股权投资,参照"库存物品"科目中置换取得库存物品的相关规定进行账务处理。

以现金以外的其他资产置换取得的长期股权投资,其成本按照换出资产的评估价值加上支付的补价或减去收到的补价,加上换入长期股权投资发生的相关税费确定。根据《政府会计准则制度解释第1号》的规定,事业单位以其持有的科技成果取得的长期股权投资,应当按照评估价值加相关税费作为投资成本。事业单位按规定通过协议定价在技术交易市场挂牌交易、拍卖等方式确定价格的,应当按照以上方式确定的价格加相关税费作为投资成本。

(3) 以未入账的无形资产取得的长期股权投资。

以未入账的无形资产取得的长期股权投资,按照评估价值加相关税费作为投资成本,在财务会计中,借记"长期股权投资"科目,按照发生的相关税费,贷记"银行存款""其他应交税费"等科目,按其差额,贷记"其他收入"科目。同时,在预算会计中,按实际支付的相关税费,借记"其他支出"科目,贷记"资金结存"科目。

(4) 接受捐赠的长期股权投资。

接受捐赠的长期股权投资,在财务会计中,按照确定的投资成本,借记"长期股权投资"或"长期股权投资——成本"科目,按照发生的相关税费,贷记"银行存款"等科目,按照其差额,贷记"捐赠收入"科目。同时,在预算会计中,按实际支付的相关税费,借记"其他支出"科目,贷记"资金结存"科目。

接受捐赠的长期股权投资,其成本按照有关凭据注明的金额加上相关税费确定;没有相关凭据可供取得,但按规定经过资产评估的,其成本按照评估价值加上相关税费确定;没有相关凭据可供取得,也未经资产评估的,其成本比照同类或类似资产的市场价格加上相关税费确定。

(5) 无偿调入的长期股权投资。

无偿调入的长期股权投资,在财务会计中,按照确定的投资成本,借记"长期股权投资"或"长期股权投资——成本"科目,按照发生的相关税费,贷记"银行存款"等科目,按照其差额,贷记"无偿调拨净资产"科目。同时,在预算会计中,按实际支付的相关税费,借记"其他支出"科目,贷记"资金结存"科目。

无偿调入的长期股权投资,其成本按照调出方账面价值加上相关税费确定。

2. 长期股权投资持有期间的计量

事业单位在持有长期股权投资期间,通常应当采用权益法进行核算。但是,如果事业单位无权决定被投资单位的财务和经营政策或无权参与被投资单位的财务和经营政策决策的,应当采用成本法进行核算。

(1) 成本法。

成本法,是指投资按照投资成本计量的方法。在成本法下,长期股权投资的账面余额通常保持不变,但追加或收回投资时,应当相应调整其账面余额。长期股权投资持有期间,被投资单位宣告分配现金股利或利润,事业单位应该按照宣告分派的现金股利或利润中属于本单位应享有的份额确认为投资收益。在财务会计中,按照应收的金额,借记"应收股利"科目,贷记"投资收益"科目;收到现金股利或利润时,在财务会计中,按照实际收到的金额,借记"银行存款"等科目,贷记"应收股利"科目。同时,在预算会计中,借记"资金结存"科目,贷记"投资预算收益"科目。

【例 14-17】 某事业单位 2×22 年 1 月 1 日,以 300 000 元购入甲公司 5% 的股份。该事业单位取得该部分股权后,没有权利主导甲公司的相关活动并获得可变回报。同年 6 月 30 日,甲公司宣告分派现金股利,按股份该事业单位可分得现金股利 3 000 元。同年 7 月 25 日,该事业单位收到现金股利。

① 2×22 年 1 月 1 日,应编制的财务会计分录为:

借:长期股权投资 300 000
　　贷:银行存款 300 000

同时,应编制的预算会计分录为:

借:投资支出 300 000
　　贷:资金结存——货币资金 300 000

② 2×22 年 6 月 30 日,应编制的财务会计分录为:

借:应收股利 3 000
　　贷:投资收益 3 000

③ 2×22 年 7 月 25 日,应编制的财务会计分录为:

借:银行存款 3 000
　　贷:应收股利 3 000

同时,应编制的预算会计分录为:

借:资金结存——货币资金 3 000
　　贷:投资预算收益 3 000

(2) 权益法。

权益法,是指投资最初以投资成本计量,以后根据单位在被投资单位所享有的所有者权益份额的变动对投资的账面余额进行调整的方法。

采用权益法核算,事业单位取得长期股权投资后,对于被投资单位所有者权益的变动,应当按照下列规定进行处理:

① 被投资单位实现净利润的,按照应享有的份额,借记"长期股权投资——损益调整"科目,贷记"投资收益"科目。

② 被投资单位发生净亏损的,按照应分担的份额,借记"投资收益"科目,贷记"长期股权投资——损益调整"科目,但以"长期股权投资"科目的账面余额减记至零为限。发生

亏损的被投资单位以后年度又实现净利润的,按照收益分享额弥补未确认的亏损分担额等后的金额,借记"长期股权投资——损益调整"科目,贷记"投资收益"科目。

③ 被投资单位宣告分派现金股利或利润的,按照应享有的份额,借记"应收股利"科目,贷记"长期股权投资——损益调整"科目。

④ 被投资单位发生除净损益和利润分配以外的所有者权益变动的,按照应享有或应分担的份额,借记或贷记"权益法调整"科目,贷记或借记"长期股权投资——其他权益变动"科目。

⑤ 实际收到被投资单位分派的现金股利或利润,在财务会计中,按照实际收到的金额,借记"银行存款"等科目,贷记"应收股利"等科目;同时,在预算会计中,借记"资金结存——货币资金"等科目,贷记"投资预算收益"科目。

根据《政府会计准则制度解释第1号》的规定,事业单位采用权益法核算长期股权投资且被投资单位编制合并财务报表的,在持有投资期间,应当以被投资单位合并财务报表中归属于母公司的净利润和其他所有者权益变动为基础,计算确定应当调整长期股权投资账面余额的金额,并进行相关会计处理。

(3) 成本法与权益法的转换。

事业单位因处置部分长期股权投资等无权再决定被投资单位的财务和经营政策或者不再参与被投资单位的财务和经营政策决策的,应当对处置后的剩余股权投资由权益法改按成本法核算的,以权益法下"长期股权投资"科目账面余额作为成本法下"长期股权投资"科目账面余额(成本)。其后,被投资单位宣告分派现金股利或利润时,属于单位已计入投资账面余额的部分,按照应分得的现金股利或利润份额,借记"应收股利"科目,贷记"长期股权投资"科目。

事业单位因追加投资等对长期股权投资的核算从成本法改为权益法的,应当自有权决定被投资单位的财务和经营政策或者参与被投资单位的财务和经营政策决策时,以成本法下"长期股权投资"科目账面余额与追加投资成本的合计金额作为按照权益法核算的长期股权投资的初始投资成本。在财务会计中,按照新确定的初始投资成本,借记"长期股权投资——成本"科目,按照成本法下"长期股权投资"科目账面余额,贷记"长期股权投资"科目,按照追加投资的成本,贷记"银行存款"等科目。同时,在预算会计中,借记"投资支出"科目,贷记"资金结存"科目。

3. 长期股权投资的处置

事业单位按规定报经批准处置长期股权投资,应当区分不同原因和处置方式进行处理。

根据《政府会计准则制度解释第1号》的规定,事业单位按照规定报经批准出售(转让)长期股权投资时,应当区分长期股权投资的取得方式分别进行处理。

第一,事业单位处置以现金取得的长期股权投资,在财务会计中,按照实际取得的价款,借记"银行存款"等科目,按照被处置长期股权投资的账面余额,贷记"长期股权投资"科目,按照尚未领取的现金股利或利润,贷记"应收股利"科目,按照发生的相关税费等支出,贷记"银行存款"等科目,按照借、贷方差额,借记或贷记"投资收益"科目。同时,在预算会计中,按照取得价款扣除支付的相关税费后的金额,借记"资金结存"科目,按照投资金额,贷记"投资支出"科目(处置当年投资时)或者"其他结余"科目(处置以前年度投资时),按照两者的差额,贷记"投资预算收益"科目。

第二,事业单位处置以科技成果转化形成的长期股权投资,按规定所取得的收入全部留归本单位的,在财务会计中,应当按照实际取得的价款,借记"银行存款"等科目,按照被处置长期股权投资的账面余额,贷记"长期股权投资"科目,按照尚未领取的现金股利或利润,贷记"应收股利"科目,按照发生的相关税费等支出,贷记"银行存款"等科目,按照借、贷方差额,借记或贷记"投资收益"科目。同时,在预算会计中,按照实际取得价款,借记"资金结存——货币资金"科目;按照处置时确认的投资收益金额,贷记"投资预算收益"科目;按照贷方差额,贷记"其他预算收入"科目。

第三,在权益法下,事业单位处置以现金以外的其他资产取得的(不含科技成果转化形成的)长期股权投资时,按规定将取得的投资收益(此处的投资收益是指长期股权投资处置价款扣除长期股权投资成本和相关税费后的差额)纳入本单位预算管理的,分别按照以下两种情况处理:

(1)长期股权投资的账面余额大于其投资成本的,在财务会计中,应当按照被处置长期股权投资的成本,借记"资产处置费用"科目,贷记"长期股权投资——成本"科目;同时,按照实际取得的价款,借记"银行存款"等科目,按照尚未领取的现金股利或利润,贷记"应收股利"科目,按照发生的相关税费等支出,贷记"银行存款"等科目,按照长期股权投资的账面余额减去其投资成本的差额,贷记"长期股权投资——损益调整、其他权益变动"科目(以上明细科目为贷方余额的,借记相关明细科目),按照实际取得的价款与被处置长期股权投资账面余额、应收股利和账面余额和相关税费支出合计数的差额,贷记或借记"投资收益"科目,按照贷方差额,贷记"应缴财政款"科目。同时,在预算会计中,按照取得价款扣除投资账面余额和相关税费后的差额,借记"资金结存"科目,贷记"投资预算收益"科目。

(2)长期股权投资的账面余额小于或等于其投资成本的,在财务会计中,应当按照被处置长期股权投资的账面余额,借记"资产处置费用"科目,按照长期股权投资各明细科目的余额,贷记"长期股权投资——成本"科目,贷记或借记"长期股权投资——损益调整、其他权益变动"科目;同时,按照实际取得的价款,借记"银行存款"等科目,按照尚未领取的现金股利或利润,贷记"应收股利"科目,按照发生的相关税费等支出,贷记"银行存款"等科目,按照实际取得的价款大于被处置长期股权投资成本、应收股利账面余额和相关税费支出合计数的差额,贷记"投资收益"科目,按照贷方差额,贷记"应缴财政款"科目。同时,在预算会计中,按照取得价款扣除投资账面余额和相关税费后的差额,借记"资金结存"科目,贷记"投资预算收益"科目。

事业单位按规定应将长期股权投资持有期间取得的投资净收益,以及以现金取得的长期股权投资处置时取得的净收入(处置价款扣除投资本金和相关税费后的净额)上缴本级财政并纳入一般公共预算管理的,在应收或收到上述有关款项时不确认投资收益,应通过"应缴财政款"科目核算。

第四,因被投资单位破产清算等,有确凿证据表明长期股权投资发生损失,按照规定报经批准后予以核销时,按照予以核销的长期股权投资的账面余额,借记"资产处置费用"科目,贷记"长期股权投资"科目。

第五,报经批准置换转出长期股权投资时,参照"库存物品"科目中置换换入库存物品的规定进行账务处理。

第六,采用权益法核算的长期股权投资的处置,除进行上述账务处理外,还应结转原直接计入净资产的相关金额,借记或贷记"权益法调整"科目,贷记或借记"投资收益"科目。

(二) 长期债权投资

长期债权投资是指事业单位按照规定取得的,持有时间超过1年(不含1年)的债券投资。长期债权投资只能按约定的利率收取利息,到期收回本金。债权投资可以转让,但在债权债务双方约定的期限内一般不能要求债务单位提前偿还本金。

事业单位应设置"长期债权投资"总账科目,核算长期债券投资业务。该科目借方反映取得的长期债权投资成本,贷方反映转让或者到期收回的长期债权投资成本。该科目期末借方余额,反映事业单位持有的长期债券投资的价值。该科目应当设置"成本"和"应计利息"两个明细科目,并按照债券投资的种类进行明细核算。

1. 长期债券投资的取得

长期债券投资在取得时,应当按照其实际成本作为投资成本。事业单位取得的长期债券投资,在财务会计中,按照确定的投资成本,借记"长期债权投资——成本"科目,按照支付的价款中包含的已到付息期但尚未领取的利息,借记"应收利息"科目,按照实际支付的金额,贷记"银行存款"等科目。同时,在预算会计中,按照实际支付的价款,借记"投资支出"科目,贷记"资金结存"科目。

实际收到取得债券时所支付价款中包含的已到付息期但尚未领取的利息时,在财务会计中,借"银行存款"科目,贷记"应收利息"科目。同时,在预算会计中,借记"资金结存——货币资金"科目,贷记"投资支出"科目。

【例14-18】 2×22年1月1日,某事业单位购入一3年期国债50 000元,款项已通过开户银行支付。该国债面值为50 000元,票面利率为3%,每年支付一次利息,到期还本。不考虑相关税费的影响。

2×22年1月1日,该事业单位应编制的财务会计分录为:

借:长期债券投资——成本 50 000
　　贷:银行存款 50 000

同时,应编制预算会计分录为:

借:投资支出 50 000
　　贷:资金结存——货币资金 50 000

2. 长期债券投资持有期间收益的确认

事业单位在长期债券投资持有期间,按期以债券票面金额与票面利率计算确认利息收入时,如为到期一次还本付息的债券投资,借记"长期债权投资"科目(应计利息),贷记"投资收益"科目;如为分期付息、到期一次还本的债券投资,借记"应收利息"科目,贷记

"投资收益"科目。收到分期支付的利息时,按照实收的金额,在财务会计中,借记"银行存款"等科目,贷记"应收利息"科目;同时,在预算会计中,借记"资金结存"科目,贷记"投资预算收益"科目。

3. 长期债券投资的到期收回

事业单位到期收回长期债券投资时,在财务会计中,按照实际收到的金额,借记"银行存款"科目,按照长期债券投资的账面余额,贷记"长期债权投资"科目,按照相关应收利息金额,贷记"应收利息"科目,按照其差额,贷记"投资收益"科目。同时,在预算会计中,按照实际收到的金额,借记"资金结存"科目,按照长期债券投资的账面余额,贷记"投资支出"科目或"其他结余"科目,按照其差额,贷记"投资预算收益"科目。

4. 长期债券投资的出售

事业单位对外出售长期债券投资,按照实际收到的金额,在财务会计中,借记"银行存款"科目,按照长期债券投资的账面余额,贷记"长期债权投资"科目,按照已记入"应收利息"科目但尚未收取的金额,贷记"应收利息"科目,按照其差额,贷记或借记"投资收益"科目。涉及增值税业务的,相关账务处理参见"应交增值税"科目。同时,在预算会计中,按照实际收到的金额,借记"资金结存"科目,按照长期债券投资的账面余额,贷记"投资支出"科目或"其他结余"科目,按照其差额,贷记"投资预算收益"科目。

二、固定资产

(一) 固定资产的定义与分类

固定资产是指单位为满足自身开展业务活动或其他活动需要而控制的,使用年限超过1年(不含1年),单位价值在规定标准以上,并在使用过程中基本保持原有物质形态的资产。它一般包括房屋及构筑物、专用设备、通用设备等。

要作为行政事业单位的固定资产进行核算,必须同时满足两个基本标准:

(1) 使用期限标准。按现行制度规定,固定资产的使用年限在1年以上。

(2) 单位价值标准。根据现行制度规定,一般设备单位价值在1000元以上,专用设备单位价值在1500元以上,应该作为固定资产进行会计核算和管理。

单位价值虽未达到规定标准,但是使用年限超过1年(不含1年)的大批同类物资,如图书、家具、用具、装具等,应当确认为固定资产。

公共基础设施、政府储备物资、保障性住房、自然资源资产属于行政事业单位代管资产,不是行政事业单位为满足自身开展业务活动或其他活动需要而控制的,不属于行政事业单位自有固定资产核算范围,适用其他相关政府会计准则。

固定资产一般分为以下六类:

第一类:房屋和构筑物。包括办公用房、职工生活用房、仓库等。

第二类:专用设备。包括各种仪器和机械设备、医疗器械、交通运输工具、文体事业单位的文体设备等。

第三类:通用设备。包括被服装具,办公与事务用的家具设备,一般文体设备等。

第四类:文物和陈列品。包括博物馆、展览馆、陈列馆和文化馆等中的文物和陈列品。
第五类:图书、档案。包括专业图书馆的图书和事业单位的技术图书、档案等。
第六类:家具、用具、装具及动植物。

(二)固定资产折旧管理

折旧是指在固定资产使用寿命内,按照确定的方法对应折旧金额进行系统分摊。行政事业单位应当对符合规定的固定资产计提折旧。具体规定如下。

1. 折旧年限

计提固定资产折旧的行政事业单位应当根据固定资产的性质和实际使用情况,合理确定其折旧年限。省级以上财政部门、主管部门对行政事业单位固定资产折旧年限做出规定的,从其规定。

2. 折旧方法

一般应当采用年限平均法或工作量法计提固定资产折旧。固定资产的应折旧金额为其成本,计提固定资产折旧不考虑预计净残值。

3. 计提折旧时间

一般应当按月计提固定资产折旧。当月增加的固定资产,当月开始计提折旧;当月减少的固定资产,当月不再计提折旧。固定资产提足折旧后,无论能否继续使用,均不再计提折旧;提前报废的固定资产,也不再补提折旧。已提足折旧的固定资产,可以继续使用的,应当继续使用,规范管理。

4. 融资租入固定资产计提折旧的规定

计提融资租入固定资产折旧时,应当采用与自有固定资产相一致的折旧政策。能够合理确定租赁期届满时将会取得租入固定资产所有权的,应当在租入固定资产尚可使用年限内计提折旧;无法合理确定租赁期届满时能够取得租入固定资产所有权的,应当在租赁期与租入固定资产尚可使用年限两者中较短的期间内计提折旧。

5. 改、扩建固定资产计提折旧的规定

固定资产因改建、扩建或修缮等而延长其使用年限的,应当按照重新确定的固定资产的成本以及重新确定的折旧年限,重新计算折旧额。

6. 不计提折旧的资产

(1)文物和陈列品。
(2)动植物。
(3)图书、档案。
(4)以名义金额计量的固定资产。

(三)固定资产的确认与初始计量

固定资产同时满足下列条件的,应当予以确认:
(1)与该固定资产相关的服务潜力很可能实现或者经济利益很可能流入政府会计

主体；

（2）该固定资产的成本或者价值能够可靠地计量。

在通常情况下，购入、换入、接受捐赠、无偿调入不需安装的固定资产，在固定资产验收合格时确认；购入、换入、接受捐赠、无偿调入需要安装的固定资产，在固定资产安装完成交付使用时确认；自行建造、改建、扩建的固定资产，在建造完成交付使用时确认。

行政事业单位确认固定资产时，应当考虑以下情况：

（1）固定资产的各组成部分具有不同使用年限或者以不同方式为政府会计主体实现服务潜力或提供经济利益，适用不同折旧率或折旧方法且可以分别确定各自原价的，应当分别将各组成部分确认为单项固定资产。

（2）应用软件构成相关硬件不可缺少的组成部分的，应当将该软件的价值包括在所属的硬件价值中，一并确认为固定资产；不构成相关硬件不可缺少的组成部分的，应当将该软件确认为无形资产。

（3）购建房屋及构筑物时，不能分清购建成本中的房屋及构筑物部分与土地使用权部分的，应当全部确认为固定资产；能够分清购建成本中的房屋及构筑物部分与土地使用权部分的，应当将其中的房屋及构筑物部分确认为固定资产，将其中的土地使用权部分确认为无形资产。行政事业单位控制的公共基础设施、政府储备物资、保障性住房等资产不属于固定资产。

固定资产在取得时应当按照成本进行初始计量。具体情况为：

（1）外购的固定资产，其成本包括购买价款、相关税费以及固定资产交付使用前所发生的可归属于该项资产的运输费、装卸费、安装费和专业人员服务费等。以一笔款项购入多项没有单独标价的固定资产，应当按照各项固定资产同类或类似资产市场价格的比例对总成本进行分配，分别确定各项固定资产的成本。

（2）自行建造的固定资产，其成本包括该项资产至交付使用前所发生的全部必要支出。在原有固定资产基础上进行改建、扩建、修缮后的固定资产，其成本按照原固定资产账面价值加上改建、扩建、修缮发生的支出，再扣除固定资产被替换部分的账面价值后的金额确定。为建造固定资产借入的专门借款的利息，属于建设期间发生的，计入在建工程成本；不属于建设期间发生的，计入当期费用。已交付使用但尚未办理竣工决算手续的固定资产，应当按照估计价值入账，待办理竣工决算后再按实际成本调整原来的暂估价值。

（3）通过置换取得的固定资产，其成本按照换出资产的评估价值加上支付的补价或减去收到的补价，加上换入固定资产发生的其他相关支出确定。

（4）受捐赠的固定资产，其成本按照有关凭据注明的金额加上相关税费、运输费等确定；没有相关凭据可供取得，但按规定经过资产评估的，其成本按照评估价值加上相关税费、运输费等确定；没有相关凭据可供取得，也未经资产评估的，其成本比照同类或类似资产的市场价格加上相关税费、运输费等确定；没有相关凭据且未经资产评估、同类或类似资产的市场价格也无法可靠取得的，按照名义金额入账，相关税费、运输费等计入当期费用。如受赠的系旧的固定资产，在确定其初始入账成本时应当考虑该项资产的新旧程度。

（5）无偿调入的固定资产，其成本按照调出方账面价值加上相关税费、运输费等确定。

(6)盘盈的固定资产,其成本按照有关凭据注明的金额确定;没有相关凭据但按照规定经过资产评估的,其成本按照评估价值确定;没有相关凭据,也未经过评估的,其成本按照重置成本确定。如无法采用上述方法确定盘盈固定资产成本的,按照名义金额(人民币1元)入账。

(7)融资租赁取得的固定资产,其成本按照租赁协议或者合同确定的租赁价款、相关税费以及固定资产交付使用前所发生的可归属于该项资产的运输费、途中保险费、安装调试费等确定。

(四)固定资产的核算

单位应设置"固定资产"总账科目,核算单位固定资产的原值。该科目借方反映固定资产的增加,贷方反映固定资产的减少。本科目期末借方余额,反映单位固定资产的原值。本科目应当按照固定资产类别和项目进行明细核算。

政府单位应当根据固定资产的定义,结合本单位的具体情况,制定适合本单位的固定资产目录、具体分类方法,作为进行固定资产核算的依据。行政事业单位应当设置固定资产登记簿和固定资产卡片,按照固定资产的类别、项目和使用部门进行明细核算。出租或租借的固定资产,应当设置备查簿进行登记。

行政事业单位进行固定资产核算时,应当注意以下情况:

第一,购入需要安装的固定资产,应当先通过"在建工程"科目核算,安装完毕交付使用时再转入"固定资产"科目核算。

第二,以借入、经营租赁租入方式取得的固定资产,不通过"固定资产"科目核算,应当设置备查簿进行登记。

第三,采用融资租入方式取得的固定资产,通过"固定资产"科目核算,并在其下设置"融资租入固定资产"明细科目。

第四,经批准在境外购买具有所有权的土地,作为固定资产,通过"固定资产"科目核算,且在其下设置"境外土地"明细科目,进行相应明细核算。

1. 固定资产的取得

固定资产在取得时,应当按照成本进行初始计量。

行政事业单位购置固定资产所使用的资金,可以是财政补助收入,也可以是上级补助收入、事业收入、经营收入、附属单位上缴收入和其他收入等非财政补助资金。如果行政事业单位采购固定资产使用的是国家财政资金,需要遵循政府采购规范,分为政府集中采购和单位分散采购两种方式。政府集中采购固定资产的款项,一般由财政直接支付,或者通过单位的零余额账户支付。

(1)购入的固定资产。

购入不需安装的固定资产,验收合格时,在财务会计中,按照确定的固定资产成本,借记"固定资产"科目,贷记"财政拨款收入""零余额账户用款额度""应付账款""银行存款"等科目。同时,在预算会计中,借记"行政支出""事业支出""经营支出"等科目,贷记"财政拨款预算收入""资金结存"科目。固定资产取得时涉及增值税业务的,相关账务处理参见

"应交增值税"科目,下同。

【例 14-19】 某科学事业单位通过财政直接支付方式支付一笔款项 60 000 元,具体内容为购买一项不需安装的办公设备,货已验收。

该事业单位应编制的财务会计分录为:

借:固定资产——办公设备　　　　　　　　　　　　　　60 000
　　贷:财政拨款收入　　　　　　　　　　　　　　　　　　　　60 000

同时,应编制的预算会计分录为:

借:事业支出　　　　　　　　　　　　　　　　　　　　60 000
　　贷:财政拨款预算收入　　　　　　　　　　　　　　　　　　60 000

购入需要安装的固定资产,在安装完毕交付使用前,先通过"在建工程"科目核算,安装完毕交付使用时再转入"固定资产"科目。

购入固定资产扣留质量保证金的,应当在取得固定资产时,在财务会计中,按照确定的固定资产成本借记"固定资产"科目(不需安装)或"在建工程"科目(需要安装),按照实际支付或应付的金额,贷记"财政拨款收入""零余额账户用款额度""应付账款"(不含质保证金)"银行存款"等科目,按照扣留的质量保证金数额,贷记"其他应付款"[扣留期在1年以内(含1年)]或"长期应付款"(扣留期超过1年)科目。同时,在预算会计中,按照实际支付的金额,借记"行政支出""事业支出""经营支出"等科目,贷记"财政拨款预算收入""资金结存"科目。质保期满,支付质量保证金时,在财务会计中,借记"其他应付款"或"长期应付款"科目,贷记"财政拨款收入""零余额账户用款额度""银行存款"等科目。同时,在预算会计中,按照实际支付的金额,借记"行政支出""事业支出""经营支出"等科目,贷记"财政拨款预算收入""资金结存"科目。

(2)自行建造的固定资产。

自行建造的固定资产交付使用时,按照在建工程成本,借记"固定资产"科目,贷记"在建工程"科目。已交付使用但尚未办理竣工决算手续的固定资产,按照暂估价值入账,待办理竣工决算后再按照实际成本调整暂估价值。

(3)融资租入的固定资产。

融资租入的固定资产,在财务会计中,按照确定的成本,借记"固定资产"(不需安装)或"在建工程"(需安装)科目,按照租赁协议或者合同确定的租赁付款额,贷记"长期应付款"科目;按照支付的运输费、途中保险费、安装调试费等金额,贷记"财政拨款收入""零余额账户用款额度""银行存款"等科目。定期支付租金时,按照实际支付金额,借记"长期应付款"科目,贷记"财政拨款收入""零余额账户用款额度""银行存款"等科目。同时,在预算会计中,按上述支付的运输费、途中保险费、安装调试费等金额,借记"行政支出""事业支出""经营支出"科目,贷记"财政拨款预算收入""资金结存"科目。

定期支付租金时,在财务会计中,按照实际支付金额,借记"长期应付款"科目,贷记"财政拨款收入""零余额账户用款额度""银行存款"等科目。同时,在预算会计中,借记"行政支出""事业支出""经营支出"科目,贷记"财政拨款预算收入""资金结存"科目。

(4)接受捐赠的固定资产。

接受捐赠的固定资产,按照确定的固定资产成本,在财务会计中,借记"固定资产"(不需安装)或"在建工程"(需安装)科目,按照发生的相关税费、运输费等,贷记"零余额账户用款额度""银行存款"等科目,按照其差额,贷记"捐赠收入"科目。同时,在预算会计中,按照发生的相关税费、运输费等,借记"其他支出"科目,贷记"资金结存"科目。

接受捐赠的固定资产按照名义金额入账的,在财务会计中,按照名义金额,借记"固定资产"科目,贷记"捐赠收入"科目;按照发生的相关税费、运输费等,借记"其他费用"科目,贷记"零余额账户用款额度""银行存款"等科目。同时,在预算会计中,按照发生的相关税费、运输费等,借记"其他支出"科目,贷记"资金结存"科目。

(5) 无偿调入的固定资产。

无偿调入的固定资产,在财务会计中,按照确定的固定资产成本,借记"固定资产"(不需安装)或"在建工程"(需安装)科目,按照发生的相关税费、运输费等,贷记"零余额账户用款额度""银行存款"等科目,按照其差额,贷记"无偿调拨净资产"科目。同时,在预算会计中,按照发生的相关税费、运输费等,借记"其他支出"科目,贷记"资金结存"科目。

根据《政府会计准则制度解释第 1 号》的规定,按照相关政府会计准则规定,单位(调入方)接受其他政府会计主体无偿调入的固定资产、无形资产、公共基础设施等资产,其成本按照调出方的账面价值加上相关税费确定。但是,无偿调入资产在调出方的账面价值为零(即已经按制度规定提足折旧)或者账面余额为名义金额的,单位(调入方)应当将调入过程中其承担的相关税费计入当期费用,不计入调入资产的初始入账成本。

无偿调入资产在调出方的账面价值为零的,在财务会计中,应当按照该项资产在调出方的账面余额,借记"固定资产""无形资产"等科目,按照该项资产在调出方已经计提的折旧或摊销金额(与资产账面余额相等),贷记"固定资产累计折旧""无形资产累计摊销"等科目;按照支付的相关税费,借记"其他费用"科目,贷记"零余额账户用款额度""银行存款"等科目。同时,在预算会计中,按照支付的相关税费,借记"其他支出"科目,贷记"资金结存"科目。

无偿调入资产在调出方的账面余额为名义金额的,在财务会计中,应当按照名义金额,借记"固定资产""无形资产"等科目,贷记"无偿调拨净资产"科目;按照支付的相关税费,借记"其他费用"科目,贷记"零余额账户用款额度""银行存款"等科目。同时,在预算会计中,按照支付的相关税费,借记"其他支出"科目,贷记"资金结存"科目。

(6) 置换取得固定资产。

置换取得的固定资产,参照"库存物品"科目中置换取得库存物品的相关规定进行账务处理。

2. 与固定资产有关的后续支出

固定资产的后续支出是固定资产在投入使用以后期间发生的与固定资产使用效能、使用状态直接相关的各种支出,如改建、扩建、修缮、改良、修理、重装等事项发生的支出。与固定资产有关的后续支出,分别按照以下情况处理。

(1) 符合固定资产确认条件的后续支出。

对于符合固定资产确认条件的后续支出,在通常情况下,将固定资产转入改建、扩建时,按照固定资产的账面价值,在财务会计中,借记"在建工程"科目,按照固定资产已计提折旧,借记"固定资产累计折旧"科目,按照固定资产的账面余额,贷记"固定资产"科目。

为增加固定资产使用效能或延长其使用年限而发生的改建、扩建等后续支出,借记"在建工程"科目,贷记"财政拨款收入""零余额账户用款额度""银行存款"等科目。同时,在预算会计中,借记"行政支出""事业支出""经营支出"科目,贷记"财政拨款预算收入""资金结存"科目。

固定资产改建、扩建等完成交付使用时,按照在建工程成本,借记"固定资产"科目,贷记"在建工程"科目。

(2) 不符合固定资产确认条件的后续支出。

对于不符合固定资产确认条件的后续支出,为保证固定资产正常使用发生的日常维修等支出,在财务会计中,借记"业务活动费用""单位管理费用"等科目,贷记"财政拨款收入""零余额账户用款额度""银行存款"等科目。同时,在预算会计中,借记"行政支出""事业支出""经营支出"科目,贷记"财政拨款预算收入""资金结存"科目。

【例14-20】 某事业单位的后勤管理部门对接送职工专用车辆进行修理,共支付修理费10 000元,款项通过财政授权支付方式支付。

该事业单位应编制的财务会计分录为:

借:单位管理费用　　　　　　　　　　　　　　　　　　　10 000
　　贷:零余额账户用款额度　　　　　　　　　　　　　　　　　10 000

同时,应编制的预算会计分录为:

借:事业支出　　　　　　　　　　　　　　　　　　　　　10 000
　　贷:资金结存——零余额账户用款额度　　　　　　　　　　　10 000

3. 固定资产折旧

单位根据固定资产的性质和实际使用情况,合理确定其折旧年限。单位在确定固定资产使用年限时,应当考虑下列因素:预计实现服务潜力或提供经济利益的期限;预计有形损耗和无形损耗;法律或者类似规定对资产使用的限制。固定资产的使用年限一经确定,不得随意变更。省级以上财政部门、主管部门对单位固定资产折旧年限做出规定的,从其规定《〈政府会计准则第3号——固定资产〉应用指南》确定了各类应计提折旧的固定资产的折旧年限,如表14-1所示。

表14-1　政府单位固定资产折旧年限表

固定资产类别	内　　容		折旧年限(年)
房屋及构筑物	业务及管理用房	钢结构	不低于50
		钢筋混凝土结构	不低于50
		砖混结构	不低于30
		砖木结构	不低于30
	简易房		不低于8
	房屋附属设施		不低于8
	构筑物		不低于8

续表

固定资产类别	内容	折旧年限(年)
通用设备	计算机设备	不低于 6
	办公设备	不低于 6
	车辆	不低于 8
	图书档案设备	不低于 5
	机械设备	不低于 10
	电气设备	不低于 5
	雷达、无线电和卫星导航设备	不低于 10
	通信设备	不低于 5
	广播、电视、电影设备	不低于 5

单位一般应当采用年限平均法或工作量法计提固定资产折旧，在确定固定资产的折旧方法时，应当考虑与固定资产相关的服务潜力或经济利益的预期实现方式。固定资产折旧方法一经确定，不得随意变更。

单位一般应当按月计提固定资产折旧。当月增加的固定资产，当月开始计提折旧；当月减少的固定资产，当月不再计提折旧。固定资产提足折旧后，无论能否继续使用，均不再计提折旧；提前报废的固定资产，也不再补提折旧；已提足折旧的固定资产，可以继续使用的，应当继续使用，规范管理。固定资产因改建、扩建或修缮等而提高使用效能或延长使用年限的，应当按照重新确定的固定资产成本以及重新确定的折旧年限，重新计算折旧额。

为了核算固定资产折旧业务，单位应设置"固定资产累计折旧"总账科目。该科目应当按照所对应固定资产的明细分类进行明细核算。该科目期末贷方余额反映单位计提的固定资产折旧累计数。

单位计提融资租入固定资产折旧时，应当采用与自有固定资产相一致的折旧政策。单位能够合理确定租赁期届满时将会取得租入固定资产所有权的，应当在租入固定资产尚可使用年限内计提折旧；无法合理确定租赁期届满时能够取得租入固定资产所有权的，应当在租赁期与租入固定资产尚可使用年限两者中较短的期间内计提折旧。

单位按月计提固定资产折旧时，按照应计提折旧金额，借记"业务活动费用""单位管理费用""经营费用""加工物品""在建工程"等科目，贷记"固定资产累计折旧"科目。

4. 固定资产的处置

政府单位固定资产的处置包括固定资产报经批准出售或转让、对外捐赠、无偿调出等，应当将固定资产账面价值转销计入当期费用，并将处置收入扣除税费后的差额按规定作为应缴款项(差额为净收益时)或计入当期费用(差额为净损失时)。按照规定报经批准的固定资产应当分以下三种情况处理。

(1) 出售、转让固定资产。

报经批准出售、转让固定资产，按照被出售、转让固定资产的账面价值，借记"资产处置费用"科目,按照固定资产已计提的折旧,借记"固定资产累计折旧"科目,按照固定资产账面余额,贷记"固定资产"科目;同时,按照收到的价款,借记"银行存款"等科目,按照处置过程中发生的相关费用,贷记"银行存款"等科目,按照其差额,贷记"应缴财政款"科目。

【例 14 - 21】 某事业单位经批准出售一台使用过的机器设备,其账面原价为 350 000 元,已计提的累计折旧 150 000 元,账面净值为 200 000 元(＝350 000－150 000),出售价款为 203 000 元,应交款项已存入银行。按规定,该项出售价款应当上缴财政。

该事业单位应编制的会计分录为:

① 转销固定资产账面记录时,应编制的财务会计分录为:

借:资产处置费用　　　　　　　　　　　　　　　200 000
　　固定资产累计折旧　　　　　　　　　　　　　150 000
　　贷:固定资产　　　　　　　　　　　　　　　　　　350 000

② 收到出售价款时,应编制的财务会计分录为:

借:银行存款　　　　　　　　　　　　　　　　　203 000
　　贷:应缴财政款　　　　　　　　　　　　　　　　　203 000

无须编制预算会计处理。

(2) 对外捐赠固定资产。

报经批准对外捐赠固定资产,在财务会计中,按照固定资产已计提的折旧,借记"固定资产累计折旧"科目,按照被处置固定资产账面余额,贷记"固定资产"科目,按照捐赠过程中发生的归属于捐出方的相关费用,贷记"银行存款"等科目,按照其差额,借记"资产处置费用"科目。同时,在预算会计中,按照发生的归属于捐出方的相关费用,借记"其他支出"科目,贷记"资金结存"科目。

(3) 无偿调出固定资产。

报经批准无偿调出固定资产,在财务会计中,按照固定资产已计提的折旧,借记"固定资产累计折旧"科目,按照被处置固定资产账面余额,贷记"固定资产"科目,按照其差额,借记"无偿调拨净资产"科目;同时,按照无偿调出过程中发生的归属于调出方的相关费用,借记"资产处置费用"科目,贷记"银行存款"等科目。同时,在预算会计中,借记"其他支出"科目,贷记"资金结存"科目。

5. 固定资产的清查盘点

行政事业单位应当定期对固定资产进行清查盘点,每年至少盘点一次。对于发生的固定资产盘盈、盘亏或毁损、报废,应当先记入"待处理财产损溢"科目,按照规定报经批准后及时进行后续账务处理。具体而言:

(1) 盘盈的固定资产,按照确定的入账成本,借记"固定资产"科目,贷记"待处理财产损溢"科目。

(2) 盘亏、毁损或报废的固定资产,按照待处理固定资产的账面价值,借记"待处理财产损溢"科目,按照已计提折旧,借记"固定资产累计折旧"科目,按照固定资产的账面余额,贷记"固定资产"科目。

相关业务具体举例请参阅"待处理财产损溢"科目。

(五) 工程物资

工程物资是指单位为在建工程准备的各种物资,包括工程用材料、设备等。为了核算工程物资业务,单位应该设置"工程物资"总账科目。该科目核算工程物资的成本。该科目可按照"库存材料""库存设备"等工程物资类别进行明细核算。该科目期末借方余额反映单位为在建工程准备的各种物资的成本。

单位购入为工程准备的物资,在财务会计中,按照确定的物资成本,借记"工程物资"科目,贷记"财政拨款收入""零余额账户用款额度""银行存款""应付账款"等科目。同时,在预算会计中,借记"行政支出""事业支出""经营支出"科目,贷记"财政拨款预算收入""资金结存"科目。

单位领用工程物资,按照物资成本,借记"在建工程"科目,贷记"工程物资"科目。工程完工后单位将领出的剩余物资退库时,做相反的会计分录。工程完工后单位将剩余的工程物资转作本单位存货的,按照物资成本,借记"库存物品"等科目,贷记"工程物资"科目。涉及增值税业务的,相关账务处理参见"应交增值税"科目。

(六) 在建工程

在建工程是指单位已经发生必要支出,但尚未完工交付使用的各种建筑(包括新建、改建、扩建、修缮等)工程、设备安装工程和信息系统建设工程。不能够增加固定资产、公共基础设施使用效能或延长其使用寿命的修缮、维护等,不属于在建工程。

1. 科目设置

单位应设置"在建工程"总账科目,核算单位各项在建项目工程的实际成本。该科目借方反映各项在建工程建设成本的增加,贷方反映完工项目结转的建设工程成本。本科目期末借方余额,反映单位尚未完工的建设项目工程发生的实际成本。

单位在建的信息系统项目工程、公共基础设施项目工程、保障性住房项目工程的实际成本,也通过该科目核算。该科目应当设置"建筑安装工程投资""设备投资""待摊投资""其他投资""待核销基建支出""基建转出投资"等明细科目,并按照具体项目进行明细核算。

2. 主要账务处理

(1) 建筑安装工程投资。

将固定资产等资产转入改建、扩建等时,按照固定资产等资产的账面价值,借记"在建工程——建筑安装工程投资"科目,按照已计提的折旧或摊销,借记"固定资产累计折旧"等科目,按照固定资产等资产的原值,贷记"固定资产"等科目。固定资产等资产改建、扩建过程中涉及替换(或拆除)原资产的某些组成部分的,按照被替换(或拆除)部分的账面价值,借记"待处理财产损溢"科目,贷记"在建工程——建筑安装工程投资"科目。

单位对于发包建筑安装工程,根据建筑安装工程价款结算账单与施工企业结算工程价款时,在财务会计中,按照应承付的工程价款,借记"在建工程——建筑安装工程投资"科目,按照预付工程款余额,贷记"预付账款"科目,按照其差额,贷记"财政拨款收入""零余额账户用款额度""银行存款""应付账款"等科目。同时,在预算会计中,按照实际支付的金额,借记"行政支出""事业支出"等科目,贷记"财政拨款预算收入""资金结存"等科目。

单位自行施工的小型建筑安装工程,按照发生的各项支出金额,借记"在建工程——建筑安装工程投资"科目,贷记"工程物资""零余额账户用款额度""银行存款""应付职工薪酬"等科目。在预算会计中,按照实际支付的金额,借记"行政支出""事业支出"等科目,贷记"资金结存"等科目。

工程竣工,办妥竣工验收交接手续交付使用时,按照建筑安装工程成本(含应分摊的待摊投资),借记"固定资产"等科目,贷记"在建工程——建筑安装工程投资"科目。

(2) 设备投资。

购入设备时,按照购入成本,借记"在建工程——设备投资"科目,贷记"财政拨款收入""零余额账户用款额度""银行存款"等科目;采用预付款方式购入设备的,有关预付款的账务处理参照"在建工程"总账科目下"建筑安装工程投资"明细科目的规定。

设备安装完毕,办妥竣工验收交接手续交付使用时,按照设备投资成本(含设备安装工程成本和分摊的待摊投资),借记"固定资产"科目,贷记"在建工程——设备投资、建筑安装工程投资——安装工程"科目。将不需要安装的设备和达不到固定资产标准的工具、器具交付使用时,按照相关设备、工具、器具的实际成本,借记"固定资产""库存物品"科目,贷记"在建工程——设备投资"科目。

(3) 待摊投资。

建设工程发生的构成建设项目实际支出的、按照规定应当分摊计入有关工程成本和设备成本的各项间接费用和税费支出,先在"在建工程——待摊投资"明细科目中归集;建设工程办妥竣工验收手续交付使用时,按照合理的分配方法,摊入相关工程成本、在安装设备成本等。

单位发生的构成待摊投资的各类费用,在财务会计中,按照实际发生金额,借记"在建工程——待摊投资"科目,贷记"财政拨款收入""零余额账户用款额度""银行存款""应付利息""长期借款""其他应交税费""固定资产累计折旧""无形资产累计摊销"等科目。同时,在预算会计中,借记"行政支出""事业支出"等科目,贷记"财政拨款预算收入""资金结存"等科目。

对于建设过程中试生产、设备调试等产生的收入,按照取得的收入金额,借记"银行存款"等科目,按照有关规定应当冲减建设工程成本的部分,贷记"在建工程——待摊投资"科目,按照其差额,贷记"应缴财政款"或"其他收入"科目。

自然灾害、管理不善等造成的单项工程或单位工程报废或毁损,扣除残料价值和过失人或保险公司等赔款后的净损失,报经批准后计入继续施工的工程成本的,按照工程成本扣除残料价值和过失人或保险公司等赔款后的净损失,借记"在建工程——待摊投资"科目,按照残料变价收入、过失人或保险公司赔款等,借记"银行存款""其他应收款"等科目,按照报废或毁损的工程成本,贷记"在建工程——建筑安装工程投资"科目。

工程交付使用时,按照合理的分配方法分配待摊投资,借记"在建工程——建筑安装工程投资、设备投资"科目,贷记"在建工程——待摊投资"科目。

待摊投资的分配方法如下:

其一,按照实际分配率分配,适用于建设工期较短、整个项目的所有单项工程一次竣工的建设项目。其计算公式为:

$$实际分配率 = 待摊投资明细科目余额 \div (建筑工程明细科目余额 + 安装工程明细科目余额 + 设备投资明细科目余额) \times 100\%$$

其二,按照概算分配率分配,适用于建设工期长、单项工程分期分批建成投入使用的建设项目。其计算公式为:

$$概算分配率 = \frac{概算中各待摊投资项目的合计数 - 其中可直接分配部门}{概算中建筑工程、安装工程和设备投资合计} \times 100\%$$

其三,按照分配率和相应成本计算应分配的待摊投资。其计算公式为:

$$某项固定资产应分配的待摊投资 = 该项固定资产的建筑工程成本或该项固定资产(设备)的采购成本和安装成本合计 \times 分配率$$

(4) 其他投资。

单位为建设工程发生的房屋购置支出,基本畜禽、林木等的购置、饲养、培育支出,办公生活用家具、器具购置支出,软件研发和不能计入设备投资的软件购置等支出,按照实际发生金额,在财务会计中,借记"在建工程——其他投资"科目,贷记"财政拨款收入""零余额账户用款额度""银行存款"等科目。同时,在预算会计中,借记"行政支出""事业支出"等科目,贷记"财政拨款预算收入""资金结存"等科目。

工程完成,将形成的房屋、基本畜禽、林木等各种财产以及无形资产交付使用时,按照其实际成本,借记"固定资产""无形资产"等科目,贷记"在建工程——其他投资"科目。

(5) 待核销基建支出。

建设项目发生的江河清、航道清淤、飞播造林、补助群众造林、水土保持、城市绿化等不能形成资产的各类待核销基建支出,按照实际发生金额,借记"在建工程——待核销基建支出"科目,贷记"财政拨款收入""零余额账户用款额度""银行存款"等科目。同时,在预算会计中,借记"行政支出""事业支出"等科目,贷记"财政拨款预算收入""资金结存"等科目。

取消的建设项目发生的可行性研究费,按照实际发生金额,借记"在建工程——待核销基建支出"科目,贷记"在建工程——待摊投资"科目。

由于自然灾害等发生的建设项目整体报废所形成的净损失,报经批准后转入待核销基建支出,按照项目整体报废所形成的净损失,借记"在建工程——待核销基建支出"科目,按照报废工程回收的残料变价收入、保险公司赔款等,借记"银行存款""其他应收款"等科目,按照报废的工程成本,贷记"在建工程——建筑安装工程投资"等科目。同时,在预算会计中,借记"行政支出""事业支出"等科目,贷记"财政拨款预算收入""资金结存"等科目。

建设项目竣工验收交付使用时,对发生的待核销基建支出进行冲销,借记"资产处置费用"科目,贷记"在建工程——待核销基建支出"科目。

(6) 基建转出投资。

为建设项目配套而建成的、产权不归属本单位的专用设施,在项目竣工验收交付使用时,按照转出的专用设施的成本,借记"在建工程——基建转出投资"科目,贷记"在建工程——建筑安装工程投资"科目;同时,借记"无偿调拨净资产"科目,贷记"在建工程——基建转出投资"科目。

三、无形资产

(一) 无形资产概述

1. 无形资产的定义

无形资产是指行政事业单位控制的没有实物形态的可辨认非货币性资产,如专利权、商标权、著作权、土地使用权、非专利技术等资产。单位购入的不构成相关硬件不可缺少组成部分的软件,应当作为无形资产核算。非大批量购入,单价小于1 000元的无形资产,可以于购买的当期将其成本直接计入当期费用。满足下列条件之一的,符合无形资产定义中的可辨认性标准:

(1) 能够从政府会计主体中分离或者划分出来,并能单独或者与相关合同、资产或负债一起,用于出售、转移、授予许可、租赁或者交换。

(2) 源自合同性权利或其他法定权利,无论这些权利是否可以从政府会计主体或其他权利和义务中转移或者分离。

2. 无形资产的确认

(1) 无形资产确认的一般条件。

同时满足下列条件的,应当予以确认:与该无形资产相关的服务潜力很可能实现或者经济利益很可能流入政府会计主体;该无形资产的成本或者价值能够可靠地计量。在判断无形资产的服务潜力或经济利益是否很可能实现或流入时,应当对无形资产在预计使用年限内可能存在的各种社会、经济、科技因素做出合理估计,并且应当有确凿的证据支持。

单位购入的不构成相关硬件不可缺少组成部分的软件,应当确认为无形资产。

(2) 研究开发支出的确认。

单位自行研究开发项目的支出,应当区分研究阶段支出与开发阶段支出。其中,研究是指为获取并理解新的科学或技术知识而进行的独创性的有计划的调查;开发是指在进行生产或使用前,将研究成果或其他知识应用于某项计划或设计,以生产出新的或具有实质性改进的材料、装置、产品等。

单位自行研究开发项目研究阶段的支出,应当于发生时计入当期费用;开发阶段的支出,先按合理方法进行归集,如果最终形成无形资产的,应当确认为无形资产;如果最终未形成无形资产的,应当计入当期费用。

自行研究开发项目尚未进入开发阶段,或者确实无法区分研究阶段支出和开发阶段支出,但按法律程序已申请取得无形资产的,应当将依法取得时发生的注册费、聘请律师费等费用确认为无形资产。

自创商誉及内部产生的品牌、报刊名等,不应确认为无形资产。

3. 无形资产的摊销

无形资产摊销是指在无形资产使用年限内,按照确定的方法对应摊销金额进行系统分摊。单位应当对使用年限有限的无形资产进行摊销,但已摊销完毕仍继续使用的无形资产和以名义金额计量的无形资产除外。

无形资产摊销年限的确定,单位应当于取得或形成无形资产时合理确定其使用年限。无形资产的使用年限为有限的,应当估计该使用年限。无法预见无形资产为单位提供服务潜力或者带来经济利益期限的,应当视为使用年限不确定的无形资产。

对于使用年限有限的无形资产,单位应当按照以下原则确定无形资产的摊销年限:

(1) 法律规定了有效年限的,以法律规定的有效年限作为摊销年限。

(2) 法律没有规定有效年限的,以相关合同或单位申请书中的受益年限作为摊销年限。

(3) 法律没有规定有效年限、相关合同或单位申请书也没有规定受益年限的,应当根据无形资产为政府会计主体带来服务潜力或者经济利益的实际情况,预计其使用年限。

(4) 非大批量购入,单价小于1 000元的无形资产,可以于购买的当期将其成本一次性全部转销。

(5) 单位应当自无形资产取得当月起,按月计提摊销;无形资产减少的当月,不再计提摊销。

(6) 单位应当采用年限平均法或者工作量法对无形资产进行摊销,应摊销金额为其成本,不考虑预计残值。

(7) 因发生后续支出而增加无形资产成本的,对于使用年限有限的无形资产,应当按照重新确定的无形资产成本以及重新确定的摊销年限计算摊销额。

使用年限不确定的无形资产不应摊销。

(二) 无形资产的初始计量

单位应设置"无形资产"总账科目,核算单位各项无形资产的实际成本。该科目借方反映取得各项无形资产增加的无形资产的原值,贷方反映无形资产摊销等原因减少的无形资产,期末借方余额反映单位无形资产的成本。该科目应当按照无形资产的类别、项目等进行明细核算。

1. 入账成本的确定

无形资产在取得时应当按照成本进行初始计量。

(1) 外购的无形资产,其成本包括购买价款、相关税费以及可归属于该项资产达到预定用途前所发生的其他支出。单位委托软件公司开发的软件,视同外购无形资产确定其成本。

(2) 自行开发的无形资产,其成本包括自该项目进入开发阶段后至达到预定用途前所发生的支出总额。自行研究开发项目研究阶段的支出,应当于发生时计入当期费用。开发阶段的支出,先按合理方法进行归集,如果最终形成无形资产的,应当确认为无形资产;如果最终未形成无形资产的,应当计入当期费用。自行研究开发项目尚未进入开发阶段,或者确实无法区分研究阶段支出和开发阶段支出,但按法律程序已申请取得无形资产的,应当将依法取得时发生的注册费、聘请律师费等费用确认为无形资产。自创商誉及内部产生的品牌、报刊名等不应确认为无形资产。

(3) 通过置换取得的无形资产,其成本按照换出资产的评估价值加上支付的补价或减去收到的补价,加上换入无形资产发生的其他相关支出确定。

(4) 接受捐赠的无形资产,其成本按照有关凭据注明的金额加上相关税费确定;没有相关凭据可供取得,但按规定经过资产评估的,其成本按照评估价值加上相关税费确定;没有相关凭据可供取得,也未经资产评估的,其成本比照同类或类似资产的市场价格加上相关税费确定;没有相关凭据且未经资产评估、同类或类似资产的市场价格也无法可靠取得的,按照名义金额入账,相关税费计入当期费用。确定接受捐赠无形资产的初始入账成本时,应当考虑该项资产尚可为单位带来服务潜力或经济利益的能力。

(5) 无偿调入的无形资产,其成本按照调出方账面价值加上相关税费确定。

2. 主要账务处理

(1) 取得或形成无形资产。

外购的无形资产,在财务会计中,按照确定的成本,借记"无形资产"科目,贷记"财政拨款收入""零余额账户用款额度""应付账款""银行存款"等科目。同时,在预算会计中,按照实际支付的金额,借记"行政支出""事业支出"等科目,贷记"财政拨款预算收入""资金结存"科目。无形资产取得时涉及增值税业务的,相关账务处理参见"应交增值税"科目,下同。

委托软件公司开发软件,视同外购无形资产进行处理。合同中约定预付开发费用的,按照预付金额,在财务会计中,借记"预付账款"科目,贷记"财政拨款收入""零余额账户用款额度""银行存款"等科目。同时,在预算会计中,按实际支付的款项,借记"行政支出""事业支出"等科目,贷记"财政拨款预算收入""资金结存"科目。

软件开发完成交付使用并支付剩余或全部软件开发费用时,按照软件开发费用总额,在财务会计中,借记"无形资产"科目,按照相关预付账款金额,贷记"预付账款"科目,按照支付的剩余金额,贷记"财政拨款收入""零余额账户用款额度""银行存款"等科目。同时,在预算会计中,按支付的剩余款项,借记"行政支出""事业支出"等科目,贷记"财政拨款预算收入""资金结存"科目。

自行研究开发形成的无形资产,按照研究开发项目进入开发阶段后至达到预定用途前所发生的支出总额,借记"无形资产"科目,贷记"研发支出——开发支出"科目。

自行研究开发项目尚未进入开发阶段,或者确实无法区分研究阶段支出和开发阶段支出,但按照法律程序已申请取得无形资产的,按照依法取得时发生的注册费、聘请律师费等费用,在财务会计中,借记"无形资产"科目,贷记"财政拨款收入""零余额账户用款额度""银行存款"等科目;按照从事研究及其辅助活动人员计提的薪酬、研究活动领用的库存物品,发生的与研究活动相关的管理费、间接费和其他各项费用,借记"研发支出——研究支出"科目,贷记"应付职工薪酬""库存物品""财务拨款收入""零余额账户用款额度""固定资产累计折旧""银行存款"等科目。涉及财政资金支付的,在预算会计中,借记"行政支出""事业支出"等科目,贷记"财政拨款预算收入""资金结存"等科目。在依法取得无形资产前所发生的研究开发支出,在财务会计中,借记"业务活动费用"等科目,贷记"研发支出"科目。

【例 14 - 22】 某事业单位自行研究开发某项专门技术,研发阶段该项技术前期发生支出共计 33 630 元,其中,计提研发人员薪酬 23 630 元,消耗材料费 10 000 元。该研发确实无法区分研究阶段支出和开发阶段支出,但该专门技术按照法律程序已申请取得国家专利,通过财政直接支付方式支付申请专利时发生的注册费、聘请律师费计 15 000 元。该事业单位应编制的会计分录为:

① 支付研发期间的相关费用时,应编制的财务会计分录为:

借:研发支出　　　　　　　　　　　　　　　　　　　　　33 630
　　贷:应付职工薪酬　　　　　　　　　　　　　　　　　　　23 630
　　　　库存物品　　　　　　　　　　　　　　　　　　　　10 000

② 通过财政直接支付方式支付申请专利时发生的注册费、聘请律师费时,应编制的财务会计分录为:

借:无形资产——专利权　　　　　　　　　　　　　　　　　15 000
　　贷:财政拨款收入　　　　　　　　　　　　　　　　　　　15 000

同时,应编制的预算会计分录为:

借:事业支出　　　　　　　　　　　　　　　　　　　　　15 000
　　贷:财政拨款预算收入　　　　　　　　　　　　　　　　　15 000

③ 将依法取得专利前所发生的研究开发支出结转业务活动费用时,应编制的财务会计分录为:

借:业务活动费用　　　　　　　　　　　　　　　　　　　33 630
　　贷:研发支出　　　　　　　　　　　　　　　　　　　　33 630

接受捐赠的无形资产,在财务会计中,按照确定的无形资产成本,借记"无形资产"科目,按照发生的相关税费等,贷记"零余额账户用款额度""银行存款"等科目,按照其差额,贷记"捐赠收入"科目。同时,在预算会计中,按实际发生的相关税费等,借记"其他支出"等科目,贷记"资金结存"科目。

接受捐赠的无形资产,按照名义金额入账的,按照名义金额,在财务会计中,借记"无形资产"科目,贷记"捐赠收入"科目;同时,按照发生的相关税费等,借记"其他费用"科目,贷记"零余额账户用款额度""银行存款"等科目。同时,在预算会计中,按实际发生的相关税费等,借记"其他支出"等科目,贷记"资金结存"科目。

无偿调入的无形资产,在财务会计中,按照确定的无形资产成本,借记"无形资产"科目,按照发生的相关税费等,贷记"零余额账户用款额度""银行存款"等科目,按照其差额,贷记"无偿调拨净资产"科目。同时,在预算会计中,按实际发生的相关税费等,借记"其他支出"等科目,贷记"资金结存"科目。

无偿调入无形资产在调出方的账面价值为零的,在财务会计中,按照该项资产在调出方的账面余额,借记"无形资产"等科目;按照该项资产在调出方已经摊销金额(与无形资产账面余额相等),贷记"无形资产累计摊销"等科目;按照支付的相关税费,借记"其他费用"科目,贷记"零余额账户用款额度""银行存款"等科目。同时,在预算会计中,按实际发生的相关税费等,借记"其他支出"等科目,贷记"资金结存"科目。

无偿调入无形资产在调出方的账面余额为名义金额的,在财务会计中,按照名义金额,借记"无形资产"等科目,贷记"无偿调拨净资产",按照支付的相关税费,借记"其他费用"科目,贷记"零余额账户用款额度""银行存款"等科目。同时,在预算会计中,按实际发生的相关税费等,借记"其他支出"等科目,贷记"资金结存"科目。

置换取得的无形资产,参照"库存物品"科目中置换取得库存物品的相关规定进行账务处理。

为了核算单位自行研究开发项目研究阶段和开发阶段发生的各项支出,单位应设置"研发支出"总账科目。该科目应当按照自行研究开发项目,分别设置"研究支出""开发支出"明细科目进行明细核算。建设项目中的软件研发支出,应当通过"在建工程"科目核算,不通过该科目核算。该科目期末借方余额反映单位预计能达到预定用途的研究开发项目在开发阶段发生的累计支出数。

自行研究开发项目研究阶段的支出,在财务会计中,按照从事研究及其辅助活动人员计提的薪酬,研究活动领用的库存物品,发生的与研究活动相关的管理费、间接费和其他各项费用,借记"研发支出——研究支出"科目,贷记"应付职工薪酬""库存物品""财政拨款收入""零余额账户用款额度""固定资产累计折旧""银行存款"等科目。同时,在预算会计中,按照实际支付的金额,借记"行政支出""事业支出"等科目,贷记"财政拨款预算收入""资金结存"科目。期(月)末,应当将"研发支出"科目归集的研究阶段的支出金额转入当期费用,借记"业务活动费用"等科目,贷记"研发支出——研究支出"科目。

自行研究开发项目开发阶段的支出,在财务会计中,按照从事开发及其辅助活动人员计提的薪酬,开发活动领用的库存物品,发生的与开发活动相关的管理费、间接费和其他各项费用,借记"研发支出——开发支出"科目,贷记"应付职工薪酬""库存物品""财政拨款收入""零余额账户用款额度""固定资产累计折旧""银行存款"等科目。同时,在预算会计中,按照实际支付的金额,借记"行政支出""事业支出"等科目,贷记"财政拨款预算收入""资金结存"科目。自行研究开发项目完成,达到预定用途形成无形资产的,按照"研发支出"科目归集的开发阶段的支出金额,借记"无形资产"科目,贷记"研发支出——开发支出"科目。

单位应于每年年度终了评估研究开发项目是否能达到预定用途,如预计不能达到预定用途(如无法最终完成开发项目并形成无形资产的),应当将已发生的开发支出金额全部转入当期费用,借记"业务活动费用"等科目,贷记"研发支出——开发支出"科目。涉及增值税业务的,相关账务处理参见"应交增值税"科目的账务处理。

【例14-23】 20×22年至20×23年,某事业单位自行研究开发某项技术。20×22

年1月至2月为研究阶段,共发生费用95 000元。其中,该单位计提从事研究活动人员的薪酬共计45 000元,耗用相关材料的费用50 000元。期末,该单位将发生的研究阶段支出合计95 000元转入业务活动费用。假设2月末集中进行账务处理。下月月初,相应研发活动进入开发阶段,至年底共发生支出200 000元。其中,该单位计提从事开发活动人员的薪酬共计120 000元,耗用相关材料的费用70 000元,通过财政授权支付方式支付其他相关费用10 000元。年末,开发项目完成,形成一项无形资产,开发成本合计为200 000元。该事业单位应编制的会计分录为:

① 计算研究阶段的研究支出时,应编制的财务会计分录为:

借:研发支出——研究支出　　　　　　　　　　　　　　　　95 000
　　贷:应付职工薪酬　　　　　　　　　　　　　　　　　　　45 000
　　　　库存物品　　　　　　　　　　　　　　　　　　　　　50 000

② 2月末,结转研究阶段的研究支出时,应编制的财务会计分录为:

借:业务活动费用　　　　　　　　　　　　　　　　　　　　95 000
　　贷:研发支出——研究支出　　　　　　　　　　　　　　　95 000

③ 计算开发阶段的开发支出时,应编制的财务会计分录为:

借:研发支出——开发支出　　　　　　　　　　　　　　　　200 000
　　贷:应付职工薪酬　　　　　　　　　　　　　　　　　　　120 000
　　　　库存物品　　　　　　　　　　　　　　　　　　　　　70 000
　　　　零余额账户用款额度　　　　　　　　　　　　　　　　10 000

同时,应编制的预算会计分录为:

借:事业支出　　　　　　　　　　　　　　　　　　　　　　10 000
　　贷:资金结存——零余额账户用款额度　　　　　　　　　　10 000

④ 开发项目完成并形成一项无形资产时,应编制的财务会计分录为:

借:无形资产　　　　　　　　　　　　　　　　　　　　　　200 000
　　贷:研发支出——开发支出　　　　　　　　　　　　　　　200 000

(2) 无形资产摊销。

行政事业单位应设置"无形资产累计摊销"总账科目,核算单位对使用年限有限的无形资产计提的累计折旧。该科目借方反映转让、出售等原因减少无形资产而转出的累计摊销,贷方反映计提的累计摊销。本科目期末贷方余额,反映单位计提的无形资产摊销累计数。该科目应当按照无形资产的类别、项目等进行明细核算。

行政事业单位按月对无形资产进行摊销时,按照应摊销金额,借记"业务活动费用""单位管理费用""加工物品""在建工程"等科目,贷记"无形资产累计摊销"科目。

经批准处置无形资产时,按照所处置无形资产的账面价值,借记"资产处置费用""无偿调拨净资产""待处理财产损溢"等科目;按照已计提摊销金额,借记"无形资产累计摊销"科目,按照无形资产的账面余额,贷记"无形资产"科目。

(3) 与无形资产有关的后续支出。

与无形资产有关的后续支出,符合无形资产确认条件的,应当计入无形资产成本;不符合确认条件的,应当在发生时计入当期费用或者相关资产成本。

① 符合无形资产确认条件的后续支出。

对于符合无形资产确认条件的后续支出，为增加无形资产的使用效能对其进行升级改造或扩展其功能时，如需暂停对无形资产进行摊销的，按照无形资产的账面价值，借记"在建工程"科目，按照无形资产已摊销金额，借记"无形资产累计摊销"科目，按照无形资产的账面余额，贷记"无形资产"科目。

无形资产后续支出符合无形资产确认条件的，按照支出的金额，借记"无形资产"科目（无须暂停摊销的）或"在建工程"科目（需暂停摊销的），贷记"财政拨款收入""零余额账户用款额度""银行存款"等科目。同时，在预算会计中，按照实际支出的金额，借记"事业支出""行政支出"等科目，贷记"财政拨款预算收入""资金结存"科目。

暂停摊销的无形资产升级改造或扩展功能等完成交付使用时，按照在建工程成本，借记"无形资产"科目，贷记"在建工程"科目。

② 不符合无形资产确认条件的后续支出。

对于不符合无形资产确认条件的后续支出，为保证无形资产正常使用发生的日常维护等支出，借记"业务活动费用""单位管理费用"等科目，贷记"财政拨款收入""零余额账户用款额度""银行存款"等科目。同时，在预算会计中，按照实际支出的金额，借记"事业支出""行政支出"等科目，贷记"财政拨款预算收入""资金结存"科目。

根据《政府会计准则制度解释第 2 号》的规定，单位应当按《政府会计准则第 4 号——无形资产》的规定，将依法取得的专利权确认为无形资产，并进行后续摊销。在以后年度，单位按照相关规定发生的专利权维护费，应当在发生时计入当期费用，原确定的无形资产摊销年限不据此调整。

（4）无形资产的处置。

按照规定报经批准处置无形资产，应当分别按照以下情况处理：

① 出售或转让无形资产。

单位报经批准出售、转让无形资产，在财务会计中，按照被出售、转让无形资产的账面价值，借记"资产处置费用"科目，按照无形资产已计提摊销金额，借记"无形资产累计摊销"科目，按照无形资产账面余额，贷记"无形资产"科目；同时，按照收到的价款，借记"银行存款"等科目，按照处置过程中发生的相关费用，贷记"银行存款"等科目，按照其差额，贷记"应缴财政款"（按照规定应上缴无形资产转让净收入的）或"其他收入"（按照规定将无形资产转让收入纳入本单位预算管理的）科目。对于按照规定将无形资产转让收入纳入本单位预算管理的，在预算会计中，借记"资金结存"等科目，贷记"其他预算收入"科目。

② 对外捐赠无形资产。

报经批准对外捐赠无形资产，在财务会计中，按照无形资产已计提摊销金额，借记"无形资产累计摊销"科目，按照被处置无形资产账面余额，贷记"无形资产"科目，按照捐赠过程中发生的归属于捐出方的相关费用，贷记"银行存款"等科目，按照其差额，借记"资产处置费用"科目。同时，在预算会计中，按照上述发生的归属于捐出方的相关费用，借记"其他支出"等科目，贷记"资金结存"科目。

③ 无偿调出无形资产。

报经批准无偿调出无形资产,在财务会计中,按照无形资产已计提摊销金额,借记"无形资产累计摊销"科目,按照被处置无形资产账面余额,贷记"无形资产"科目,按照其差额,借记"无偿调拨净资产"科目;同时,按照无偿调出过程中发生的归属于调出方的相关费用,借记"资产处置费用"科目,贷记"银行存款"等科目。在预算会计中,按调出过程中发生的归属于调出方的相关费用,借记"其他支出"等科目,贷记"资金结存"科目。

④ 置换换出无形资产。

报经批准置换换出无形资产,参照"库存物品"科目中置换换入库存物品的规定进行账务处理。

⑤ 核销无形资产。

无形资产预期不能为单位带来服务潜力或经济利益的,按照规定报经批准核销时,在财务会计中,按照待核销无形资产的账面价值,借记"资产处置费用"科目,按照已计提摊销金额,借记"无形资产累计摊销"科目,按照无形资产的账面余额,贷记"无形资产"科目。

无形资产处置时涉及增值税业务的,相关账务处理参见"应交增值税"科目。

(5) 无形资产的清查盘点。

单位应当定期对无形资产进行清查盘点,每年至少盘点一次。单位资产清查盘点过程中发现的无形资产盘盈、盘亏等,参照"固定资产"科目相关规定进行账务处理。

四、政府储备物资

(一) 政府储备物资的含义

政府储备物资是指单位为满足实施国家安全与发展战略、进行抗灾救灾、应对公共突发事件等特定公共需求而控制的,同时具有下列特征的有形资产:

(1) 在应对可能发生的特定事件或情形时动用。

(2) 其购入、存储保管、更新(轮换)、动用等由政府及相关部门发布的专门管理制度规范。

政府储备物资包括战略及能源物资、抢险抗灾救灾物资、农产品、医药物资和其他重要商品物资,在通常情况下由单位委托承储单位存储。

(二) 政府储备物资的确认

按照《政府会计准则第 6 号——政府储备物资》的规定,政府储备物资同时满足下列条件的,应当予以确认:

(1) 与该政府储备物资相关的服务潜力很可能实现或者经济利益很可能流入政府会计主体。

(2) 该政府储备物资的成本或者价值能够可靠地计量。

在通常情况下,政府储备物资应当由按规定对其负有管理职责的政府会计主体予以确认。其中,管理职责主要指提出或拟订收储计划、更新(轮换)计划、动用方案等。相关管理职责由不同政府会计主体行使的政府储备物资,由负责提出收储计划的政府会计主体予以确认。对政府储备物资不负有行政管理职责但接受委托具体负责执行其存储保管等工作的政府会计主体,应当将受托代储的政府储备物资作为受托代理资产核算。

(三) 政府储备物资的计量

1. 政府储备物资的初始计量

政府储备物资在取得时应当按照成本进行初始计量。具体而言:

(1) 单位购入的政府储备物资。其成本包括购买价款和政府会计主体承担的相关税费、运输费、装卸费、保险费、检测费以及使政府储备物资达到目前场所和状态所发生的归属于政府储备物资成本的其他支出。

(2) 单位委托加工的政府储备物资。其成本包括委托加工前物料成本、委托加工的成本(如委托加工费以及按规定应计入委托加工政府储备物资成本的相关税费等)以及政府会计主体承担的使政府储备物资达到目前场所和状态所发生的归属于政府储备物资成本的其他支出。

(3) 单位接受捐赠的政府储备物资。其成本按照有关凭据注明的金额加上政府会计主体承担的相关税费、运输费等确定;没有相关凭据可供取得,但按规定经过资产评估的,其成本按照评估价值加上政府会计主体承担的相关税费、运输费等确定;没有相关凭据可供取得,也未经资产评估的,其成本比照同类或类似资产的市场价格加上政府会计主体承担的相关税费、运输费等确定。

(4) 单位接受无偿调入的政府储备物资。其成本按照调出方账面价值加上归属于政府会计主体的相关税费、运输费等确定。

(5) 单位盘盈的政府储备物资。其成本按照有关凭据注明的金额确定;没有相关凭据但按规定经过资产评估的,其成本按照评估价值确定;没有相关凭据,也未经资产评估的,其成本按照重置成本确定。

下列各项不计入政府储备物资成本:

(1) 仓储费用。

(2) 日常维护费用。

(3) 不能归属于使政府储备物资达到目前场所和状态所发生的其他支出。

2. 政府储备物资的后续计量

(1) 单位应当根据实际情况采用先进先出法、加权平均法或者个别计价法确定政府储备物资发出的成本。计价方法一经确定,不得随意变更。性质和用途相似的政府储备物资,单位应当采用相同的成本计价方法确定发出物资的成本。对于不能替代使用的政府储备物资、为特定项目专门购入或加工的政府储备物资,单位通常应采用个别计价法确定发出物资的成本。

(2) 因动用而发出无须收回的政府储备物资的,单位应当在发出物资时将其账面余额予以转销,计入当期费用。

(3) 因动用而发出需要收回或者预期可能收回的政府储备物资的,单位应当在按规定的质量验收标准收回物资时,将未收回物资的账面余额予以转销,计入当期费用。

(4) 因管理主体变动等而将政府储备物资调拨给其他主体的,单位应当在发出物资时将其账面余额予以转销。

(5) 单位对外销售政府储备物资的,应当在发出物资时将其账面余额转销计入当期费用,并按规定确认相关销售收入或将销售取得的价款大于所承担的相关税费后的差额做应缴款项处理。

(6) 单位采取销售、采购方式对政府储备物资进行更新(轮换)的,应当将物资轮出视为物资销售;将物资轮入视为物资采购。

(7) 政府储备物资报废、毁损的,单位应当按规定报经批准后将报废、毁损的政府储备物资的账面余额予以转销,确认应收款项(确定追究相关赔偿责任的)或计入当期费用(储存年限到期报废或非人为因素致使报废、毁损的);同时,将报废、毁损过程中取得的残值变价收入扣除政府会计主体承担的相关费用后的差额按规定做应缴款项处理(差额为净收益时)或计入当期费用(差额为净损失时)。

(8) 政府储备物资盘亏的,单位应当按规定报经批准后将盘亏的政府储备物资的账面余额予以转销,确定追究相关赔偿责任的,确认应收款项;属于正常耗费或不可抗力因素造成的,计入当期费用。

(四) 政府储备物资的核算

单位应设置"政府储备物资"总账科目,核算政府储备物资业务。该科目借方反映政府储备物资的增加,贷方反映政府储备物资的减少。该科目期末借方余额,反映政府储备物资的成本。该科目应当按照政府储备物资的种类、品种、存放地点等进行明细核算。单位根据需要,可在该科目下设置"在库""发出"等明细科目进行明细核算。

政府储备物资的主要账务处理规则体现在6个方面。

1. 购入的政府储备物资

购入的政府储备物资验收入库,按照确定的成本,在财务会计中,借记"政府储备物资"科目,贷记"财政拨款收入""零余额账户用款额度""银行存款"等科目。同时,在预算会计中,借记"行政支出""事业支出"等科目,贷记"财政拨款预算收入""资金结存"科目。

【例14-24】 某行政单位通过财政直接支付方式购入一批防洪救灾政府储备物资,有关凭证注明,购买价款为50 000元,相关税费为8 500元,装卸费及保险费为1 500元,购入的政府储备物资验收入库。

该行政单位应编制的财务会计分录为:

借:政府储备物资　　　　　　　　　　　　　　　　　　　　60 000
　　贷:财政拨款收入　　　　　　　　　　　　　　　　　　　　60 000

同时,应编制的预算会计分录为:

借:行政支出　　　　　　　　　　　　　　　　　　　　　　60 000
　　贷:财政拨款预算收入　　　　　　　　　　　　　　　　　　60 000

2. 委托加工的政府储备物资

涉及委托加工政府储备物资业务的,相关账务处理参照"加工物品"科目。

3. 接受捐赠的政府储备物资

接受捐赠的政府储备物资验收入库,按照确定的成本,在财务会计中,借记"政府储备物资"科目,按照单位承担的相关税费、运输费等,贷记"零余额账户用款额度""银行存款"等科目,按照其差额,贷记"捐赠收入"科目。同时,在预算会计中,按照单位承担的相关税费、运输费等,借记"其他支出"科目,贷记"资金结存"科目。

4. 接受无偿调入的政府储备物资

接受无偿调入的政府储备物资验收入库,在财务会计中,按照确定的成本,借记"政府储备物资"科目;按照单位承担的相关税费、运输费等,贷记"零余额账户用款额度""银行存款"等科目,按照其差额,贷记"无偿调拨净资产"科目。同时,在预算会计中,按照单位承担的相关税费、运输费等,借记"其他支出"科目,贷记"资金结存"科目。

5. 政府储备物资的发出

政府储备物资发出时,分别按照以下情况处理:

(1) 发出无须收回的政府储备物资。

因动用而发出无须收回的政府储备物资的,按照发出物资的账面余额,借记"业务活动费用"科目,贷记"政府储备物资"科目。

(2) 发出需要收回或者预期可能收回的政府储备物资。

因动用而发出需要收回或者预期可能收回的政府储备物资的,在发出物资时,按照发出物资的账面余额,借记"政府储备物资——发出"科目,贷记"政府储备物资——在库"科目;按照规定的质量验收标准收回物资时,按照收回物资的原账面余额,借记"政府储备物资——在库"科目,按照未收回物资的原账面余额,借记"业务活动费用"科目,按照物资发出时登记在"政府储备物资"科目所属"发出"明细科目中的余额,贷记"政府储备物资——发出"科目。

(3) 无偿调出政府储备物资。

因行政管理主体变动等而将政府储备物资调拨给其他主体的,按照无偿调出政府储备物资的账面余额,借记"无偿调拨净资产"科目,贷记"政府储备物资"科目。

(4) 对外销售政府储备物资。

对外销售政府储备物资并将销售收入纳入单位预算统一管理的,发出物资时,按照发出物资的账面余额,借记"业务活动费用"科目,贷记"政府储备物资"科目;实现销售收入时,在财务会计中,按照确认的收入金额,借记"银行存款""应收账款"等科目,贷记"事业收入"等科目。同时,在预算会计中,按照实际收到的金额,借记"资金结存"科目,贷记"事业预算收入"科目。发生相关税费时,按照发生的相关税费,在财务会计中,借记"业务活动费用"科目,贷记"银行存款"等科目;同时,在预算会计中,借记"事业支出""行政支出"科目,贷记"资金结存"科目。

对外销售政府储备物资并按照规定将销售净收入上缴财政的,发出物资时,在财务会计中,按照发出物资的账面余额,借记"资产处置费用"科目,贷记"政府储备物资"科目;取得销售价款时,在财务会计中,按照实际收到的款项金额,借记"银行存款"等科目,按照发生的相关税费,贷记"银行存款"等科目,按照销售价款大于所承担的相关税费后的差额,贷记"应缴财政款"科目。不用编制预算会计分录。

6.政府储备物资的清查盘点

单位应当定期对政府储备物资进行清查盘点,每年至少盘点一次。对于发生的政府储备物资盘盈、盘亏或者报废、毁损,应当先记入"待处理财产损溢"科目,按照规定报经批准后及时进行后续账务处理。

(1)盘盈的政府储备物资,按照确定的入账成本,借记"政府储备物资"科目,贷记"待处理财产损溢"科目。

(2)盘亏或者毁损、报废的政府储备物资,按照待处理政府储备物资的账面余额,借记"待处理财产损溢"科目,贷记"政府储备物资"科目。相关业务核算举例请参阅本章"待处理财产损溢"。

五、公共基础设施

(一)公共基础设施的概念与内容

根据《政府会计准则第5号——公共基础设施》的规定,公共基础设施是指政府会计主体为满足社会公共需求而控制的,同时具有以下特征的有形资产:

(1)一个有形资产系统或网络的组成部分;

(2)具有特定用途;

(3)一般不可移动。

公共基础设施主要包括市政基础设施(如城市道路、桥梁、隧道、公交场站、路灯、广场、公园绿地、室外公共健身器材,以及环卫、排水、供水、供电、供气、供热、污水处理、垃圾处理系统等)、交通基础设施(如公路、航道、港口等)、水利基础设施(如大坝、堤防、水闸、泵站、渠道等)和其他公共基础设施。

需要注意以下几个方面:

第一,按照规定,独立于公共基础设施、不构成公共基础设施使用不可缺少组成部分的作为管理维护用的房屋建筑物、设备、车辆等,应作为单位的固定资产核算。

第二,对于确认为公共基础设施的单独计价入账的土地使用权,应作为无形资产核算。

第三,属于文物文化资产的公共基础设施,应作为文物文化资产核算。

第四,采用政府和社会资本合作模式(即PPP模式)形式的公共基础设施的确认和初始计量的。

(二)公共基础设施的确认

1.确认主体

通常情况下,符合公共基础设施确认条件的,应当由按规定对其负有管理维护职责的政府会计主体予以确认。多个政府会计主体共同管理维护的公共基础设施,应当由对该资产负有主要管理维护职责或者承担后续主要支出责任的政府会计主体予以确认。分为多个组成部分、由不同政府会计主体分别管理维护的公共基础设施,应当由各个政府会计主体分别对其负责管理维护的公共基础设施的相应部分予以确认。负有管理维护公共基础设施职责的政府会计主体通过政府购买服务方式委托企业或其他会计主体代为管理维护公共基础设施的,该公共基础设施应当由委托方予以确认。

2. 确认条件及方法

公共基础设施同时满足下列条件的,应当予以确认:

(1)与该公共基础设施相关的服务潜力很可能实现或者经济利益很可能流入政府会计主体。

(2)该公共基础设施的成本或者价值能够可靠地计量。

公共基础设施确认的具体规定:

(1)在通常情况下,对于自建或外购的公共基础设施,单位应当在该项公共基础设施验收合格并交付使用时确认。

(2)对于无偿调入、接受捐赠的公共基础设施,单位应当在开始承担该项公共基础设施管理维护职责时确认。

(3)单位应当根据公共基础设施提供公共产品或服务的性质或功能特征对其进行分类确认。公共基础设施的各组成部分具有不同使用年限或者以不同方式提供公共产品或服务,适用不同折旧率或折旧方法且可以分别确定各自原价的,应当分别将各组成部分确认为该类公共基础设施的一个单项公共基础设施。

(4)单位在购建公共基础设施时,能够分清购建成本中的构筑物部分与土地使用权部分的,应当将其中的构筑物部分和土地使用权部分分别确认为公共基础设施;不能分清购建成本中的构筑物部分与土地使用权部分的,应当整体确认为公共基础设施。

(5)公共基础设施在使用过程中发生的后续支出,符合规定确认条件的,应当计入公共基础设施成本;不符合规定确认条件的,应当在发生时计入当期费用。在通常情况下,为增加公共基础设施使用效能或延长其使用年限而发生的改建、扩建等后续支出,应当计入公共基础设施成本;为维护公共基础设施的正常使用而发生的日常维修、养护等后续支出,应当计入当期费用。

(三) 公共基础设施的初始计量

公共基础设施在取得时应当按照成本进行初始计量。

(1)自行建造的公共基础设施。其成本包括完成批准的建设内容所发生的全部必要支出,包括建筑安装工程投资支出、设备投资支出、待摊投资支出和其他投资支出。

(2)在原有公共基础设施基础上进行改建、扩建等建造活动后的公共基础设施。其成本按照原公共基础设施账面价值加上改建、扩建等建造活动发生的支出,再扣除公共基础设施被替换部分的账面价值后的金额确定。为建造公共基础设施借入的专门借款的利息,属于建设期间发生的,计入该公共基础设施在建工程成本;不属于建设期间发生的,计入当期费用。已交付使用但尚未办理竣工决算手续的公共基础设施,应当按照估计价值入账,待办理竣工决算后再按照实际成本调整原来的暂估价值。

(3)接受其他会计主体无偿调入的公共基础设施。其成本按照该项公共基础设施在调出方的账面价值加上归属于调入方的相关费用确定。

(4) 接受捐赠的公共基础设施。其成本按照有关凭据注明的金额加上相关费用确定;没有相关凭据可供取得,但按规定经过资产评估的,其成本按照评估价值加上相关费用确定;没有相关凭据可供取得,也未经资产评估的,其成本比照同类或类似资产的市场价格加上相关费用确定。如受赠的系旧的公共基础设施,在确定其初始入账成本时应当考虑该项资产的新旧程度。

(5) 外购的公共基础设施。其成本包括购买价款、相关税费以及公共基础设施交付使用前所发生的可归属于该项资产的运输费、装卸费、安装费和专业人员服务费等。

(6) 对于包括不同组成部分的公共基础设施,其只有总成本、没有单项组成部分成本的,可以按照各单项组成部分同类或类似资产的成本或市场价格比例对总成本进行分配,分别确定公共基础设施中各单项组成部分的成本。

(7) 盘盈的公共基础设施。其成本按照有关凭据注明的金额确定;没有相关凭据但按照规定经过资产评估的,其成本按照评估价值确定;没有相关凭据,也未经过资产评估的,其成本按照重置成本确定。盘盈的公共基础设施成本无法可靠取得的,单位应当设置备查簿进行登记,待成本确定后按照规定及时入账。

(四) 公共基础设施的核算

单位应当设置"公共基础设施"总账科目,核算公共基础设施的增减变动情况。该科目借方反映公共基础设施的增加,贷方反映公共基础设施的减少。本科目期末借方余额,反映单位代管的公共基础设施的原值。该科目按照公共基础设施的类别和项目进行明细核算。

单位应当结合本单位的具体情况,制定适合于本单位管理的公共基础设施目录、分类方法,作为进行公共基础设施核算的依据。

1. 公共基础设施的取得

(1) 自行建造的公共基础设施。

自行建造的公共基础设施完工交付使用时,按照在建工程的成本,借记"公共基础设施"科目,贷记"在建工程"科目。已交付使用但尚未办理竣工决算手续的公共基础设施,按照暂估价值入账,待办理竣工决算后再按照实际成本调整原来的暂估价值。

【例 14-25】某行政单位根据市政规划自行建造一项公共基础设施。该项目自公共基础设施建造起至交付使用前所完成的全部必要支出为 80 000 元。该行政单位应编制的财务会计分录为:

借:公共基础设施　　　　　　　　　　　　　　　　　　　　　80 000
　　贷:在建工程　　　　　　　　　　　　　　　　　　　　　　　80 000

(2) 接受其他单位无偿调入的公共基础设施。

接受其他单位无偿调入的公共基础设施,在财务会计中,按照确定的成本,借记"公共基础设施"科目,按照发生的归属于调入方的相关费用,贷记"财政拨款收入""零余额账户用款额度""银行存款"等科目,按照其差额,贷记"无偿调拨净资产"科目。无偿调入的公共基础设施成本无法可靠取得的,按照发生的相关税费、运输费等金额,借记"其他费用"科目,贷记"财政拨款收入""零余额账户用款额度""银行存款"等科目。在预算会计中,按照发生的归属于调入方的相关费用,借记"其他支出"科目,贷记"财政拨款预算收入""资金结存"科目。

(3) 接受捐赠的公共基础设施。

接受捐赠的公共基础设施,在财务会计中,按照确定的成本,借记"公共基础设施"科目,按照发生的相关费用,贷记"财政拨款收入""零余额账户用款额度""银行存款"等科目,按照其差额,贷记"捐赠收入"科目。接受捐赠的公共基础设施成本无法可靠取得的,按照发生的相关税费等金额,借记"其他费用"科目,贷记"财政拨款收入""零余额账户用款额度""银行存款"等科目。在预算会计中,按照发生的归属于调入方的相关费用,借记"其他支出"科目,贷记"财政拨款预算收入""资金结存"科目。

此外,对于成本无法可靠取得的公共基础设施,单位应当设置备查簿进行登记,待成本能够可靠确定后按照规定及时入账。

(4) 外购的公共基础设施。

政府单位外购的公共基础设施,在财务会计中,按照确定的成本,借记"公共基础设施"科目,贷记"财政拨款收入""零余额账户用款额度""银行存款"等科目。在预算会计中,按照实际支付的金额,借记"行政支出""事业支出"科目,贷记"财政拨款预算收入""资金结存"科目。

以其他方式取得的公共基础设施的核算可参照固定资产相关核算的内容。

2. 与公共基础设施有关的后续支出

按照规定,公共基础设施在使用过程中发生的后续支出,符合规定的确定条件的,应当记入公共基础设施成本;不符合规定的确认条件的,应当在发生时计入当期费用。通常情况下,为增加公共基础设施使用效能或延长其使用年限而发生的日常维修、养护等后续支出,应当计入当期费用。

与公共基础设施有关的后续支出,分别按照以下情况处理:

(1) 将公共基础设施转入改建、扩建时,在财务会计中,按照公共基础设施的账面价值,借记"在建工程"科目,按照公共基础设施已计提折旧金额,借记"公共基础设施累计折旧(摊销)"科目,按照公共基础设施的账面余额,贷记"公共基础设施"科目。

(2) 为增加公共基础设施使用效能或延长其使用年限而发生的改建、扩建等后续支出,在财务会计中,借记"在建工程"科目,贷记"财政拨款收入""零余额账户用款额度""银行存款"等科目。同时,在预算会计中,借记"行政支出""事业支出"科目,贷记"财政拨款预算收入""资金结存"科目。

(3) 公共基础设施改建、扩建完成,竣工验收交付使用时,在财务会计中,按照在建工程成本,借记"公共基础设施"科目,贷记"在建工程"科目。

为保证公共基础设施正常使用发生的日常维修等支出,在财务会计中,借记"业务活动费用""单位管理费用"等科目,贷记"财政拨款收入""零余额账户用款额度""银行存款"等科目。同时,在预算会计中,按照支付的相关费用,借记"行政支出""事业支出"科目,贷记"财政拨款预算收入""资金结存"科目。

3. 公共基础设施的折旧或摊销

(1) 折旧范围。

政府单位应当对公共基础设施计提折旧,但持续进行良好的维护使得其性能得到永久维持的公共基础设施和确认为公共基础设施的单独计价入账的土地使用权除外。对于确认为公共基础设施的单独计价入账的土地使用权,政府会计主体应当按照无形资产的相关规定进行摊销。

(2) 折旧总额和折旧年限。

公共基础设施应计提的折旧总额为其成本,计提公共基础设施折旧时不考虑预计净残值。政府单位应当对暂估入账的公共基础设施计提折旧,实际成本确定后不需调整原已计提的折旧额。

政府单位应当根据公共基础设施的性质和使用情况,合理确定公共基础设施的折旧年限。确定公共基础设施折旧年限,应当考虑下列因素:

① 设计使用年限或设计基准期。

② 预计实现服务潜力或提供经济利益的期限。

③ 预计有形损耗和无形损耗。

④ 法律或者类似规定对资产使用的限制。

对于政府会计主体接受无偿调入、捐赠的公共基础设施,应当考虑该项资产的新旧程度,按照其尚可使用的年限计提折旧。因改建、扩建等而延长公共基础设施使用年限的,应当按照重新确定的公共基础设施的成本和重新确定的折旧年限计算折旧额,不需调整原已计提的折旧额。公共基础设施的折旧年限一经确定,不得随意变更。

(3) 折旧方法。

政府单位一般应当采用年限平均法或者工作量法计提公共基础设施折旧。在确定公共基础设施的折旧方法时,应当考虑与公共基础设施相关的服务潜力或经济利益的预期实现方式。公共基础设施的折旧方法一经确定,不得随意变更。

公共基础设施应当按月计提折旧,并计入当期费用。当月增加的公共基础设施,当月开始计提折旧;当月减少的公共基础设施,当月不再计提折旧。处于改建、扩建等建造活动期间的公共基础设施,应当暂停计提折旧。公共基础设施提足折旧后,无论能否继续使用,均不再计提折旧;已提足折旧的公共基础设施,可以继续使用的,应当继续使用,并规范实物管理。提前报废的公共基础设施,不再补提折旧。

(4) 公共基础设施累计折旧(摊销)的账务处理。

政府单位应设置"基础设施累计折旧(摊销)"总账科目,用来核算单位计提的公共基础设施累计折旧和累计摊销。该科目应当按照所对应公共基础设施的明细分类进行明细核算。该科目期末贷方余额反映单位提取的公共基础设施折旧和摊销的累计数。

单位按月计提公共基础设施折旧时,按照应计提的折旧额,借记"业务活动费用"科目,贷记"公共基础设施累计折旧"科目。单位按月对确认为公共基础设施的单独计价入账的土地使用权进行摊销时,按照应计提的摊销额,借记"业务活动费用"科目,贷记"公共基础设施累计摊销"科目。

4. 公共基础设施的处置

按照规定报经批准处置公共基础设施,分别按照以下情况处理:

(1) 对外捐赠公共基础设施。

报经批准对外捐赠公共基础设施,在财务会计中,按照公共基础设施已计提折旧或摊销额,借记"公共基础设施累计折旧(摊销)"科目,按照被处置公共基础设施账面余额,贷记"公共基础设施"科目,按照捐赠过程中发生的归属于捐出方的相关费用,贷记"银行存款"等科目,按照其差额,借记"资产处置费用"科目。同时,在预算会计中,按照捐赠过程中发生的归属于捐出方的相关费用,借记"其他支出"科目,贷记"资金结存"科目。

(2) 无偿调出公共基础设施。

报经批准无偿调出公共基础设施,在财务会计中,按照公共基础设施已计提的折旧或摊销额,借记"公共基础设施累计折旧(摊销)"科目,按照被处置公共基础设施账面余额,贷记"公共基础设施"科目,按照其差额,借记"无偿调拨净资产"科目;同时,按照无偿调出过程中发生的归属于调出方的相关费用,借记"资产处置费用"科目,贷记"银行存款"等科目。同时,在预算会计中,按照无偿调出过程中发生的归属于调出方的相关费用,借记"其他支出"科目,贷记"资金结存"科目。

5. 公共基础设施的清查盘点

政府单位应当定期对公共基础设施进行清查盘点。对于发生的公共基础设施盘盈、盘亏、毁损或报废,应当先记入"待处理财产损溢"科目,按照规定报经批准后及时进行后续账务处理。具体而言,盘盈的公共基础设施,按照确定的入账成本,借记"公共基础设施"科目,贷记"待处理财产损溢"科目。盘亏、毁损或报废的公共基础设施,按照待处置公共基础设施的账面价值,借记"待处理财产损溢"科目,按照已计提折旧或摊销额,借记"公共基础设施累计折旧(摊销)"科目,按照公共基础设施的账面余额,贷记"公共基础设施"科目。

六、文物文化资产

文化文物资产是指政府单位为满足社会公共需求而控制的历史文物、艺术品,以及其他具有历史或文化价值并作长期或永久保存的典藏资产等。

为了核算文物文化资产业务,政府单位应设置"文物文化资产"总账科目。该科目借方反映文物文化资产的增加,贷方反映政府文物文化资产的减少。本科目期末借方余额,反映文物文化资产的成本。该科目应当按照文物文化资产的类别、项目等进行明细核算。

政府单位为满足自身开展业务活动或其他活动需要而控制的文物和陈列品,应当通过"固定资产"科目核算,不通过该科目核算。

(一) 文物文化资产的取得

文物文化资产在取得时,应当按照成本入账。

1. 外购的文物文化资产

外购的文物文化资产,其成本包括购买价款、相关税费以及可归属于该项资产达到预定用途前所发生的其他支出(如运输费、安装费、装卸费等)。

外购的文物文化资产,按照确定的成本,在财务会计中,借记"文物文化资产"科目,贷记"财政拨款收入""零余额账户用款额度""银行存款"等科目。同时,在预算会计中,借记"行政支出""事业支出"科目,贷记"财政拨款预算收入""资金结存"科目。

2. 无偿调入的文物文化资产

接受其他单位无偿调入的文物文化资产,其成本按照该项资产在调出方的账面价值加上归属于调入方的相关费用确定。

无偿调入的文物文化资产,在财务会计中,按照确定的成本,借记"文物文化资产"科目,按照发生的归属于调入方的相关费用,贷记"零余额账户用款额度""银行存款"等科目,按照其差额,贷记"无偿调拨净资产"科目。无偿调入的文物文化资产成本无法可靠取得的,按照发生的归属于调入方的相关费用,借记"其他费用"科目,贷记"零余额账户用款额度""银行存款"等科目。在预算会计中,按照发生的归属于调入方的相关费用,借记"行政支出""事业支出"科目,贷记"财政拨款预算收入""资金结存"科目。

3. 接受捐赠的文物文化资产

接受捐赠的文物文化资产,其成本按照有关凭据注明的金额加上相关费用确定;没有相关凭据可供取得,但按照规定经过资产评估的,其成本按照评估价值加上相关费用确定;没有相关凭据可供取得,也未经评估的,其成本比照同类或类似资产的市场价格加上相关费用确定。

接受捐赠的文物文化资产,在财务会计中,按照确定的成本,借记"文物文化资产"科目,按照发生的相关税费、运输费等金额,贷记"零余额账户用款额度""银行存款"等科目,按照其差额,贷记"捐赠收入"科目。接受捐赠的文物文化资产成本无法可靠取得的,按照发生的相关税费、运输费等金额,借记"其他费用"科目,贷记"零余额账户用款额度""银行存款"等科目。在预算会计中,按照上述发生的相关税费、运输费等金额,借记"其他支出"科目,贷记"资金结存"科目。

此外,对于成本无法可靠取得的文物文化资产,单位应当设置备查簿进行登记,待成本能够可靠确定后按照规定及时入账。

(二) 与文物文化资产有关的后续支出

与文物文化资产有关的后续支出,参照"公共基础设施"科目相关规定进行处理。

(三) 文物文化资产的处置

按照规定报经批准处置文物文化资产,应当分别按照以下情况处理。

1. 对外捐赠文物文化资产

报经批准对外捐赠文物文化资产,在财务会计中,按照被处置文物文化资产账面余额和捐赠过程中发生的归属于捐出方的相关费用合计数,借记"资产处置费用"科目,按照被处置文物文化资产账面余额,贷记"文物文化资产"科目,按照捐赠过程中发生的归属于捐出方的相关费用,贷记"银行存款"等科目。同时,在预算会计中,按照上述发生的归属于捐出方的相关费用,借记"其他支出"科目,贷记"资金结存"科目。

2. 无偿调出文物文化资产

报经批准无偿调出文物文化资产,在财务会计中,按照被处置文物文化资产账面余额,借记"无偿调拨净资产"科目,贷记"文物文化资产"科目;按照无偿调出过程中发生的归属于调出方的相关费用,借记"资产处置费用"科目,贷记"银行存款"等科目。同时,在预算会计中,按照无偿调出过程中发生的归属于调出方的相关费用,借记"其他支出"科目,贷记"资金结存"科目。

(四)文物文化资产的清查盘点

单位应当定期对文物文化资产进行清查盘点,每年至少盘点一次。对于发生的文物文化资产盘盈、盘亏、毁损或报废等,参照"公共基础设施"科目相关规定进行账务处理。

七、保障性住房

保障性住房是指地方政府住房保障主管部门持有全部或部分产权份额、纳入城镇住房保障规划和年度计划、向符合条件的保障对象提供的住房,如廉租住房、公共租赁住房、人才公寓等。

政府单位应设置"保障性住房"总账科目,用来核算保障性住房原值的增减变化情况。该科目借方反映保障性住房的增加,贷方反映保障性住房的减少。本科目期末借方余额,反映保障性住房的原值。该科目应当按照保障性住房的类别、项目等进行明细核算。

(一)保障性住房的取得

保障性住房在取得时,应当按照其成本入账。

1. 外购的保障性住房

外购的保障性住房,其成本包括购买价款、相关税费以及可归属于该项资产达到预定用途前所发生的其他支出。

外购的保障性住房,按照确定的成本,在财务会计中,借记"保障性住房"科目,贷记"财政拨款收入""零余额账户用款额度""银行存款"等科目。同时,在预算会计中,借记"行政支出""事业支出"科目,贷记"财政拨款预算收入""资金结存"科目。

2. 自行建造的保障性住房

自行建造的保障性住房交付使用时,在财务会计中,按照在建工程成本,借记"保障性住房"科目,贷记"在建工程"科目。

已交付使用但尚未办理竣工决算手续的保障性住房,按照估计价值入账,待办理竣工决算后再按照实际成本调整原来的暂估价值。

3. 无偿调入的保障性住房

接受其他单位无偿调入的保障性住房，其成本按照该项资产在调出方的账面价值加上归属于调入方的相关费用确定。

无偿调入的保障性住房，在财务会计中，按照确定的成本，借记"保障性住房"科目，按照发生的归属于调入方的相关费用，贷记"零余额账户用款额度""银行存款"等科目，按照其差额，贷记"无偿调拨净资产"科目。同时，在预算会计中，按照发生的归属于调入方的相关费用，借记"其他支出"科目，贷记"资金结存"科目。

4. 接受捐赠和融资租赁的保障性住房

接受捐赠、融资租赁取得的保障性住房，参照"固定资产"科目相关规定进行处理。

（二）与保障性住房有关的后续支出

与保障性住房有关的后续支出，参照"固定资产"科目相关规定进行处理。

（三）保障性住房的出租

按照规定出租保障性住房并将出租收入上缴同级财政，在财务会计中，按照收取的租金金额，借记"银行存款"等科目，贷记"应缴财政款"科目。此时不用编制预算会计分录。

（四）保障性住房累计折旧

行政事业单位应当参照《政府会计准则第3号——固定资产》及其应用指南的相关规定，按月对其控制的保障性住房计提折旧。

为了核算保障性住房累计折旧业务，单位应设置"保障性住房累计折旧"总账科目。该科目借方反映转让、出售等原因减少保障性住房而转出的累计折旧，贷方反映计提的累计折旧。本科目期末贷方余额，反映单位计提的保障性住房折旧累计数。该科目应当按照所对应保障性住房的类别进行明细核算。

行政事业单位按月计提保障性住房折旧时，按照应计提的折旧额，借记"业务活动费用"科目，贷记"保障性住房累计折旧"科目。

（五）保障性住房的处置

按照规定报经批准处置保障性住房，应当分别按照以下情况处理。

1. 无偿调出保障性住房

报经批准无偿调出保障性住房，在财务会计中，按照保障性住房已计提的折旧，借记"保障性住房累计折旧"科目，按照被处置保障性住房账面余额，贷记"保障性住房"科目，按照其差额，借记"无偿调拨净资产"科目；同时，按照无偿调出过程中发生的归属于调出方的相关费用，借记"资产处置费用"科目，贷记"银行存款"等科目。在预算会计中，按照上述调出过程中发生的归属于调出方的相关费用，借记"其他支出"科目，贷记"资金结存"科目。

2. 出售保障性住房

报经批准出售保障性住房,在财务会计中,按照被出售保障性住房的账面价值,借记"资产处置费用"科目,按照保障性住房已计提的折旧,借记"保障性住房累计折旧"科目,按照保障性住房账面余额,贷记"保障性住房"科目;同时,按照收到的价款,借记"银行存款"等科目,按照出售过程中发生的相关费用,贷记"银行存款"等科目,按照其差额,贷记"应缴财政款"科目。

(六) 保障性住房的清查盘点

单位应当定期对保障性住房进行清查盘点。对于发生的保障性住房盘盈、盘亏、毁损或报废等,参照"固定资产"科目相关规定进行账务处理。

八、受托代理资产

(一) 受托代理资产的概念、确认与计量

受托代理资产是指单位接受委托方委托管理的各项资产。它包括受托转赠物资、受托储存管理物资和罚没物资等。单位收到的受托代理资产为现金和银行存款的,不属于受托代理资产。

受托代理资产应当在单位收到受托代理的资产时确认。接受委托人委托需要转赠给受赠人的物资,其成本按照有关凭据注明的金额确定;没有相关凭据可供取得的,其成本比照同类或类似物资的市场价格确定。接受委托人委托储存管理的物资,其成本按照有关凭据注明的金额确定。

为了核算受托代理资产业务,单位应当设置"受托代理资产"科目。本科目借方反映受托代理资产的增加,贷方反映受托代理资产的减少。本科目期末借方余额,反映单位受托代理实物资产的成本。该科目应当按照资产的种类和委托人进行明细核算;属于转赠资产的,还应当按照受赠人进行明细核算。单位收到受托代理资产为现金和银行存款的,不通过该科目核算,应当通过"库存现金""银行存款"科目进行核算。

(二) 受托转赠物资

接受委托人委托需要转赠给受赠人的物资,其成本按照有关凭据注明的金额确定。接受委托转赠的物资验收入库,按照确定的成本,借记"受托代理资产"科目,贷记"受托代理负债"科目。受托协议约定由受托方承担相关税费、运输费等的,还应当按照实际支付的相关税费、运输费等金额,借记"其他费用"科目,贷记"银行存款"等科目。同时,在预算会计中,借记"其他支出"科目,贷记"资金结存"科目。

将受托转赠物资交付受赠人时,按照转赠物资的成本,借记"受托代理负债"科目,贷记"受托代理资产"科目。

转赠物资的委托人取消了对转赠物资的转赠要求,且不再收回转赠物资的,应当将转赠物资转为单位的存货、固定资产等。按照转赠物资的成本,借记"受托代理负债"科目,

贷记"受托代理资产"科目;同时,借记"库存物品""固定资产"等科目,贷记"其他收入"科目。

(三) 受托储存管理物资

单位接受委托人委托存储保管的物资,其成本按照有关凭据注明的金额确定。接受委托储存的物资验收入库,单位应按照确定的成本,借记"受托代理资产"科目,贷记"受托代理负债"科目。

单位发生由受托单位承担的与受托存储保管的物资相关的运输费、保管费等费用时,按照实际发生的费用金额,借记"其他费用"等科目,贷记"银行存款"等科目。

单位根据委托人要求交付或发出受托存储保管的物资时,按照发出物资的成本,借记"受托代理负债"科目,贷记"受托代理资产"科目。

(四) 罚没物资

单位取得罚没物资时,其成本按照有关凭据注明的金额确定。罚没物资验收(入库),按照确定的成本,借记"受托代理资产"科目,贷记"受托代理负债"科目。罚没物资成本无法可靠确定的,单位应当设置备查簿进行登记。

单位按照规定处置或移交罚没物资时,按照罚没物资的成本,借记"受托代理负债"科目,贷记"受托代理资产"科目。处置时取得款项的,按照实际取得的款项金额,借记"银行存款"等科目,贷记"应缴财政款"等科目。

单位受托代理的其他实物资产,参照"受托代理资产"科目有关受托转赠物资、受托存储保管物资的规定进行账务处理。

九、长期待摊费用

长期待摊费用是指单位已经支出,但应由本期和以后各期负担的分摊期限在1年以上(不含1年)的各项费用,如以经营租赁方式租入的固定资产发生的改良支出等。

为了核算长期待摊费用业务,单位应设置"长期待摊费用"总账科目。该科目借方反映长期待摊费用的增加数,贷方反映长期待摊费用的摊销数。本科目期末借方余额,反映单位尚未摊销完毕的长期待摊费用。该科目应当按照费用项目进行明细核算。

单位发生长期待摊费用时,按照实际支付的金额,在财务会计中,借记"长期待摊费用"科目,贷记"财政拨款收入""零余额账户用款额度""银行存款"等科目。同时,在预算会计中,借记"行政支出""事业支出"等科目,贷记"财政拨款预算收入""资金结存"等科目。按照受益期间摊销长期待摊费用时,按照摊销金额,借记"业务活动费用""单位管理费用""经营费用"等科目,贷记"长期待摊费用"科目。如果某项长期待摊费用已经不能使单位受益,应当将其摊余金额一次全部转入当期费用,按照摊销金额,借记"业务活动费用""单位管理费用""经营费用"等科目,贷记"长期待摊费用"科目。

【例14-26】 某行政单位以经营租赁方式租入一处办公用房。为适合办公需要,在租赁期内,该行政单位通过财政直接方式支付对租入的办公用房进行装修改良支出600 000元,该设备改良完工后的剩余收益年限为5年,每月摊销长期待摊费用10 000

元(＝600 000÷5÷12)。该行政单位应编制的财务会计分录为：

① 支付经营租赁房屋装修费用时,应编制的财务会计分录：

借:长期待摊费用——经营租赁固定资产租赁费　　　　　　　　600 000
　　贷:财政拨款收入　　　　　　　　　　　　　　　　　　　　600 000

同时,应编制的预算会计分录为：

借:行政支出　　　　　　　　　　　　　　　　　　　　　　　600 000
　　贷:财政拨款预算收入　　　　　　　　　　　　　　　　　　600 000

② 改良完工之后每月摊销经营租赁房屋的装修费时,应编制的预算会计分录为：

借:业务活动费用　　　　　　　　　　　　　　　　　　　　　10 000
　　贷:长期待摊费用——经营租赁固定资产租赁费　　　　　　　10 000

十、待处理财产损溢

(一) 待处理财产损溢的概念

待处理财产是指单位在资产清查过程中查明的各种资产盘盈、盘亏和报废、毁损的资产(这里应注意的是其范围明显不同于以往行政事业单位会计制度的规定)。单位在资产清查中查明的资产盘盈、盘亏、报废和毁损,应按照规定报经批准后及时进行账务处理,年末结账前一般应处理完毕。

(二) 待处理财产损溢的核算

单位应当设置"待处理财产损溢"总账科目,来核算单位在资产清查过程中查明的各种资产盘盈、盘亏、报废和毁损的情况。该科目借方反映各种资产盘亏和报废、毁损的金额以及批准的盘盈资产转出数,贷方反映各种资产的盘盈数以及批准的盘亏和报废、毁损资产的转出数;本科目期末如为借方余额,反映尚未处理完毕的各种资产的净损失;期末如为贷方余额,反映尚未处理完毕的各种资产净溢余。年末,经批准处理后,本科目一般应无余额。该科目应当按待处理的资产项目进行明细核算;对于在资产处理过程中取得收入或发生相关费用的项目,还应当设置"待处理财产价值""处理净收入"明细科目,进行明细核算。

1. 发现库存现金短缺或溢余

政府单位每日根据账款核对库存现金,发现有待查明原因的现金短缺或溢余时,属于现金短缺的,应当按照实际短缺的金额,在财务会计中,借记"待处理财产损溢"科目,贷记"库存现金"科目;同时,在预算会计中,借记"其他支出"科目,贷记"资金结存"科目。属于现金溢余的,应当按照实际溢余的金额,在财务会计中,借记"库存现金"科目,贷记"待处理财产损溢"科目;同时,在预算会计中,借记"资金结存"科目,贷记"其他预算收入"科目。

2. 查明原因报批后的处理

待查明原因后,如为现金短缺,属于应由责任人赔偿或向有关人员追回的,借记"其他应收款"科目,贷记"待处理财产损溢"科目;实际收到责任人赔偿时,在财务会计中,借记

"库存现金"科目,贷记"其他应收款"科目,同时在预算会计中,借记"资金结存"科目,贷记"其他支出"科目;属于无法查明原因的,报经批准核销时,借记"资产处置费用"科目,贷记"待处理财产损溢"科目。

如为现金溢余,属于应支付给有关人员或单位的,借记"待处理财产损溢"科目,贷记"其他应付款"科目。实际支付给有关人员或单位时,在财务会计中,借记"其他应付款"科目,贷记"库存现金"科目;同时,在预算会计中,借记"其他预算收入"科目,贷记"资金结存"科目。属于无法查明原因的,报经批准后,借记"待处理财产损溢"科目,贷记"其他收入"科目。

【例 14 - 27】 某行政单位在现金账款核对中发现现金溢余 200 元,无法查明原因,报经批准处理。

该行政单位应编制的会计分录为:

① 账款核对中发现现金溢余时,应编制的财务会计分录为:

借:库存现金　　　　　　　　　　　　　　　　　　　200
　　贷:待处理财产损溢——现金溢余　　　　　　　　　　200

同时,应编制的预算会计分录为:

借:资金结存——货币资金　　　　　　　　　　　　　200
　　贷:其他预算收入　　　　　　　　　　　　　　　　200

② 无法查明原因,报经批准处理时:

借:待处理财产损溢——现金溢余　　　　　　　　　　200
　　贷:其他收入　　　　　　　　　　　　　　　　　　200

3. 盘盈的各非现金资产

(1) 转入待处理资产。

单位将盘盈的各类资产转入待处理资产时,按照确定的成本,借记"库存物品""固定资产""无形资产""公共基础设施""政府储备物资""文物文化资产""保障性住房"等科目,贷记"待处理财产损溢"科目。

(2) 报经批准后处理。

按照规定报经批准后处理时,对于盘盈的流动资产,借记"待处理财产损溢"科目,贷记"单位管理费用"(事业单位)或"业务活动费用"(行政单位)科目。对于盘盈的非流动资产,如属于本年度取得的,按照当年新取得的相关资产进行账务处理;如属于以前年度取得的,按照前期差错处理,借记"待处理财产损溢"科目,贷记"以前年度盈余调整"科目。预算会计中不进行账务处理。

4. 盘亏或者毁损、报废的各类资产

(1) 转入待处理资产。

单位将盘亏或者毁损、报废的各类资产转入待处理资产时,借记"待处理财产损溢——待处理财产价值"科目[盘亏、毁损、报废固定资产、无形资产、公共基础设施、保障性住房的,还应借记"固定资产累计折旧""无形资产累计摊销""公共基础设施累计折旧(摊销)""保障性住房累计折旧"科目],贷记"库存物品""固定资产""无形资产""公共基础设施"

"政府储备物资""文物文化资产""保障性住房""在建工程"等科目。涉及增值税业务的,相关账务处理参见"应交增值税"科目。报经批准处理时,借记"资产处置费用"科目,贷记"待处理财产损溢——待处理财产价值"科目。

(2)取得残值或残值变价收入。

处理毁损、报废实物资产过程中取得的残值或残值变价收入、保险理赔和过失人赔偿等,借记"库存现金""银行存款""库存物品""其他应收款"等科目,贷记"待处理财产损溢——处理净收入"科目;处理毁损、报废实物资产过程中发生的相关费用,借记"待处理财产损溢——处理净收入"科目,贷记"库存现金""银行存款"等科目。

(3)结转处理净收入。

处理收支结清,如果处理收入大于相关费用的,按照处理收入减去相关费用后的净收入,借记"待处理财产损溢——处理净收入"科目,贷记"应缴财政款"等科目;如果处理收入小于相关费用的,按照相关费用减去处理收入后的净支出,借记"资产处置费用"科目,贷记"待处理财产损溢——处理净收入"科目。

思考题

1. 简述政府单位资产的含义和内容。
2. 简述政府单位库存现金管理的基本要求。
3. 对于政府单位的财政应返还额度,应如何进行会计核算?
4. 政府单位的应收及预算款项包括哪些内容?如何核算?
5. 如何核算政府单位的存货?
6. 事业单位的长期股权投资成本法和权益法有什么区别?
7. 如何确认和核算政府单位的固定资产?
8. 政府单位在核算上如何区分固定资产和公共基础设施?
9. 如何对政府单位固定资产计提折旧?
10. 如何核算政府单位待处理财产损溢?

第十五章
政府单位负债的核算

学习目标

通过本章的学习,了解政府单位各项负债的概念和内容,了解行政事业单位流动负债和非流动负债的内容,掌握政府单位短期负债、应交增值税、应缴财政款、应付职工薪酬、应付票据、应付账款和长期应付款等负债的核算方法和账务处理。

第一节 流动负债核算

流动负债是指预计在1年以内(含1年)偿还的债务,具体包括短期借款、应交增值税、其他应交税费、应缴财政款、应付职工薪酬、应付票据、应付账款、应付政府补贴款、应付利息、预收款项、其他应付款、预提费用等。

一、短期借款

短期借款是指事业单位借入的期限在1年内(含1年)的各种借款。短期借款主要是用于弥补事业单位临时性运营周期或季节性等因素而出现的资金不足,而向银行等金融机构借入的短期资金。行政单位没有短期借款业务。

(一)科目设置

事业单位应设置"短期借款"总账科目,核算事业单位经批准向银行或其他金融机构等借入的期限在1年内(含1年)的各种借款。"短期借款"科目借方反映偿还的短期借款本金,贷方反映借入的短期借款本金;该科目期末贷方余额,反映事业单位尚未偿还的短期借款本金。该科目应按照债权人和贷款种类进行明细核算。

事业单位应设置"应付利息"科目,核算事业单位根据借款本金和合同或协议约定的利率按期计提的利息。

(二) 主要账务处理

1. 借入短期借款

事业单位借入各种短期借款时,按照实际借入的金额,在财务会计中,借记"银行存款"科目,贷记"短期借款"科目;同时,在预算会计中,借记"资金结存"科目,贷记"债务预算收入"科目。

2. 计提和支付利息

按期计提利息费用时,按照计算确定的金额,借记"其他费用"科目,贷记"应付利息"科目。

实际支付应付利息时,按照支付的金额,在财务会计中,借记"应付利息"科目,贷记"银行存款"等科目;同时在预算会计中,借记"其他支出"科目,贷记"资金结存"科目。

3. 银行承兑汇票到期后无力支付时,将其转为短期借款

事业单位开户并承兑的银行承兑汇票到期而无力支付票款时,应将应付票据的账面余额转作短期借款,按照银行承兑汇票的票面金额,在财务会计中,借记"应付票据"科目,贷记"短期借款"科目。同时,在预算会计中,借记"经营支出"等科目,贷记"债务预算收入"科目。

4. 归还短期借款

事业单位归还短期借款时,在财务会计中,借记"短期借款"科目,贷记"银行存款"科目;同时,在预算会计中,借记"债务还本支出"科目,贷记"资金结存"科目。

【例 15-1】 2×22 年 1 月 1 日,某教育事业单位因开展经营活动需要临时从中国工商银行洪山支行取得借款 100 000 元,期限为 6 个月,月利率为 0.4%,每季度付息一次。每月预提借款利息 400 元(=100 000×0.4%),到期偿还借款本金。该事业单位应编制的会计分录为:

① 2×22 年 1 月 1 日,取得借款时,应编制的财务会计分录为:

借:银行存款　　　　　　　　　　　　　　　　　　　　100 000
　　贷:短期借款　　　　　　　　　　　　　　　　　　　　100 000

同时,应编制的预算会计分录为:

借:资金结存——货币资金　　　　　　　　　　　　　　100 000
　　贷:债务预算收入　　　　　　　　　　　　　　　　　　100 000

② 每月预提借款利息时,应编制的财务会计分录为:

借:其他费用——利息支出　　　　　　　　　　　　　　400
　　贷:应付利息　　　　　　　　　　　　　　　　　　　　400

③ 季末支付利息时,应编制的财务会计分录为:

借:其他费用——利息支出　　　　　　　　　　　　　　400
　　应付利息　　　　　　　　　　　　　　　　　　　　　800
　　贷:银行存款　　　　　　　　　　　　　　　　　　　　1 200

同时,应编制的预算会计分录为:
借:其他支出　　　　　　　　　　　　　　　　　　　　　　1 200
　　贷:资金结存——货币资金　　　　　　　　　　　　　　　　　1 200
④ 到期归还借款时,应编制的财务会计分录为:
借:短期借款　　　　　　　　　　　　　　　　　　　　　　100 000
　　贷:银行存款　　　　　　　　　　　　　　　　　　　　　　100 000
同时,应编制的预算会计分录为:
借:债务还本支出　　　　　　　　　　　　　　　　　　　　100 000
　　贷:资金结存——货币资金　　　　　　　　　　　　　　　　100 000

二、应交税费

政府单位核算的应交税费是单位因发生应税事项按照税法规定应当承担的纳税义务,包括应交增值税和其他应交税费两大类。

单位从事专业业务活动及辅助活动,开展非独立经营活动,应当依法纳税。单位依法缴纳的税费,有些与销售产品或提供劳务有关,如增值税;有些与经营结余有关,如所得税;有些与使用某项资产有关,如房产税、车船使用税、土地使用税等。单位从事专业业务活动、非独立经营活动等所依法缴纳的各种税费,在尚未缴纳前形成单位的一项负债。各项税金的核算是会计核算的重要组成部分。

单位各项应交税费均需按照税务部门规定及时足额缴纳。

(一) 应交增值税

应交增值税是指政府单位按照税法规定计算应缴纳的增值税。增值税是以商品应税劳务和应税服务在流转过程中产生的增值额作为计税依据而征收的一种流转税。根据我国增值税法规的相关规定,在我国境内销售货物或者提供加工、修理修配劳务,销售服务、无形资产、不动产以及进口货物的单位和个人,为增值税的纳税人。增值税的纳税人按其经营规模及会计核算水平划分为一般纳税人和小规模纳税人。一般纳税人增值税的核算实行一般计税方法,即实行税款抵扣制度;小规模纳税人增值税的核算实行简易计税方法。

1. 一般纳税人增值税的核算

根据规定,纳税人销售货物、劳务、服务、无形资产、不动产(可统称为应税销售行为),除规定的进项税额不得从销项税额中抵扣的情形外,增值税一般纳税人的应纳税额为当期销项税额抵扣当期进项税额后的余额。其用公式表示如下:

$$应纳税额 = 当期销项税额 - 当期进项税额$$

式中,销项税额是指增值税一般纳税人发生应税销售行为时,按照销售额乘以规定的税率并向购买方收取的增值税额;进项税额是指增值税一般纳税人购进货物、劳务、服务、无形资产、不动产时,所支付或负担的、准许从销项税额中抵扣的增值税额。根据我国税法的规定,准许从销项税额中抵扣的进项税额通常包括从销售方取得的增值税专用发票上注明的增值税额、从海关取得的海关进口增值税专用缴款书上注明的增值税额。增值税税率根据情况分别有13%、9%、6%。纳税人出口货物,税率为零。

1) 科目设置

政府单位应设置"应交增值税"总账科目,用来核算单位按照税法规定计算应缴纳的增值税。该科目借方反映单位购进商品服务已交、尚未抵扣或多交的增值税;贷方反映单位销售商品服务应交未交的增值税;本科目期末贷方余额,反映单位应交未交的增值税;期末如为借方余额反映单位尚未抵扣或多交的增值税。

属于增值税一般纳税人的单位,为了核算应交增值税的发生、抵扣、缴纳、退税及转出等情况,"应交增值税"科目还应设置"应交税金""未交税金""预交税金""待抵扣进项税额""待认证进项税额""待转销项税额""简易计税""转让金融商品应交增值税""代扣代缴增值税"等明细科目。

2) 主要账务处理

(1) 取得资产或接受劳务等业务。

① 采购等业务进项税额允许抵扣的情况。

政府单位购买适用于增值税应税项目的资产或服务等时,在财务会计中,按照应计入相关成本费用或资产的金额,借记"业务活动费用""在途物品""库存物品""工程物资""在建工程""固定资产""无形资产"等科目,按照当月已认证的可抵扣增值税额,借记"应交增值税——应交税金——进项税额"科目,按照当月未认证的可抵扣增值税额,借记"应交增值税——待认证进项税额"科目,按照应付或实际支付的金额,贷记"应付账款""应付票据""银行存款""零余额账户用款额度"等科目。同时,在预算会计中,借记"事业支出""经营支出"等科目,贷记"资金结存"科目。发生退货的,如原增值税专用发票已做认证,应根据税务机关开具的红字增值税专用发票做相反的会计分录;如原增值税专用发票未做认证,应将发票退回并做相反的会计分录。

【例15-2】 某事业单位属于增值税一般纳税人。2×22年1月,该事业单位在开展非独立核算经营活动中购入一批物品,增值税专用发票上注明的货款为30 000元,该物品适用的增值税税率为9%,经认证按规定计算的增值税进项税额可以抵扣。以银行存款支付,物品已验收入库。

进项税额=30 000×9%=2 700(元)

该事业单位应编制的财务会计分录为:

借:库存物品   30 000
    应交增值税——应交税金——进项税额   2 700
    贷:银行存款   32 700

同时,应编制的预算会计分录为:

借:经营支出   32 700
    贷:资金结存——货币资金   32 700

② 采购等业务进项税额不得抵扣的情况。

单位购进资产或服务等,适用于简易计税方法、计税项目、免征增值税项目、集体福利或个人消费等,其进项税额按照现行增值税制度规定不得从销项税额中抵扣的,取得增值税专用发票时,应按照增值税发票注明的金额,在财务会计中,借记"相关成本费用"或"资产"科目,按照待认证的增值税进项税额,借记"应交增值税——待认证进项税额"科目,按照实际支付或应付的金额,贷记"银行存款""应付账款""零余额账户用款额度"等科目。同时,在预算会计中,借记"事业支出""经营支出"科目,贷记"资金结存"科目。

经税务机关认证为不可抵扣进项税时,借记"应交增值税——应交税金——进项税额"科目,贷记"应交增值税——待认证进项税额"科目;同时,将进项税额转出,借记相关成本费用科目,贷记"应交增值税——应交税金——进项税额转出"科目。

③ 进项税额抵扣情况发生改变。

单位因发生非正常损失或改变用途等,原已计入进项税额、待抵扣进项税额或待认证进项税额,但按照现行增值税制度规定不得从销项税额中抵扣的,借记"待处理财产损溢""固定资产""无形资产"等科目,贷记"应交增值税——应交税金——进项税额转出""应交增值税——待抵扣进项税额"或"应交增值税——待认证进项税额"科目;原不得抵扣且未抵扣进项税额的固定资产、无形资产等,因改变用途等适用于允许抵扣进项税额的应税项目的,应按照允许抵扣的进项税额,借记"应交增值税——应交税金——进项税额"科目,贷记"固定资产""无形资产"等科目。固定资产、无形资产等经上述调整后,应按照调整后的账面价值在剩余尚可使用年限内计提折旧或摊销。

单位购进时已全额计入进项税额的货物或服务等转用于不动产在建工程的,对于结转以后期间的进项税额,应借记"应交增值税——待抵扣进项税额"科目,贷记"应交增值税——应交税金——进项税额转出"科目。

④ 购买方作为扣缴义务人的情况。

按照现行增值税制度规定,境外单位或个人在境内发生应税行为,在境内未设有经营机构,以购买方为增值税扣缴义务人。境内一般纳税人购进服务或资产时,按照应计入相关成本费用或资产的金额,借记"业务活动费用""在途物品""库存物品""工程物资""在建工程""固定资产""无形资产"等科目,按照可抵扣的增值税额,借记"应交增值税——应交税金——进项税额"科目;按照应付或实际支付的金额,贷记"银行存款""应付账款"等科目,按照应代扣代缴的增值税额,贷记"应交增值税——代扣代缴增值税"科目。实际缴纳代扣代缴增值税时,按照代扣代缴的增值税额,在财务会计中,借记"应交增值税——代扣代缴增值税"科目,贷记"银行存款""零余额账户用款额度"等科目;同时,在预算会计中,借记"事业支出""经营支出"科目,贷记"资金结存"科目。

(2) 单位销售货物或提供服务等业务。

① 销售货物或提供服务业务。

单位销售货物或提供服务,应当按照应收或已收的金额,借记"应收账款""应收票据""银行存款"等科目,按照确认的收入金额,贷记"经营收入""事业收入"等科目,按照现行增值税制度规定计算的销项税额(或采用简易计税方法计算的应纳增值税额),贷记"应交增值税——应交税金——销项税额"或"应交增值税——简易计税"科目。发生销售退回的,应根据按照规定开具的红字增值税专用发票做相反的会计分录。按照《政府会计制度》及相关政府会计准则确认收入的时点早于按照增值税制度确认增值税纳税义务发生时点的,单位应将相关销项税额记入"应交增值税——待转销项税额"科目,待实际发生纳税义务时再转入"应交增值税——应交税金——销项税额"或"应交增值税——简易计税"科目;反之,按照增值税制度确认增值税纳税义务发生时点早于按照《政府会计制度》及相关政府会计准则确认收入的时点的,应按照应纳增值税额,借记"应收账款"科目,贷记"应交增值税——应交税金——销项税额"科目或"应交增值税——简易计税"科目。

② 金融商品转让业务。

金融商品转让,按照规定以盈亏相抵后的余额作为销售额。金融商品实际转让月末,如产生转让收益,则按照应纳税额,借记"投资收益"科目,贷记"应交增值税——转让金融商品应交增值税"科目;如产生转让损失,则按照可结转下月抵扣税额,借记"应交增值税——转让金融商品应交增值税"科目,贷记"投资收益"科目。交纳增值税时,在财务会计中,应借记"应交增值税——转让金融商品应交增值税"科目,贷记"银行存款"等科目。同时,在预算会计中,借记"投资预算收益"科目,贷记"资金结存"科目。年末,"应交增值税——转让金融商品应交增值税"科目如有借方余额,则借记"投资收益"科目,贷记"应交增值税——转让金融商品应交增值税"科目。

(3) 月末转出多交增值税和未交增值税。

月度终了,单位应当将当月应交未交或多交的增值税自"应交税金"明细科目转入"未交税金"明细科目。对于当月应交未交的增值税,借记"应交增值税——应交税金——转出未交增值税"科目,贷记"应交增值税——未交税金"科目;对于当月多交的增值税,借记"应交增值税——未交税金"科目,贷记"应交增值税——应交税金——转出多交增值税"科目。

(4) 缴纳增值税。

① 缴纳当月应交增值税。单位缴纳当月应交的增值税,在财务会计中,借记"应交增值税——应交税金——已交税金"科目,贷记"银行存款"等科目。同时,在预算会计中,借记"事业支出""经营支出"科目,贷记"资金结存"科目。

② 缴纳以前期间未交增值税。单位缴纳以前期间未交的增值税,在财务会计中,借记"应交增值税——未交税金"科目,贷记"银行存款"等科目。同时,在预算会计中,借记"事业支出""经营支出"科目,贷记"资金结存"科目。

③ 预交增值税。单位预交增值税时,在财务会计中,借记"应交增值税——预交税金"科目,贷记"银行存款"等科目。同时,在预算会计中,借记"事业支出""经营支出"科目,贷记"资金结存"科目。月末,单位应将"预交税金"明细科目余额转入"未交税金"明细科目,借记"应交增值税——未交税金"科目,贷记"应交增值税——预交税金"科目。

④ 减免增值税。对于当期直接减免的增值税,借记"应交增值税——应交税金——减免税款"科目,贷记"业务活动费用""经营费用"等科目。

按照现行增值税制度规定,单位初次购买增值税税控系统专用设备支付的费用以及缴纳的技术维护费允许在增值税应纳税额中全额抵减的,按照规定抵减的增值税应纳税额,借记"应交增值税——应交税金——减免税款"科目(小规模纳税人借记"应交增值税"科目),贷记"业务活动费用""经营费用"等科目。

2. 小规模纳税人增值税的核算

根据规定,小规模纳税人发生应税销售行为,适用按照销售额和征收率计算应纳税额

的简易办法,并不得抵扣进项税额。小规模纳税人应纳税额的计算公式如下:

$$应纳税额 = 销售额 \times 征收率(3\%)$$

小规模纳税人的标准由国务院财政、税务主管部门规定。属于小规模纳税人的事业单位,购进货物时,将支付的增值税计入材料的采购成本;销售货物时,在一般情况下,按不含税价格的3%计算应交增值税。事业单位若采用销售额和应纳税金合并定价的,按照"销售额=含税金额÷(1+3%)"的计算公式,将含税销售额还原为不含税销售额,再计算应纳增值税额。

1) 科目设置

为了核算增值税业务,属于增值税小规模纳税人的单位,也应设置"应交增值税"总账科目。在该科目下再设置"转让金融商品应交增值税""代扣代缴增值税"两个明细科目。

2) 账务处理

属于增值税小规模纳税人的单位应交增值税的主要账务处理如下:

(1) 小规模纳税人购买资产或服务等时不能抵扣增值税,发生的增值税计入资产成本或相关成本费用。单位购买资产或服务等时,按照应付或实际支付的金额,借记"业务活动费用""在途物品""库存物品""工程物资""在建工程""固定资产""无形资产"等科目,贷记"应付账款""应付票据""银行存款""零余额账户用款额度"等科目。同时,在预算会计中,借记"事业支出""经营支出"等科目,贷记"资金结存"科目。

(2) 按照现行增值税制度规定,境外单位或个人在境内发生应税行为,在境内未设有经营机构的,以购买方为增值税扣缴义务人。境内小规模纳税人购进服务或资产时,按照应计入相关成本费用或资产的金额,借记"业务活动费用""在途物品""库存物品""工程物资""在建工程""固定资产""无形资产"等科目,按照应付或实际支付的金额,贷记"银行存款""应付账款"等科目,按照应代扣代缴的增值税额,贷记"应交增值税——代扣代缴增值税"科目。

其实际缴纳代扣代缴增值税的账务处理与一般纳税人单位相同。

(3) 单位销售货物或提供服务,应当按照应收或已收的金额,借记"应收账款""应收票据""银行存款"等科目,按照确认的收入金额,贷记"经营收入""事业收入"等科目,按照现行增值税制度规定采用简易计税方法计算的应纳增值税额,贷记"应交增值税"科目。实际收到款项时,在预算会计中,借记"资金结存"科目,贷记"经营预算收入""事业预算收入"等科目。

(4) 单位转让金融商品,按照规定以盈亏相抵后的余额作为销售额,其账务处理与上述属于增值税一般纳税人的单位相同。

(5) 单位缴纳应交的增值税,借记"应交增值税"科目,贷记"银行存款"等科目。同时,在预算会计中,借记"经营支出""事业支出"等科目,贷记"资金结存"等科目。

(6) 按照现行增值税制度规定,单位初次购买增值税税控系统专用设备支付的费用以及缴纳的技术维护费允许在增值税应纳税额中全额抵减的,按照规定抵减的增值税应纳税额,借记"应交增值税"科目,贷记"业务活动费用""经营费用"等科目。

【例15-3】 某事业单位系增值税小规模纳税人,该单位本月在开展非独立核算经营活动中销售一批物品,价税合计41 200元。其中,价款为40 000元,增值税额为1 200元,款项已存入银行。

① 该事业单位应编制的财务会计分录为：
借：银行存款　　　　　　　　　　　　　　　　　　　　　　　41 200
　　贷：经营收入　　　　　　　　　　　　　　　　　　　　　　40 000
　　　　应交增值税　　　　　　　　　　　　　　　　　　　　　 1 200
同时，应编制的预算会计分录为：
借：资金结存——货币资金　　　　　　　　　　　　　　　　　41 200
　　贷：经营预算收入　　　　　　　　　　　　　　　　　　　　41 200
② 实际缴纳增值税时，应编制的财务会计分录为：
借：应交增值税　　　　　　　　　　　　　　　　　　　　　　 1 200
　　贷：银行存款　　　　　　　　　　　　　　　　　　　　　　 1 200
同时，应编制的预算会计分录为：
借：经营支出　　　　　　　　　　　　　　　　　　　　　　　 1 200
　　贷：资金结存——货币资金　　　　　　　　　　　　　　　 1 200

事业单位的增值税业务主要涉及经营业务，而经营活动在事业单位中是很少的。行政单位和公益类事业单位中没有经营活动。由于事业单位属于公益组织，根据国家税法规定可以享受税收优惠。对公立医院、公立学校、图书馆、博物馆、文化馆、美术馆、科技馆、体育馆等，我国免征增值税。

（二）其他应交税费

其他应交税费是指单位按照税法等规定计算应缴纳的除增值税以外的各种税费。它包括城市维护建设税、教育费附加、地方教育费附加、车船税、房产税、城镇土地使用税和企业所得税等。

1. 科目设置

为了核算其他应交税费业务，单位应设置"其他应交税费"总账科目。该科目借方反映实际缴纳的其他各项税费，贷方反映计提的其他各项税费；该科目期末贷方余额，反映单位应交未交的除增值税以外的税费金额；期末如为借方余额，反映单位多缴纳的除增值税以外的税费金额。该科目应当按照应缴纳的税费种类进行明细核算。

单位代扣代缴的个人所得税，也通过该科目核算。单位应缴纳的印花税不需要预提应交税费，直接通过"业务活动费用""单位管理费用""经营费用"等科目核算，不通过该科目核算。

2. 主要账务处理

其他应交税费的主要账务处理如下：

（1）单位发生城市维护建设税、教育费附加、地方教育费附加、车船税、房产税、城镇土地使用税等纳税义务的，按照税法规定计算的应交税费金额，借记"业务活动费用""单位管理费用""经营费用"等科目，贷记"其他应交税费——应交城市维护建设税、应交教育费附加、应交地方教育费附加、应交车船税、应交房产税、应交城镇土地使用税等"科目。

（2）单位按照税法规定计算应代扣代缴职工（含长期聘用人员）的个人所得税，借记

"应付职工薪酬"科目,贷记"其他应交税费——应交个人所得税"科目。

按照税法规定计算应代扣代缴支付给职工(含长期聘用人员)以外人员劳务费的个人所得税,借记"业务活动费用""单位管理费用"等科目,贷记"其他应交税费——应交个人所得税"科目。

(3)单位发生企业所得税纳税义务的,按照税法规定计算的应交所得税额,借记"所得税费用"科目,贷记"其他应交税费——应交单位所得税"科目。

(4)单位实际缴纳上述各种税费时,在财务会计中,借记"其他应交税费——应交城市维护建设税、应交教育费附加、应交地方教育费附加、应交车船税、应交房产税、应交城镇土地使用税、应交个人所得税、应交单位所得税等"科目,贷记"财政拨款收入""零余额账户用款额度""银行存款"等科目。同时,在预算会计中,借记"事业支出""非财政拨款结余"等科目,贷记"财政拨款预算收入""资金结存"等科目。

根据相关规定,对公立医院、公立学校、图书馆、博物馆、文化馆、美术馆、科技馆、体育馆以及国家机关自用的房产免征房产税;但相关行政事业单位的出租房产以及非自身业务使用的生产、营业用房不属于房产税的免税范围。车船税、城镇土地使用税的情况类似。行政单位没有企业所得税业务。事业单位的企业所得税业务也主要涉及经营活动。

三、应缴财政款

应缴财政款是指单位取得或应收的按照规定应当上缴财政的款项。它包括应缴国库款项和应缴财政专户款项。其中,应缴国库款项是指单位按规定应缴入国库的款项(应缴税费除外),包括行政事业性收费收入、罚没收入、政府性基金、国有资产处置和出租收入;应缴财政专户款项是指事业单位按规定应缴入财政专户的款项,如高中及以上学费、住宿费,高校委托培养费,学校收费,教育考试考务费,函大、电大、夜大及短训班培训费等。单位取得的按照国家有关规定应当上缴国库或者财政专户的资金,应当及时足额上缴财政国库或者财政专户,由财政统筹安排使用。

各单位办理应缴财政款缴库手续时,应分清科目、分清级次、准确上缴。各主管单位办理应缴财政款缴库手续,填制一般缴款书时,"预算级次"栏应当按照财政管理体制规定的收入划分范围,分别填列中央级、省级、地市级或县级。"预算科目"栏中的"款""项""目"各栏,必须按照政府预算收入科目的具体规定,填列齐全,不得省略,也不得以科目代号代替科目全称。

(一)科目设置

为核算单位取得或应收的按照规定应当上缴财政的款项,应设置"应缴财政款"总账科目。应缴财政款包括应缴国库的款项和应缴财政专户的款项。本科目借方反映上缴的各项应缴财政款,贷方反映取得的各项应缴财政款,本科目期末贷方余额,反映单位应当上缴财政但尚未缴纳的款项;年终清缴后,本科目一般应无余额。本科目应当按照应缴财政款项的类别进行明细核算。

单位在取得各项应缴财政款过程中按照国家税法等有关规定应当缴纳的各种税费,通过"应交增值税""其他应交税费"科目核算,不通过本科目核算。

（二）主要账务处理

单位取得或应收按照规定应缴财政的款项时，在财务会计中，借记"银行存款""应收账款"等科目，贷记"应缴财政款"科目。无须编制预算会计分录。

单位上缴应缴财政的款项时，按照实际上缴的金额，借记"应缴财政款"科目，贷记"银行存款"科目。无须编制预算会计分录。

单位处置资产取得的应上缴财政的处置净收入的账务处理，参见"待处理财产损溢"等科目。

四、应付职工薪酬

职工薪酬是指行政事业单位按照有关规定应付给职工（含长期聘用人员）以及为职工支付的各种薪酬。它包括基本工资、国家统一规定的津贴补贴、规范津贴补贴（绩效工资）、改革性补贴、社会保险费（如职工基本养老保险费、职业年金、基本医疗保险费等）、住房公积金、其他个人收入等。

应付职工薪酬包括应付工资和应付津贴补贴。应付工资是指单位按照国家统一规定发放给在职人员的职务工资、级别工资、年终一次性奖金等。单位按国家规定发放给离退休人员的离休、退休费及经国务院或人事部、财政部批准设立的津贴补贴，属于单位的应付离退休费。

应付津贴补贴是指单位按照地方或部门、单位出台的规定应发放给失业单位职工的地方或部门津贴补贴。

除以上应付工资及应付津贴补贴外，单位按照国家规定发给个人的其他收入，包括误餐费、夜餐费、出差人员伙食补助费、市内交通费、出国人员伙食费、公杂费、个人国外零用费等，是单位的应付其他个人收入。

单位应当按照规定将发放工资（离退休费）、地方（部门）津贴补贴和其他个人收入的情况，在部门决算中单独反映。

（一）科目设置

为了核算按有关规定应付给职工及为职工支付的各种薪酬，单位应设置"应付职工薪酬"总账科目。本科目借方反映发放的职工薪酬，贷方反映计提的职工薪酬，本科目期末贷方余额，反映单位应付未付的职工薪酬。

该科目应当根据国家有关规定按照"基本工资"（含离退休费）"国家统一规定的津贴补贴""规范津贴补贴（绩效工资）""改革性补贴""社会保险费""住房公积金""其他个人收入"等进行明细核算。其中，"社会保险费""住房公积金"明细科目核算单位从职工工资中代扣代缴的社会保险费、住房公积金，以及单位为职工计算缴纳的社会保险费、住房公积金。

（二）主要账务处理

1. 计算确认当期应付职工薪酬

计提从事专业及其辅助活动人员的职工薪酬（含单位为职工计算缴纳的社会保险费、

住房公积金),借记"业务活动费用""单位管理费用"科目,贷记"应付职工薪酬"科目。

计提应由在建工程、加工物品、自行研发无形资产负担的职工薪酬,借记"在建工程""加工物品""研发支出"等科目,贷记"应付职工薪酬"科目。

计提从事专业及其辅助活动之外的经营活动人员的职工薪酬,借记"经营费用"科目,贷记"应付职工薪酬"科目。

因解除与职工的劳动关系而给予的补偿,借记"单位管理费用"等科目,贷记"应付职工薪酬"科目。

2. 支付工资、津贴补贴

向职工支付工资、津贴补贴等薪酬时,按照实际支付的金额,在财务会计中,借记"应付职工薪酬"科目,贷记"财政拨款收入""零余额账户用款额度""银行存款"等科目。同时,在预算会计中,借记"行政支出""事业支出""经营支出"等科目,贷记"财政拨款预算收入""资金结存"等科目。

3. 代扣职工个人所得税、水电费、房租、社会保险费和住房公积金

按照税法规定代扣职工个人所得税时,借记"应付职工薪酬——基本工资"科目,贷记"其他应交税费——应交个人所得税"科目。

从应付职工薪酬中代扣为职工垫付的水电费、房租等费用时,按照实际扣除的金额,借记"应付职工薪酬——基本工资"科目,贷记"其他应收款"等科目。

从应付职工薪酬中代扣社会保险费和住房公积金,按照代扣的金额,借记"应付职工薪酬——基本工资"科目,贷记"应付职工薪酬——社会保险费、住房公积金"科目。

4. 缴纳职工社会保险费和住房公积金

按照国家有关规定缴纳职工社会保险费和住房公积金时,按照实际支付的金额,在财务会计中,借记"应付职工薪酬——社会保险费、住房公积金"科目,贷记"财政拨款收入""零余额账户用款额度""银行存款"等科目。同时,在预算会计中,借记"行政支出""事业支出""经营支出"等科目,贷记"财政拨款预算收入""资金结存"等科目。

5. 从应付职工薪酬中支付的其他款项

从应付职工薪酬中支付的其他款项,在财务会计中,借记"应付职工薪酬"科目,贷记"零余额账户用款额度""银行存款"等科目。同时,在预算会计中,借记"行政支出""事业支出""经营支出"等科目,贷记"资金结存"等科目。

【例15-4】 2×22年1月,某行政单位计提从事专业及其辅助活动人员的应付职工薪酬共计260 000元。其中,职工基本工资186 000元,离退休费14 000元,国家统一规定的津贴补贴12 000元,规范性津贴补贴(绩效补贴)28 000元,改革性补贴20 000元;单位应为职工缴纳的社会保险费40 000元和住房公积金14 000元;应从职工基本工资中代扣代缴的社会保险费16 000元和住房公积金10 000元;按税法规定应从职工基本工资中代扣代缴的职工个人所得税3 200元;代扣为职工垫付的水电费为600元。该行政单位通过财政直接支付方式向职工支付基本工资、津贴补贴以及向相关机构缴纳职工社会保险费和住房公积金。该单位应编制的会计分录为:

① 计提应付职工薪酬时,应编制的财务会计分录为:

借:业务活动费用　　　　　　　　　　　　　　　　　　　314 000
　　贷:应付职工薪酬——基本工资(含离退休费)　　　　　　200 000
　　　　　　　　　　——国家统一规定的津贴补贴　　　　　 12 000
　　　　　　　　　　——规范性津贴补贴(绩效工资)　　　　 28 000
　　　　　　　　　　——改革性补贴　　　　　　　　　　　 20 000
　　　　　　　　　　——社会保险费　　　　　　　　　　　 40 000
　　　　　　　　　　——住房公积金　　　　　　　　　　　 14 000

② 代扣社会保险费、住房公积金和个人所得税时,应编制的财务会计分录为:

借:应付职工薪酬——基本工资(含离退休费)　　　　　　　 29 800
　　贷:应付职工薪酬——社会保险费　　　　　　　　　　　 16 000
　　　　　　　　　　——住房公积金　　　　　　　　　　　 10 000
　　　　其他应交税费——应交个人所得税　　　　　　　　　　3 200
　　　　其他应付款——应收垫付水电费　　　　　　　　　　　　600

③ 通过财政直接支付方式支付职工工资、各种津贴补贴时,应编制的财务会计分录为:

借:应付职工薪酬——基本工资(含离退休费)　　　　　　　170 200
　　　　　　　　——国家统一规定的津贴补贴　　　　　　　 12 000
　　　　　　　　——规范性津贴补贴(绩效工资)　　　　　　 28 000
　　　　　　　　——改革性补贴　　　　　　　　　　　　　 20 000
　　贷:财政拨款收入　　　　　　　　　　　　　　　　　　230 200

同时,应编制的预算会计分录为:

借:行政支出　　　　　　　　　　　　　　　　　　　　　230 200
　　贷:财政拨款预算收入　　　　　　　　　　　　　　　　230 200

④ 通过财政直接支付方式支付社会保险费、住房公积金和个人所得税税款时,应编制的财务会计分录为:

借:应付职工薪酬——社会保险费　　　　　　　　　　　　 56 000
　　　　　　　　——住房公积金　　　　　　　　　　　　　 24 000
　　其他应交税费——应交个人所得税　　　　　　　　　　　　3 200
　　贷:财政拨款收入　　　　　　　　　　　　　　　　　　 83 200

同时,应编制的预算会计分录为:

借:行政支出　　　　　　　　　　　　　　　　　　　　　 83 200
　　贷:财政拨款预算收入　　　　　　　　　　　　　　　　 83 200

五、应付及预收款项

应付及预收款项是指行政事业单位在开展业务活动中发生的各项债务。它主要包括应付票据、应付账款、应付政府补贴款、应付利息、预收账款和其他应付款等。

(一) 应付票据

应付票据是指事业单位因购买材料、物资等而开出、承兑的商业汇票。它包括银行承兑汇票和商业承兑汇票。行政单位没有应付票据业务。

1. 科目设置

为了核算应付票据业务,事业单位应设置"应付票据"总账科目。该科目借方反映到期偿付的票据,贷方反映开出、承兑的票据,本科目期末贷方余额,反映事业单位开出、承兑的尚未到期的应付票据金额。该科目应当按照债权人进行明细核算。该科目的期末贷方余额反映事业单位开出、承兑的尚未到期的商业汇票票面金额。

2. 主要账务处理

(1) 开出、承兑商业汇票时,借记"库存物品""固定资产"等科目,贷记"应付票据"科目。涉及增值税业务的,相关账务处理参见"应交增值税"科目。

以商业汇票抵付应付账款时,借记"应付账款"科目,贷记"应付票据"科目。

(2) 支付银行承兑汇票的手续费时,在财务会计中,借记"业务活动费用""经营费用"等科目,贷记"银行存款""零余额账户用款额度"等科目。同时,在预算会计中,借记"事业支出""经营支出"科目,贷记"资金结存"科目。

(3) 商业汇票到期,应当分别按照以下情况处理:

收到银行支付到期票据的付款通知时,在财务会计中,借记"应付票据"科目,贷记"银行存款"科目。同时,在预算会计中,借记"事业支出""经营支出"科目,贷记"资金结存"科目。

若银行承兑汇票到期,单位无力支付票款的,按照应付票据账面余额,在财务会计中,借记"应付票据"科目,贷记"短期借款"科目。同时,在预算会计中,借记"事业支出""经营支出"科目,贷记"债务预算收入"科目。

若商业承兑汇票到期,单位无力支付票款的,按照应付票据账面余额,借记"应付票据"科目,贷记"应付账款"科目。

事业单位应当设置"应付票据备查簿",详细登记各种应付票据的种类、号数、出票日期、到期日、票面金额、交易合同号、收款人姓名或单位名称、付款日期和金额等。应付票据到期结清票款后,单位应当在"应付票据备查簿"内逐笔注销。

(二) 应付账款

应付账款是指单位因购买物资、接受服务、开展工程建设等而应付的偿还期限在1年以内(含1年)的款项。

1. 科目设置

为了核算应付账款业务,单位应设置"应付账款"总账科目。该科目借方反映偿付的应付账款,贷方反映因购买物资、接受服务等应付的款项,本科目期末贷方余额,反映单位尚未支付的应付账款金额。

"应付账款"科目应当按照债权人进行明细核算。对于建设项目,单位还应设置"应付器材款""应付工程款"等明细科目,并按照具体项目进行明细核算。

2. 主要账务处理

(1) 单位收到所购材料、物资、设备或服务以及确认完成工程进度但尚未付款时,根据发票及账单等有关凭证,按照应付未付款项的金额,借记"库存物品""固定资产""在建工程"等科目,贷记"应付账款"科目。涉及增值税业务的,相关账务处理参见"应交增值税"科目。

(2) 单位偿付应付账款时,按照实际支付的金额,在财务会计中,借记"应付账款"科目,贷记"财政拨款收入""零余额账户用款额度""银行存款"等科目。同时,在预算会计中,借记"行政支出""事业支出""经营支出"科目,贷记"财政拨款预算收入""资金结存"科目。

(3) 单位开出、承兑商业汇票抵付应付账款时,借记"应付账款"科目,贷记"应付票据"科目。

(4) 单位无法偿付或债权人豁免偿还的应付账款,应当按照规定报经批准后进行账务处理。经批准核销时,借记"应付账款"科目,贷记"其他收入"科目。核销的应付账款应在备查簿中保留登记。

【例 15-5】 某行政单位从甲公司购买了一批工作服,价款为 10 000 元,增值税额为 1 300 元,物品已验收入库。经认证当期准予抵扣税款,价税款暂欠。之后,通过财政授权支付方式支付这笔款项。

① 向甲公司赊购库存物品时,应编制的财务会计分录为:

借:库存物品 10 000
　　应交增值税——应交税金(进项税额) 1 300
　　　贷:应付账款——甲公司 11 300

② 通过单位零余额账户偿付甲公司应付账款时,应编制的财务会计分录为:

借:应付账款——甲公司 11 300
　　　贷:零余额账户用款额度 11 300

同时,应编制的预算会计分录为:

借:行政支出 11 300
　　　贷:资金结存——零余额账户用款额度 11 300

(三) 应付政府补贴款

应付政府补贴款是指负责发放政府补贴的行政单位,按照规定应当支付给政府补贴接受者的各种政府补贴款。例如,有关行政单位根据职能划分向农民发放农机购置补贴、向使用清洁能源的单位和个人发放使用清洁能源补贴、向购买节能电器的单位和个人发放节能补贴、向职业培训和职业介绍机构发放职业培训和职业介绍补贴等。事业单位没有此类业务。

1. 科目设置

为了核算应付政府补贴款业务,行政单位应设置"应付政府补贴款"总账科目。本科目借方反映偿付的应付政府补贴款,贷方反映计提的应付政府补贴款,本科目期末贷方余额,反映行政单位应付未付的政府补贴金额。

"应付政府补贴款"科目应当按照应支付的政府补贴种类进行明细核算。单位还应当根据需要按照补贴接受者进行明细核算,或者建立备查簿对补贴接受者予以登记。

2. 主要账务处理

行政单位发生应付政府补贴时,按照依规定计算确定的应付政府补贴金额,借记"业务活动费用"科目,贷记"应付政府补贴款"科目。

支付应付政府补贴款时,按照支付金额,在财务会计中,借记"应付政府补贴款"科目,贷记"零余额账户用款额度""银行存款"等科目。同时,在预算会计中,借记"行政支出"科目,贷记"资金结存"科目。

应付政府补贴款项的受益人为政府补贴的接受者,相应款项尽管也计入业务活动费用,但与行政单位自身耗用的办公经费存在差异。

(四) 应付利息

应付利息是指事业单位按照合同约定应支付的借款利息。它包括短期借款、分期付息到期还本的长期借款等应支付的利息。行政单位没有应付利息业务。

1. 科目设置

为了核算应付利息业务,事业单位应设置"应付利息"总账科目。本科目借方反映应付利息的支付数,贷方反映应付利息的计提数,本科目期末贷方余额,反映事业单位应付未付的利息金额。

该科目应当按照债权人等进行明细核算。

2. 主要账务处理

(1) 事业单位为建造固定资产、公共基础设施等借入的专门借款的利息,属于建设期间发生的,按期计提利息费用时,按照计算确定的金额,借记"在建工程"科目,贷记"应付利息"科目;不属于建设期间发生的,按期计提利息费用时,按照计算确定的金额,借记"其他费用"科目,贷记"应付利息"科目。

(2) 对于其他借款,事业单位按期计提利息费用时,按照计算确定的金额,借记"其他费用"科目,贷记"应付利息"科目。

(3) 实际支付应付利息时,按照支付的金额,在财务会计中,借记"应付利息"科目,贷记"银行存款"等科目。同时,在预算会计中,借记"其他支出"科目,贷记"资金结存"科目。

(五) 预收账款

预收账款是指事业单位预先收取但尚未结算的款项。预收账款需要事业单位在一定时间内以交付货物来予以偿付。收到的款项,构成事业单位的一项负债,如预收货款、租金等,在事业单位按照合同如期交货以后,预收账款才转为收入,债务才得以解除。行政单位没有预收账款业务。

1. 科目设置

为了核算预收账款业务,事业单位应设置"预收账款"总账科目。本科目借方反映预收账款的结算数,贷方反映预收账款的收取数,本科目期末贷方余额,反映事业单位预收但尚未结算的款项金额。该科目应按预收账款的债权人进行明细核算。

2. 主要账务处理

(1)事业单位从付款方预收款项时,按照实际预收的金额,在财务会计中,借记"银行存款"等科目,贷记"预收账款"科目。同时,在预算会计中,借记"资金结存"科目,贷记"事业预算收入""经营预算收入"科目。

(2)确认有关收入时,按照预收账款账面余额,在财务会计中,借记"预收账款"科目,按照应确认的收入金额,贷记"事业收入""经营收入"等科目,按照付款方补付或退回付款方的金额,借记或贷记"银行存款"等科目。同时,在预算会计中,按照实际收到的补付或退回付款方的金额,借记或贷记"资金结存"科目,贷记或借记"事业预算收入""经营预算收入"科目。涉及增值税业务的,相关账务处理参见"应交增值税"科目。

(3)无法偿付或债权人豁免偿还的预收账款,应当按照规定报经批准后进行账务处理。经批准核销时,借记"预收账款"科目,贷记"其他收入"科目。核销的预收账款应在备查簿中保留登记。

【例 15-6】 某事业单位向甲公司提供专业服务,按合同规定从甲公司预收款项 4 500 元,实现技术服务应确认的收入为 10 000 元,付款方补付的款项已存入银行存款账户。该事业单位应编制的会计分录为:

① 收到预收款项时,应编制的财务会计分录为:

借:银行存款 4 500
　　贷:预收账款 4 500

同时,应编制的预算会计分录为:

借:资金结存——货币资金 4 500
　　贷:事业预算收入 4 500

② 完成技术服务后确认收入实现时:

借:预收账款 4 500
　　银行存款 5 500
　　贷:事业收入 10 000

同时,应编制的预算会计分录为:

借:资金结存——货币资金 5 500
　　贷:事业预算收入 5 500

(六)其他应付款

其他应付款是指单位除应交增值税、其他应交税费、应缴财政款、应付职工薪酬、应付票据、应付账款、应付政府补贴款、应付利息、预收账款外,其他各项偿还期限在 1 年内(含 1 年)的应付及暂收款项,如收取的押金、存入保证金、已经报销但尚未偿还银行的本单位公务卡欠款等。

1. 科目设置

为了核算其他应付款业务，单位应设置"其他应付款"科目。本科目借方反映结算的其他应付款，贷方反映收到的其他应付款，本科目期末贷方余额，反映单位尚未支付的其他应付款金额。本科目应当按照其他应付款的类别以及债权人等进行明细核算。

同级政府财政部门预拨的下期预算款和没有纳入预算的暂付款项，以及采用实拨资金方式通过本单位转拨给下属单位的财政拨款，也通过该科目核算。

2. 主要账务处理

（1）发生其他应付及暂收款项时，借记"银行存款"等科目，贷记"其他应付款"科目。支付（或退回）其他应付及暂收款项时，借记"其他应付款"科目，贷记"银行存款"等科目。将暂收款项转为收入时，在财务会计中，借记"其他应付款"科目，贷记"事业收入"等科目。同时，在预算会计中，借记"资金结存"科目，贷记"事业预算收入"等科目。

（2）收到同级政府财政部门预拨的下期预算款和没有纳入预算的暂付款项，按照实际收到的金额，借记"银行存款"等科目，贷记"其他应付款"科目；待到下一预算期或批准纳入预算时，在财务会计中，借记"其他应付款"科目，贷记"财政拨款收入"科目。同时，在预算会计中，借记"资金结存"科目，贷记"财政拨款预算收入"等科目。

采用实拨资金方式通过本单位转拨给下属单位的财政拨款，按照实际收到的金额，借记"银行存款"科目，贷记"其他应付款"科目；向下属单位转拨财政拨款时，按照转拨的金额，借记"其他应付款"科目，贷记"银行存款"科目。

（3）本单位公务卡持卡人报销时，按照审核报销的金额，借记"业务活动费用""单位管理费用"等科目，贷记"其他应付款"科目；偿还公务卡欠款时，在财务会计中，借记"其他应付款"科目，贷记"零余额账户用款额度"等科目。同时，在预算会计中，借记"行政支出""事业支出"等科目，贷记"资金结存"科目。

（4）涉及质保金形成其他应付款的，相关账务处理参见"固定资产"科目。

（5）无法偿付或债权人豁免偿还的其他应付款项，应当按照规定报经批准后进行账务处理。经批准核销时，借记"其他应付款"科目，贷记"其他收入"科目。核销的其他应付款应在备查簿中保留登记。

六、预提费用

预提费用是指单位预先提取的已经发生但尚未支付的费用，如预提租金费用等。

（一）科目设置

为了核算预提费用业务，单位应设置"预提费用"总账科目。本科目借方反映支付的预提费用，贷方反映提取的预提费用，本科目期末贷方余额，反映单位已预提但尚未支付的各项费用。"预提费用"科目应当按照预提费用的种类进行明细核算。

事业单位按规定从科研项目收入中提取的项目间接费用或管理费也通过该科目核算，且应当在该科目下设置"项目间接费用或管理费"明细科目，并按项目进行明细核算。

事业单位计提的借款利息费用,通过"应付利息""长期借款"科目核算,不通过该科目核算。

(二) 主要账务处理

1. 项目间接费用或管理费

单位按规定从科研项目收入中提取项目间接费用或管理费时,按照提取的金额,在财务会计中,借记"单位管理费用"科目,贷记"预提费用——项目间接费用或管理费"科目;同时,在预算会计中,借记"非财政拨款结转——项目间接费用或管理费"科目,贷记"非财政拨款结余——项目间接费用或管理费"科目。

实际使用计提的项目间接费用或管理费时,按照实际支付的金额,在财务会计中,借记"预提费用——项目间接费用或管理费"科目,贷记"银行存款""库存现金"等科目。同时,在预算会计中,借记"事业支出"等科目,贷记"资金结存"科目。

2. 其他预提费用

单位按期预提租金等费用时,按照预提的金额,借记"业务活动费用""单位管理费用""经营费用"等科目,贷记"预提费用"科目。

实际支付款项时,按照支付金额,在财务会计中,借记"预提费用"科目,贷记"零余额账户用款额度""银行存款"等科目。同时,在预算会计中,借记"行政支出""事业支出""经营支出"等科目,贷记"资金结存"科目。

根据《政府会计准则制度解释第 2 号》的规定,单位按规定从财政科研项目中提取项目间接费用或管理费的,应当按照以下规定进行账务处理:

(1) 从财政科研项目中提取项目间接费用或管理费时,按照计提的金额,借记"业务活动费用""单位管理费用"等科目,贷记"预提费用——项目间接费用或管理费"科目。

(2) 按规定将提取的项目间接费用或管理费从本单位零余额账户划转到实有资金账户的,按照划转的资金金额,借记"银行存款"科目,贷记"零余额账户用款额度"科目。

(3) 使用提取的项目间接费用或管理费时,按照实际支付的金额,借记"预提费用——项目间接费用或管理费"科目,贷记"银行存款""零余额账户用款额度""财政拨款收入"等科目;同时,按照相同的金额,借记"预提费用——项目间接费用或管理费"科目,贷记"累计盈余"科目。

第二节 非流动负债核算

非流动负债是指流动负债以外的负债。单位的非流动负债包括长期借款、长期应付款、预计负债和受托代理负债等。

一、长期借款

长期借款是指事业单位从银行或其他金融机构借入的偿还期限在 1 年以上(不含 1

年)的各项借款,如从各专业银行、商业银行取得的贷款,或者向财务公司、投资公司等金融企业借入的款项。事业单位借入长期借款,其目的是以事业单位的各种事业服务活动为依托,满足事业单位长期资产投资的资金需要。除净资产外,长期借款是事业单位长期资金的重要来源。行政单位没有长期借款业务。

(一) 科目设置

为了核算长期借款业务,事业单位应设置"长期借款"总账科目。本科目借方反映偿还的长期借款本金和利息,贷方反映借入的长期借款本金及计提的利息,本科目期末贷方余额,反映事业单位尚未偿还的长期借款本息金额。

"长期借款"科目应当设置"本金""应计利息"明细科目,并按照贷款单位和贷款种类进行明细核算。对于建设项目,借款事业单位还应按照具体项目进行明细核算。

(二) 主要账务处理

1. 借入长期借款

事业单位借入各项长期借款时,按照实际借入的金额,在财务会计中,借记"银行存款"科目,贷记"长期借款——本金"科目。同时,在预算会计中,借记"资金结存——货币资金"科目,贷记"债务预算收入——本金"科目。

2. 长期借款利息

(1) 专门借款利息。事业单位为建造固定资产、公共基础设施等应支付的专门借款利息,按期计提利息时,分别按照以下情况处理:

① 属于工程项目建设期间发生的利息,计入工程成本,按照计算确定的应支付的利息金额,借记"在建工程"科目,贷记"应付利息"科目。

② 属于工程项目完工交付使用后发生的利息,计入当期费用,按照计算确定的应支付的利息金额,借记"其他费用"科目,贷记"应付利息"科目。

(2) 其他长期借款利息。按期计提其他长期借款的利息时,按照计算确定的应支付的利息金额,借记"其他费用"科目,贷记"应付利息"(分期付息、到期还本借款的利息)或"长期借款——应计利息"(到期一次还本付息借款的利息)科目。

3. 归还长期借款

事业单位到期归还长期借款本金、利息时,在财务会计中,借记"长期借款——本金、应计利息"科目,贷记"银行存款"科目。同时,在预算会计中,借记"债务还本支出"(支付的本金)、"其他支出"(支付的利息)等科目,贷记"资金结存"科目。

【例15-7】 2×22年1月1日,某事业单位为建设事业活动建造一栋房屋,经批准专门向银行借入一笔1 000 000元的款项,期限为2年,年利率为6%,每半年分期付息,到期一次还本。工程建造期限为18个月,固定资产建造完成并交付使用。每半年应计利息为30 000元(=1 000 000×6%×6/12),前1年半的利息90 000元计入在建工程,后半年的利息30 000元计入其他费用。以上借款本息均通过银行存款账户收付。该事业单位编制的会计分录为:

① 借入款项时,应编制的财务会计分录为:
借:银行存款　　　　　　　　　　　　　　　　　　　1 000 000
　　贷:长期借款——本金　　　　　　　　　　　　　　　　1 000 000
同时,应编制的预算会计分录为:
借:资金结存——货币资金　　　　　　　　　　　　　1 000 000
　　贷:债务预算收入　　　　　　　　　　　　　　　　　　1 000 000
② 房屋建设期间分期计提应计利息时,应编制的财务会计分录为:
借:在建工程　　　　　　　　　　　　　　　　　　　　300 000
　　贷:长期借款——应计利息　　　　　　　　　　　　　　300 000
③ 房屋建设完工后分期计提利息时,应编制的财务会计分录为:
借:其他费用　　　　　　　　　　　　　　　　　　　　300 000
　　贷:应付利息　　　　　　　　　　　　　　　　　　　　300 000
④ 分期支付利息时,应编制的财务会计分录为:
借:应付利息　　　　　　　　　　　　　　　　　　　　300 000
　　贷:银行存款　　　　　　　　　　　　　　　　　　　　300 000
同时,应编制的预算会计分录为:
借:其他支出　　　　　　　　　　　　　　　　　　　　300 000
　　贷:资金结存——货币资金　　　　　　　　　　　　　　300 000
⑤ 到期以银行存款归还长期借款的本金时,应编制的财务会计分录为:
借:长期借款——本金　　　　　　　　　　　　　　　1 000 000
　　贷:银行存款　　　　　　　　　　　　　　　　　　　　1 000 000
同时,应编制的预算会计分录为:
借:债务还本支出　　　　　　　　　　　　　　　　　1 000 000
　　贷:资金结存——货币资金　　　　　　　　　　　　　　1 000 000

二、长期应付款

长期应付款是指事业单位发生的偿还期限超过1年(不含1年)的应付款项,如以融资租赁租入固定资产的租赁费、跨年度分期付款购入固定资产的价款等。行政单位没有长期应付款业务。

(一)科目设置

为了核算长期应付款业务,事业单位应设置"长期应付款"总账科目。本科目借方反映偿付的长期应付款,贷方反映收取的长期应付款,本科目期末贷方余额,反映单位尚未支付的长期应付款。

"长期应付款"科目应当按照长期应付款的类别以及债权人进行明细核算。

(二)主要账务处理

(1)事业单位发生长期应付款时,借记"固定资产""在建工程"等科目,贷记"长期应付款"科目。

(2) 支付长期应付款时,按照实际支付的金额,在财务会计中,借记"长期应付款"科目,贷记"财政拨款收入""零余额账户用款额度""银行存款"等科目。同时,在预算会计中,借记"行政支出""事业支出""经营支出"科目,贷记"财政拨款预算收入""资金结存"科目。

涉及增值税业务的,相关账务处理参见"应交增值税"科目。

(3) 无法偿付或债权人豁免偿还的长期应付款,事业单位应当按照规定报经批准后进行账务处理。经批准核销时,借记"长期应付款"科目,贷记"其他收入"科目。核销的长期应付款应在备查簿中保留登记。涉及质保金形成长期应付款的,相关账务处理参见"固定资产"科目。

【例15-8】 某事业单位采用分期付款方式购入一台机器设备,用于开展事业业务活动,总价款为300 000元,跨年度分期付款,连续支付3年,每年年末以银行存款支付100 000元。该项固定资产已经验收,并投入事业活动中使用。连续支付两年后,最后一期的费用按规定被豁免。该事业单位财务会计应编制的会计分录为:

① 购入设备并投入使用时,应编制的财务会计分录为:

借:固定资产　　　　　　　　　　　　　　　　　　　300 000
　　贷:长期应付款——分期付款方式购入固定资产款　　　　300 000

② 按规定每年年末支付款项时,应编制的财务会计分录为:

借:长期应付款——分期付款方式购入固定资产款　　　　100 000
　　贷:银行存款　　　　　　　　　　　　　　　　　　100 000

同时,应编制的预算会计分录为:

借:事业支出　　　　　　　　　　　　　　　　　　　100 000
　　贷:资金结存——货币资金　　　　　　　　　　　　100 000

③ 长期应付款被豁免时,应编制的财务会计分录为:

借:长期应付款——分期付款方式购入固定资产款　　　　100 000
　　贷:其他收入　　　　　　　　　　　　　　　　　　100 000

三、预计负债

预计负债是指单位对因或有事项所产生的现时义务而确认的负债,如对未决诉讼等确认的负债。

(一) 科目设置

为了核算预计负债业务,单位应设置"预计负债"总账科目。本科目借方反映预计负债的偿付数,贷方反映预计负债的计提数,本科目期末贷方余额,反映单位已确认但尚未支付的预计负债金额。该科目应当按照预计负债的项目进行明细核算。

(二) 主要账务处理

(1) 单位确认预计负债时,按照预计的金额,借记"业务活动费用""经营费用""其他费用"等科目,贷记"预计负债"科目。

（2）实际偿付预计负债时，按照偿付的金额，在财务会计中，借记"预计负债"科目，贷记"银行存款""零余额账户用款额度"等科目；同时，在预算会计中，借记"事业支出""经营支出""其他支出"等科目，贷记"资金结存"科目。

（3）根据确凿证据需要对已确认的预计负债账面余额进行调整的，按照调整增加的金额，借记有关科目，贷记"预计负债"科目，或按照调整减少的金额，借记"预计负债"科目，贷记有关科目。

【例 15-9】 2×22 年 11 月 1 日，某事业单位在专业业务活动中购进材料业务纠纷被供应商起诉。2×22 年 12 月 31 日，该事业单位尚未接到法院的判决。在咨询了其法律顾问后，该事业单位认为最终的法律判决很可能对单位不利，预计将要支付的赔偿金额为 160 000 元、相关诉讼费等费用为 12 000 元。2×23 年 1 月 25 日，经法院判决，该事业单位应向供应商赔款 180 000 元，该事业单位通过银行存款支付了该项赔款及诉讼费。该项赔款按规定应计入业务活动费用。该事业单位应编制的会计分录为：

① 2×22 年 12 月 31 日，确认预计负债时，应编制的财务会计分录为：

借：业务活动费用　　　　　　　　　　　　　　　　　　160 000
　　单位管理费用　　　　　　　　　　　　　　　　　　 12 000
　　　贷：预计负债——未决诉讼　　　　　　　　　　　 172 000

② 2×23 年 1 月 25 日，实际偿付款项时，应编制的财务会计分录为：

借：预计负债——未决诉讼　　　　　　　　　　　　　　172 000
　　业务活动费用　　　　　　　　　　　　　　　　　　 20 000
　　　贷：银行存款　　　　　　　　　　　　　　　　　 192 000

同时，应编制的预算会计分录为：

借：事业支出　　　　　　　　　　　　　　　　　　　　180 000
　　其他支出　　　　　　　　　　　　　　　　　　　　 12 000
　　　贷：资金结存——货币资金　　　　　　　　　　　 192 000

四、受托代理负债

单位还有可能发生受托代理负债业务。受托代理负债是指单位接受委托取得受托代理资产时形成的负债，一般包括接受委托收到转赠物资、储存保管物资、罚没物资等形成的债务。

（一）科目设置

为了核算受托代理负债业务，单位应设置"受托代理负债"总账科目。本科目借方反映受托代理负债的结算数，贷方反映受托代理负债的增加数，本科目期末贷方余额，反映单位尚未交付或发出受托代理资产形成的受托代理负债金额。

该科目的账务处理参见"受托代理资产""库存现金""银行存款"等科目。

（二）主要账务处理

具体核算举例请参阅受托代理资产的核算。

思考题

1. 短期借款有哪些管理要求？
2. 在不同期限以及不同付息方式下，核算借款产生的利息在会计科目和会计核算上有什么区别？
3. 单位的应缴财政款具体包括哪些内容？
4. 如何设置"应交增值税"科目的明细科目？
5. 应付与预收款项包括哪些具体项目？有什么管理要求？
6. 应付职工薪酬具体包括哪些内容？如何核算？
7. 什么是长期借款？其与长期应付款有哪些主要区别？
8. 简述预计负债的概念与主要特点。

第十六章 政府单位净资产

> **学习目标**
>
> 通过本章的学习,掌握政府单位净资产的概念,掌握政府单位净资产的内容,理解和掌握行政事业单位各项净资产的日常核算方法以及年终清理和年终结算的账务处理方法。

第一节 净资产概述

一、净资产的概念和内容

(一) 净资产的概念

净资产是指行政事业单位资产扣除负债后的净额,它反映了资产的所有权。它主要包括本期盈余、本期盈余分配、专用基金、权益法调整、无偿调拨净资产、以前年度盈余调整、累计盈余等。净资产是行政事业单位履行受托责任,提供公共产品和服务,开展业务活动,完成行政任务和事业计划后的财务成果。

从政府会计的"资产=负债+净资产"的会计恒等式角度看,行政事业单位在业务活动开展过程中所拥有的全部资产,主要来源于两个方面:一是向债权人(金融机构、财政部门上级单位等)借入。这些债权人将资产借付给单位后,保留着在未来时期收回这部分资产的权利,即这部分资产不属于单位的自有资产,只是暂时为单位所占有和使用。二是由负债之外形成。行政事业单位在负债之外的资金来源渠道,一方面是行政事业单位为了履行职责、完成受托责任,由财政部门或上级单位拨入周转启动或周转使用的资金。这是行政事业单位开展业务活动最初的、最基本的资金来源。另一方面是单位在提供公共产品和服务,在业务活动开展中实现的盈余和从收入中预提的基金。行政事业单位在负债之外的上述两条资金来源渠道下所增加的资产,不存在未来时期以资产或劳务偿还的问题,属于单位的净资产。

(二) 净资产的内容

行政事业单位净资产的内容主要包括以下几个方面。

1. 累计盈余

累计盈余是单位历年实现的盈余扣除盈余分配后滚存的金额,以及因无偿调入调出资产产生的净资产变动额。累计盈余的具体内容包括以下几个方面:

(1) 行政事业单位历年实现的盈余扣除盈余分配后滚存的金额。
(2) 无偿调入调出资产产生的净资产变动额。
(3) 按照规定上缴、缴回以及单位间调剂结转结余资金产生的净资产变动额。
(4) 以前年度盈余的调整金额。

2. 专用基金

专用基金是指事业单位按照规定提取或设置的具有专门用途的净资产,主要包括职工福利基金、科技成果转换基金等。

3. 权益法调整

权益法调整是指事业单位持有的长期股权投资。采用权益法核算时,按照被投资单位除净损益和利润分配以外的所有者权益变动份额调整长期股权投资账面余额而计入净资产的金额。权益法调整反映事业单位在被投资单位除净损益和利润分配以外的所有者权益变动中累积享有(或分担)的份额。

4. 本期盈余

本期盈余是指单位本期各项收入、费用相抵后的余额。它反映单位自年初至当期期末累计实现的盈余或者累计发生的亏损。

5. 本年盈余分配

本年盈余分配是指单位本年度盈余分配的情况和结果,主要核算根据本期盈余计提专用基金和本年盈余的结转。

6. 无偿调拨净资产

无偿调拨净资产是指单位无偿调入或调出非现金资产所引起的净资产变动金额。

7. 以前年度盈余调整

以前年度盈余调整是指单位本年度发生的调整以前年度盈余的事项,包括本年度发生的重要前期差错更正涉及调整以前年度盈余的事项。

净资产以上七项内容,除第二、第三项外,第四~第七项经过年终结账,全部反映在第一项累计盈余中。

二、净资产的核算程序

(一) 本期盈余转账程序

行政事业单位财务会计的盈余转账分为期末转账与年度转账。期末转账的目的是为了计算本期盈余,年度转账的目的是为了计算本期盈余分配和累计盈余。

(1) 期末转账。期末,单位将"财政拨款收入"等收入类科目分别转入"本期盈余"科目的贷方,将"业务活动费用"等费用类科目分别转入"本期盈余"科目的借方。转账后形成的"本期盈余"科目的年度累计余额即为各月度资产负债表的"净资产"项下的"本期盈余"项目的数额。

(2) 年末转账。年末,首先,单位将"本期盈余"科目的全年累计余额转入"本期盈余分配"科目,从而结平"本期盈余"科目;其次,按照相关规定提取的专用基金数额,借记"本期盈余分配"科目,贷记"专用基金"科目;再次,将"本期盈余分配"科目扣除本期提取的专用基金后的余额转入"累计盈余"科目。结转后,"本期盈余分配"科目年末无余额。

(二) 无偿调拨净资产的核算程序

单位在各会计年度中发生无偿调入或调出净资产的业务,在专设的"无偿调拨净资产"科目中予以日常核算。年末,单位将"无偿调拨净资产"科目的余额转入"累计盈余"科目。结转后,"无偿调拨净资产"科目年末无余额。

(三) 权益法调整的核算程序

当事业单位持有的长期股权投资采用权益法核算时,年末,按照被投资单位除净损益和利润分配以外的所有者权益变动应享有(或应分担)的份额,增减"长期股权投资——其他权益变动"科目金额,同时,增减"权益法调整"科目金额;当处置该项投资时,将原记入"权益法调整"科目的相应部分金额转入"投资收益"科目。

(四) 以前年度盈余调整的核算程序

如果单位发生了以前年度盈余调整事项,应在专设的"以前年度盈余调整"科目具体反映其调整过程。年末,单位将"以前年度盈余调整"科目的余额转入"累计盈余"科目,结转后,"以前年度盈余调整"科目年末无余额。

三、单位财务会计中的"净资产"与企业财务会计中的"所有者权益"的对比分析

为了进一步理解单位财务会计的净资产及其构成内容,现将其与企业财务会计中的"所有者权益"及其构成进行简要对比分析如下:

(1) 单位财务会计中的"本期盈余"科目和"本期盈余分配"科目,从其核算内容与功能来看,分别相当于企业财务会计中的"本年利润"科目和"利润分配"科目,分别反映本期收入与费用相抵后实现的盈余以及本期盈余分配的情况。

(2) 单位财务会计"净资产"项下的"专用基金"项目,则相当于企业财务会计"所有者权益"项下的"盈余公积"项目,反映事业单位按照相关财务制度的规定从其年度实现的非财政拨款结余中提取的职工福利基金。

(3) 单位财务会计"净资产"项下的"权益法调整"项目,则相当于企业财务会计中"所

有者权益"项下的"其他综合收益"项目,反映采用权益法来核算长期股权投资时,因被投资单位除净损益和利润分配外的所有者权益变动而享有的数额。

(4) 单位财务会计年度资产负债表"净资产"项下的"累计盈余"项目,相当于企业财务会计年度资产负债表中"所有者权益"项下的"股本(实收资本)""资本公积""未分配利润"三个项目的集合。

由上述分析我们可以看出:单位财务会计年度资产负债表"净资产"项下的"累计盈余"项目、"专用基金"项目、"权益法调整"项目分别相当于企业财务会计年度资产负债表中"所有者权益"项下的"股本(实收资本)""资本公积""未分配利润"三个项目的集合以及"盈余公积"项目和"其他综合收益"项目。

第二节 行政事业单位共有净资产核算

一、本期盈余

本期盈余是指单位本期各项收入、费用相抵后的余额。各项收入合计大于各项费用合计为盈余;反之,为亏损。

(一) 科目设置

为了核算本期盈余业务,行政事业单位财务会计应当设置"本期盈余"总账科目。该科目借方反映年终转入各类费用的本期发生额,贷方反映年终转入各类收入的本期发生额。上述结转完成后,本科目期末如为贷方余额,反映单位自年初至当期期末累计实现的盈余;如为借方余额,反映单位自年初至当期期末累计发生的亏损。年度终了,行政事业单位应将本年的各项收入和各项费用相抵后结出的本年实现的盈余(或发生的亏损),转入"本年盈余分配"科目。年末结账后,该科目应无余额。

(二) 主要账务处理

期末,将各类收入科目的本期发生额转入本期盈余,借记"财政拨款收入""事业收入""上级补助收入""附属单位上缴收入""经营收入""非同级财政拨款收入""投资收益""其他收入"等各收入类科目,贷记"本期盈余"科目;将各类费用科目本期发生额转入本期盈余,借记"本期盈余"科目,贷记"业务活动费用""单位管理费用""经营费用""所得税费用""资产处置费用""上缴上级费用""其他费用"等各项费用科目。

年末,完成上述结转后,行政事业单位将"本期盈余"科目余额转入"本年盈余分配"科目,借记或贷记"本期盈余"科目,贷记或借记"本年盈余分配"科目。

【例 16-1】 2×22 年 12 月 1 日,某行政单位"本期盈余"科目为借方余额 1 500 元。该行政单位 12 月份各收入和费用的发生额情况如下:"财政拨款收入"科目 130 000 元,"非同级财政拨款收入"科目 8 000 元,"捐赠收入"科目 5 000 元,"利息收入"科目 500 元,"租金收入"科目 4 500 元,"其他收入"科目 2 000 元,各项收入合计 150 000 元;"业务活动费用"科目 125 000 元,"资产处置费用"科目 21 500 元,"其他费用"科目 3 000 元,各项费用合计 149 500 元。该行政单位财务会计应编制的会计分录为:

① 12 月月末,将各类收入科目的本期发生额转入本期盈余时:

借:财政拨款收入		130 000
非同级财政拨款收入		8 000
捐赠收入		5 000
利息收入		500
租金收入		4 500
其他收入		2 000
贷:本期盈余		150 000

② 将各类费用科目本期发生额转入本期盈余时:

借:本期盈余		149 500
贷:业务活动费用		125 000
资产处置费用		21 500
其他费用		3 000

③ 年末,将"本年盈余"科目的借方余额 1 000 元(=−1 500+150 000−149 500)结转至"本年盈余分配"科目时:

借:本年盈余分配		1 000
贷:本期盈余		1 000

二、本年盈余分配

本年盈余分配是指行政事业单位对本年度实现的盈余依据相关规定进行的分配。

(一) 科目设置

为了核算本年度盈余分配的情况和结果,行政事业单位财务会计应设置"本年盈余分配"总账科目。本科目借方反映转入的自年初至当期期末累计发生的亏损,或者从本年度非财政拨款结余或经营结余中计提的专用基金,贷方反映转入的自年初至当期期末累计实现的盈余。完成专用基金计提后,将本科目余额转入累计盈余,年末结账后,本科目应无余额。

(二) 主要账务处理

(1) 年末,行政事业单位将"本期盈余"科目余额转入"本年盈余分配"科目,借记或贷记"本期盈余"科目,贷记或借记"本年盈余分配"科目。

(2) 年末,行政事业单位根据有关规定从本年度非财政拨款结余或经营结余中提取专用基金的,按照预算会计下计算的提取金额,借记"本年盈余分配"科目,贷记"专用基金"科目。

(3) 年末,行政事业单位按照规定完成上述处理后,将"本年盈余分配"科目余额转入累计盈余,借记或贷记"本年盈余分配"科目,贷记或借记"累计盈余"科目。结账后,该科目应无余额。

【例16-2】 年末,该事业单位根据有关规定从本年度非财政拨款结余或经营结余中提取专业基金——职工福利基金,预算会计下计算的提取金额为38 000元,假设计提专用基金完成后,本期盈余分配余额为122 000元。该事业单位应编制的会计分录为:

① 按照预算会计下计算的提取金额计提时:

借:本年盈余分配　　　　　　　　　　　　　　　　　　38 000
　　贷:专用基金——职工福利基金　　　　　　　　　　　　　38 000

② 年末,将"本年盈余分配"科目的余额转入"累计盈余"科目时:

借:本年盈余分配　　　　　　　　　　　　　　　　　122 000
　　贷:累计盈余　　　　　　　　　　　　　　　　　　　　122 000

三、累计盈余

累计盈余是指单位历年实现的盈余扣除盈余分配后滚存的金额,以及因无偿调入调出资产产生的净资产变动额。

(一) 科目设置

为了核算累计盈余业务,单位财务会计应当设置"累计盈余"总账科目。本科目借方反映年末结转本年盈余分配、无偿调拨净资产、以前年度盈余调整、上缴财政拨款结转结余、缴回非财政拨款结转资金、向其他单位调出财政拨款结转资金等形成累积盈余减少数,贷方反映年末结转本年盈余分配、无偿调拨净资产、以前年度盈余调整、从其他单位调入财政拨款结转资金等形成累积盈余增加数,本科目期末余额,反映单位未分配盈余(或未弥补亏损)的累计数以及截至上年末无偿调拨净资产变动的累计数。本科目年末余额,反映单位未分配盈余(或未弥补亏损)以及无偿调拨净资产变动的累计数。

按照规定上缴、缴回、单位间调剂结转结余资金产生的净资产变动额,以及对以前年度盈余的调整金额,也通过该科目核算。

(二) 主要账务处理

1. 本年盈余分配余额的转入

前已述及,在财务会计中,期末,各类收入、费用科目的本期发生额转入"本期盈余"科目;年末,"本期盈余"科目余额转入"本年盈余分配"科目,根据相关规定分配后,"本年盈余分配"科目的余额转入"累计盈余"科目,形成行政事业单位累计盈余的一种来源。年末,单位将"本年盈余分配"科目的余额转入"累计盈余"科目时,借记或贷记"本年盈余分配"科目,贷记或借记"累计盈余"科目。

2. 无偿调拨净资产转入

单位按规定无偿调入或调出存货、固定资产、公共基础设施等资产时,无偿调拨净资产增加或减少。按照规定,"无偿调拨净资产"科目的余额年末转入累计盈余,形成单位累计盈余的一个组成部分。年末,单位将"无偿调拨净资产"科目的余额转入"累计盈余"科目时,借记或贷记"无偿调拨净资产"科目,贷记或借记"累计盈余"科目。

3. 上缴、缴回、单位间调剂结转结余

财政部门对于行政事业单位的财政拨款结转结余资金可以根据需要采用归集上缴、归集调出、单位内部调剂使用等管理办法。其中,归集上缴、归集调出和归集调入的业务都会影响行政事业单位的净资产数额;单位内部调剂使用不影响净资产数额。缴回非财政拨款结转资金的情况与上缴财政拨款结转资金的情况类似。单位按照规定上缴财政拨款结转结余、缴回非财政拨款结转资金、向其他单位调出财政拨款结转资金时,按照实际上缴、缴回、调出金额,借记"累计盈余"科目,贷记"财政应返还额度""零余额账户用款额度""银行存款"等科目。

按照规定从其他单位调入财政拨款结转资金时,按照实际调入金额,借记"零余额账户用款额度""银行存款"等科目,贷记"累计盈余"科目。

4. 以前年度盈余调整余额转入

以前年度盈余调整的业务如调整增加或减少以前年度的收入或费用等。以前年度盈余调整的原因主要是本年度发生重要前期差错更正的事项等,其中涉及需要调整以前年度的盈余。单位将"以前年度盈余调整"科目的余额转入"累计盈余"科目时,借记或贷记"以前年度盈余调整"科目,贷记或借记"累计盈余"科目。

5. 按照规定使用专用基金购置固定资产或无形资产

单位按照规定使用专用基金购置固定资产、无形资产的,按照固定资产、无形资产成本金额,借记"固定资产""无形资产"科目,贷记"银行存款"等科目;同时,按照专用基金使用金额,借记"专用基金"科目,贷记"累计盈余"科目。

四、无偿调拨净资产

无偿调拨净资产是指单位无偿调入或调出非现金资产所引起的净资产变动金额。

(一) 科目设置

为了核算无偿调拨净资产业务,单位应设置"无偿调拨净资产"总账科目。

(二) 主要账务处理

请参见无偿调入调出存货、长期股权投资、固定资产、无形资产、公共基础设施、政府储备物资、文物文化资产、保障性住房的账务处理。

年末,单位将该科目余额转入累计盈余,借记或贷记"无偿调拨净资产"科目,贷记或借记"累计盈余"科目。年末结账后,该科目应无余额。

【例16-3】 年末,某行政单位"无偿调拨净资产"科目借方余额为300 000元。该行政单位将其转入"累计盈余"科目。该行政单位财务会计应编制的会计分录为:

借:累计盈余　　　　　　　　　　　　　　　　　　　　300 000
　　贷:无偿调拨净资产　　　　　　　　　　　　　　　　300 000

五、以前年度盈余调整

以前年度盈余调整是指单位本年度由于发生了需要调整以前年度盈余的事项,从而对以前年度的盈余及其他相关项目的数额调整。其中,本年度发生的需要调整以前年度盈余的事项主要包括本年度发生的重要前期差错更正涉及调整以前年度盈余的事项等。

为了核算以前年度盈余调整业务,单位应设置"以前年度盈余调整"总账科目。以前年度盈余调整的主要账务处理如下所述:

(1) 调整增加以前年度收入时,按照调整增加的金额,在财务会计中,借记有关科目,贷记"以前年度盈余调整"科目;调整减少的,做相反的会计分录。

由于以前年度的相关收入已经在以前年度转入累计盈余,因此,调整以前年度的相关收入时,单位应通过"以前年度盈余调整"科目进行核算,不能直接使用"财政拨款收入""事业收入""经营收入"等科目进行核算。

(2) 调整增加以前年度费用时,按照调整增加的金额,借记"以前年度盈余调整"科目,贷记有关科目;调整减少的,做相反的会计分录。

由于以前年度的单位管理费用已经在以前年度转入累计盈余,因此,调整以前年度的单位管理费用时,单位应通过"以前年度盈余调整"科目进行核算,不能直接使用"单位管理费用"科目进行核算。

(3) 盘盈的各种非流动资产,报经批准后处理时,借记"待处理财产损溢"科目,贷记"以前年度盈余调整"科目。

按照相关会计处理规定,如果盘盈的非流动资产属于本年度取得的,应当按照当年新取得的相关资产进行会计处理,不能按照前期差错更正进行会计处理,即相应业务不通过"以前年度盈余调整"科目进行会计核算。

(4) 经上述调整后,应将"以前年度盈余调整"科目的余额转入累计盈余,借记或贷记"累计盈余"科目,贷记或借记"以前年度盈余调整"科目。结转后,"以前年度盈余调整"科目应无余额。

第三节 事业单位专有净资产核算

一、专用基金

专用基金是指事业单位按照规定提取或设置的具有专门用途的净资产。它主要包括职工福利基金、科技成果转换基金等。行政单位没有专用基金。

(一) 科目设置

为了核算专用基金业务,事业单位财务会计应当设置"专用基金"总账科目。该科目应当按照专用基金的类别进行明细核算。该科目期末贷方余额反映事业单位累计提取或设置的尚未使用的专用基金。

(二) 主要账务处理

1. 专用基金的提取

(1) 从非财政拨款结余或经营结余中提取专用基金。

年末,事业单位按照规定从本年度非财政拨款结余或经营结余中提取专用基金的,按照预算会计下计算的提取金额,借记"本年盈余分配"科目,贷记"专用基金——职工福利基金"科目。

事业单位从本年度非财政拨款结余或经营结余中提取的专用基金,如职工福利基金等,专门用于单位职工的集体福利设施、集体福利待遇等方面。

(2) 从收入中提取专用基金。

事业单位根据有关规定从收入中提取专用基金并计入费用的,一般按照预算会计下基于预算收入计算来提取,借记"业务活动费用"科目,贷记"专用基金"科目。国家另有规定的,从其规定。

【例16-4】 某科学事业单位按事业预算收入的一定百分比提取科技成果转换基金5 000元。该事业单位财务会计应编制的会计分录为:

借:业务活动费用　　　　　　　　　　　　　　　　　　　　　　5 000
　　贷:专用基金——科技成果转换基金　　　　　　　　　　　　　　　5 000

事业单位从收入中提取的专用基金有科技成果转化基金等。目前,科学事业单位财务制度设置了科技成果转化基金,即单位从事业收入中提取,在事业支出的相关科目中列支,以及在经营收支结余中提取转入,用于科技成果转化的资金。

这里需要注意的是,专用基金提取的金额应当以预算会计中确认的相关结余和预算收入金额为基础。

2. 设置其他专用基金

事业单位按规定设置的其他专用基金,按照实际收到的基金金额,借记"银行存款"等科目,贷记"专用基金"科目。

不同行业的事业单位可以根据业务情况提取或设置其他专用基金。例如,高等学校财务制度设置了学生奖励基金,即按照国家有关规定,按照事业收入的一定比例提取,专门用于学费减免、勤工助学、校内无息借款、校内奖助学金和特殊困难补助等的资金;中小学校财务制度设置了奖助学基金,即接受社会捐赠和按照规定从事业收入中提取转入,用于奖励、资助学生的资金;医院财务制度设置了医疗风险基金,即从医疗支出中计提、专门用于支付医院购买医疗风险保险发生的支出或实际发生的医疗事故赔偿的资金,并规定医院累计提取的医疗风险基金比例不应超过当年医疗收入的1‰~3‰。

3. 专用基金的使用

事业单位按照有关规定使用提取的专用基金时,账务处理需要区分以下两种情况:

(1) 按照规定使用提取的专用基金时,借记"专用基金"科目,贷记"银行存款"等科目。

(2) 若使用提取的专用基金购置固定资产、无形资产的,按照固定资产、无形资产成本金额,借记"固定资产""无形资产"科目,贷记"银行存款"等科目;同时,按照专用基金使用金额,借记"专用基金"科目,贷记"累计盈余"科目。

事业单位使用专用基金购置固定资产、无形资产时,提取的专用基金转至累计盈余。专用基金和累计盈余都属于事业单位的净资产。将专用基金转至累计盈余,只影响净资产的构成,不影响净资产的总数。事实上,事业单位按照规定使用专用基金购置固定资产或无形资产时,只是完成了专用基金的专门用途规定,但净资产的数额没有发生变化。

二、权益法调整

权益法调整是指事业单位持有的长期股权投资采用权益法核算时,按照被投资单位除净损益和利润分配外的所有者权益变动份额调整长期股权投资账面余额而计入净资产的金额。

(一) 科目设置

为了核算权益法调整业务,事业单位应当设置"权益法调整"总账科目。该科目应当按照被投资单位进行明细核算。该科目期末余额反映事业单位在被投资单位除净损益和利润分配外的所有者权益变动中累积享有(或分担)的份额。

(二) 主要账务处理

年末,事业单位按照被投资单位除净损益和利润分配外的所有者权益变动应享有(或应分担)的份额,借记或贷记"长期股权投资——其他权益变动"科目,贷记或借记"权益法调整"科目。采用权益法核算的长期股权投资,因被投资单位除净损益和利润分配外的所有者权益变动而将应享有(或应分担)的份额计入单位净资产的,处置该项投资时,按照原计入净资产的相应部分金额,借记或贷记"权益法调整"科目,贷记或借记"投资收益"科目。

【例16-5】 某事业单位以货币资金投资于甲公司,占有甲公司60%的股份,并对甲公司的经营决策有决定权。该事业单位对长期股权投资采用权益法核算。年末,甲公司发生除净利润和利润分配外的所有者权益变动,增加数为150 000元。该事业单位财务会计应编制的会计分录为:

借:长期股权投资——其他权益变动　　　　　　　　　　　　　90 000
　　贷:权益法调整(150 000×60%)　　　　　　　　　　　　　90 000

在权益法下,若被投资单位实现净利润的,事业单位按照应享有的份额,借记"长期股权投资——损益调整"科目,贷记"投资收益"科目。"投资收益"科目本期发生额期末转入"本期盈余"科目。"本期盈余"科目余额经分配后最终转入"累计盈余"科目。累计盈余、权益法调整都是净资产的组成部分或具体种类。

【例16-6】 某事业单位以货币资金投资于乙公司,占有乙公司25%的股份,有权参与乙公司的经营决策。该事业单位对相应的长期股权投资采用权益法核算。该事业单位取得投资3年后的某日,长期股权投资的成本数额为200 000元,"损益调整"明细科目借方余额为 50 000 元,"其他权益变动"明细科目借方余额为 10 000 元。该事业单位经批准转让所持有的乙公司全部 25% 的股份,转让全部股权取得的转让收入为 268 000 元,款项已存入开户银行。该事业单位取得的转让收益为 8 000 元(=268 000－200 000－50 000－10 000)。该事业单位财务会计应编制的会计分录为:

借:银行存款	268 000
贷:长期股权投资——投资成本	200 000
损益调整	50 000
其他权益变动	10 000
投资收益	8 000

同时,

借:权益法调整	10 000
贷:投资收益	10 000

"权益法调整"科目转出至"投资收益"科目后,经"本期盈余""本年盈余分配"科目过渡最终转入"累计盈余"科目。

思考题

1. 什么是政府单位净资产?主要包括哪些内容?
2. 政府单位净资产的核算基础是什么?
3. 行政事业单位共有净资产有哪些?如何核算?
4. 事业单位专有净资产有哪些?如何核算?
5. 累计盈余的核算内容包括哪些?

第十七章 政府单位预算结余

学习目标

通过本章的学习,掌握行政事业单位预算结余的内容与结转程序;掌握行政事业单位各项结余的分类;掌握行政事业单位各项结余的结转方式和核算方法。

第一节 预算结余概述

一、预算结余的概念

预算结余是行政事业单位预算年度内预算收入扣除预算支出后的资金余额,以及历年滚存的资金余额,它包括结余资金和结转资金。

行政事业单位在年度预算执行过程中,为了完成事业计划,执行行政任务,提供公共产品和服务,按照部门预算和单位预算规定,从财政部门等相关政府部门机构、服务对象,以预算拨款、服务收费等方式取得包括财政预算资金、非财政资金等多种性质的资金,用于开展各项业务活动,形成预算支出。行政事业单位开展各项业务活动,形成预算支出的资金来源,不仅包括当年取得的预算收入,还包括以前年度滚存的资金,以及从其他单位调入的资金。行政事业单位在使用这些资金形成预算支出的过程中,大部分资金都在当年发挥了作用,形成了预算支出,完成了预算目标,有些支出项目资金可能还有结余,但是有些支出项目可能当年无法实现预期目标,需要下一年度继续执行预算,这就形成了结余资金和结转资金。

二、预算结余的内容

行政事业单位预算结余包括结余资金和结转资金。

(一) 结余资金的内容

结余资金是指年度预算执行终了,预算收入实际完成数扣除预算支出和结转资金后剩余的资金。

结余资金,按照核算内容和资金性质不同,具体包括资金结存、财政拨款结余、非财政拨款结余、专用结余、经营结余、其他结余等。

资金结存反映行政事业单位纳入部门预算管理的各项资金的流入、流出及其变动结果。

财政拨款结余是行政事业单位按照预算从同级财政部门取得的项目支出拨款在完成预算目标后结余的资金。

非财政拨款结余是行政事业单位拥有的非限定用途的非同级财政拨款资金等收支活动结余的资金。

专用结余是事业单位按照规定从非财政拨款结余中提取的具有专门用途的尚未使用的资金。专用结余的来源包括三个方面：按照事业收入一定比例提取；从本年度非财政拨款结余中提取；按照规定设置。

经营结余是事业单位本年度经营活动收支相抵后余额弥补以前年度经营亏损后的余额。

其他结余是单位本年度除财政拨款收支、非同级财政专项资金收支和经营收支以外各项收支相抵后的余额。

经营结余和其他结余年末结转到非财政拨款结余。

（二）结转资金的内容

结转资金是指预算安排项目的支出在年终尚未执行完毕或者因故未执行，且下年需要按原用途继续使用的资金。结转资金包括财政拨款结转和非财政拨款结转。

财政拨款结转是行政事业单位按照预算从同级财政部门取得的项目支出拨款在年终尚未执行完毕或者因故未执行，且下年需要按原用途继续使用的资金。

非财政拨款结转是行政事业单位取得的除财政资金、经营资金以外各项非同级财政专项资金的支出拨款在年终尚未执行完毕或者因故未执行，且下年需要按原用途继续使用的资金。

第二节 行政事业单位共有预算结余核算

一、资金结存

（一）科目设置

为了核算行政事业单位纳入部门预算管理的资金的流入、流出、调整和滚存等情况，预算会计设置"资金结存"总账科目。本科目借方反映纳入部门预算管理的资金流入形成的资金结存的增加，贷方反映纳入部门预算管理的资金流出形成的资金结存的减少。本科目年末借方余额，反映单位预算资金的累计滚存情况。本科目应当设置"零余额账户用款额度""货币资金""财政应返还额度"三个明细科目用以反映各结存类科目对应的资金形态。

"零余额账户用款额度"：本明细科目核算实行国库集中支付的单位根据财政部门批复

的用款计划收到和支用的零余额账户用款额度。年末结账后,本明细科目应无余额。

"货币资金":本明细科目核算单位以库存现金、银行存款、其他货币资金形态存在的资金。本明细科目年末借方余额,反映单位尚未使用的货币资金。

"财政应返还额度":本明细科目核算实行国库集中支付的单位可以使用的以前年度财政直接支付资金额度和财政应返还的财政授权支付资金额度。本明细科目下可设置"财政直接支付""财政授权支付"两个明细科目进行明细核算。本明细科目年末借方余额,反映单位应收财政返还的资金额度。

(二) 主要账务处理

(1) 财政授权支付方式下,单位根据代理银行转来的财政授权支付额度到账通知书,按照通知书中的授权支付额度,借记"资金结存——零余额账户用款额度"科目,贷记"财政拨款预算收入"科目。

(2) 财政授权支付方式下,发生相关支出时,按照实际支付的金额,借记"行政支出""事业支出"等科目,贷记"资金结存——零余额账户用款额度"科目。

从零余额账户提取现金时,借记"资金结存——货币资金"科目,贷记"资金结存——零余额账户用款额度"。退回现金时,做相反会计分录。

使用以前年度财政直接支付额度发生支出时,按照实际支付金额,借记"行政支出""事业支出"等科目,贷记"资金结存——财政应返还额度"科目。以国库集中支付以外的其他支付方式取得预算收入时,按照实际收到的金额,借记"资金结存——货币资金"科目,贷记"财政拨款预算收入""事业预算收入""经营预算收入"等科目。以国库集中支付以外的其他支付发生相关支出时,按照实际支付的金额,借记"事业支出""经营支出"等科目,贷记"资金结存——货币资金"科目。

(3) 按照规定上缴财政拨款结转结余资金或注销财政拨款结转结余资金额度的,按照实际上缴资金数额或注销的资金额度,借记"财政拨款结转——归集上缴"或"财政拨款结余——归集上缴"科目,贷记"资金结存——财政应返还额度、零余额账户用款额度、货币资金"科目。按规定向原资金拨入单位缴回非财政拨款结转资金的,按照实际缴回资金数额,借记"非财政拨款结转——缴回资金"科目,贷记"资金结存——货币资金"科目。收到从其他单位调入的财政拨款结转资金的,按照实际调入资金数额,借记"资金结存——财政应返还额度、零余额账户用款额度、货币资金"科目,贷记"财政拨款结转——归集调入"科目。

(4) 按照规定使用专用基金时,按照实际支付金额,借记"专用结余"科目(从非财政拨款结余中提取的专用基金)或"事业支出"等科目(从预算收入中计提的专用基金),贷记"资金结存——货币资金"科目。

(5) 因购货退回、发生差错更正等退回国库直接支付、授权支付款项或收回货币资金,属于本年度支付的,借记"财政拨款预算收入"科目或"资金结存——零余额账户用款额度、货币资金"科目,贷记相关支出科目;属于以前年度支付的,借记"资金结存——零余额账户用款额度、货币资金"科目,贷记"财政拨款结转""财政拨款结余""非财政拨款结转""非财政拨款结余"科目。

(6) 有企业所得税缴纳义务的事业单位缴纳所得税时,按照实际缴纳金额,借记"非财政拨款结余——累计结余"科目,贷记"资金结存——货币资金"科目。

(7) 年末,根据本年度财政直接支付预算指标数与当年财政直接支付实际支出数的差额,借记"资金结存——财政应返还额度"科目,贷记"财政拨款预算收入"科目。

(8) 年末,单位依据代理银行提供的对账单做注销额度的相关账务处理,借记"资金结存——财政应返还额度"科目,贷记"资金结存——零余额账户用款额度"科目。本年度财政授权支付预算指标数大于零余额账户用款额度下达数的,根据未下达的用款额度,借记"资金结存——财政应返还额度"科目,贷记"财政拨款预算收入"科目。

下年初,单位依据代理银行提供的额度恢复到账通知书进行恢复额度的相关账务处理,借记"资金结存——零余额账户用款额度"科目,贷记"资金结存——财政应返还额度"科目。单位收到财政部门批复的上年末未下达零余额账户用款额度的,借记本"资金结存——零余额账户用款额度"科目,贷记"资金结存——财政应返还额度"科目。

二、财政拨款结转

财政拨款结转是指单位当年预算已执行但尚未完成,或因故未执行,下一年度需要按照原用途继续使用的财政拨款滚存资金。财政拨款结转包括基本支出结转和项目支出结转。

(一) 科目设置

为了核算行政事业单位取得的同级财政拨款结转资金的调整、结转和滚存情况,预算会计设置"财政拨款结转"总账科目。本科目借方反映财政拨款结转的减少数,贷方反映财政拨款结转的增加数。本科目余额在贷方,反映单位滚存的财政拨款结转资金数额。本科目应当设置"年初余额调整""归集调入""归集调出""归集上缴""单位内部调剂""本年收支转账""累计结转"明细科目。

"年初余额调整":本明细科目核算因发生会计差错更正、以前年度支出收回等,需要调整财政拨款结转的金额。年末结账后,本明细科目应无余额。

"归集调入":本明细科目核算按照规定从其他单位调入财政拨款结转资金时,实际调增的额度或调入的资金数额。年末结账后,本明细科目应无余额。

"归集调出":本明细科目核算按照规定向其他单位调出财政拨款结转资金时,实际调减的额度或调出的资金数额。年末结账后,本明细科目应无余额。

"归集上缴":本明细科目核算按照规定上缴财政拨款结转资金时,实际核销的额度或上缴的资金数额。年末结账后,本明细科目应无余额。

"单位内部调剂":本明细科目核算经财政部门批准对财政拨款结余资金改变用途,用于本单位其他未完成项目等的调整金额。年末结账后,本明细科目应无余额。

"本年收支结转":本明细科目核算单位本年度财政拨款收支相抵后的余额。年末结账后,本明细科目应无余额。

"累计结转":本明细科目核算单位滚存的财政拨款结转资金。本明细科目年末贷方余额,反映单位财政拨款滚存的结转资金数额。

本科目还应当设置"基本支出结转""项目支出结转"两个明细科目,并在"基本支出结转"明细科目下按照"人员经费""日常公用经费"进行明细核算,在"项目支出结转"明细科目下按照具体项目进行明细核算;同时,本科目还应按照《政府收支分类科目》中"支出功能分类科目"的相关科目进行明细核算。

有一般公共预算财政拨款、政府性基金预算财政拨款等两种或两种以上财政拨款的,还应当在本科目下按照财政拨款的种类进行明细核算。

(二) 主要账务处理

1. 会计差错更正

单位因发生会计差错更正退回以前年度国库直接支付、授权支付款项或财政性货币资金,或者因发生会计差错更正增加以前年度国库直接支付、授权支付支出或财政性货币资金支出,属于以前年度财政拨款结转资金的,借或贷记"资金结存——财政应返还额度、零余额账户用款额度、货币资金"科目,贷记或借记"财政拨款结转——年初余额调整"科目。

【例17-1】 某行政单位上一会计年度全年财政授权支付预算指标数为15 000元,财政授权支付额度下达数为14 500元,预算指标数与支付额度下达数的实际差额为500元(=15 000-14 500),但记账时金额误记为50元,发生记账差错450元(=500-50)。具体为少记录了上一会计年度的财政拨款收入和财政拨款预算收入。本会计年度对这一会计差错予以更正。该项资金属于以前年度财政拨款结转资金。

该行政单位财务会计应编制的会计分录为:

借:财政应返还额度　　　　　　　　　　　　　　　　　　　　450
　　贷:以前年度盈余调整　　　　　　　　　　　　　　　　　　450

该行政单位预算会计应编制的会计分录为:

借:资金结存——财政应返还额度　　　　　　　　　　　　　　450
　　贷:财政拨款结转——年初余额调整　　　　　　　　　　　　450

由于"财政拨款收入"科目年末都转入"本期盈余"科目,因此,在财务会计中,单位调增上一会计年度实现的财政拨款收入时,应增加"以前年度盈余调整"科目的数额;同样,由于"财政拨款预算收入"科目年末都转入"财政拨款结转"科目,因此,在预算会计中,确认上一会计年度属于财政拨款结转性质的财政拨款预算收入时,应增加"财政拨款结转"科目的余额。

2. 以前年度支出收回

单位因购货退回、预付款项收回等发生以前年度支出又收回国库直接支付、授权支付款项或收回财政性货币资金,属于以前年度财政拨款结转资金的,借记"资金结存——财政应返还额度、零余额账户用款额度、货币资金"科目,贷记"财政拨款结转——年初余额调整"科目。

3. 归集调入结转资金

单位按照规定从其他单位调入财政拨款结转资金的,按照实际调增的额度或调入的资金数额,借记"资金结存——财政应返还额度、零余额账户用款额度、货币资金"科目,贷记"财政拨款结转——归集调入"科目。

4. 归集调出结转资金

单位按照规定向其他单位调出财政拨款结转资金的,按照实际调减的额度或调出的资金数额,借记"财政拨款结转——归集调出"科目,贷记"资金结存——财政应返还额度、零余额账户用款额度、货币资金"科目。

5. 归集上缴结转资金

单位按照规定上缴财政拨款结转资金或注销财政拨款结转资金额度的,按照实际上缴资金数额或注销的资金额度,借记"财政拨款结转——归集上缴"科目,贷记"资金结存——财政应返还额度、零余额账户用款额度、货币资金"科目。

【例 17-2】 某事业单位按照规定上缴财政拨款结转资金 1 600 元,相应数额的零余额账户用款额度已经核销。

该行政单位财务会计应编制的会计分录为:

借:累计盈余　　　　　　　　　　　　　　　　　　　　　　　1 600
　　贷:零余额账户用款额度　　　　　　　　　　　　　　　　　　　1 600

该行政单位预算会计应编制的会计分录为:

借:财政拨款结转——归集上缴　　　　　　　　　　　　　　　　1 600
　　贷:资金结存——零余额账户用款额度　　　　　　　　　　　　　1 600

单位按照规定上缴财政拨款结转资金的原因,可以是缩小项目资金原定数额,或者是上缴历年多余日常公用经费等。

6. 单位内部调剂结转资金

财政拨款结余资金是指财政拨款项目完成后多余的财政资金。经财政部门批准,财政拨款结余资金可以改变用途,调整用于本单位基本支出或其他未完成项目支出。单位按照批准调剂的金额,借记"财政拨款结余——单位内部调剂"科目,贷记"财政拨款结转——单位内部调剂"科目。

7. 本年财政拨款收入与支出结转

年末,单位将财政拨款预算收入本年发生额转入"财政拨款结转——本年收支转账"科目贷方;将各项支出中财政拨款支出本年发生额转入"财政拨款结转——本年收支转账"科目借方。

【例 17-3】 年末,某行政单位"财政拨款预算收入"科目贷方发生额为 133 000 元;"行政支出——财政拨款支出"科目借方发生额为 130 000 元;"其他支出——财政拨款支出"科目借方发生额为 2 800 元。年末结转,该行政单位预算会计应编制的会计分录为:

借:财政拨款预算收入　　　　　　　　　　　　　　　　　　　133 000
　　贷:财政拨款结转——本年收支转账　　　　　　　　　　　　　133 000
借:财政拨款结转——本年收支转账　　　　　　　　　　　　　　132 800
　　贷:行政支出——财政拨款支出　　　　　　　　　　　　　　　130 000

其他支出——财政拨款支出　　　　　　　　　　　　　　　　　　　　2 800

　　年末,在完成财政拨款预算收入和财政拨款支出的本年发生额结转后,该行政单位"财政拨款结转——本年收支转账"科目的贷方余额为200元(＝133 000－132 800)。

　　上述贷方余额说明当年收入大于支出;如果为借方余额,说明当年收入小于支出,或者说明使用了年初财政拨款结转的数额、归集调入的数额、单位内部调剂的数额等。

　　8.年末冲销有关明细科目余额

　　年末,在本年收支转账后,单位将"财政拨款结转——年初余额调整、归集调入、归集调出、归集上缴、单位内部调剂、本年收支结转"科目余额转入"财政拨款结转——累计结转"科目。结转后,"财政拨款结转"科目除"累计结转"明细科目外,其他明细科目应无余额。

　　【例17-4】　某行政单位2×22年年末"财政拨款结转"科目所属有关明细科目余额情况如下:"年初余额调整"贷方余额450元,"单位内部调剂"贷方余额1 000元,"本年收支转账"贷方余额200元,"归集调入"贷方余额2 000元,"归集调出"借方余额1 000元。该行政单位预算会计应编制的会计分录为:

　　借:财政拨款结转——年初余额调整　　　　　　　　　　　　　　　　 450
　　　　　　　　　　——本年收支转账　　　　　　　　　　　　　　　　 200
　　　　　　　　　　——单位内部调剂　　　　　　　　　　　　　　　 1 000
　　　　　　　　　　——归集调入　　　　　　　　　　　　　　　　　 2 000
　　　　贷:财政拨款结转——累计结转　　　　　　　　　　　　　　　　 3 650
　　借:财政拨款结转——累计结转　　　　　　　　　　　　　　　　　 1 000
　　　　贷:财政拨款结转——归集调出　　　　　　　　　　　　　　　　 1 000

　　9.财政拨款结转资金转入财政拨款结余

　　年末完成上述结转后,单位应当对"财政拨款结转"科目各明细项目执行情况进行分析,按照有关规定将符合财政拨款结余性质的完成项目余额转入"财政拨款结余"科目,借记"财政拨款结转——累计结转"科目,贷记"财政拨款结余——结转转入"科目。

　　【例17-5】　年末,某事业单位完成财政拨款收支转账后,"财政拨款结转——累计结转"科目贷方余额为2 000元。在对各项目执行情况进行分析后,该事业单位将符合财政拨款结余性质的完成项目(甲项目)余额1 500元转入"财政拨款结余"科目。该事业单位预算会计应编制的会计分录为:

　　借:财政拨款结转——累计结转　　　　　　　　　　　　　　　　　 1 500
　　　　贷:财政拨款结余——结转转入　　　　　　　　　　　　　　　　 1 500

　　年末,在将符合财政拨款结余性质的项目余额转入财政拨款结余后,该事业单位本年财政拨款结转中的累计结转余额为500元(＝2 000－1 500),即为年末该事业单位滚存的财政拨款结转资金数额。

　　财政拨款结转的余额应当由行政事业单位按原用途规定继续使用,而财政拨款结余的余额则可以由财政部门统筹安排使用。行政事业单位的基本支出结转应当由单位按原用途规定继续使用,因此,基本支出结转的余额不能转入财政拨款结余。财政拨款结余仅包括项目支出结余。

三、财政拨款结余

财政拨款结余是指单位当年预算工作目标已完成,或因故终止,剩余的财政拨款滚存资金。财政拨款结余是财政拨款项目支出结余资金,而基本支出应当结转下期使用,故没有结余资金。

(一) 科目设置

为了核算行政事业单位取得的同级财政拨款项目支出结余资金的调整、结余和滚存情况,预算会计设置"财政拨款结余"总账科目。本科目借方反映财政拨款结余的减少数,贷方反映财政拨款结余的增加数。本科目余额在贷方,反映单位滚存的财政拨款结余资金数额。本科目应当设置"年初余额调整""归集上缴""单位内部调剂""结转转入""累计结余"明细科目。

1. 与会计差错更正、以前年度支出收回相关的明细科目

"年初余额调整"明细科目核算因发生会计差错更正、以前年度支出收回等,需要调整财政拨款结余的金额。年末结账后,该明细科目应无余额。

2. 与财政拨款结余资金调整业务相关的明细科目

(1) "归集上缴"明细科目。该明细科目核算按照规定上缴财政拨款结余资金时,实际核销的额度或上缴的资金数额。年末结账后,该明细科目应无余额。

(2) "单位内部调剂"明细科目。该明细科目核算经财政部门批准对财政拨款结余资金改变用途,用于本单位其他未完成项目等的调整金额。年末结账后,该明细科目应无余额。

3. 与年末财政拨款结余业务相关的明细科目

(1) "结转转入"明细科目。该明细科目核算单位按照规定转入财政拨款结余的财政拨款结转资金。年末结账后,该明细科目应无余额。

(2) "累计结余"明细科目。该明细科目核算单位滚存的财政拨款结余资金。该明细科目年末贷方余额反映单位财政拨款滚存的结余资金数额。

"财政拨款结余"科目还应当按照具体项目及《政府收支分类科目》中"支出功能分类科目"的相关科目等进行明细核算。

单位有一般公共预算财政拨款、政府性基金预算财政拨款等两种或两种以上财政拨款的,还应当在"财政拨款结余"科目下按照财政拨款的种类进行明细核算。"财政拨款结余"科目年末贷方余额反映单位滚存的财政拨款结余资金数额。

(二) 主要账务处理

1. 会计差错更正和以前年度支出收回

(1) 单位因发生会计差错更正退回以前年度国库直接支付、授权支付款项或财政性

货币资金,或者因发生会计差错更正增加以前年度国库直接支付、授权支付支出或财政性货币资金支出,属于以前年度财政拨款结余资金的,借记或贷记"资金结存——财政应返还额度、零余额账户用款额度、货币资金"科目,贷记或借记"财政拨款结余——年初余额调整"科目。

(2)单位因购货退回、预付款项收回等发生以前年度支出又收回国库直接支付、授权支付款项或收回财政性货币资金,属于以前年度财政拨款结余资金的,借记"资金结存——财政应返还额度、零余额账户用款额度、货币资金"科目,贷记"财政拨款结余——年初余额调整"科目。

以前年度支出收回业务的会计核算举例可参阅财政拨款结转的相关内容,此处不再举例说明。

2. 财政拨款结余资金调整

财政拨款结余是单位相应的项目任务已经完成而形成的财政拨款资金结余。财政拨款结余可以归集上缴财政,也可以供单位内部调剂使用。

(1)归集上缴财政拨款结余资金。

单位按照规定上缴财政拨款结余资金或注销财政拨款结余资金额度的,按照实际上缴资金数额或注销的资金额度,借记"财政拨款结余——归集上缴"科目,贷记"资金结存——财政应返还额度、零余额账户用款额度、货币资金"科目。

【例17-6】 某行政单位按照规定上缴某项目的财政拨款结余资金500元,相应的财政直接支付用款额度已经核销。该行政单位财务会计应编制的会计分录为:

借:累计盈余　　　　　　　　　　　　　　　　　　　　　　　500
　　贷:财政应返还额度　　　　　　　　　　　　　　　　　　　　500

该行政单位预算会计应编制的会计分录为:

借:财政拨款结余——归集上缴　　　　　　　　　　　　　　　500
　　贷:资金结存——财政应返还额度　　　　　　　　　　　　　　500

单位按照规定上缴财政拨款结余资金的原因,主要是项目任务已经完成,多余资金由财政统筹安排使用。

(2)单位内部调剂财政拨款结余资金。

单位经财政部门批准对财政拨款结余资金改变用途,调整用于本单位基本支出或其他未完成项目支出的,按照批准调剂的金额,借记"财政拨款结余——单位内部调剂"科目,贷记"财政拨款结转——单位内部调剂"科目。

3. 年末确定财政拨款累计结余

(1)财政拨款结转资金按规定转入财政拨款结余。

年末,单位对财政拨款结转各明细项目执行情况进行分析,按照有关规定将符合财政拨款结余性质的项目余额转入财政拨款结余,借记"财政拨款结转——累计结转"科目,贷记"财政拨款结余——结转转入"科目。

【例17-7】 年末,某事业单位完成财政拨款收支转账,在对各项目执行情况进行分析后,将符合财政拨款结余性质的×项目余额2 000元转入财政拨款结余。该事业单位

预算会计应编制的会计分录为:

借:财政拨款结转——累计结转——×项目 2 000
　　贷:财政拨款结余——结转转入——×项目 2 000

这里明确一点:上述"财政拨款结转"科目设置"本年收支结转"明细科目,而"财政拨款结余"科目不设置"本年收支结转"明细科目。即本年财政拨款预算收支先转入结转,经分析后,对于符合条件的部分再转入结余。因此,"财政拨款结余"科目设置"结转转入"明细科目。下文所述"非财政拨款结转"科目与"非财政拨款结余"科目的情况与此相同。

(2)冲销有关明细科目金额。

年末,单位将"财政拨款结余——年初余额调整、归集上缴、单位内部调剂、结转转入"科目余额转入"财政拨款结余——累计结余"科目。结转后,"财政拨款结余"科目除"累计结余"明细科目外,其他明细科目应无余额。

【例17-8】 年末,某行政单位财政拨款结余所属有关明细科目余额情况如下:"年初余额调整"贷方余额200元,"单位内部调剂"借方余额150元,"结转转入"贷方余额200元。年末结转时,该行政单位预算会计应编制的会计分录为:

借:财政拨款结余——年初余额调整 200
　　　　　　　——结转转入 200
　　贷:财政拨款结余——累计结余 400
借:财政拨款结余——累计结余 150
　　贷:财政拨款结余——单位内部调剂 150

年末,在冲销财政拨款结余有关明细科目后,该行政单位本年财政拨款结余(累计结余)增加250元(=400-150)。本年增加的累计结余加上年初累计结余余额,即为本年年末单位滚存的财政拨款结余资金数额。

行政事业单位的财政拨款结余应当按照财政部门的要求安排使用,未经财政部门批准,不能随意安排使用。

四、非财政拨款结转

非财政拨款结转是指行政事业单位由财政拨款收支、经营收支以外各非同级财政拨款专项资金收支形成的结转资金。同级财政拨款的资金不形成非财政拨款结转资金,而形成财政拨款结转资金。非同级财政拨款的非专项资金也不形成非财政拨款结转资金,而形成非财政拨款结余资金。行政事业单位应当严格区分财政资金和非财政资金。对于非财政资金,应当进一步区分专项资金和非专项资金,对其分别进行会计核算。

(一) 科目设置

为了核算非财政拨款结转业务,行政事业单位预算会计应设置"非财政拨款结转"总账科目。该科目核算单位除财政拨款收支、经营收支以外各非同级财政拨款专项资金的调整结转和滚存情况。该科目应当设置下列明细科目:

(1)"年初余额调整"明细科目。该明细科目核算因发生会计差错更正、以前年度支出收回等,需要调整非财政拨款结转的资金。年末结账后,该明细科目应无余额。

(2)"缴回资金"明细科目。该明细科目核算按照规定缴回非财政拨款结转资金时,实际缴回的资金数额。年末结账后,该明细科目应无余额。

(3)"项目间接费用或管理费"明细科目。该明细科目核算单位取得的科研项目预算收入中,按照规定计提项目间接费用或管理费的数额。年末结账后,该明细科目应无余额。

(4)"本年收支结转"明细科目。该明细科目核算单位本年度非同级财政拨款专项收支相抵后的余额。年末结账后,该明细科目应无余额。

(5)"累计结转"明细科目。该明细科目核算单位滚存的非同级财政拨款专项结转资金。该明细科目年末为贷方余额,反映单位非同级财政拨款滚存的专项结转资金数额。

"非财政拨款结转"科目还应当按照具体项目、《政府收支分类科目》中"支出功能分类科目"的相关科目等进行明细核算。

"非财政拨款结转"科目年末贷方余额反映单位滚存的非同级财政拨款专项结转资金数额。

(二) 主要账务处理

1. 从科研项目预算收入中提取项目管理费或间接费

按照规定从科研项目预算收入中提取项目管理费或间接费时,按照提取金额,借记"非财政拨款结转——项目间接费用或管理费"科目,贷记"非财政拨款结余——项目间接费用或管理费"科目。

2. 会计差错更正和以前年度支出收回

因会计差错更正收到或支出非同级财政拨款货币资金,属于非财政拨款结转资金的,按照收到或支出的金额,借记或贷记"资金结存——货币资金"科目,贷记或借记"非财政拨款结转——年初余额调整"科目。

因收回以前年度支出等收到非同级财政拨款货币资金,属于非财政拨款结转资金的,按照收到的金额,借记"资金结存——货币资金"科目,贷记"非财政拨款结转——年初余额调整"科目。

由于"业务活动费用""单位管理费"等费用科目在年末都转入本期盈余,因此,在退回以前年度发生的费用时,单位在增加银行存款数额的同时应增加以前年度盈余调整的数额,而不是冲减当年的相关费用数额;同理,由于"行政支出""事业支出"等支出科目年末都转入相关结转结余科目,因此,在退回以前年度支出时,在增加资金结存数额的同时,增加相关结转结余科目的余额,而不是冲减当年的支出数额。

3. 本年非财政拨款专项资金预算收支的结转

年末,单位将事业预算收入、上级补助预算收入、附属单位上缴预算收入、非同级财政拨款预算收入、债务预算收入、其他预算收入本年发生额中的专项资金收入转入"财政拨款结转"科目的贷方;将行政支出、事业支出、其他支出本年发生额中的非财政拨款专项资金支出转入"非财政拨款结转"科目的借方。

【例 17-9】 年末,某事业单位有关非财政拨款专项资金收入与非财政拨款专项资金支出本年发生额的情况为:"事业预算收入——专项资金收入"科目30 000元,"上级补助预算收入——专项资金收入"科目27 800元,"其他预算收入——专项资金收入"科目5 600元;"事业支出——非财政拨款专项资金支出"科目56 500元,"其他支出——非财政拨款专项资金支出"科目5 500元。年末,该事业单位将非财政拨款专项资金预算收支科目的本年发生额转入"非财政拨款结转——本年收支结转"科目。

该事业单位预算会计应编制的会计分录为:

借:事业预算收入——专项资金收入	30 000
上级补助预算收入——专项资金收入	27 800
其他预算收入——专项资金收入	5 600
贷:非财政拨款结转——本年收支结转	63 400

同时,

借:非财政拨款结转——本年收支结转	62 000
贷:事业支出——非财政拨款专项资金支出	56 500
其他支出——非财政拨款专项资金支出	5 500

年末,在完成非财政拨款专项资金预算收支的本年发生额结转后,该事业单位"非财政拨款结转——本年收支结转"科目的贷方余额为1 400元(=63 400－62 000)。

4.按照规定缴回非财政拨款结转资金

单位按照规定缴回非财政拨款结转资金的,按照实际缴回资金数额,借记"非财政拨款结转——缴回资金"科目,贷记"资金结存——货币资金"科目。

5.年末冲销"非财政拨款结转"科目相关明细科目余额

年末,单位将"非财政拨款结转——年初余额调整、项目间接费用或管理费、缴回资金、本年收支结转"等明细科目余额转入"非财政拨款结转——累计结转"明细科目。结转后"非财政拨款结转"科目除"累计结转"明细科目外,其他明细科目应无余额。

【例17－10】 年末,某事业单位"非财政拨款结转"科目相关明细科目的余额如下:"项目间接费用或管理费"借方余额1 500元,"年初余额调整"贷方余额2 700元,"本年收支结转"贷方余额1 400元,"缴回资金"借方余额1 000元。该事业单位预算会计应编制的会计分录为:

借:非财政拨款结转——年初余额调整	2 700
——本年收支结转	1 400
贷:非财政拨款结转——累计结转	4 100
借:非财政拨款结转——累计结转	2 500
贷:非财政拨款结转——项目间接费用或管理费	1 500
——缴回资金	1 000

年末,该事业单位在冲销非财政拨款结转有关明细科目余额后,"非财政拨款结转累计结转"科目为贷方余额1 600元(=4 100－2 500),这表明该事业单位本年非财政拨款结转中的累计结转增加1 600元。本年增加的累计结转加上年初的累计结转,即为年末按规定转入非财政拨款结余前的非财政拨款累计结转资金数额。

6. 非财政拨款专项剩余资金按规定转入非财政拨款结余

年末完成上述结转后,单位应当对非财政拨款专项结转资金各项目情况进行分析,将留归本单位使用的非财政拨款专项(项目已完成)剩余资金转入非财政拨款结余,借记"非财政拨款结转——累计结转"科目,贷记"非财政拨款结余——结转转入"科目。

【例17-11】 承例17-10,年末,该事业单位"财政拨款结转——累计结转"科目的贷方余额为1 600元。经分析查明,甲项目已完成,项目剩余资金300元,按规定留归单位使用,将其转入非财政拨款结余。该事业单位预算会计应编制的会计分录为:

借:非财政拨款结转——累计结转　　　　　　　　　　　　　　300
　　贷:非财政拨款结余——结转转入　　　　　　　　　　　　　　300

年末,在将留归本单位使用的非财政拨款专项剩余资金转入非财政拨款结余后,该事业单位本年非财政拨款结转中的累计结转余额为1 300元(=1 600-300),即为年末该事业单位滚存的非财政拨款结转资金数额。应当在第二年按照专项资金的原规定用途继续使用。

五、非财政拨款结余

非财政拨款结余是指单位历年滚存的非限定用途的非同级财政拨款结余资金。它主要为非财政拨款结余扣除结余分配后滚存的金额。

(一) 科目设置

为了核算单位的非财政拨款结余业务,单位应设置"非财政拨款结余"总账科目。该科目应当设置下列明细科目:

(1)"年初余额调整"明细科目。该明细科目核算因发生会计差错更正、以前年度支出收回等,需要调整非财政拨款结余的资金。年末结账后,该明细科目应无余额。

(2)"项目间接费用或管理费"明细科目。该明细目核算单位取得的科研项目预算收入中,按照规定计提的项目间接费用或管理费数额。年末结账后,该明细科目应无余额。

(3)"结转转入"明细科目。该明细科目核算按照规定留归单位使用,由单位统筹调配、纳入单位非财政拨款结余的非同级财政拨款专项剩余资金。年末结账后,该明细科目应无余额。

(4)"累计结余"明细科目。该明细科目核算单位历年滚存的非同级财政拨款、非专项结余资金。该明细科目年末贷方余额反映单位非同级财政拨款滚存的非专项结余资金数额。

"非财政拨款结余"科目还应当按照《政府收支分类科目》中"支出功能分类科目"的相关科目进行明细核算。

"非财政拨款结余"科目年末贷方余额反映单位非同级财政拨款结余资金的累计滚存数额。

(二) 主要账务处理

1. 从科研项目预算收入中提取项目间接费用或管理费

单位按照规定从科研项目预算收入中提取项目间接费用或管理费时,借记"非财政拨款结转——项目间接费用或管理费"科目,贷记"非财政拨款结余——项目间接费用或管理费"科目。

2. 事业单位实际缴纳企业所得税

有企业所得税缴纳义务的事业单位实际缴纳企业所得税时,按照缴纳金额,借记"非财政拨款结余——累计结余"科目,贷记"资金结存——货币资金"科目。

3. 会计差错更正和以前年度支出收回

因会计差错更正收到或支出非同级财政拨款货币资金,属于非财政拨款结余资金的,按照收到或支出的金额,借记或贷记"资金结存——货币资金"科目,贷记或借记"非财政拨款结余——年初余额调整"科目。

单位因收回以前年度支出等收到非同级财政拨款货币资金,属于非财政拨款结余资金的,按照收到的金额,借记"资金结存——货币资金"科目,贷记"非财政拨款结余——年初余额调整"科目。

在非财政拨款结余业务中,会计差错更正和以前年度支出收回业务的核算举例可参阅财政拨款结转或非财政拨款结转相关业务的处理。

4. 非财政拨款专项剩余资金转入非财政拨款结余

年末,单位对非财政拨款结转各明细项目执行情况进行分析,将留归本单位使用的非财政拨款专项(项目已完成)剩余资金转入"非财政拨款结余"科目。

5. 冲销"非财政拨款结余"科目相关明细科目余额

年末,单位将"非财政拨款结余——年初余额调整、项目间接费用或管理费、结转转入"科目余额结转入"非财政拨款结余——累计结余"科目。结转后,"非财政拨款结余"科目除"累计结余"明细科目外,其他明细科目应无余额。

【例 17-12】 某事业单位"非财政拨款结余"科目相关明细科目的年末余额如下:"年初余额调整"明细科目贷方余额 2 500 元,"结转转入"明细科目贷方余额 1 250 元,"项目间接费用或管理费"明细科目借方余额 1 000 元。年末,该事业单位冲销"非财政拨款结余"科目相关明细科目余额。该事业单位预算会计应编制的会计分录为:

借:非财政拨款结余——年初余额调整　　　　　　　　　　　　2 500
　　　　　　　　——结转转入　　　　　　　　　　　　　　　1 250
　贷:非财政拨款结余——累计结余　　　　　　　　　　　　　　3 750
借:非财政拨款结余——累计结余　　　　　　　　　　　　　　1 000
　贷:非财政拨款结余——项目间接费用或管理费　　　　　　　　1 000

年末,在冲销非财政拨款结余有关明细科目余额后,该事业单位本年非财政拨款结余中的累计结余增加 2 750 元(=3 750−1 000)。本年增加的累计结余加上年初累计结余,即为年末单位滚存的非财政拨款结余资金数额。

年末,"财政拨款结转""财政拨款结余""非财政拨款结转""非财政拨款结余"科目在冲销有关明细科目余额后,都是"累计结转"或"累计结余"明细科目有余额,其他明细科目无余额。

6. 其他结余和非财政拨款结余分配余额结转非财政拨款结余

年末，行政事业单位首先将预算收入中的非同级财政、非专项资金收入以及预算支出中的非同级财政、非专项资金支出转入"其他结余"科目；其次，行政单位将"其他结余"科目余额转入"非财政拨款结余——累计结余"科目，事业单位将"其他结余"科目余额转入"非财政拨款结余分配"科目。事业单位在按规定对非财政拨款结余资金进行分配后，将"非财政拨款结余分配"科目余额转入"非财政拨款结余——累计结余"科目，形成事业单位非财政拨款累计结余的一种来源。非财政拨款累计结余的另一种来源是留归本单位使用的非财政拨款专项（项目已完成）剩余资金。

行政事业单位的年末财政拨款结转、财政拨款结余、非财政拨款结转、非财政拨款结余（即各项结转和结余资金）是下一年单位预算资金的一种资金来源，用于安排专业业务活动及其辅助活动的开展。

六、其他结余

其他结余是指单位本年度除财政拨款收支、非财政专项资金收支和经营收支以外各项收支相抵后的余额。

（一）科目设置

为了核算单位的其他结余业务，单位应设置"其他结余"总账科目。年末，单位先将非财政非专项资金预算收支结转至其他结余，而后将"其他结余"转入"非财政拨款结余"（行政单位）或"非财政拨款结余分配"（事业单位）。

单位本年度财政拨款收支相抵后的余额通过"财政拨款结转"科目核算，本年度非同级财政专项资金收支相抵后的余额通过"非财政拨款结转"科目核算，本年度经营收支相抵后的余额通过"经营结余"科目核算。

（二）主要账务处理

1. 本年非财政拨款、非专项资金预算收支结转

年末，单位将事业预算收入、上级补助预算收入、附属单位上缴预算收入、非同级财政拨款预算收入、债务预算收入、其他预算收入本年发生额中的非专项资金收入以及投资预算收益本年发生额转入"其他结余"科目，借记"事业预算收入""上级补助预算收入""附属单位上缴预算收入""非同级财政拨款预算收入""债务预算收入""其他预算收入"科目下各非专项资金收入明细科目和"投资预算收益"科目，贷记"其他结余"科目（"投资预算收益"科目本年发生额为借方净额时，借记"其他结余"科目，贷记"投资预算收益"科目）；将行政支出、事业支出、其他支出本年发生额中的非同级财政、非专项资金支出以及上缴上级支出、对附属单位补助支出、投资支出、债务还本支出本年发生额转入"其他结余"科目，借记"其他结余"科目，贷记"行政支出""事业支出""其他支出"科目下各非同级财政、非专项资金支出明细科目和"上缴上级支出""对附属单位补助支出""投资支出""债务还本支出"科目。

2. 年末结转非财政拨款结余或非财政拨款结余分配

年末,完成相关收支结转后,行政单位将"其他结余"科目余额转入"非财政拨款结余——累计结余"科目;事业单位将"其他结余"科目余额转入"非财政拨款结余分配"科目。当"其他结余"科目为贷方余额时,借记"其他结余"科目,贷记"非财政拨款结余——累计结余"科目(行政单位)或"非财政拨款结余分配"科目(事业单位);当"其他结余"科目为借方余额时,借记"非财政拨款结余——累计结余"科目(行政单位)或"非财政拨款结余分配"科目(事业单位),贷记"其他结余"科目。

【例17-13】 2×22年年末,某行政单位结账前有关非财政拨款非专项资金的收支情况为:"其他预算收入——非专项资金收入"科目5 000元;"行政支出——其他资金支出"科目3 800元,"其他支出——其他资金支出"科目1 150元。年末结账时,该行政单位预算会计应编制的会计分录为:

① 将非财政拨款非专项资金的收支结转"其他结余"科目时:

借:其他预算收入——非专项资金收入　　　　　　　　　　　　　　5 000
　　贷:其他结余　　　　　　　　　　　　　　　　　　　　　　　　5 000

同时,

借:其他结余　　　　　　　　　　　　　　　　　　　　　　　　4 950
　　贷:行政支出——其他资金支出　　　　　　　　　　　　　　　　3 800
　　　　其他支出——其他资金支出　　　　　　　　　　　　　　　　1 150

② 将"其他结余"科目余额结转"非财政拨款结余——累计结余"科目时:

借:其他结余　　　　　　　　　　　　　　　　　　　　　　　　　50
　　贷:非财政拨款结余——累计结余　　　　　　　　　　　　　　　　50

在行政单位中,由非财政非专项资金预算收支形成的其他结余不进行分配,"其他结余"科目余额直接转入"非财政拨款结余"科目,而不转入"非财政拨款结余分配"科目。行政事业单位的非财政专项资金结余也不进行分配,因此,由"非财政拨款结转"科目余额直接转入"非财政拨款结余",而不转入"非财政拨款结余分配"科目。

在事业单位中,由非财政非专项资金预算收支形成的其他结余需要进行分配,"其他结余"科目余额应直接转入"非财政拨款结余分配"科目。

行政事业单位应当分别核算财政拨款资金、非同级财政专项资金、经营活动资金和其他资金。行政事业单位本年度财政拨款收支、非同级财政专项资金收支、经营收支以及上述收支以外的其他各项收支相抵后的余额分别通过"财政拨款结转""非财政拨款结转""经营结余""其他结余"科目核算。

第三节　事业单位专有预算结余核算

一、专用结余

专用结余是指事业单位按照规定从非财政拨款结余中提取的具有专门用途的资金。

(一) 科目设置

为了核算专用结余业务,事业单位预算会计应设置"专用结余"总账科目。该科目应当按照专用结余的类别进行明细核算。该科目年末贷方余额反映事业单位从非同级财政拨款结余中提取的专用基金的累计滚存数额。

(二) 主要账务处理

专用结余的主要账务处理如下:事业单位根据有关规定从本年度非财政拨款结余或经营结余中提取基金的,按照提取金额,借记"非财政拨款结余分配"科目,贷记"专用结余"科目;根据规定使用从非财政拨款结余或经营结余中提取的专用基金时,按照使用金额,借记"专用结余"科目,贷记"资金结存——货币资金"科目。

【例 17-14】 某事业单位根据规定使用从非财政拨款结余中提取的专用基金 5 000 元,款项通过银行存款支付。本次使用提取的专用基金,属于费用性支出,不是用于购置固定资产或无形资产。

该事业单位财务会计应编制的会计分录为:

借:专用基金　　　　　　　　　　　　　　　　　　　　　　　5 000
　　贷:银行存款　　　　　　　　　　　　　　　　　　　　　　5 000

该事业单位预算会计应编制的会计分录为:

借:专用结余　　　　　　　　　　　　　　　　　　　　　　　5 000
　　贷:资金结存——货币资金　　　　　　　　　　　　　　　　5 000

事业单位根据有关规定从本年度非财政拨款结余或经营结余中提取专用基金时,在财务会计中,直接增加专用基金;在预算会计中,直接增加专用结余。事业单位根据规定使用上述专用基金时,在财务会计中,直接减少专用基金;在预算会计中,直接减少专用结余。事业单位不单独核算专用基金收入和专用基金支出。

二、经营结余

经营结余是指事业单位本年度经营活动收支相抵后的余额弥补以前年度经营亏损后的余额。

(一) 科目设置

为了核算经营结余业务,事业单位预算会计应设置"经营结余"总账科目。该科目可以按照经营活动类别进行明细核算。年末结账后,该科目一般无余额;如为借方余额,反映事业单位累计发生的经营亏损。

(二) 主要账务处理

经营结余的主要账务处理如下:年末,事业单位将经营预算收入本年发生额转入"经营结余"科目,借记"经营预算收入"科目,贷记"经营结余"科目;将经营支出本年发生额转入"经营结余"科目,借记"经营结余"科目,贷记"经营支出"科目。年末,完成上述结转后,如"经营结余"科目为贷方余额,将该贷方余额转入"非财政拨款结余分配"科目,借记"经营结余"科目,贷记"非财政拨款结余分配"科目;如"经营结余"科目为借方余额,为经营亏损,不予结转。

【例17-15】 2×22年年末,某事业单位"经营预算收入"科目本年贷方发生额为10 400元,"经营支出"科目本年借方发生额为8 400元。该事业单位将以上经营预算收支科目的发生额结转至"经营结余"科目。在完成上述结转后,"经营结余"科目的贷方余额为2 000元(=10 400-8 400),该事业单位将其结转"非财政拨款结余分配"科目的贷方。该事业单位预算会计应编制的会计分录为:

① 结转"经营预算收入"科目本年贷方发生额时:

借:经营预算收入　　　　　　　　　　　　　　　　　　　　　10 400
　　贷:经营结余　　　　　　　　　　　　　　　　　　　　　　　　10 400

② 结转"经营支出"科目本年借方发生额时:

借:经营结余　　　　　　　　　　　　　　　　　　　　　　　　8 400
　　贷:经营支出　　　　　　　　　　　　　　　　　　　　　　　　8 400

③ 将"经营结余"科目贷方发生额转入"非财政拨款结余分配"科目时:

借:经营结余　　　　　　　　　　　　　　　　　　　　　　　　2 000
　　贷:非财政拨款结余分配　　　　　　　　　　　　　　　　　　　2 000

如果该事业单位年初"经营结余"科目有借方余额500元,为以前年度累计发生的经营亏损。当年实现经营结余2 000元,弥补以前年度经营亏损后累计实现经营结余1 500元(=2 000-500),表现为"经营结余"科目年末贷方余额1 500元。此时,该事业单位应当将"经营结余"科目的年末贷方余额1 500元转入"非财政拨款结余分配"科目。

这里应当注意的是,事业单位的"经营预算收入"科目和"经营支出"科目都是按收付实现制核算的,因此"经营结余"科目反映的结余或亏损数额也是按收付实现制核算的结果。

三、非财政拨款结余分配

为了核算非财政拨款结余分配业务,事业单位预算会计应设置"非财政拨款结余分配"总账科目。该科目核算事业单位本年度非财政拨款结余分配的情况和结果。年末结账后该科目应无余额。

【例17-16】 承例17-14、例17-15,年末,该事业单位按规定将"经营结余"科目和"其他结余"科目的贷方余额结转后,"非财政拨款结余分配"科目的贷方余额为12 000元(=2 000+10 000)。该事业单位根据有关规定从本年非财政拨款结余和经营结余中提取专用基金(职工福利基金)1 200元,提取专用基金后,将"非财政拨款结余分配"科目的贷方余额10 800元(=12 000-1 200)转入"非财政拨款结余"科目。

① 按有关规定提取专用基金(职工福利基金)时,该事业单位财务会计应编制的会计分录为:

借:本期盈余分配　　　　　　　　　　　　　　　　　　　　　1 200
　　贷:专用基金——职工福利基金　　　　　　　　　　　　　　　　1 200

该事业单位预算会计应编制的会计分录为:

借:非财政拨款结余分配　　　　　　　　　　　　　　　　1 200
　　贷:专用结余　　　　　　　　　　　　　　　　　　　　　　1 200

② 年末,将"非财政拨款结余分配"科目余额转入非财政拨款结余时,该事业单位预算会计应编制的会计分录为:

借:非财政拨款结余分配　　　　　　　　　　　　　　　　10 800
　　贷:非财政拨款结余——累计结余　　　　　　　　　　　　10 800

经过年末结转,事业单位"其他结余""经营结余""非财政拨款结余分配"科目均无余额,相应余额分别转入"非财政拨款结余——累计结余"科目和"专用结余"科目。其中,非财政拨款结余应当安排用于开展专业业务活动及其辅助活动,专用结余安排用于职工福利等专门用途。

思考题

1. 什么是政府单位预算结余？包括哪些内容？
2. 行政事业单位预算结余的内容与事业单位预算结余的内容有何不同？
3. 行政事业单位共有预算结余有哪些？如何核算？
4. 事业单位专有预算结余有哪些？如何核算？
5. 什么是资金结存？包括哪些明细科目？

第十八章 政府单位报告

学习目标

通过本章的学习,掌握财政财务报告和政府决算报告的构成、编制基础及各类会计报表的概念和编制说明,熟悉附注的主要内容和会计报表重要项目。

第一节 政府单位财务报告

政府单位财务报告是反映政府会计主体某一特定日期的财务状况和某一会计期间的运行情况和现金流量等信息的文件。政府财务报告应当包括财务报表和其他应当在财务报告中披露的相关信息和资料。

政府单位财务报告的目标是向财务报告使用者提供与政府的财务状况、运行情况(含运行成本,下同)和现金流量等有关的信息,反映政府会计主体公共受托责任履行情况,有助于财务报告使用者做出决策或者进行监督和管理。政府财务报告使用者包括各级人民代表大会常务委员会、债权人、各级政府及其有关部门、政府会计主体自身和其他利益相关者。

政府单位财务报告的编制主要以权责发生制为基础,以财务会计核算生成的数据为准。政府部门财务报告由纳入部门决算管理范围的行政单位、事业单位和社会团体逐级编制。各单位应当按照规定编制本单位财务报告并报送上级单位;上级单位除编制本单位财务报告外,应当按照规定对所属单位财务报表进行合并,撰写财务分析,形成合并财务报告。主管部门编制的合并财务报告,即部门财务报告。

政府单位部门财务报告主要反映政府部门(单位)的财务状况、运行情况等信息,具体包括财务报表和财务分析。财务报表包括会计报表和报表附注。会计报表包括资产负债表、收入费用表、净资产变动表等。

一、资产负债表

(1) 本表反映单位在某一特定日期全部资产、负债和净资产的情况。

(2) 本表"年初余额"栏内各项数字,应当根据上年年末资产负债表"期末余额"栏内数字填列。

如果本年度资产负债表规定的项目的名称和内容同上年度不一致,应当对上年年末资产负债表项目的名称和数字按照本年度的规定进行调整,将调整后的数字填入本表"年初余额"栏内。

如果本年度单位发生了因前期差错更正、会计政策变更等调整以前年度盈余的事项,还应当对"年初余额"栏中的有关项目金额进行相应调整。

(3) 本表中"资产总计"项目期末(年初)余额应当与"负债和净资产总计"项目期末(年初)余额相等。

资产负债表格式如表18-1所示。

表 18-1 资产负债表

会政财01表

编制单位： 年 月 日 单位:元

资　　产	期末余额	年初余额	负债和净资产	期末余额	年初余额
流动资产：			**流动负债：**		
货币资金			短期借款		
短期投资			应交增值税		
财政应返还额度			其他应交税费		
应收票据			应缴财政款		
应收账款净额			应付职工薪酬		
预付账款			应付票据		
应收股利			应付账款		
应收利息			应付政府补贴款		
其他应收款净额			应付利息		
存货			预收账款		
待摊费用			其他应付款		
一年内到期的非流动资产			预提费用		
其他流动资产			一年内到期的非流动负债		
流动资产合计			其他流动负债		
非流动资产：			流动负债合计		
长期股权投资			**非流动负债：**		
长期债券投资			长期借款		
固定资产原值			长期应付款		
减:固定资产累计折旧			预计负债		
固定资产净值			其他非流动负债		

续表

资　产	期末余额	年初余额	负债和净资产	期末余额	年初余额
工程物资			**非流动负债合计**		
在建工程			受托代理负债		
无形资产原值			**负债合计**		
减:无形资产累计摊销					
无形资产净值					
研发支出					
公共基础设施原值					
减:公共基础设施累计折旧(摊销)					
公共基础设施净值					
政府储备物资					
文物文化资产					
保障性住房原值					
减:保障性住房累计折旧			**净资产:**		
保障性住房净值			累计盈余		
长期待摊费用			专用基金		
待处理财产损溢			权益法调整		
其他非流动资产			无偿调拨净资产*		
非流动资产合计			本期盈余*		
受托代理资产			**净资产合计**		
资产总计			**负债和净资产总计**		

注:"*"标识项目为月报项目,年报中不需列示。

资产负债表的编制说明:

1. 资产类项目

(1)"货币资金"项目,反映单位期末库存现金、银行存款、零余额账户用款额度、其他货币资金的合计数。本项目应当根据"库存现金""银行存款""零余额账户用款额度""其他货币资金"科目的期末余额的合计数填列;若单位存在通过"库存现金""银行存款"科目核算的受托代理资产,还应当按照前述合计数扣减"库存现金""银行存款"科目下"受托代理资产"明细科目的期末余额后的金额填列。

(2)"短期投资"项目,反映事业单位期末持有的短期投资账面余额。本项目应当根据"短期投资"科目的期末余额填列。

(3)"财政应返还额度"项目,反映单位期末财政应返还额度的金额。本项目应当根据"财政应返还额度"科目的期末余额填列。

(4)"应收票据"项目,反映事业单位期末持有的应收票据的票面金额。本项目应当根据"应收票据"科目的期末余额填列。

(5)"应收账款净额"项目,反映单位期末尚未收回的应收账款减去已计提的坏账准备后的净额。本项目应当根据"应收账款"科目的期末余额,减去"坏账准备"科目中对应收账款计提的坏账准备的期末余额后的金额填列。

(6)"预付账款"项目,反映单位期末预付给商品或者劳务供应单位的款项。本项目应当根据"预付账款"科目的期末余额填列。

(7)"应收股利"项目,反映事业单位期末因股权投资而应收取的现金股利或应当分得的利润。本项目应当根据"应收股利"科目的期末余额填列。

(8)"应收利息"项目,反映事业单位期末因债券投资等而应收取的利息。事业单位购入的到期一次还本付息的长期债券投资持有期间应收的利息,不包括在本项目内。本项目应当根据"应收利息"科目的期末余额填列。

(9)"其他应收款净额"项目,反映单位期末尚未收回的其他应收款减去已计提的坏账准备后的净额。本项目应当根据"其他应收款"科目的期末余额减去"坏账准备"科目中对其他应收款计提的坏账准备的期末余额后的金额填列。

(10)"存货"项目,反映单位期末存储的存货的实际成本。本项目应当根据"在途物品""库存物品""加工物品"科目的期末余额的合计数填列。

(11)"待摊费用"项目,反映单位期末已经支出,但应当由本期和以后各期负担的分摊期在1年以内(含1年)的各项费用。本项目应当根据"待摊费用"科目的期末余额填列。

(12)"一年内到期的非流动资产"项目,反映单位期末非流动资产项目中将在1年内(含1年)到期的金额,如事业单位将在1年内(含1年)到期的长期债券投资金额。本项目应当根据"长期债券投资"等科目的明细科目的期末余额分析填列。

(13)"其他流动资产"项目,反映单位期末除本表中上述各项之外的其他流动资产的合计金额。本项目应当根据有关科目期末余额的合计数填列。

(14)"流动资产合计"项目,反映单位期末流动资产的合计数。本项目应当根据本表中"货币资金""短期投资""财政应返还额度""应收票据""应收账款净额""预付账款""应收股利""应收利息""其他应收款净额""存货""待摊费用""一年内到期的非流动资产""其他流动资产"项目金额的合计数填列。

(15)"长期股权投资"项目,反映事业单位期末持有的长期股权投资的账面余额。本项目应当根据"长期股权投资"科目的期末余额填列。

(16)"长期债券投资"项目,反映事业单位期末持有的长期债券投资的账面余额。本项目应当根据"长期债券投资"科目的期末余额减去其中将于1年内(含1年)到期的长期债券投资余额后的金额填列。

(17)"固定资产原值"项目,反映单位期末固定资产的原值。本项目应当根据"固定资产"科目的期末余额填列。

"固定资产累计折旧"项目,反映单位期末固定资产已计提的累计折旧金额。本项目应当根据"固定资产累计折旧"科目的期末余额填列。

"固定资产净值"项目,反映单位期末固定资产的账面价值。本项目应当根据"固定资"科目期末余额减去"固定资产累计折旧"科目期末余额后的金额填列。

(18)"工程物资"项目,反映单位期末为在建工程准备的各种物资的实际成本。本项目应当根据"工程物资"科目的期末余额填列。

(19)"在建工程"项目,反映单位期末所有的建设项目工程的实际成本。本项目应当根据"在建工程"科目的期末余额填列。

(20)"无形资产原值"项目,反映单位期末无形资产的原值。本项目应当根据"无形资"科目的期末余额填列。

"无形资产累计摊销"项目,反映单位期末无形资产已计提的累计摊销金额。本项目应当根据"无形资产累计摊销"科目的期末余额填列。

"无形资产净值"项目,反映单位期末无形资产的账面价值。本项目应当根据"无形资产"科目期末余额减去"无形资产累计摊销"科目期末余额后的金额填列。

(21)"研发支出"项目,反映单位期末正在进行的无形资产开发项目开发阶段发生的累计支出数。本项目应当根据"研发支出"科目的期末余额填列。

(22)"公共基础设施原值"项目,反映单位期末控制的公共基础设施的原值。本项目应当根据"公共基础设施"科目的期末余额填列。

"公共基础设施累计折旧(摊销)资产"项目,反映单位期末控制的公共基础设施已计提的累计折旧和累计摊销金额。本项目应当根据"公共基础设施累计折旧(摊销)"科目的期末余额填列。

"公共基础设施净值"项目,反映单位期末控制的公共基础设施的账面价值。本项目应当根据"公共基础设施"科目期末余额减去"公共基础设施累计折旧(摊销)"科目期末余额后的金额填列。

(23)"政府储备物资"项目,反映单位期末控制的政府储备物资的实际成本。本项目应当根据"政府储备物资"科目的期末余额填列。

(24)"文物文化资产"项目,反映单位期末控制的文物文化资产的成本。本项目应当根据"文物文化资产"科目的期末余额填列。

(25)"保障性住房原值"项目,反映单位期末控制的保障性住房的原值。本项目应当根据"保障性住房"科目的期末余额填列。

"保障性住房累计折旧"项目,反映单位期末控制的保障性住房已计提的累计折旧金额。本项目应当根据"保障性住房累计折旧"科目的期末余额填列。

"保障性住房净值"项目,反映单位期末控制的保障性住房的账面价值。本项目应当根据"保障性住房"科目期末余额减去"保障性住房累计折旧"科目期末余额后的金额填列。

(26)"长期待摊费用"项目,反映单位期末已经支出,但应由本期和以后各期负担的分摊期限在1年以上(不含1年)的各项费用。本项目应当根据"长期待摊费用"科目的期末余额填列。

(27)"待处理财产损溢"项目,反映单位期末尚未处理完毕的各种资产的净损失或净溢余。本项目应当根据"待处理财产损溢"科目的期末借方余额填列;如"待处理财产损溢"科目期末为贷方余额,以"一"号填列。

(28)"其他非流动资产"项目,反映单位期末除本表中上述各项之外的其他非流动资产的合计数。本项目应当根据有关科目的期末余额合计数填列。

(29)"非流动资产合计"项目,反映单位期末非流动资产的合计数。本项目应当根据本表中"长期股权投资""长期债券投资""固定资产净值""工程物资""在建工程""无形资产净值""研发支出""公共基础设施净值""政府储备物资""文物文化资产""保障性住房净值""长期待摊费用""待处理财产损溢""其他非流动资产"项目金额的合计数填列。

(30)"受托代理资产"项目,反映单位期末受托代理资产的价值。本项目应当根据"受托代理资产"科目的期末余额与"库存现金""银行存款"科目下"受托代理资产"明细科目的期末余额的合计数填列。

2. 负债类项目

(1)"短期借款"项目,反映事业单位期末短期借款的余额。本项目应当根据"短期借款"科目的期末余额填列。

(2)"应交增值税"项目,反映单位期末应缴未缴的增值税税额。本项目应当根据"应交增值税"科目的期末余额填列;如"应交增值税"科目期末为借方余额,以"一"号填列。

(3)"其他应交税费"项目,反映单位期末应缴未缴的除增值税以外的税费金额。本项目应当根据"其他应交税费"科目的期末余额填列;如"其他应交税费"科目期末为借方余额,以"一"号填列。

(4)"应缴财政款"项目,反映单位期末应当上缴财政但尚未缴纳的款项。本项目应当根据"应缴财政款"科目的期末余额填列。

(5)"应付职工薪酬"项目,反映单位期末按有关规定应付给职工及为职工支付的各种薪酬。本项目应当根据"应付职工薪酬"科目的期末余额填列。

(6)"应付票据"项目,反映事业单位期末应付票据的金额。本项目应当根据"应付票据"科目的期末余额填列。

(7)"应付账款"项目,反映单位期末应当支付但尚未支付的偿还期限在1年以内(含1年)的应付账款的金额。本项目应当根据"应付账款"科目的期末余额填列。

(8)"应付政府补贴款"项目,反映负责发放政府补贴的行政单位期末按照规定应当支付给政府补贴接受者的各种政府补贴款余额。本项目应当根据"应付政府补贴款"科目的期末余额填列。

(9)"应付利息"项目,反映事业单位期末按照合同约定应支付的借款利息。事业单位到期一次还本付息的长期借款利息不包括在本项目内。本项目应当根据"应付利息"科目的期末余额填列。

(10)"预收账款"项目,反映事业单位期末预先收取但尚未确认收入和实际结算的款项余额。本项目应当根据"预收账款"科目的期末余额填列。

(11)"其他应付款"项目,反映单位期末其他各项偿还期限在1年内(含1年)的应付及暂收款项余额。本项目应当根据"其他应付款"科目的期末余额填列。

(12)"预提费用"项目,反映单位期末已预先提取的已经发生但尚未支付的各项费用。本项目应当根据"预提费用"科目的期末余额填列。

(13)"一年内到期的非流动负债"项目,反映单位期末将于1年内(含1年)偿还的非流动负债的余额。本项目应当根据"长期应付款""长期借款"等科目的明细科目的期末余额分析填列。

(14)"其他流动负债"项目,反映单位期末除本表中上述各项之外的其他流动负债的合计数。本项目应当根据有关科目的期末余额的合计数填列。

(15)"流动负债合计"项目,反映单位期末流动负债合计数。本项目应当根据本表"短期借款""应交增值税""其他应交税费""应付职工薪酬""应付票据""应付账款""应缴财政款""应付政府补贴款""应付利息""预收账款""其他应付款""预提费用""一年内到期的非流动负债""其他流动负债"项目金额的合计数填列。

(16)"长期借款"项目,反映事业单位期末长期借款的余额。本项目应当根据"长期借款"科目的期末余额减去其中将于1年内(含1年)到期的长期借款余额后的金额填列。

(17)"长期应付款"项目,反映单位期末长期应付款的余额。本项目应当根据"长期应付款"科目的期末余额减去其中将于1年内(含1年)到期的长期应付款余额后的金额填列。

(18)"预计负债"项目,反映单位期末已确认但尚未偿付的预计负债的余额。本项目应当根据"预计负债"科目的期末余额填列。

(19)"其他非流动负债"项目,反映单位期末除本表中上述各项之外的其他非流动负债的合计数。本项目应当根据有关科目的期末余额合计数填列。

(20)"非流动负债合计"项目,反映单位期末非流动负债合计数。本项目应当根据本表中"长期借款""长期应付款""预计负债""其他非流动负债"项目金额的合计数填列。

(21)"受托代理负债"项目,反映单位期末受托代理负债的金额。本项目应当根据"受托代理负债"科目的期末余额填列。

3.净资产类项目

(1)"累计盈余"项目,反映单位期末未分配盈余(或未弥补亏损)以及无偿调拨净资产变动的累计数。本项目应当根据"累计盈余"科目的期末余额填列。

(2)"专用基金"项目,反映事业单位期末累计提取或设置但尚未使用的专用基金余额。本项目应当根据"专用基金"科目的期末余额填列。

(3)"权益法调整"项目,反映事业单位期末在被投资单位除净损益和利润分配以外的所有者权益变动中累积享有的份额。本项目应当根据"权益法调整"科目的期末余额填列。如"权益法调整"科目期末为借方余额,以"一"号填列。

(4)"无偿调拨净资产"项目,反映单位本年度截至报告期期末无偿调入的非现金资产价值扣减无偿调出的非现金资产价值后的净值。本项目仅在月度报表中列示,年度报表中不列示。月度报表中本项目应当根据"无偿调拨净资产"科目的期末余额填列;"无偿调拨净资产"科目期末为借方余额时,以"一"号填列。

(5)"本期盈余"项目,反映单位本年度截至报告期期末实现的累计盈余或亏损。本项目仅在月度报表中列示,年度报表中不列示。月度报表中本项目应当根据"本期盈余"科目的期末余额填列;"本期盈余"科目期末为借方余额时,以"－"号填列。

二、收入费用表

(1) 本表反映单位在某一会计期间发生的收入、费用及当期盈余情况。

(2) 本表"本月数"栏反映各项目的本月实际发生数。编制年度收入费用表时,应当将本栏改为"本年数",反映本年度各项目的实际发生数。

本表"本年累计数"栏反映各项目自年初至报告期期末的累计实际发生数。编制年度收入费用表时,应当将本栏改为"上年数",反映上年度各项目的实际发生数,"上年数"栏应当根据上年年度收入费用表中"本年数"栏内所列数字填列。

如果本年度收入费用表规定的项目的名称和内容同上年度不一致,应当对上年度收入费用表项目的名称和数字按照本年度的规定进行调整,将调整后的金额填入本年度收入费用表的"上年数"栏内。如果本年度单位发生了因前期差错更正、会计政策变更等调整以前年度盈余的事项,还应当对年度收入费用表中"上年数"栏中的有关项目金额进行相应调整。收入费用表格式如表18－2所示。

表18－2 收入费用表

会政财02表

编制单位： 年 月 单位:元

项 目	本月数	本年累计数
一、本期收入		
(一) 财政拨款收入		
其中:政府性基金收入		
(二) 事业收入		
(三) 上级补助收入		
(四) 附属单位上缴收入		
(五) 经营收入		
(六) 非同级财政拨款收入		
(七) 投资收益		
(八) 捐赠收入		
(九) 利息收入		
(十) 租金收入		
(十一) 其他收入		
二、本期费用		
(一) 业务活动费用		
(二) 单位管理费用		

续表

项 目	本月数	本年累计数
（三）经营费用		
（四）资产处置费用		
（五）上缴上级费用		
（六）对附属单位补助费用		
（七）所得税费用		
（八）其他费用		
三、本期盈余		

收入费用表的编制说明：

1. 本期收入

（1）"本期收入"项目，反映单位本期收入总额。本项目应当根据本表中"财政拨款收入""事业收入""上级补助收入""非同级财政拨款收入""附属单位上缴收入""经营收入""捐赠收入""利息收入""租金收入""投资收益""其他收入"项目金额的合计数填列。

（2）"财政拨款收入"项目，反映单位本期从同级政府财政部门取得的各类财政拨款。本项目应当根据"财政拨款收入"科目的本期发生额填列。

"政府性基金收入"项目，反映单位本期取得的财政拨款收入中属于政府性基金预算拨款的金额。本项目应当根据"财政拨款收入"相关明细科目的本期发生额填列。

（3）"事业收入"项目，反映事业单位本期开展专业业务活动及其辅助活动实现的收入。本项目应当根据"事业收入"科目的本期发生额填列。

（4）"上级补助收入"项目，反映事业单位本期从主管部门和上级单位收到或应收的非财政拨款收入。本项目应当根据"上级补助收入"科目的本期发生额填列。

（5）"附属单位上缴收入"项目，反映事业单位本期收到或应收的独立核算的附属单位按照有关规定上缴的收入。本项目应当根据"附属单位上缴收入"科目的本期发生额填列。

（6）"经营收入"项目，反映事业单位本期在专业业务活动及其辅助活动之外开展非独立核算经营活动实现的收入。本项目应当根据"经营收入"科目的本期发生额填列。

（7）"非同级财政拨款收入"项目，反映单位本期从非同级政府财政部门取得的财政拨款，不包括事业单位因开展科研及其辅助活动从非同级财政部门取得的经费拨款。本项目应当根据"非同级财政拨款收入"科目的本期发生额填列。

（8）"投资收益"项目，反映事业单位本期股权投资和债券投资所实现的收益或发生的损失。本项目应当根据"投资收益"科目的本期发生额填列；如为投资净损失，以"－"号填列。

（9）"捐赠收入"项目，反映单位本期接受捐赠取得的收入。本项目应当根据"捐赠收入"科目的本期发生额填列。

（10）"利息收入"项目，反映单位本期取得的银行存款利息收入。本项目应当根据

"利息收入"科目的本期发生额填列。

（11）"租金收入"项目，反映单位本期经批准利用国有资产出租取得并按规定纳入本单位预算管理的租金收入。本项目应当根据"租金收入"科目的本期发生额填列。

（12）"其他收入"项目，反映单位本期取得的除以上收入项目外的其他收入的总额。本项目应当根据"其他收入"科目的本期发生额填列。

2. 本期费用

（1）"本期费用"项目，反映单位本期费用总额。本项目应当根据本表中"业务活动费用""单位管理费用""经营费用""资产处置费用""上缴上级费用""对附属单位补助费用""所得税费用"和"其他费用"项目金额的合计数填列。

（2）"业务活动费用"项目，反映单位本期为实现其职能目标依法履职或开展专业业务活动及其辅助活动所发生的各项费用。本项目应当根据"业务活动费用"科目本期发生额填列。

（3）"单位管理费用"项目，反映事业单位本期本级行政及后勤管理部门开展管理活动发生的各项费用，以及由单位统一负担的离退休人员经费、工会经费、诉讼费、中介费等。本项目应当根据"单位管理费用"科目的本期发生额填列。

（4）"经营费用"项目，反映事业单位本期在专业业务活动及其辅助活动之外开展非独立核算经营活动发生的各项费用。本项目应当根据"经营费用"科目的本期发生额填列。

（5）"资产处置费用"项目，反映单位本期经批准处置资产时转销的资产价值以及在处置过程中发生的相关费用或者处置收入小于处置费用形成的净支出。本项目应当根据"资产处置费用"科目的本期发生额填列。

（6）"上缴上级费用"项目，反映事业单位按照规定上缴上级单位款项发生的费用。本项目应当根据"上缴上级费用"科目的本期发生额填列。

（7）"对附属单位补助费用"项目，反映事业单位用财政拨款收入之外的收入对附属单位补助发生的费用。本项目应当根据"对附属单位补助费用"科目的本期发生额填列。

（8）"所得税费用"项目，反映有企业所得税缴纳义务的事业单位本期计算应缴纳的企业所得税。本项目应当根据"所得税费用"科目的本期发生额填列。

（9）"其他费用"项目，反映单位本期发生的除以上费用项目外的其他费用的总额。本项目应当根据"其他费用"科目的本期发生额填列。

3. 本期盈余

"本期盈余"项目，反映单位本期收入扣除本期费用后的净额。本项目应当根据本表中"本期收入"项目金额减去"本期费用"项目金额后的金额填列；如为负数，以"－"号填列。

三、净资产变动表

（1）本表反映单位在某一会计年度内净资产项目的变动情况。

(2)本表"本年数"栏反映本年度各项目的实际变动数。本表"上年数"栏反映上年度各项目的实际变动数,应当根据上年度净资产变动表中"本年数"栏内所列数字填列。

如果上年度净资产变动表规定的项目的名称和内容与本年度不一致,应对上年度净资产变动表项目的名称和数字按照本年度的规定进行调整,将调整后的金额填入本年度净资产变动表"上年数"栏内。

净资产变动表格式如表18-3所示。

表18-3 净资产变动表

会政财03表

编制单位：　　　　　　　　　　　　年　　　　　　　　　　　　单位:元

项　目	本年数				上年数			
	累计盈余	专用基金	权益法调整	净资产合计	累计盈余	专用基金	权益法调整	净资产合计
一、上年年末余额								
二、以前年度盈余调整(减少以"－"号填列)		—	—			—	—	
三、本年年初余额								
四、本年变动金额(减少以"－"号填列)								
（一）本年盈余								
（二）无偿调拨净资产								
（三）归集调整预算结转结余								
（四）提取或设置专用基金								
其中:从预算收入中提取			—				—	
从预算结余中提取			—				—	
设置的专用基金			—				—	
（五）使用专用基金			—				—	
（六）权益法调整	—	—			—	—		
五、本年年末余额								

注:有"—"标识的单元格不需填列。

净资产变动表的编制说明：

(1)"上年年末余额"行,反映单位净资产各项目上年年末的余额。本行各项目应当根据"累计盈余""专用基金""权益法调整"科目上年年末余额填列。

(2)"以前年度盈余调整"行,反映单位本年度调整以前年度盈余的事项对累计盈余进行调整的金额。本行"累计盈余"项目应当根据本年度"以前年度盈余调整"科目转入"累计盈余"科目的金额填列;如调整减少累计盈余,以"－"号填列。

(3)"本年年初余额"行,反映经过以前年度盈余调整后,单位净资产各项目的本年年初余额。本行"累计盈余""专用基金""权益法调整"项目应当根据其各自在"上年年末余额"和"以前年度盈余调整"行对应项目金额的合计数填列。

(4)"本年变动金额"行,反映单位净资产各项目本年变动总金额。本行"累计盈余""专用基金""权益法调整"项目应当根据其各自在"本年盈余""无偿调拨净资产""归集调整预算结转结余""提取或设置专用基金""使用专用基金""权益法调整"行对应项目金额的合计数填列。

(5)"本年盈余"行,反映单位本年发生的收入、费用对净资产的影响。本行"累计盈余"项目应当根据年末由"本期盈余"科目转入"本年盈余分配"科目的金额填列;如转入时借记"本年盈余分配"科目,则以"-"号填列。

(6)"无偿调拨净资产"行,反映单位本年无偿调入、调出非现金资产事项对净资产的影响。本行"累计盈余"项目应当根据年末由"无偿调拨净资产"科目转入"累计盈余"科目的金额填列;如转入时借记"累计盈余"科目,则以"-"号填列。

(7)"归集调整预算结转结余"行,反映单位本年财政拨款结转结余资金归集调入、归集上缴或调出,以及非财政拨款结转资金缴回对净资产的影响。本行"累计盈余"项目应当根据"累计盈余"科目明细账记录分析填列;如归集调整减少预算结转结余,则以"-"号填列。

(8)"提取或设置专用基金"行,反映单位本年提取或设置专用基金对净资产的影响。本行"累计盈余"项目应当根据"从预算结余中提取"行"累计盈余"项目的金额填列。本行"专用基金"项目应当根据"从预算收入中提取""从预算结余中提取""设置的专用基金"行"专用基金"项目金额的合计数填列。

"从预算收入中提取"行,反映单位本年从预算收入中提取专用基金对净资产的影响。本行"专用基金"项目应当通过对"专用基金"科目明细账记录的分析,根据本年按有关规定从预算收入中提取基金的金额填列。

"从预算结余中提取"行,反映单位本年根据有关规定从本年度非财政拨款结余或经营结余中提取专用基金对净资产的影响。本行"累计盈余""专用基金"项目应当通过对"专用基金"科目明细账记录的分析,根据本年按有关规定从本年度非财政拨款结余或经营结余中提取专用基金的金额填列;本行"累计盈余"项目以"-"号填列。

"设置的专用基金"行,反映单位本年根据有关规定设置的其他专用基金对净资产的影响。本行"专用基金"项目应当通过对"专用基金"科目明细账记录的分析,根据本年按有关规定设置的其他专用基金的金额填列。

(9)"使用专用基金"行,反映单位本年按规定使用专用基金对净资产的影响。本行"累计盈余""专用基金"项目应当通过对"专用基金"科目明细账记录的分析,根据本年按规定使用专用基金的金额填列;本行"专用基金"项目以"-"号填列。

(10)"权益法调整"行,反映单位本年按照被投资单位除净损益和利润分配以外的所有者权益变动份额而调整长期股权投资账面余额对净资产的影响。本行"权益法调整"项目应当根据"权益法调整"科目本年发生额填列;若本年净发生额为借方时,以"-"号填列。

(11)"本年年末余额"行,反映单位本年各净资产项目的年末余额。本行"累计盈余""专用基金""权益法调整"项目应当根据其各自在"本年年初余额""本年变动金额"行对应项目金额的合计数填列。

(12) 本表各行"净资产合计"项目,应当根据所在行"累计盈余""专用基金""权益法调整"项目金额的合计数填列。

四、附注

附注是对在会计报表中列示的项目所做的进一步说明,以及对未能在会计报表中列示项目的说明。附注是财务报表的重要组成部分,凡对报表使用者的决策有重要影响的会计信息,不论是否有明确规定,单位均应当充分披露。

附注主要包括下列内容:

(1) 单位的基本情况。

单位应当简要披露其基本情况,包括单位主要职能、主要业务活动、所在地、预算管理关系等。

(2) 会计报表编制基础。

(3) 遵循政府会计准则、制度的声明。

未在会计报表中列示但对政府部门财务状况有重大影响的事项需要在报表附注中披露:

(1) 政府部门股权投资的投资成本。按照投资对象分别列示股权投资成本。

(2) 资产负债表日后重大事项。

(3) 或有和承诺事项。逐笔披露政府部门或有事项的事由和金额,如担保事项未决诉讼或仲裁的财务影响等,若无法预计,应说明理由;逐笔披露政府承诺事项的具体内容。

(4) 对于政府部门管理的无法取得价值的公共基础设施、文物文化资产、保障性住房、自然资源资产等重要资产,披露种类和实物量等相关信息。

(5) 其他未在报表中列示,但对政府部门财务状况有重大影响的事项。

五、政府部门财务分析

政府部门财务分析主要包括以下内容。

(一) 政府部门基本情况介绍

政府部门基本情况主要包括部门基本职能、机构设置、年度工作目标计划及执行情况、绩效目标及完成情况等。

(二) 政府部门资产负债状况分析

(1) 结合政府部门职能工作任务、相关政策要求等,对货币资金、固定资产、政府储备资产、公共基础设施等重要资产项目的结构特点和变化情况进行分析,并评估对政府部门提供公共服务的能力的影响。

(2) 结合短期借款、长期借款等重点负债项目的增减变化情况分析政府部门债务规模和债务结构等。

(3) 运用资产负债率、现金比率、流动比率等指标分析评估政府部门当期及未来中长期财务风险及可控程度以及需要采取的措施等。

(三) 政府部门运行情况分析

(1) 分析政府部门的收入规模结构及来源分布,重点收入项目的比重和变化趋势,以及经济形势、相关财政政策等对政府部门收入变动的影响等。

(2) 分析政府部门费用规模构成及变化情况,特别是政府部门控制行政成本的政策、投融资情况及对费用变动的影响等。

(3) 运用政府部门的收入费用率等指标分析政府部门收入用于支付费用的比例情况。

(四) 政府部门财务管理情况

从部门预算管理、内控管理、资产管理、绩效管理、人才队伍建设等方面反映部门加强财务管理的主要措施和取得的成效。

(五) 分析方法和指标

政府部门可采取比率分析法、比较分析法、结构分析法、趋势分析法等方法进行财务分析。

政府部门进行财务分析可参考使用以下指标(见表18-4):

表18-4 分析指标表

序号	指标名称	公式	指标说明
1	资产负债率	负债总额/资产总额	反映政府部门偿付全部债务本息能力的基本指标
2	收入费用率	总费用/年度总收入	反映政府部门收入用于支付费用的比例情况
3	现金比率	(货币资金+财政应返还额度)/流动负债	反映政府部门利用现金及现金等价物偿还短期债务的能力
4	流动比率	流动资产/流动负债	反映政府部门流动资产用于偿还流动负债的能力
5	固定资产成新率	固定资产净值/固定资产原值	反映固定资产的新旧程度、使用状态等
6	公共基础设施成新率	公共基础设施净值/公共基础设施原值	反映公共基础设施的新旧程度、使用状态等

第二节 政府单位决算报告

政府单位决算报告是综合反映政府会计主体年度预算收支执行结果的文件。

决算报告的目标是向决算报告使用者提供与政府预算执行情况有关的信息,综合反映政府会计主体预算收支的年度执行结果,有助于决算报告使用者进行监督和管理,并为编制后续年度预算提供参考和依据。政府决算报告使用者包括各级人民代表大会及其常务委员会、各级政府及其有关部门、政府会计主体自身、社会公众和其他利益相关者。

政府单位决算报告的编制主要以收付实现制为基础,以预算会计核算生成的数据为准。政府决算报告的具体内容及编制要求等,由财政部另行规定。

政府单位决算报告应当包括预算会计报表和其他应当在决算报告中反映的相关信息和资料。预算会计报表至少包括预算收入支出表、预算结转结余变动表、财政拨款预算收入支出表。

一、预算收入支出表

(1)本表反映单位在某一会计年度内各项预算收入、预算支出和预算收支差额的情况。

(2)本表"本年数"栏反映各项目的本年实际发生数。本表"上年数"栏反映各项目上年度的实际发生数,应当根据上年度预算收入支出表中"本年数"栏内所列数字填列。

如果本年度预算收入支出表规定的项目的名称和内容同上年度不一致,应当对上年度预算收入支出表项目的名称和数字按照本年度的规定进行调整,将调整后的金额填入本年度预算收入支出表的"上年数"栏。

预算收入支出表格式如表18-5所示。

表18-5 预算收入支出表

会政预01表

编制单位:　　　　　　　　　　年　　　　　　　　　　单位:元

项　目	本年数	上年数
一、本年预算收入		
(一)财政拨款预算收入		
其中:政府性基金收入		
(二)事业预算收入		
(三)上级补助预算收入		
(四)附属单位上缴预算收入		
(五)经营预算收入		
(六)债务预算收入		
(七)非同级财政拨款预算收入		
(八)投资预算收益		
(九)其他预算收入		
其中:利息预算收入		
捐赠预算收入		
租金预算收入		

续表

项　目	本年数	上年数
二、本年预算支出		
（一）行政支出		
（二）事业支出		
（三）经营支出		
（四）上缴上级支出		
（五）对附属单位补助支出		
（六）投资支出		
（七）债务还本支出		
（八）其他支出		
其中:利息支出		
捐赠支出		
三、本年预算收支差额		

预算收入支出表的编制说明：

1. 本年预算收入

（1）"本年预算收入"项目，反映单位本年预算收入总额。本项目应当根据本表中"财政拨款预算收入""事业预算收入""上级补助预算收入""附属单位上缴预算收入""经营预算收入""债务预算收入""非同级财政拨款预算收入""投资预算收益""其他预算收入"项目金额的合计数填列。

（2）"财政拨款预算收入"项目，反映单位本年从同级政府财政部门取得的各类财政拨款。本项目应当根据"财政拨款预算收入"科目的本年发生额填列。

"政府性基金收入"项目，反映单位本年取得的财政拨款收入中属于政府性基金预算拨款的金额。本项目应当根据"财政拨款预算收入"相关明细科目的本年发生额填列。

（3）"事业预算收入"项目，反映事业单位本年开展专业业务活动及其辅助活动取得的预算收入。本项目应当根据"事业预算收入"科目的本年发生额填列。

（4）"上级补助预算收入"项目，反映事业单位本年从主管部门和上级单位取得的非财政补助预算收入。本项目应当根据"上级补助预算收入"科目的本年发生额填列。

（5）"附属单位上缴预算收入"项目，反映事业单位本年收到的独立核算的附属单位按照有关规定上缴的预算收入。本项目应当根据"附属单位上缴预算收入"科目的本年发生额填列。

（6）"经营预算收入"项目，反映事业单位本年在专业业务活动及其辅助活动之外开展非独立核算经营活动取得的预算收入。本项目应当根据"经营预算收入"科目的本年发生额填列。

（7）"债务预算收入"项目，反映事业单位本年按照规定从金融机构等借入的、纳入部门预算管理的债务预算收入。本项目应当根据"债务预算收入"的本年发生额填列。

(8)"非同级财政拨款预算收入"项目,反映单位本年从非同级政府财政部门取得的财政拨款。本项目应当根据"非同级财政拨款预算收入"科目的本年发生额填列。

(9)"投资预算收益"项目,反映事业单位本年取得的按规定纳入单位预算管理的投资收益。本项目应当根据"投资预算收益"科目的本年发生额填列。

(10)"其他预算收入"项目,反映单位本年取得的除上述收入以外的纳入单位预算管理的各项预算收入。本项目应当根据"其他预算收入"科目的本年发生额填列。

"利息预算收入"项目,反映单位本年取得的利息预算收入。本项目应当根据"其他预算收入"科目的明细账记录分析填列。单位单设"利息预算收入"科目的,应当根据"利息预算收入"科目的本年发生额填列。

"捐赠预算收入"项目,反映单位本年取得的捐赠预算收入。本项目应当根据"其他预算收入"科目明细账记录分析填列。单位单设"捐赠预算收入"科目的,应当根据"捐赠预算收入"科目的本年发生额填列。

"租金预算收入"项目,反映单位本年取得的租金预算收入。本项目应当根据"其他预算收入"科目明细账记录分析填列。单位单设"租金预算收入"科目的,应当根据"租金预算收入"科目的本年发生额填列。

2.本年预算支出

(1)"本年预算支出"项目,反映单位本年预算支出总额。本项目应当根据本表中"行政支出""事业支出""经营支出""上缴上级支出""对附属单位补助支出""投资支出""债务还本支出"和"其他支出"项目金额的合计数填列。

(2)"行政支出"项目,反映行政单位本年履行职责实际发生的支出。本项目应当根据"行政支出"科目的本年发生额填列。

(3)"事业支出"项目,反映事业单位本年开展专业业务活动及其辅助活动发生的支出。本项目应当根据"事业支出"科目的本年发生额填列。

(4)"经营支出"项目,反映事业单位本年在专业业务活动及其辅助活动之外开展非独立核算经营活动发生的支出。本项目应当根据"经营支出"科目的本年发生额填列。

(5)"上缴上级支出"项目,反映事业单位本年按照财政部门和主管部门的规定上缴上级单位的支出。本项目应当根据"上缴上级支出"科目的本年发生额填列。

(6)"对附属单位补助支出"项目,反映事业单位本年用财政拨款收入之外的收入对附属单位补助发生的支出。本项目应当根据"对附属单位补助支出"科目的本年发生额填列。

(7)"投资支出"项目,反映事业单位本年以货币资金对外投资发生的支出。本项目应当根据"投资支出"科目的本年发生额填列。

(8)"债务还本支出"项目,反映事业单位本年偿还自身承担的纳入预算管理的从金融机构举借的债务本金的支出。本项目应当根据"债务还本支出"科目的本年发生额填列。

(9)"其他支出"项目,反映单位本年除以上支出以外的各项支出。本项目应当根据"其他支出"科目的本年发生额填列。

"利息支出"项目,反映单位本年发生的利息支出。本项目应当根据"其他支出"科目明细账记录分析填列。单位单设"利息支出"科目的,应当根据"利息支出"科目的本年发生额填列。

"捐赠支出"项目,反映单位本年发生的捐赠支出。本项目应当根据"其他支出"科目明细账记录分析填列。单位单设"捐赠支出"科目的,应当根据"捐赠支出"科目的本年发生额填列。

3. 本年预算收支差额

"本年预算收支差额"项目,反映单位本年各项预算收支相抵后的差额。本项目应当根据本表中"本期预算收入"项目金额减去"本期预算支出"项目金额后的金额填列;如相减后金额为负数,以"－"号填列。

二、预算结转结余变动表

(1) 本表反映单位在某一会计年度内预算结转结余的变动情况。

(2) 本表"本年数"栏反映各项目的本年实际发生数。本表"上年数"栏反映各项目的上年实际发生数,应当根据上年度预算结转结余变动表中"本年数"栏内所列数字填列。

如果本年度预算结转结余变动表规定的项目的名称和内容同上年度不一致,应当对上年度预算结转结余变动表项目的名称和数字按照本年度的规定进行调整,将调整后的金额填入本年度预算结转结余变动表的"上年数"栏。

(3) 本表中"年末预算结转结余"项目金额等于"年初预算结转结余""年初余额调整""本年变动金额"三个项目的合计数。

预算结转结余变动表格式如表 18-6 所示。

表 18-6 预算结转结余变动表

会政预 02 表

编制单位： 年 单位:元

项　　目	本年数	上年数
一、年初预算结转结余		
（一）财政拨款结转结余		
（二）其他资金结转结余		
二、年初余额调整（减少以"－"号填列）		
（一）财政拨款结转结余		
（二）其他资金结转结余		
三、本年变动金额（减少以"－"号填列）		
（一）财政拨款结转结余		
1. 本年收支差额		
2. 归集调入		
3. 归集上缴或调出		
（二）其他资金结转结余		

续表

项　　目	本年数	上年数
1. 本年收支差额		
2. 缴回资金		
3. 使用专用结余		
4. 支付所得税		
四、年末预算结转结余		
（一）财政拨款结转结余		
1. 财政拨款结转		
2. 财政拨款结余		
（二）其他资金结转结余		
1. 非财政拨款结转		
2. 非财政拨款结余		
3. 专用结余		
4. 经营结余（如有余额，以"－"号填列）		

预算结转结余变动表编制说明：

1. "年初预算结转结余"项目

本项目反映单位本年预算结转结余的年初余额。本项目应当根据本项目下"财政拨款结转结余""其他资金结转结余"项目金额的合计数填列。

（1）"财政拨款结转结余"项目，反映单位本年财政拨款结转结余资金的年初余额。本项目应当根据"财政拨款结转""财政拨款结余"科目本年年初余额合计数填列。

（2）"其他资金结转结余"项目，反映单位本年其他资金结转结余的年初余额。本项目应当根据"非财政拨款结转""非财政拨款结余""专用结余""经营结余"科目本年年初余额的合计数填列。

2. "年初余额调整"项目

本项目反映单位本年预算结转结余年初余额调整的金额。本项目应当根据本项目下"财政拨款结转结余""其他资金结转结余"项目金额的合计数填列。

（1）"财政拨款结转结余"项目，反映单位本年财政拨款结转结余资金的年初余额调整金额。本项目应当根据"财政拨款结转""财政拨款结余"科目下"年初余额调整"明细科目的本年发生额的合计数填列；如调整减少年初财政拨款结转结余，以"－"号填列。

（2）"其他资金结转结余"项目，反映单位本年其他资金结转结余的年初余额调整金额。本项目应当根据"非财政拨款结转""非财政拨款结余"科目下"年初余额调整"明细科目的本年发生额的合计数填列；如调整减少年初其他资金结转结余，以"－"号填列。

3. "本年变动金额"项目

本项目反映单位本年预算结转结余变动的金额。本项目应当根据本项目下"财政拨款结转结余""其他资金结转结余"项目金额的合计数填列。

(1)"财政拨款结转结余"项目,反映单位本年"财政拨款结转结余"资金的变动。本项目应当根据本项目下"本年收支差额""归集调入""归集上缴或调出"项目金额的合计数填列。

①"本年收支差额"项目,反映单位本年财政拨款资金收支相抵后的差额。本项目应当根据"财政拨款结转"科目下"本年收支结转"明细科目本年转入的预算收入与预算支出的差额填列;差额为负数的以"－"号填列。

②"归集调入"项目,反映单位本年按照规定从其他单位归集调入的财政拨款结转资金。本项目应当根据"财政拨款结转"科目下"归集调入"明细科目的本年发生额填列。

③"归集上缴或调出"项目,反映单位本年按照规定上缴的财政拨款结转结余资金及按照规定向其他单位调出的财政拨款结转资金。本项目应当根据"财政拨款结转""财政拨款结余"科目下"归集上缴"明细科目,以及"财政拨款结转"科目下"归集调出"明细科目本年发生额的合计数填列,以"－"号填列。

(2)"其他资金结转结余"项目,反映单位本年其他资金结转结余的变动。本项目应当根据本项目下"本年收支差额""缴回资金""使用专用结余""支付所得税"项目金额的合计数填列。

①"本年收支差额"项目,反映单位本年除财政拨款外的其他资金收支相抵后的差额。本项目应当根据"非财政拨款结转"科目下"本年收支结转"明细科目、"其他结余"科目、"经营结余"科目本年转入的预算收入与预算支出的差额的合计数填列;如为负数,以"－"号填列。

②"缴回资金"项目,反映单位本年按照规定缴回的非财政拨款结转资金。本项目应当根据"非财政拨款结转"科目下"缴回资金"明细科目本年发生额的合计数填列,以"－"号填列。

③"使用专用结余"项目,反映本年事业单位根据规定使用从非财政拨款结转或经营结余中提取的专用基金的金额。本项目应当根据"专用结余"科目明细账中本年使用专用结余业务的发生额填列,以"－"号填列。

④"支付所得税"项目,反映有企业所得税缴纳义务的事业单位本年实际缴纳的企业所得税金额。本项目应当根据"非财政拨款结余"明细账中本年实际缴纳企业所得税业务的发生额填列,以"－"号填列。

4."年末预算结转结余"项目

本项目反映单位本年预算结转结余的年末余额。本项目应当根据本项目下"财政拨款结转结余""其他资金结转结余"项目金额的合计数填列。

(1)"财政拨款结转结余"项目,反映单位本年财政拨款结转结余的年末余额。本项目应当根据本项目下"财政拨款结转""财政拨款结余"项目金额的合计数填列。

本项目下"财政拨款结转""财政拨款结余"项目,应当分别根据"财政拨款结转""财政拨款结余"科目的本年年末余额填列。

(2)"其他资金结转结余"项目,反映单位本年其他资金结转结余的年末余额。本项目应当根据本项目下"非财政拨款结转""非财政拨款结余""专用结余""经营结余"项目金额的合计数填列。

本项目下"非财政拨款结转""非财政拨款结余""专用结余""经营结余"项目，应当分别根据"非财政拨款结转""非财政拨款结余""专用结余""经营结余"科目的本年年末余额填列。

三、财政拨款预算收入支出表

（1）本表反映单位本年财政拨款预算资金收入、支出及相关变动的具体情况。

（2）本表"项目"栏内各项目，应当根据单位取得的财政拨款种类分项设置。其中"项目支出"项目下，根据每个项目设置；单位取得除一般公共预算财政拨款和政府性基金预算财政拨款以外的其他财政拨款的，应当按照财政拨款种类增加相应的资金项目及其明细项目。

财政拨款预算收入支出表如表18-7所示。

表18-7 财政拨款预算收入支出表

编制单位：　　　　　　　　　　　年　　　　　　　　　　　　会政预03表
　　　　　　　　　　　　　　　　　　　　　　　　　　　　　　单位：元

项目	年初财政拨款结转结余		调整年初财政拨款结转结余	本年归集调入	本年归集上缴或调出	单位内部调剂		本年财政拨款收入	本年财政拨款支出	年末财政拨款结转结余	
	结转	结余				结转	结余			结转	结余
一、一般公共预算财政拨款											
（一）基本支出											
1. 人员经费											
2. 日常公用经费											
（二）项目支出											
1. ××项目											
2. ××项目											
……											
二、政府性基金预算财政拨款											
（一）基本支出											
1. 人员经费											
2. 日常公用经费											
（二）项目支出											
1. ××项目											
2. ××项目											
……											
总计											

财政拨款预算收入支出表编制说明：

（1）"年初财政拨款结转结余"栏中各项目，反映单位年初各项财政拨款结转结余的金额。各项目应当根据"财政拨款结转""财政拨款结余"及其明细科目的年初余额填列。本栏中各项目的数额应当与上年度财政拨款预算收入支出表中"年末财政拨款结转结余"栏中各项目的数额相等。

（2）"调整年初财政拨款结转结余"栏中各项目，反映单位对年初财政拨款结转结余的调整金额。各项目应当根据"财政拨款结转""财政拨款结余"科目下"年初余额调整"明细科目及其所属明细科目的本年发生额填列；如调整减少年初财政拨款结转结余，以"－"号填列。

（3）"本年归集调入"栏中各项目，反映单位本年按规定从其他单位调入的财政拨款结转资金金额。各项目应当根据"财政拨款结转"科目下"归集调入"明细科目及其所属明细科目的本年发生额填列。

（4）"本年归集上缴或调出"栏中各项目，反映单位本年按规定实际上缴的财政拨款结转结余资金，以及按照规定向其他单位调出的财政拨款结转资金金额。各项目应当根据"财政拨款结转""财政拨款结余"科目下"归集上缴"科目和"财政拨款结转"科目下"归集调出"明细科目，及其所属明细科目的本年发生额填列，以"－"号填列。

（5）"单位内部调剂"栏中各项目，反映单位本年财政拨款结转结余资金在单位内部不同项目之间的调剂金额。各项目应当根据"财政拨款结转"和"财政拨款结余"科目下的"单位内部调剂"明细科目及其所属明细科目的本年发生额填列；对单位内部调剂减少的财政拨款结余金额，以"－"号填列。

（6）"本年财政拨款收入"栏中各项目，反映单位本年从同级财政部门取得的各类财政预算拨款金额。各项目应当根据"财政拨款预算收入"科目及其所属明细科目的本年发生额填列。

（7）"本年财政拨款支出"栏中各项目，反映单位本年发生的财政拨款支出金额。各项目应当根据"行政支出""事业支出"等科目及其所属明细科目本年发生额中的财政拨款支出数的合计数填列。

（8）"年末财政拨款结转结余"栏中各项目，反映单位年末财政拨款结转结余的金额。各项目应当根据"财政拨款结转""财政拨款结余"科目及其所属明细科目的年末余额填列。

思考题

1. 在政府单位财务报告中需要编制哪些种类的报表？
2. 在政府单位决算报告中需要编制哪些种类的报表？
3. 政府单位财务报告中报表附注的编写意义是什么？
4. 政府单位报告需要分析哪些财务指标，为什么？

参考文献

[1] 黄海燕,余浪,余珍.政府会计[M].大连:东北财经大学出版社,2021.

[2] 田高良,曹文莉.政府会计事务[M].大连:东北财经大学出版社,2020.

[3] 李海波,刘学华.新编政府会计[M].2版.上海:立信会计出版社,2020.

[4] 财政部.关于印发《财政总会计制度》的通知(财库〔2022〕41号)[EB/OL].(2022-11-18)https://gks.mof.gov.cn/guizhangzhidu/202212/t20221221_3859081.htm.

[5] 财政部.关于印发《政府会计制度——行政事业单位会计科目和报表》的通知(财会〔2017〕25号)[EB/OL].(2017-10-24)http://kjs.mof.gov.cn/zhengcefabu/201711/t20171109_2746877.htm.